初期日興門流史研究

本間 俊文 著

山喜房佛書林

序

本書は中世における初期日興門流の成立と展開を論究したものである。

日蓮聖人は入滅に先立ち、日昭・日朗・日興・日向・日頂・日持の高弟六名を指定し後事を託した。いわゆる集団指導体制である。日蓮教団において、中世は門流の形成と展開の時代であり、近世は門流の統括と全国的展開の時代といえる。日持を除く五名は各地に拠点を設け、教説を弘めていく。門流の形成である。日蓮教団史の解明は、かかる諸門流の個別研究の成果を踏まえて明らかにされるという特色をもつ。

日興門流初期の成立と展開を解明する二つの基本的史料がある。日興自身が記録した『本尊分与帳』と多くの日興自筆本尊である。前者は日蓮聖人の在世中から、日興が日蓮聖人自筆本尊を申し受け、弟子・檀越に授与した目録で、六六幅の本尊を数える。後者は日蓮聖人入滅後、日興の弟子・檀越に対し、自身が書写した本尊を授与したもので、三〇八幅を数える。こうした日興の本尊授与は、被授与者が日興の弟子であることの証しとしてなされたものである。高弟六名のなかで、かかる宗教的行為は日興のみに見られるもので、ここに日興の独自性を見ることができる。

日興が授与した本尊の脇書には、授与の年次とその理由、被授与者の居住地・氏名などが書かれており、その分析によって日興の弟子・檀越の人数、居住範囲、さまざまな宗教活動の一端を把握することができる。

このような視点からの画期的な研究は、高木豊氏の論文「日興とその門弟」（昭和五十六年）によりなされた。著者は高木氏の業績を継承しつつ、さらに多くの新史料によりその内容を進展させたものとなっている。

著者は立正大学仏教学部に入学後、大学院修士・博士課程を通じ、一貫して同課題を研究してきた。とりわけ、修士論文「初期富士門流の成立と展開」は、秀作として「四条学術奨励賞」を授与された。また、平成十九年四月以来今日まで、日蓮教学研究所の日蓮宗宗費生・同宗費研究員として、日蓮宗の援助を受けつつ研究を継続してきた。このたび、立正大学大学院文学研究科の出版助成により、博士論文を公刊し、世に問うたのが本書である。

現在著者は、新進気鋭の立正大学仏教学部非常勤講師として、教育と研究に従事している。今後も驕ることなく、これを足掛りとしてさらなる研鑽を心から期待するとともに、本書によって研究が学界に浸透し、斯学の研究に資することを願うものである。

平成廿七年五月十二日

立正大学名誉教授

冠　賢　一

初期日興門流史研究　目次

第三章　日興門流における諫暁活動の展開

終　章

序章

第一節　問題の所在

「日興（富士）門流」とは、日蓮聖人（以下尊称を省略）の直弟六老僧の一人、白蓮阿闍梨日興を派祖として興された門流のことである。日蓮滅後、日興は駿河国を自らの布教拠点に定めて上条大石寺・北山（重須）本門寺の礎を築き、この二箇寺を拠点に教化活動を展開した。日興滅後には、その門弟らによって新たに種々の寺院が各地に建立され、日興門流の教線は駿河だけに留まらず広域に伸張を果たした。爾来、日興門流は日蓮教団の中でも一派をなす門流として大いなる発展を遂げ、その中心寺院は「富士五山」「興門八箇本山」とも総称されて、今日に至っている。

鎌倉時代、いわゆる「鎌倉新仏教」を興起させた僧侶の一人として登場した日蓮は、建長五年（一二五三）に立教開宗を宣言し、それまでの既成教団からは独立した仏教者として新たなスタートをきった。その日蓮の教説に惹かれて弟子となった日興は、師日蓮の薫陶を受けながら求法の日々を過ごしていく。

弘安五年（一二八二）十月十三日、日蓮は一門の後事を六老僧に託して入滅した。当時は成立してまだ日が浅い新宗派の日蓮教団にとって、日蓮という絶対的指導者を失ったことは痛恨の極みであると共に、日蓮が築き上げた教団が今後歩むべき道を先導する役割を、初めて弟子が担うということでもあった。日蓮入滅直後の時期は、弟子の立場が「求法者」から「弘法者」へと変わる日蓮教団最初の大きな転換期であり、教団の今後を占う上でまさに真価が問われる重要な時期であったと言えよう。今日まで連綿と続く日興門流の長い歴史の中で、弘法者としての役割を託された六老僧の一人である日興が、駿河を中心に教線を拡張して門下を牽引した「初期日興門流」の動向は、日蓮教団における原初的状況の一つとして刮目すべきものである。

ところで、過去の人物についての具体的動向や歴史的事跡を探ろうとした時、その人物が書き残した文書が中心史料となることは言うまでもない。今日わが国に弘まる仏教諸宗派の開祖の中で、最も真蹟文書が多く伝わる僧侶は日蓮である。[1]日蓮の真蹟は、曼荼羅本尊・著作・書状・要文集・図表・写本等、多種多様な内容と形態のものが数多く現存している。これらの日蓮真蹟が幾星霜を越えて現代まで伝来しているのは、紛れもなく先師による厳格なる格護の賜物であって、その功績によって今日我々が日蓮の行動と思想を直に窺い知ることができるのである。

その日蓮と同様に多くの自筆文書が伝来しているのが、直弟日興である。現在確認することができる日興文書の具体的数量を挙げると、曼荼羅本尊三〇八幅、[2]著作・記録・書状類一一五点、[3]日蓮遺文の写本三二点[4]の存在が認められており、この数量は日蓮直弟の中でも群を抜いている。[5]また日興の直弟である卿阿闍梨日目にも、比較的まとまった自筆文書が伝来している。これらの日興文書・日目文書は、日蓮教団初期の動向を伝えるだけに留まらず、鎌倉時代における生活状況や文化・風習など、教団史以外の多種多様な歴史的情報をも今に伝える、極めて有益な史料群であると言えよう。そのような面で日興とその門弟が書き遺した膨大な文書は、日蓮真蹟同様、量・質共に非常に高い文献的価値を有しているのである。

しかしその一方で、日興らの文書に関する研究は、日蓮真蹟研究に比べて進捗しているとは言い難く、文書毎の執筆年次や当時の動向について、未だ多くの課題が存在しているのも事実である。日興門流史研究は、依然として研究の余地が多く残されている領域とも言えるのである。本研究の動機の一つがここにある。

また、日興門流の教義について論じる時、しばしば課題として取り上げられるのが、『身延相承』『池上相承』のいわゆる「二箇相承」を始めとする師資相承に関する問題と五一相対の問題である。

周知の通り、「二箇相承」は日蓮が入滅にあたって日興に一切を付嘱したとする相承書で、今日の学説では日興門流の正統性を主張するために作成された後世の偽書とされるものである。そして五一相対とは、日興と他の五老僧による日蓮門下最初の対立のことである。日蓮正宗や創価学会などの教団では特にこれらの事例を史実と捉え、日興が日蓮から唯受一人の付法を受けた正嫡の弟子であることを積極的に肯定し、その系譜に連なる教団として自門の正統性を主張している。

しかし、一般的に「二箇相承」が後世に成立した偽書とされるように、これを根拠に日興ただ一人が日蓮から仏法を付嘱されたとする主張は日興滅後の後世になって沸き上がったものであることは、歴史的観点から見て明白である。それにも関わらず、先の諸教団による主張が影響してか、日興という弟子に対する印象として日興自身に日蓮から唯受一人の付法を受けた意識があり、それによって天台に与同した他の五老僧を批判した「異端僧」とする見方が世間一般に未だ根強く残っているように思われる。

このような史実と歴史認識が錯綜する現状において、日蓮から六老僧の一人として指名された日興が果たして客観的に異端僧と評されるべき弟子であったのか、日興の思想と行動は如何なるものであったのかということは、日興門流史を紐解く上で誠に重要な問題である。そこで、門流意識に固執せず、日蓮滅後における教団の原初的状況を公平な視座に立って一つずつ確認していくことが、今改めて必要ではないかと考える。

以上のような教団史的課題を問題点として、本書では日興から始まる初期日興門流における展開の様相を、数多く伝わる日興門流関連史料を中心として、布教・生活・交流などの視点から究明することを主たる研究課題とする。日興とその門弟が師日蓮の思想と行動を如何に捉え、実践・継承しつつ門流の教線を拡張していったのか、その過程を辿っていきたい。

なお、本書中における語句の表記について少々説明しておきたい。まず「日興門流」という表記については、『日蓮教団全史（上）』に「日興を富士山・富士（『御伝土代』）と呼ぶ所から自派を富士門跡（『尊師実録』）といい富士方と称するようになった。のち富士門流・日興門流・興門派などという」と指摘されているように、[6] 日興とその門弟を指して日興（富士）門流との呼称が使用され始めたのは、日興滅後のことである。しかし、本書においては便宜上、特に断りのない限りは日興在世中の日興とその門弟も含んで「日興門流」という呼称を用いることとする。また、本書で考察対象とする「初期日興門流」とは、原則として日興在世中から日興の孫弟子までの期間を指すこととする。

以上の点を前提として、論を進めたい。

註

（1）中尾堯・寺尾英智編『【図説】日蓮聖人と法華の至宝』二巻　真蹟遺文（同朋舎メディアプラン、二〇一二年）二七頁、中尾堯・赤尾栄慶編『【図説】日蓮聖人と法華の至宝』三巻　典籍・古文書（同朋舎メディアプラン、二〇一三年）八頁。

（2）日興上人御本尊集編纂委員会編『日興上人御本尊集』（興風談所、一九九六年）および同書正誤表に三〇二幅の日興曼荼羅本尊が収録されている。この他のものとして、妙法寺誌編纂委員会編『日蓮正宗永照山妙法寺誌』（妙法寺誌編纂室、一九九八年）一四四頁所収の徳治二年（一三〇七）閏月十日書写の日興曼荼羅本尊と、京丹後市デジタルミュージアムホームページ「京丹後市の文化財」（http://www.city.kyotango.lg.jp/service/digitalmuseum/sitebunkazai）に掲載される、京丹後市常徳寺所蔵の正安二年（一三〇〇）十月書写の日興曼荼羅本尊が確認できる。また、本書においても第二章第二節で新出日興曼荼羅本尊を四幅紹介するため、計三〇八幅と数えた。

（3）日興上人全集編纂委員会編『日興上人全集』（興風談所、一九九六年）では、日興の自筆が現存する著作・記録・書状として一一二点を収録しているが、大黒喜道編著『日興門流上代事典』（興風談所、二〇〇〇年）六四九頁によれば、『日興上人全集』一九九頁収録の日興書状『曽祢殿御返事』は摂津公日仙書状であることが指摘されている。また、身延町誌資料編編さん委員会編『身延町誌　資料編』（身延町、一九九六年）と、坂井法曄「日興書状『曽祢殿御返事』の系年について」（『日蓮大聖人御書システム』〈http://www5f.biglobe.ne.jp/~gosyosys/〉所収コラム「平成二十一年十月」）、寺尾英智「新出の白蓮日興書状」（『日蓮仏教研究』五号、常円寺日蓮仏教研究所、二〇一三年）、および坂井法曄「日興門流の成立と展開」（小松邦彰・花野充道編『シリーズ日蓮3　日蓮教団の成立と展開』、春秋社、二〇一五年）に、『日興上人全集』には収録されていない日興書状が計四通紹介されている。よって本書では、日興自筆の著述・記録・書状類を計一一五点と数えた。

（4）『日興上人全集』一四六頁には「日興書写御書一覧」として六二点の日興写本の存在が紹介されているが、坂井法曄「日興写本をめぐる諸問題について」（『興風』二一号、興風談所、二〇〇九年）では『日興上人全集』収録「日興書写御書一覧」の増訂を行い、新加日興写本ならびに他筆写本と判断される日興写本について詳細に論じている。その中で坂井氏は、従来日興写本とされてきた大石寺所蔵の日蓮遺文集『御筆集』が日興筆ではないことを指摘している。本書では、坂井氏の考察に依拠して大石寺所蔵『御筆集』収録写本三一点を別人の筆と判断し、他の増訂と合わせて、現存日興写本を三二点と数えた。詳しくは本書第五章第三節を参照されたい。

（5）日興以外の直弟子五人の現存する曼荼羅本尊数は、日朗二一幅、日昭二幅、日向二幅で、日頂と日持は確認することはできない。また、日興以外の直弟子五人の著作・記録・書状数は、立正大学日蓮教学研究所編『日蓮宗宗学全書』一巻（山喜房佛書林、一九五九年）によれば、日朗二〇点、日昭六点、日向・日頂共に四点、日持一点が収録されている。

（6）立正大学日蓮教学研究所編『日蓮教団全史（上）』（平楽寺書店、一九六四年）七八頁。

第二節　研究史概観

初期日興門流史の展開について論じるに先立ち、日興門流史に関連する主な先行研究を整理・概観しておきたい。以下、種類別に分類した上で研究史を辿ってみようと思う。

第一項　史料集

日興門流関連の史料集として挙げられる最も早いものは、日蓮宗宗学全書刊行会（会長風間随学氏、編集長富田海音氏、編集員稲田海素氏・浅井要麟氏・影山堯雄氏）によって編集された『日蓮宗宗学全書』（以下『宗全』と略記）である。これは日蓮聖誕七〇〇年を慶祝して、日蓮門下各派に伝わる釈書・論策・史伝・旧記等五百数十巻を一同に活字化したものである。大正十年（一九二一）より順次刊行され、大正十五年（一九二六）に至って全一八巻が刊行された。その後本書の再刊が企画され、望月歓厚氏を会長として第二次日蓮宗宗学全書刊行会が発足。昭和三十四年（一九五九）より初版本を写真版にして一八巻、新たに史伝旧記の史料を集めて新組版五巻を追加して、昭和三十七年（一九六二）に全二三巻の出版を完了した。『宗全』の編纂は日蓮教団第一の宝策として、宗門内外の研究者から非常に高く評価されている。日興および初期日興門下の史料は第二巻興尊全集・興門集に収録されており[1]、日興文書一一四点を始め多くの初期日興門流関連史料が周知のものとなった。また、収録される史料の時代は少々下るが、日興門流関連の史料として第三巻本門宗部には京都要法寺十三世広蔵院日辰の著作が、第四巻日蓮正宗部には大石寺二十六世堅樹院日寛の著作が収録されている。

『宗全』に次いで刊行されたのが、大石寺五十九世堀日亨氏が編集した『富士宗学要集』[2]（以下『富要』と略記）である。本書は、堀氏が半生をかけて日蓮滅後の諸門流の古書・問答記・文献史料を蒐集した『富士宗学全集』の内より、大石寺・保田妙本寺・京都要法寺・西山北山両本門寺・下条妙蓮寺関係の中から重要なものを選び抽出・集録したもので、史料集一〇巻と索引一巻から成り、昭和十年（一九三五）より刊行された。『富要』の特徴としては、収録される史料がほぼすべて書き下し文で記載されている点である。堀氏は立正大学日蓮教学研究所編『昭和定本日蓮聖人遺文』[3]（以下『定遺』と略記）や『宗全』の編纂者にも名を連ねており、宗門の垣根を越えて先師の遺業を後世に伝え遺すことに尽力した学匠の一人と言えよう。なお、『富要』は昭和三十年（一九五五）には山喜房佛書林から、昭和四十九年（一九七四）には創価学会から再版されている。

その後、昭和四十一年（一九六六）に刊行された『静岡縣史料』[4]や昭和四十六年（一九七一）から刊行が開始された『鎌倉遺文』[5]にも日興門流関連史料が多数収録された。そして昭和四十七年（一九七二）、日蓮六九〇遠忌の慶讃事業として大石寺に正本堂が建立され、この落成を記念して、正本堂建立記念出版委員会から『日蓮正宗歴代法主全書』[6]が刊行された。本書は大石寺歴代法主の著作・記述・説法・書状等を集成したもので、第一巻の序によれば、三十余巻刊行予定と述べられている。その内今日までに七巻が刊行され、二十六世日寛までの著作がまとめられている。また、平成元年（一九八九）から刊行が開始された『静岡県史』[7]等をはじめとする自治体史にも、関連史料が多数収められている。

近年に至り、日興の史料については新たな集成本が出版されている。それは平成八年（一九九六）に、興風談所によって刊行された『日興上人全集』（以下『興全』と略記）と『日興上人御本尊集』（以下『興本』と略記）である。『興全』は日興生誕七五〇年を記念して、日興の著述・書状・記録等をまとめたものである。本書では刊行の経緯として、同種の既刊書である前掲諸書が刊行されて以来長い年月を経過し、その間に多くの誤読や表記に関わる不備等が指摘されているものの、その修正が未だ行われていないという現状の問題点を挙げている。そして、それらの誤記等を訂正した上で未収録の日興文書を追加し、さらに新たに多数の日興文書の図版を掲載した史料集として刊行したのが本書である。『興全』では既刊書中最多の一四七点の日興文書を収録し、かつその内九二点の史料の図版を掲載している。また『興本』については、『興全』同様日興生誕七五〇年を記念して刊行されたもので、日興が書写した曼荼羅本尊の集成本である。すでに『富要』八巻には日興曼荼羅本尊が一八八幅収録されていたが、『興本』ではそれを大きく上回る二九九幅を収録し、さらに平成九年（一九九七）に出された同書正誤表[8]によって新たに増減が指摘され、計三〇二幅の日興曼荼羅本尊の存在が報告されている。『興全』と『興本』は、日興関連史料の集成本として現在最もまとまったものである。

また平成十三年（二〇〇一）に刊行された『千葉県の歴史』[9]では、昭和三十七年（一九六二）に刊行された『千葉縣史料』[10]収録の保田妙本寺文書に加え、新たに同寺所蔵の史料を翻刻し、五〇〇点を超す保田妙本寺文書が収録されている。保田妙本寺に所蔵される文書は、歴世文書をはじめとして戦国時代のものが多数を占めており、戦国期日蓮教団の歴史を紐解く史料として注目を集めている。いわゆる興門八箇本山の一つに数えられる保田妙本寺所蔵の史料が広く公開されたことは、研究者にとって極めて有益な成果と言えよう。

第二項　著作・論文

日興門流史に関する代表的な著作・論文としては、大石寺堀日亨氏の遷化から六年後の昭和三十八年（一九六三）に、それまでの堀氏の論考を再編して刊行された『富士日興上人詳伝』[11]がまず挙げられる。本書は、堀氏が『富要』に収録した史料をはじめとする諸文献を精査して、日興の幼年時代、修行時代、導師時代、熱原法難、血脈付属、身延離山、大石寺と本門寺の建立、諸老の違背、国家諫暁、本六人新六人制度、述作・注記・書状、最後の遺誡等の項目を立て、日興を中心に歴史・教学両側面から研究・詳述した大著である。さらに本書の後半部には、付録として日興の直弟子および孫弟子、主要な檀越の略伝が収められており、初期日興門流の事蹟について非常に詳しくまとめられている。『富士日興上人詳伝』は、初期日興門流研究の先駆的総合研究書であると言えよう。堀氏はこの他、『熱原法難史』[12]『日興上人身延離山史』[13]等、日興門流史上の重要事項に関する個別の著作も残している。

『富士日興上人詳伝』発刊の翌年、昭和三十九年（一九六四）には、立正大学日蓮教学研究所によって『日蓮教団全史（上）』が刊行された。『宗全』全二三巻の出版が完了した二年後のことである。本書の特長は、日蓮から始まる日蓮教団史を、安土桃山時代に至るまで通史的に論述した点である。その中で日興門流の展開については、「日興の離山」「富士門下の展開」「富士門流の分裂」等の項目を設けて詳述している。また昭和四十二年（一九六七）には、宮崎英修氏が「興門初期の分裂と方便品読不読論―五人所破抄の著者について―」[14]との論文を発表した。本稿は、日興滅後の日興門流において発生した方便品読不読論争を始めとする継承問題にスポットを当てて論述したものであり、それらの経緯を辿ると共に、方便品読不読論争に関連して『五人所破抄』の著者に関する考察も行っている。

続いて挙げられるのが、昭和五十四年（一九七九）に高木豊氏が発表した論文「日興とその門弟」[15]である。高木氏は、日蓮滅後の日蓮教団における原初的状態を探るためには日興の活動と弟子檀越の存在が大きな手掛かりになるとの問題意識から、日興門流の展開を日蓮在世中と滅後とに大きく二分して考察している。日蓮在世中の日興門流については日興筆『白蓮弟子分与申御筆御本尊目録事』を中心に検討し、滅後の日興門流については『富要』八巻に収録される日興が書写した曼荼羅本尊およびその授与書を中心史料に据え、授与書に記される被授与者を国別に分けた上で被授与者各々についての考察を行っている。「日興とその門弟」は、曼荼羅本尊という史料を通して初期日興門流の展開を総合的かつ体系的に究明した、日興門流研究の代表的論文の一つである。高木氏のこの論文によって、日興門流の原初的状態が明らかとなり、日興門流研究を大きく進展させた論考であると言える。

平成二年（一九九〇）には、日興の大石寺開山七〇〇年を記念して継命新聞社より『日興上人』[16]が刊行された。本書はその名の通り日興の生涯と弘教活動に着目して論述したものである。後半には日興書状約五〇通を収録し、それぞれの語句の意味や関連事項について解説を加えると共に、巻末には年表も付している。また平成五年（一九九三）には、山口範道氏によって『日蓮正宗史の基礎的研究』[17]が刊行された。本書は日興門流史に関する一五の論考と五つの史料目録で構成されている。本書後半に掲載される史料目録の一つ、日興・日目の曼荼羅本尊目録では、現存曽存含めて二六三幅の日興曼荼羅本尊と八幅の日目曼荼羅本尊を授与書・脇書と共に収録しており、『興本』発刊以前では最もまとまった日興曼荼羅本尊目録である。また日興の花押集として、曼荼羅本尊内花押八〇点、書状内花押三五点の臨写を掲載しており、史料集としても重要な成果を挙げている。

平成六年（一九九四）に刊行された富谷日震氏の『本宗史綱』[18]は、元々は京都要法寺中興の祖とされる十三世日辰の三五〇遠忌に際した記念事業として企画されたものであった。ところが出版が六〇年もの間遅滞し、開山日尊六五〇遠忌に当たる平成六年になってようやく刊行が実現した。本書は、日興門流の成立から現代に至るまでの日尊門流の変遷推移を体系的に網羅した大著であり、多くの関連史料が引用されている点が特徴的である。また、日興をはじめ多数の日興門下個別の事歴が解説されており、初期日興門流史研究を進める上で参考とすべき点は非常に多い。

そして平成十年（一九九八）には、継命新聞社より『日目上人』[19]が刊行された。本書は同社出版の『日興上人』の姉妹篇として、大石寺三世日目の生涯と弘教活動に視点を置いて詳述したものである。特に後半部において、日目文書と日目関連史料の翻刻と解説を行っている点は注目すべきである。また平成十四年（二〇〇二）には、髙橋粛道氏によって『日蓮正宗史の研究』[20]が刊行された。自序によれば、本書は宮崎英修氏による度々の大石寺批判の論文を受け、それに対する反論の書として刊行したものであると述べている。本書では、日蓮在世中から現代に至るまでの日興門流史における様々な諸問題を取り上げて論述している。

以上、雑駁ながら著作・論文における先行研究について紹介してきたが、近時、従来通説とされてきた日興門流史に関連する事項について新たな見解が提示されている。今それらを三つ取り上げておきたい。

まず一つ目は、日興入滅直後の大石寺にて勃発したとされる門弟間の争い、いわゆる「道郷論争」と「大石寺東坊地係争」についてである。この問題に対して一石を投じているのが、坂井法曄氏の「道郷論争と大石寺東坊地の係争」[21]である。本稿において坂井氏は、両争論の発端とされる日道と日郷の間には直接争ったことを示す史料は見出せず、むしろ親交的関係にあったと述べた上で、今日通説とされる道郷論争は、大石寺東坊地係争の終結後に日道・日郷両門下の対立感情がより深化した結果作り上げられた、虚構の論争であると主張している。さらに、日道を大石寺四世に連ねる歴代系譜は後世に作られたもので、日道本人に当時大石寺の継承者としての意識があったかどうかについても疑問視している。この点については、本書第一章第二節の「日興滅後における門流の展開」以下で触れたい。

二つ目は、従来大石寺四世に連ねられる日道の著とされ、日蓮教団最古の日蓮伝記本と位置づけられてきた『御伝土代』についてである。この『御伝土代』の著者について新説を提示しているのが、池田令道氏の「大石寺蔵『御伝土代』の作者について」[22]である。池田氏は本稿において、大石寺所蔵の『御伝土代』正本筆跡の綿密な照合と記述内容の検討を行い、従来の日道説を覆して大石寺六世日時の筆とする見解を示している。そしてこの結論を受け、日蓮の伝記としては『法華本門宗要鈔』が最古となり、『法華本門宗要鈔』を参照して『御伝土代』が成立した可能性を指摘している。この池田氏の説に対しては東佑介氏が反論を加えているが、[23]池田氏はさらに東氏の批判に答えるべく「大石寺蔵『御伝土代』の作者について（補遺）」[24]を発表し、『御伝土代』の筆者を日時に比定する自説を補強している。

そして三つ目は、日興書写の日蓮遺文についてである。『興全』には「日興書写御書一覧」として、六二点の日興写本の存在が紹介されており、[25]その多くは大石寺と北山本門寺にそれぞれ所蔵される日興が書写した日蓮遺文の集成本『御筆集』に収録されるものである。『御筆集』に関する研究には、寺尾英智氏の『日蓮聖人真蹟の形態と伝来』[26]や池田令道氏の「大石寺蔵日興上人書写御書の考察」[27]があり、両氏共に『御筆集』は初めから遺文集を集成する目的のもとに作成されたものであるとの見解を示している。そして近時、従来日興筆とされてきた『御筆集』の筆者について一石を投じたのが、小林正博氏と坂井法曄氏である。小林氏は「大石寺蔵日興写本の研究」[28]において、日興筆である可能性を残しつつも大石寺蔵『御筆集』が別人の筆である可能性を述べ、また宮城妙教寺蔵日目所持本『法華題目抄』

の本文と筆跡が一致することを指摘している。この小林氏の研究を受けて坂井法曄氏は「日興写本をめぐる諸問題について」[29]を発表し、筆者の特定には至らないものの、『御筆集』は日興筆ではなく日蓮在世時に存在した別人の筆と結論づけると共に、『御筆集』編纂は日興の指示のもとに成立したのではないかと推測している。この坂井氏の指摘に立脚すれば、『御筆集』は日興と同時代を生きた別人の写本ということであるから、その史料的価値は下がらないものの、従来日興写本が存在するとされてきた日蓮遺文の数は大幅に減少することになるのである。この点については、本書第五章第三節「日興門流における日蓮遺文の書写について」で改めて触れよう。

　このように近年、従来の定説を覆すような刮目すべき新説が提唱されており、日興門流史研究は新たな展開を見せている。

第三項　その他

　日興門流関係の事蹟をまとめた年表として、『日蓮正宗富士年表』[30]がある。これは、日蓮六八〇遠忌を記念して昭和三十五年（一九六〇）に企画されたもので、昭和三十九年（一九六四）に日蓮誕生から慶応三年に至るまでを収録した上巻が刊行され、昭和四十四年（一九六九）に明治元年から昭和四十三年に至るまでを収録した下巻が刊行された。そして昭和五十六年（一九八一）には日蓮七〇〇遠忌に際し、上下分冊であった本年表を一冊にまとめ、昭和四十四年以降の事蹟も追加した改訂版が発行された。以来、さらなる改訂増補が行われ、平成二十年（二〇〇八）には増訂二版が刊行されて今日に至っている。本年表の刊行によって、日興門流の動向を時系列に沿って辿ることが容易となった。

平成十二年（二〇〇〇）、大黒喜道氏によって『日興門流上代事典』（以下『上代事典』と略記）が刊行された。本書は、日興門流の上代すなわち西暦一五〇〇年以前における事蹟から項目を抽出して解説を加えた事典である。収録されている項目は膨大かつ詳細で、本書の刊行によって日興門流関連史料や事蹟に関して格段に理解しやすくなった。『上代事典』は近年の日興門流研究における優れた研究成果の一つと言えよう。

また平成十四年（二〇〇二）には、日蓮立教開宗七五〇年を記念して、興風談所より日蓮遺文を多方面からデータベース化した『御書システム』が公開された。次いで、日興門流史料を網羅してシステム化した『史料システム』も公開され、日興門流関連史料ならびに『上代事典』がデジタルデータベースとして活用可能となった。そして今日では、分立していた『御書システム』と『史料システム』が統一化され、日蓮遺文・日興門流をはじめとする各門流関連史料・天台典籍関連史料を収録したデータベースソフト『統合システム』として新たに公開され、日興門流研究者のみならず多方面の研究者に幅広く活用されている。

以上、大変雑駁ではあるが日興門流史に関する研究史を概観してきた。本研究は、このような先学の築き上げてきた偉大な功績に依拠するところが大きい。これらの研究動向を踏まえ、本書では新たな視点を交えながら初期日興門流の展開について考察していきたい。

註

（1）『宗全』二巻（日蓮宗宗学全書刊行会、一九二一年）。

（2）『富要』全一一巻（雪山書房、一九三五年～）。
（3）立正大学日蓮教学研究所編『昭和定本日蓮聖人遺文』（身延山久遠寺、一九五二年初版）。
（4）静岡県編『静岡縣史料』（角川書店、一九六六年）。
（5）竹内理三編『鎌倉遺文』（東京堂出版、一九七一年～）。
（6）正本堂建立記念出版委員会編『日蓮正宗歴代法主全書』（大石寺、一九七二年～）。
（7）静岡県編『静岡県史』（静岡県、一九八九年～）。
（8）編纂委員会編『日興上人全集・日興上人御本尊集正誤表』（興風談所、一九九七年）。
（9）千葉県史料研究財団編『千葉県の歴史』資料編　中世3　県内文書2（千葉県、二〇〇一年）。
（10）千葉県史編纂審議会編『千葉縣史料』中世篇　諸家文書（千葉県、一九六二年）。
（11）堀日亨『富士日興上人詳伝』（創価学会、一九六三年）。
（12）堀慈琳『熱原法難史』（雪山書房、一九二三年）。なお、本書は一九八九年に中国報編集室より復刻版が刊行されている。
（13）堀日亨『日興上人身延離山史』（大日蓮社、一九三七年）。
（14）宮崎英修「興門初期の分裂と方便品読不読論―五人所破抄の著者について―」（『大崎学報』一二二号、立正大学仏教学会、一九六七年）。本稿は後に同『日蓮教団史研究』（山喜房佛書林、二〇一一年）に再録。
（15）高木豊「日興とその門弟」（川添昭二・高木豊・藤井学・渡辺宝陽編『研究年報　日蓮とその教団』四集、平楽寺書店、一九七九年）。本稿は後に同『中世日蓮教団史攷』（山喜房佛書林、二〇〇八年）に再録。
（16）出版委員会編『日興上人』（継命新聞社、一九九〇年）。
（17）山口範道『日蓮正宗史の基礎的研究』（山喜房佛書林、一九九三年）。
（18）富谷日震『本宗史綱』（本山要法寺、一九九四年）。
（19）日目上人出版委員会編『日目上人』（継命新聞社、一九九八年）。
（20）髙橋粛道『日蓮正宗史の研究』（妙道寺事務所、二〇〇二年）。
（21）坂井法曄「道郷論争と大石寺東坊地の係争」（『興風』一三号、興風談所、二〇〇〇年）。

(22) 池田令道「大石寺蔵『御伝土代』の作者について」(『興風』一六号、興風談所、二〇〇四年)。
(23) 東佑介「富士大石寺所蔵『御伝土代』の成立と価値」(『法華仏教研究』八号、法華仏教研究会、二〇一一年)。
(24) 池田令道「大石寺蔵『御伝土代』の作者について(補遺)」(『興風』二三号、興風談所、二〇一一年)。
(25) 『興全』一四六頁。
(26) 寺尾英智『日蓮聖人真蹟の形態と伝来』(雄山閣出版、一九九七年)。
(27) 池田令道「大石寺蔵日興上人書写御書の考察」(『興風』一三号、興風談所、二〇〇〇年)。
(28) 小林正博「大石寺蔵日興写本の研究」(『東洋哲学研究所紀要』二四号、東洋哲学研究所、二〇〇八年)。
(29) 坂井法曄「日興写本をめぐる諸問題について」(『興風』二一号、興風談所、二〇〇九年)。
(30) 富士年表作成委員会編『日蓮正宗富士年表』(富士学林、一九六四年〜)。

第三節　本書の構成

本書は、序章・本論五章・終章で構成している。

序章では、本研究の動機・問題の所在を提示し、考察対象とする先行研究を概観した上で、研究の観点と方法を明示する。

第一章「日興門流史概観」では、本研究の導入部として、初期日興門流史の展開について概観する。日興門流史は、言うまでもなく建長五年（一二五三）に「南無妙法蓮華経」の題目を唱えて立教開宗を宣言した日蓮に日興が出会い、入門したことを淵源とする。日興が日蓮の弟子として直参した時期、そして日蓮滅後、駿河を布教拠点として自らの門弟を先導して教化活動に邁進した時期を経て、日興滅後にはその門弟らによってさらにその教線が拡張されていく。本章は、第一節「門祖日興の生涯」と第二節「日興滅後における門流の展開」の二節を設け、日興を門祖とする日興門流がどのように形成され、発展・展開していくのか、その変遷を最新の研究成果を踏まえながら辿っていく。

第二章「日興門流における曼荼羅本尊の継承」では、日興とその門弟が曼荼羅本尊を書写するという行為を教化活動の中で如何に位置づけ、継承したかについて考察する。本章は全体を三節に分けて考察する。第一節「『白蓮弟子分与申御筆御本尊目録事』（『弟子分帳』）について」では、日興が永仁六年（一二九八）にまとめた『白蓮弟子分与申御筆御本尊目録事』の記述に着目し、日興門流初期における日蓮曼荼羅本尊の受容の在り方と、当時の弟子檀越の実態について検討する。第二節「日興の曼荼羅本尊書写」では、日興が生涯を通して書写した三〇〇幅超の曼荼羅本尊とその授与書等に着目し、日興における曼荼羅本尊書写の意義とそこから見えてくる当時の門流の広がりについて検討する。第三節「門弟による曼荼羅本尊の受容と書写」では、日興の門弟による曼荼羅本尊書写の実態と日興が書写した曼荼羅本尊の継承の在り方について、授与書等を中心に検討する。本考察を通して、日蓮が法華経の壮大な世界と真髄を具現化して揮毫した曼荼羅本尊の精神が、初期日興門流の中で継承されていく様子を探っていく。また本章では、調査によって新たに確認することができた新出史料の検討を加え、それを収録した。

第三章「日興門流における諫暁活動の展開」では、宗祖日蓮によってなされた、宗教者が権力者に対し信仰的な誤りを指摘して諭す行為である諫暁活動が、日興門流の中で如何に継承・展開されていったか、その具体的様相を探る。特に各師が諫暁活動の際に権力者に提出した申状を中心史料として、考察を進めていく。本章は三節からなる。第一節「中世日蓮教団の諫暁活動」では、日興門流の諫暁活動を検討する前段階として、日蓮滅後の中世日蓮教団における諫暁活動の全体像を確認し、他門流における諫暁活動の実態と展開について考察する。第二節「日興在世中における日興門流の諫暁活動」では、日興在世中に行われた日興とその門弟による諫暁活動について考察する。日興が作成した申状の書式や申状に副えて提出した副進書に着目し、日蓮の直弟である日興がどのような手段・主張をもって諫暁活動を果たしたのか、また門祖としての立場から、門弟に対して諫暁活動をどのように指揮したのか等を検討する。第三節「日興滅後における日興門流の諫暁活動」では、日興滅後の門弟による諫暁活動の展開について考察する。申状の内容や書式・副進書の継承の在り方を通して、門弟による諫暁活動の実態とその特色を検討する。本考察を通して、日蓮が目指した立正安国の理想世界実現という遺志が、日興門流の中で受け継がれていく過程を辿っていく。

第四章「日興と弟子檀越の交流」では、日興在世中における日興と弟子檀越との関わり方について考察する。本章は、次の二つの視点から検討を試みる。第一節「日興と弟子檀越の往来」では、日興文書・門弟文書に散見される往来の記述に着目し、日興門流内で如何なる目的の往来が行われ、その往来が当時の生活や布教活動と如何に結びつき、門流の教線拡張へとつながっていったのかを考察する。第二節「日興門流における物品の授受」では、往来の記述と同様に、日興文書に頻出する布施・供養品をはじめとする物品授受の事蹟に着目する。そして、贈与物と贈与者との関係や年中行事・仏事における物品授受の記録から、日興在世中の生活状況や文化の一端を探ると共に、日興と弟子檀越らの間で互いにどのような生活的サポートがなされ、それが宗教活動とどのように結びついていたのかを検討する。本考察によって、鎌倉時代における日興と弟子檀越の具体的な行動の一端を追究していく。

第五章「日興門流史における諸課題」では、初期日興門流史において史料不足等の理由から解明されていない課題、または史料に関する新たな見解の提示により再考を要する課題について、考察を試みる。本章においては、次の三つの課題を取り上げる。一つめは、第一節「日興書状にみえる「六郎入道」について」の、日興から書状を三通賜っている「六郎入道」という檀越についてである。この六郎入道は従来波木井実長に比定されてきたが、それはあくまでも推測に留まり、両者を同人とする積極的な根拠は未だ見出されていない。本節では、果たして六郎入道が波木井実長と同人なのか、あるいは別人なのかを種々の視点から検討する。二つめは、第二節「徳治二年の法難について」の、日興在世中の徳治二年（一三〇七）に日興門下の周辺において発生した「徳治二年の法難」についてである。当法難は宗教的弾圧事件としての性格を有する重大事件と想定されるものの、その全容は未だ解明されていない。ここでは法難に関連する史料を改めて整理分析し、法難に対する日興門下の対応と法難の動向について検討する。そして三つめの課題は、第三節「日興門流における日蓮遺文の書写について」である。初期日興門流における日蓮遺文書写の事蹟については、近時新出史料の報告や書写者に関する新たな見解が数多く提示されており、研究に大きな進展が見られる。本節では、このような先学による研究成果を踏まえ、初期日興門流における日蓮遺文書写の具体的様相について再考を試みる。

終章は、以上の研究の結論である。本書は右の構成をもって、初期日興門流の展開を歴史的視座から究明しようと試みるものである。

第一章　日興門流史概観

はじめに

日本における仏教の公伝は、五三八年に百済の聖明王が日本の欽明天皇に仏像・仏具・経典を贈ったことが起源とされる（一説では五五二年）。百済よりもたらされた仏教は、飛鳥時代には聖徳太子によって政治倫理の基盤に据えられて仏教興隆の礎が築かれ、奈良時代には鎮護国家思想が盛り上がりを見せて南都六宗が成立した。また平安時代には、最澄と空海が唐から多数の経典および法具等を請来すると共に、天台宗と真言宗を開宗した。両師の活躍によって、日本仏教の進むべき道が示されたといっても過言ではなかろう。

平安時代中期以降になると、次第に仏教の終末的歴史観を説く末法思想が盛んとなる。その中で、極楽浄土への往生を説く浄土教信仰が流行し、空也・源信・良忍らの諸師によって全国的な展開を見せた。そして鎌倉時代に至っては、末法思想の影響が貴族から武士・民衆にまで及ぶようになり、奈良・平安仏教の鎮護国家的性格ではなく、末法における武士や民衆の救済を願う庶民帰属の仏法を主張する僧侶が次々と登場した。それは法然（浄土宗）・栄西（臨済宗）・親鸞（浄土真宗）・道元（曹洞宗）・一遍（時宗）らに代表され、これらの諸宗は鎌倉新仏教と総称される。鎌倉時代は、末法を克服するための救済論を提示する仏教がまさに隆盛を極めた一時代であった。このような時代に日蓮（一二二二―一二八二）もまた生を受け、鎌倉新仏教を形成する僧侶の一人として、目覚ましい活躍を見せるのである。

日蓮は建長五年（一二五三）、教主釈尊の説かれた教説において法華経を最上とする立場のもとに「南無妙法蓮華経」の題目を標榜して立教開宗し、今日まで連綿と続く日蓮教団の礎がここに築かれた。そして、法華一乗こそが末法相応の正法であると主張すると共に、諸宗、特に念仏・禅の二宗は邪法であるとして痛烈に批判・折伏した。これにより日蓮は種々の迫害に遭遇するも、それに臆することなく伝道教化に邁進し、徐々に日蓮の教説に賛同する弟子・檀越を獲得するに至る。こうして日蓮の弟子となった一人が、白蓮阿闍梨日興（一二四六—一三三三）である。日興は元々天台宗寺院の住僧であったが、日蓮との出会いをきっかけに、今までの信仰を擲って日蓮の弟子となることを選んだ。日興が日蓮から教導を受けた際に感じた衝撃と、自らの信仰を捨てて日蓮の門に身を投じた日興の覚悟は、相当なものであったに違いない。これ以降、日蓮の弟子として直参し、日蓮の思想や行動・教導に側で触れながら、布教活動に励んだ。

日興は日蓮入滅に際し、本弟子六人（六老僧）の一人に任命され、滅後の法灯を託された。日蓮滅後は自身の布教地である駿河に至り、大石寺と本門寺の基盤を築いて、ここを拠点に教化活動・門弟育成を展開していくのである。

本章は本研究の導入部として、日蓮と同じく鎌倉時代に生を受けた日興がどのような生涯を送り、またその日興を門祖とする日興門流が時代の流れの中で如何に展開していくのかを最新の研究成果を踏まえた上で検討し、初期日興門流史を概観することから始めたい。

第一節　門祖日興の生涯

第一項　日蓮在世中の日興

一、出生～入門

日興の出生時期について、『御伝土代』には「日興上人者八十八代一院御宇、寛元四(ヒノヘムマ)御タンシヤウ(誕生)、ゾクシヤウ(俗姓)ハキウチ(紀氏)、甲州大井シヤウ(庄)ノ人ナリ」[1]とあり、また大石寺十七世日精『富士門家中見聞』には「御誕生は人王八十七代後嵯峨院の御宇寛元四年丙午三月八日の御誕生なり」[2]との記述が見られる。これらの記述から、日興生誕の日時を寛元四年（一二四六）三月八日とすることが通説となっている。ただし、『富士門家中見聞』は近世に成立した伝記本であるため、三月八日との日付には多少疑義が残るものの、寛元四年という年については間違いないと言える。それは日興が正中二年（一三二五）九月二十三日に書写した曼荼羅本尊に「満八十」[3]と自身の満年齢を記しており、ここから逆算すれば明らかである。出生地は、先に挙げた『御伝土代』の引用文中に「甲州大井シヤウ(庄)ノ人ナリ」とあることから、甲斐国大井荘、現在の山梨県南巨摩郡富士川町鰍沢の地と想定される。[4]現在当地に所在する蓮華寺境内が父親の館跡すなわち日興の出生地とも伝えられるが、[5]この点について堀日亨氏は否定的な見解を示している。[6]日興の両親については、日興の『白蓮弟子分与申御筆御本尊目録事』に次のような記述が見られる。

河合入道者日興祖父也。仍所二申与一如レ件。

遠江国前住甲斐国大井橘六三男橘三郎光房者日興舎弟也。仍所二申与一如レ件。(7)

つまり、遠江国前住の紀氏・大井橘六が日興の父であり、河合入道の女子が日興の母となる。また日興が元徳三年（一三三一）二月二十四日に、母の一周忌に際して書写した曼荼羅本尊に「為悲母妙福一周忌之菩提書写之」(8)との授与書が記されることから、日興の母は妙福という法号であったことがわかる。この両親のもとに日興は誕生したのである。しかし、父大井橘六は建長年間、日興幼年期に早世したとされ、母妙福はその後武蔵国の綱嶋九郎太郎のもとへ再嫁し、元徳二年（一三三〇）に至って逝去したことが伝えられている。また、大井橘六と妙福の間には三男として橘三郎光房という日興の弟がおり、母の再嫁先・綱嶋九郎太郎との間にも綱嶋九郎次郎時綱という子が生まれている。日興が長男であるか次男であるかは定かではないが、日興に兄弟が存在したことを知ることができる。

父が早世し母も再嫁した後、日興は母方の祖父である河合入道の元で育てられたようである。そして、日興の幼少期の事蹟について、『御伝土代』に次のような記述が見られる。

ヨウセウ（幼少）ニシテ、駿州四十九院寺上シユ（修）学アリ、同国富士山フモト（麓）、須トノシヤウ（津庄）良覚美作阿闍梨ニ謁シテ、外典ノアフキ（奥義）ヲキハメ（極）、ストノシヤウ（須津庄）ノ地トウ（頭）冷泉中将ニ謁シテ歌タウ（道）ヲキハメ（極）給(9)

この記述によれば、日興は幼い頃より勉学のために駿河国蒲原荘四十九院に上り、須津荘・良覚美作阿闍梨に外典を学び、同荘地頭冷泉中将に歌道を学んだとされる。四十九院は現在では廃寺となっており、その正確な跡地を割り出すことは困難であるが、堀氏は駿河国岩本実相寺と富士川を挟んだ近隣にあったと推測している。(10)この岩本実相寺・四十九院の両寺はもと天台宗寺院であった。良覚美作阿闍梨の詳細については不明だが、冷泉中将について堀氏は、歌道の大家である万里小路隆茂を指すと述べている。[11] 日興が詠んだとされる詠歌は現在九首が伝わるが、[12] これらの詠歌が詠まれた背景には、冷泉中将による指導の影響があったのであろう。

日興は、四十九院における初等教育を始め、これらの人物に就いて修学の日々を送った。そして四十九院で出家得度し、弘安元年（一二七八）三月の『四十九院申状』の冒頭に「駿河国蒲原庄四十九院供僧釈日興等謹申」[13] とあるように、弘安元年春頃まで四十九院の供僧、すなわち本尊に香華を供えるなどの用務に携わる供奉僧[14]としての立場であったことが窺える。

天台宗僧侶として仏道を歩み出した日興であったが、間もなくして重大な転機が訪れる。それは、後に鎌倉新仏教を築いた僧侶の一人と称される日蓮との邂逅である。日興は日蓮と出会い、その教導に心打たれ、それまでの信仰を擲って日蓮に弟子入りするのである。その日蓮と日興の出会い・入門については、次のように伝えられている。

建長八年（一二五六）二月頃から正嘉・正元年間（一二五七〜一二五九）にかけて大雨・洪水・飢饉・疫病などが続発、正嘉元年（一二五七）八月二十三日には鎌倉を大地震が襲った。また一方では、寛元四年（一二四六）の名越光時・その弟時幸らによる執権北条時頼殺害の企てを筆頭に、権力闘争が勢いを増して内乱が度々起こった。これらの天災・内乱を受けて、幕府は種々の対策を試みるも、その事態は悪化の一途を辿っていった。

日蓮はこのような現状を鑑み、無数の災難が勃発する原因と対策を経典に求めようと発起し、一切経蔵に入蔵して一切経を閲読した。日蓮が入蔵した一切経蔵は、『法華本門宗要鈔』によれば岩本実相寺の一切経蔵と伝えられる。[15] そしてその成果を一書に認め、『立正安国論』と名付けて文応元年（一二六〇）七月十六日、宿屋左衛門入道最信の手を介して前執権北条時頼に上呈したのである。『立正安国論』述作の直接的動機は、正嘉元年（一二五七）八月二十三日に発生した鎌倉大地震であることは日蓮遺文に明白であるから、[16]日蓮が実相寺一切経蔵に入った時期は、正嘉・正元年間（一二五七～一二五九）の頃と想定されている。前述したように、日興が居住した四十九院と岩本実相寺は、富士川を挟んで程近い距離にあったと考えられることから、日興は仏道研鑽のために経典を膨大に所蔵する実相寺に赴いて度々学んだことであろう。そんな中、日興は日蓮が一切経蔵に入蔵するために岩本実相寺を訪れた折に日蓮に出会い、その教えに感化されて弟子となり、日興の名を賜ったとされている。つまり、日興の入門を正嘉・正元年間（一二五七～一二五九）の頃とする説が、日興の入門時期における通説となっている。この時に日蓮に入信したのであれば、日興一一～一三歳頃、かなり若年の頃の出来事となろう。

この通説に対して一石を投じたのが、高木豊氏である。高木氏は日蓮と日興の師弟関係成立の時期について、次のような仮説を立てている。

日蓮の遺文には岩本入蔵についてふれたものはない。ただ一切経・諸経を勘えたという記事のみである。日蓮没（八二年）後七、八十年ごろのものといわれる『法華本門宗要鈔』にはじめて「容駿河国岩本経蔵」との叙述があらわれる。いっぽう、日蓮の遺文のなかで、かれと駿河との関係を示す最古のものは、文永元（六四）年十二月の南条兵衛七郎宛ての書状である。七郎はのちに富士郡最大の檀越となった時光の父で、恐らく鎌倉番役で上番した折、日蓮に帰依したと考えられる。しかし、右の書状によれば、その関係は必ずしもそれ以前の早くからのものであったとは考えられず、むしろ文永元年に近かった時期と思われる。しかも七郎はこの後幾何もなくして不帰の客となった。日蓮はのちに南条氏に与えた書状のなかで、七郎のことにふれ、当時かれは七郎との死別を悼んで、富士郡上野郷へ「わざとかまくらよりうちくだかり御はか」に詣でたという。佐渡流罪以前、日蓮が駿河に行っていることを証しうるのは、右の一事しかない。したがって、日蓮と日興との邂逅を従来のように、日蓮の来駿の時とすれば右の墓参しか考えられない。日蓮はこの時の往還に、自己と同じ叡山横川の流れを汲む岩本実相寺に立ち寄って、住僧と論談の機会をもった。その折、実相寺に場所も関係も近い、天台寺院蒲原四十九院住僧の伯耆房も日蓮にあい、その教説に惹かれてかれの弟子になったと想定する。両者の師弟関係成立の時期を、従来の正嘉～文応年間説に対して、文永初年のころであるという仮説を提出したい。[17]

つまり高木氏は、岩本実相寺の一切経蔵に入蔵した旨は日蓮自身は述べておらず、日蓮滅後に成立した『法華本門宗要鈔』の記述が初見であるという問題点を指摘している。その上で、日蓮の檀越であった南条兵衛七郎が文永二年（一二六五）頃に逝去し、日蓮が駿河まで南条兵衛七郎の墓参に赴いたことが『春之祝御書』[18]に記されることを挙げ、確実な史料では佐渡流罪以前の日蓮の駿河訪問はこの時の墓参しか確認できないことから、日蓮の駿河訪問と日興の入門の時期を文永初年頃であると推測している。高木氏の推測に立脚すれば、日蓮と日興の師弟関係成立は、日興一八歳頃のこととなる。この頃は年齢も青年期に差し掛かっており、世の中の成りゆきについて様々な疑問を感じ、新たな行動を起こそうと発起し得る年頃でもあるかと思う。このような時期に日蓮と出会い、心打たれて弟子入りを決意したことは可能性として十分考えられよう。これ以降、日興は四十九院供奉僧としての立場に身を置きながらも、日蓮の弟子として法華経の実践と布教の日々を送るのである。

二、佐渡と日興

日蓮の弟子となった日興であるが、その後日蓮在世中に日興の周辺で起こった大きな出来事の一つに、日蓮の佐渡流罪が挙げられよう。周知の通り、文永八年（一二七一）九月十二日、侍所所司平頼綱の指揮のもとに日蓮は捕縛され、同日深夜に龍口にて斬首されそうになる。しかし斬首が失敗に終わり、日蓮は結局佐渡流罪の刑に処せられることとなった。この頃の日興の動向について、『御伝土代』には以下のような記述が見られる。

> 文永八年カノトノヒツジ九月十二日大聖人御カンキノトキ、サトノシマヘ御トモアリ御年二十六歳ナリ、御名伯耆房配所四ヶ年ギウジアツテ、同十一年キノヘイヌ二月十四日シヤメンアテ、三月二十六日カマクラエ聖人御トモシテ入給(19)

この記述によれば、日興二六歳の時より日蓮が佐渡に配流され、日興もまた佐渡に渡り、日蓮在島中の約二年半（足かけ四年）の間日蓮に常随給仕したことが伝えられる。しかしながら、日興が佐渡へ渡島した時期を明確に示す史料は現存しない。したがって、日蓮が佐渡配流のため文永八年十月十日に依智を発って以降行動を共にしたのか、あるいは後に日蓮を慕って佐渡へ渡ったのかは不明と言わざるを得ない。『御伝土代』の記述をそのまま解釈すれば、足かけ四年間佐渡にて給仕したと記されているから、日興の佐渡渡島は文永八年中の出来事となろう。

なお、日興の佐渡随伴に関しては様々な意見が提出されている。その一つが日蓮遺文『夢想御書』(20)の存在についてである。現在玉沢妙法華寺に所蔵される日興写本『立正安国論』の紙背には、日蓮が文永九年（一二七二）十月二十四日の夜に見た夢を走り書きした『夢想御書』と称される遺文が存在している。日興写本『立正安国論』の紙背に日蓮が佐渡在島中の夢想を記したのであれば、日興が佐渡流罪中の日蓮の傍にいたことの傍証にもなろう。鈴木一成氏もこれに関連して日興の佐渡在島を述べている。(21) ただし高木豊氏は、日興写本『立正安国論』と紙背文書の先後関係について触れ、逆に日蓮が記したものを料紙の一部として使用して、日興が『立正安国論』を書写した可能性を指摘している。(22) 高木氏の指摘が事実であれば、日興写本『立正安国論』と『夢想御書』の関係をもって日興佐渡在島の根拠とすることは困難となる。これに対し、近時菅原関道氏が日興写本『立正安国論』と紙背文書の先後関係について内容的・書誌学的検討を行い、その結果日興写本『立正安国論』が先に成立し、その紙背に日蓮が『夢想御書』を書き入れたという先後関係を論証している。(23)

また、日興の別の写本遺文の存在から、日蓮の佐渡流罪に日興が随伴したと判断する説も出されている。池田令道氏によれば、日興写本『転重軽受法門』（小浜長源寺所蔵）と同『法華行者値難事』（讃岐本門寺所蔵）は、その筆勢から日興が日蓮の傍らにあって現場で書写したものであると述べている。(24) さらに坂井法曄氏は、佐渡流罪直前、あるいは佐渡流罪期間中に記されたこれらの日蓮遺文を日興が速記していることは、日興が佐渡流罪に随伴したことを示しており、この両写本の存在は日興随伴の貴重な文証となるであろうと主張している。(25)

後述するが、今日佐渡の日蓮宗寺院には日興が書写した曼荼羅本尊が三三幅も伝来しており、また佐渡には日興在世中の段階ですでに佐渡国法華講衆と呼ばれる多数の弟子檀越が存在していた。日興が活動の拠点とした駿河からははるか遠方の地である佐渡において、これだけ多くの日興の事蹟が確認できるということは、それ以前に日興と佐渡との間に何らかの縁があった可能性が非常に高いと思われる。そういったことを勘案すると、日興が日蓮流罪時に佐渡に渡島し、常随給仕の日々を送っていたことはほぼ間違いないであろう。日興の佐渡渡島が、日興と佐渡の弟子檀越との間に師弟関係が成立するきっかけとなったと考えられるのである。

文永八年（一二七一）に日蓮の佐渡流罪が決定してから、文永十一年（一二七四）三月八日に鎌倉幕府からの赦免状が佐渡に届くまでの約二年半の間に、日蓮は五大部に挙げられる『開目抄』『観心本尊抄』を述作し、我こそが本化上行菩薩の生まれ変わりであり、釈尊の使いとして末法の人々を救済するために正法たる法華経を弘通しなければならないという自覚を明らかにした。この両遺文を通して人開顕・法開顕の法門を明確に示した佐渡期は、日蓮にとって画期ともいうべき重要な時期であり、そのような佐渡における師の姿を、日興は直参給仕しながら最も近くで見ていたのである。

三、四十九院からの追放

文永十一年春に佐渡流罪を赦免されて鎌倉に戻った日蓮は、その後同年五月十二日に鎌倉を発ち、身延に入山した。日蓮が身延入山した後の日興の動向は、『御伝土代』の伝える通りとすれば、地縁のある甲斐・駿河・伊豆方面を中心に布教伝道に務め、多くの弟子檀越を獲得した。その一方で、前述した通り、日蓮の弟子となった後も四十九院の供僧を務めていた。そして日興は、既成寺院の住僧という立場から他の住僧に対しても布教を展開するようになる。その結果、同じ四十九院供僧である日持・承賢・賢秀、岩本実相寺住僧の豊前公・筑前房・肥後公ら、熱原滝泉寺住僧の日秀・日弁らを天台から日蓮門下へと転換させることに成功している。日興は、自身の最も近くにいて、また同じ立場である既成寺院の住僧に対して、積極的な教化活動を推し進めたのである。

しかし、日興による積極的な住僧の転化は、当然のことながら既成寺院側からの反発を招くこととなり、日興が供僧として身を置く四十九院と日興らの間に争い事が発生した。その様子は『四十九院申状』によって窺うことができる。

『四十九院申状』とは日興撰とされる訴状だが、自筆本は伝来しておらず、大石寺十七世日精の写本が現在大石寺に所蔵されている。その写本によれば、弘安元年（一二七四）三月に承賢・賢秀・日持・日興の四師連名によって提出されたものであることがわかる。本訴状の冒頭には次のような記述が見られる。

為二寺務二位律師厳誉一、以二日興並日持・承賢・賢秀等所学法華宗一称二外道大邪教一、奪二取往古住坊並田畠一令レ追二出寺内一無レ謂子細事。

（中略）而厳誉律師状云、四十九院内日蓮弟子等令二居住一之由有二其聞一。彼党類乍レ学二仏法一同二外道之教一令下改二正見一住中邪義旨上、以外次第也。大衆等令二評定一不レ可レ令レ住二寺内一也云云。因レ茲日興等忽被レ追二出年来之住坊一、已失二御祈禱便宜之学道一(26)

すなわち四十九院寺務二位律師厳誉が、供僧でありながら日蓮の弟子となった日興・日持・承賢・賢秀らが寺内に居住していることに不満を感じ、この僧等の信仰は外道にも等しい大邪教であるとして、大衆をもって評議した結果、その住坊・田畑を没収して寺から追放したことに対して、その不当を訴えるために日興らが作成したのが本訴状である。日興らが四十九院の供僧を継続しつつも、宗旨とは相違する信仰を保持していることに対して、ついに寺側から不服の念が示されたことがわかる。高木氏は厳誉による日興ら追放の事実から、当時の状況を次のように分析している。第一に日興の弘通が効果をあげ、「党類」とみられるまで成長したこと、第二に日蓮の教説が外道邪義との評価を受けていたこと、第三に弘安元年においても日蓮の弟子の一部、それも日蓮の高弟がまだ天台寺院に寄住していたこ

と、などを挙げている。(27)

このような厳誉の横暴な行動を受け、日興らは果たして日蓮の仏法が外道であるか否か、厳誉と公場対決を行って真偽を糾明すべきであるとの要求を、本訴状後半部に強気に示している。日興らが『四十九院申状』を提出した後の動向については不明であるが、『日興上人』によれば、四十九院の所在する駿河は北条時宗の直轄領であり、その一門が多く居住していることからみて、法華衆徒に勝ち目はなかったであろうと推測している。(28) 厳誉による追放の事実、そしてこの後も日興らが日蓮の弟子として活躍していることから考えると、『四十九院申状』に見られた弘安元年三月の争い以降、最終的に日興らは厳誉らの要求通り四十九院を追い出されたのであろう。

本申状によって表面化した既成寺院による日蓮門下への迫害は、翌弘安二年（一二七五）、熱原法難となってより具現化し、駿河の日興とその門弟に対して多大な被害を及ぼすのである。その背景には、高木氏が指摘しているように、日興の弘通が効果をあげて教勢が増してきたことが、大きく影響したものと思われる。

四、熱原法難

日蓮の身延入山以降、駿河においては日興が中心となって日蓮の教えを布教伝道し、新たな弟子檀越を着実に獲得していった。前述した通り、日興は四十九院の住僧でありながら日蓮の弟子となって日蓮の教説を布教した。その教化は他の既成寺院住僧に対しても積極的に行われ、既成寺院の住僧を多く日蓮の門下へと取り込んだ。しかしそのような住僧の転化は、当然寺院内部における対立を招く要因となり、その対立は四十九院住僧間における訴訟によって表面化することとなった。駿河の日興とその門弟に対する迫害はこれだけに留まらず、これに連動してついには殉教者を出すほどの大きな法難が勃発することとなる。それが熱原法難である。

熱原法難に関する主な先行研究としては、堀慈琳『熱原法難史』(29)、『富士日興上人詳伝』(30)、高木豊『日蓮とその門弟』(31)、継命新聞社『日興上人』(32)、長谷川信達「熱原法難の周辺に関する一考―伝承再考に向けての試論的覚書―」(33)等が挙げられる。今これらの先行研究を参照しつつ、当法難の経過について少しく考察してみたい。

熱原法難の発端となる対立は、まず熱原滝泉寺で起こる。その内容は、弘安二年（一二七九）十月に作成された『滝泉寺申状』によって知ることができる。『滝泉寺申状』は、滝泉寺院主代平左近入道行智が日興の弟子となった同寺住僧に対し、種々の迫害を加えた上で訴訟を起こし、その行智の訴状に住僧の下野公日秀・越後房日弁の両師が陳弁した陳状である。本申状には、行智の行った主な迫害が三つ記載されている。その該当箇所を以下に挙げる。

①行智乍レ補二当寺霊地之院主代一仰二于寺家三河房頼円・並少輔房日禅・日秀・日弁等一行智於二法華経一者不信用之法也。速停二止法華経読誦一一向読二阿弥陀経一可レ申二念仏一之由書二起請文一可二安堵一之旨令二下知一之間(34)

②勤二下方之政所代一去四月御神事之最中法華経信心之行人令レ刃二傷四郎男一去八月令レ切二弥四郎男之頸一(35)

③訴状云今月二十一日催二数多人勢一帯二弓箭一打二入院主分之御坊内一下野房乗馬相具熱原百姓紀次郎男立二点札一苅二取作毛一取二入日秀住房一畢云云取意。此条無二跡形一虚誕也(36)

本申状の記述によれば、建治二年（一二七六）頃に滝泉寺院主代行智が日蓮門下へと転化した下野房日秀・越後房日弁・少輔房日禅・三河房頼円ら住僧に対し、法華経読誦を停止して阿弥陀経読誦を行うよう強要し、さらに念仏を唱える旨の起請文の提出を求め、提出すれば今まで通り寺内に寄住することを認めると言い渡した。行智の強要に頼円は屈してやむなく起請文を提出したが、他の日秀・日弁・日禅の三師はこれを拒否した。その結果、日禅は住坊を奪い取られて富士郡河合に移り住み、日秀・日弁はなおも四年間滝泉寺に留まり続けたが、最終的には住坊を奪い取られた。起請文を提出しなかった日秀・日弁がその後四年間も滝泉寺に寄住できた理由については不明であるが、これが①に見られる行智による一回目の迫害である。

一方、建治四年（一二七八）正月十六日の『実相寺御書』によれば、この頃岩本実相寺内において、同寺住僧尾張阿闍梨が同住僧で日蓮門下の豊前公に対して問答を仕掛けているし、[37]さらに既述の通り、弘安元年（一二七八）三月頃には四十九院寺務二位律師厳誉が日興・日持・承賢・賢秀らの住坊・田畑を奪い取り、寺内からの日蓮門下一掃を企てている。このように、滝泉寺のみならずその周辺寺院においても、この頃から寄住の日蓮門下に対する圧力が強まりを見せていることが窺える。これは言うまでもなく、既成寺院内において日蓮の法華至上主義を信奉する者が増加するにつれて、徐々に既成寺院内の秩序を乱す異質的かつ脅威的な存在として日蓮門下が捉えられていたことを物語っている。このような駿河の門弟周辺に起こった不穏な情勢については、日蓮も門弟より逐一報告を受けて把握しており、迫害への対処法を助言している様子が『滝泉寺申状』や『実相寺御書』から読み取ることができる。

滝泉寺内日蓮門下の追放を図った院主代行智による迫害の対象は寺内住僧だけに留まらず、これ以降寺外の日蓮信奉者に対しても迫害が加えられるようになり、熱原法難はまさに拡大激化の一途を辿ることとなる。

行智の第二の迫害は、先に挙げた『滝泉寺申状』の②の記述である。これによれば、行智は弘安二年（一二七九）四月に富士下方得宗政所と結託して浅間大社における神事の最中に四郎という駿河の檀越に刃傷を負わせ、さらに同年八月には、弥四郎という檀越の首を切って殺害したとされる。これにより、一連の法難における最初の殉教者が発生している。そして第三の迫害として先の③によれば、同年九月二十一日、行智の指示で彼に同調する者らが日秀らの檀越の田畑作毛を勝手に刈り取り、それを阻止しようと止めに入った百姓等との間で乱闘騒ぎが起こった。この事実を行智は、弓矢を持った大勢が行智の坊内に立ち入り、日秀が熱原の百姓紀次郎に指示をして作毛を刈り取らせ、それを日秀の住坊に持ち帰ったという内容で苅田狼藉事件を捏造し、逆に日蓮門下の仕業として弥藤次入道をもって幕府に提訴させたのである。この結果、苅田狼藉事件の犯人として檀越の百姓二〇名が幕府に逮捕されて鎌倉へ連行された。日蓮は百姓らが捕縛された五日後の同年九月二十六日、日興とその門弟に宛てて『伯耆殿並諸人御書』を送っている。現存の『伯耆殿並諸人御書』は、一九紙中末尾一紙のみであり、残念ながらその本旨を窺うことはできないが、書状が記された年月日や宛所が日興らであることから、この事件の対応に関する日蓮の指示が記されていたものと想定されている。[38]また日蓮は同年十月一日に、四条金吾を介して鎌倉在住の弟子檀越一同に宛てて『聖人御難事』を送り、「彼のあつわら（熱原）の愚痴の者どもいゐはげま（言励）してをどす事なかれ」[39]と述べている。すなわち日蓮は熱原法難の勃発により、混乱する門下一同を励まし、教示を発するために本書状を記した様子が窺える。そして日蓮は、行智の訴状による不当性を弁明して、百姓二〇名の釈放を求めるために提出する陳状として同年同月『滝泉寺申状』の草案を作成し、これに添えて熱原法難の渦中にある日興らに宛てて同年十月十二日『伯耆殿御返事』[40]を送り、問注に関する具体的な指示を与えている。

なお、『滝泉寺申状』の前半部は日蓮筆であるが、後半部は他筆とされ、その中に日蓮の添削が記されている。後半の他筆部分の筆者については、従来本申状の陳弁者である日秀筆とする説[41]と日興筆とする説[42]の二つの見解が示されていた。これに対し菅原関道氏は筆跡照合を行った結果、本申状の他筆部は富木常忍の筆であるとの見解を提示しており、富木常忍が鎌倉で日興らと相談して草案を認めて身延に送り、その前半を日蓮が加筆・校閲した上で、鎌倉の日興らのもとへ送り返されたものであると推測している。(43) 菅原氏が主張する説の通りであるならば、熱原法難における一連の問注において富木常忍が極めて重要な役割を果たしており、当法難への対応を日興とその門弟だけではなく、挙党態勢で臨んでいる様子が窺えよう。

こうして日蓮と日興らの手を介してまとめ上げられた『滝泉寺申状』の中で、この事件の直接的な原因となった苅田狼藉事件について、

> 此条無二跡形一虚誕也。日秀等被レ損二亡于行智一不安堵之上者誰人可レ令レ叙二用日秀等之点札一。将又尩弱土民之族被レ雇二越于日秀等一。如然帯二弓箭一於レ企二悪行一者云二行智一云二近隣人々一争奪二取弓箭一召二取其身一不レ申二子細一哉。矯飾之至宜レ足二賢察一矣(44)

と述べられ、日秀らは被害者であることは明白であり、行智らの訴訟は全くの虚偽であると主張している。さらに続けて、和泉房蓮海に申しつけ、わざと法華経を反故にして薄い紙板を作って紺形を彫ったこと、修理用の葺榑一二〇〇〇枚中八〇〇〇枚を私的に使用したこと、四月の神事の際に四郎を切らせ八月に弥四郎をも殺害したこと、盗人の兵部房静印から金銭を受け取り、偽って滝泉寺供僧に採用したこと、百姓を促して動物を殺し、これを別当の坊で食していること、仏前の池の魚を捕獲して売り捌いていることなど、数々の行智の非法を挙げている。これによって、今回の苅田狼藉事件が行智の策略によるものであることを根拠付けようとしている。こうして百姓二〇名の身の潔白を必死に主張したにも関わらず、幕府はついにそれを受け入れず、捕らえた百姓二〇名の内、神四郎・弥五郎・弥次郎の三名を斬首刑に処したのである。それに関する記述を日興の『白蓮弟子分与申御筆御本尊目録事』に見ることが

できる。その箇所を以下に挙げる。

一、富士下方熱原郷住人神四郎兄。

一、富士下方同郷住人弥五郎弟。

一、富士下方熱原郷住人弥次郎。

此三人者越後房下野房弟子二十人之内也。弘安元年奉二信始一處依二舎兄弥藤次入道訴一被レ召二上鎌倉一終仁被レ切レ頸畢。平左衛門入道沙汰也。子息飯沼判官十三歳ヒキメヲ以散々仁射天可レ申二念仏一之旨再三雖レ責レ之、二十人更以不レ申之間張本三人お召禁天所レ令二断罪一也。枝葉十七人者雖レ令二禁獄一終仁放畢。其後経二十四年一平入道判官父子発二謀反一被レ誅畢。父子コレタ、事ニアラス。法花経ノ現罰ヲ蒙レリ(45)

この記述によれば、熱原郷の住人神四郎・弥五郎・弥次郎の三名は、弘安元年（一二七八）に日秀・日弁の弟子となったことがわかる。熱原法難が勃発したのが翌二年（一二七九）であるから、神四郎・弥五郎・弥次郎の三名は、入信後約一年程で当法難の中心的被害者と化してしまったのである。今回の苅田狼藉事件の処理を司ったのは、日蓮が行った三度の諫暁中二度目・三度目の諫暁相手であり、日蓮と常に対立関係にあった鎌倉幕府侍所所司平左衛門尉頼綱であった。平頼綱は当時一三歳の子息飯沼判官に指示を出し、百姓らに向かって散々蟇目の矢を射って拷問にかけさせ、念仏を唱えよと再三責め立てた。しかし、百姓二〇名は平頼綱の権威を恐れず、このような拷問にも全く怯むところがなく、南無妙法蓮華経の題目を唱え続けたという(46)。その結果、神四郎・弥五郎・弥次郎の三名は斬首の刑に処せられ、残りの一七名は禁獄という、極めて厳しい結末を迎えてしまった旨が記されている。三名が斬首された具体的な時期については、現時点では確定するには至っていない。堀氏はこの件について、弘安三年（一二八〇）四月八日と想定しているようであるが、[47]『上代事典』は弘安二年（一二七九）十月十七日付『変毒為薬御書』の記述によって、同年十月十五日に斬首が執行されたものと推測している。[48]日蓮は捕らえられた百姓らが処刑されたとの報告を受けて『変毒為薬御書』を送り、日興らに再び問注を行うよう求め、さらに斬首を指示した平頼綱に対しては「平ノ金吾可レ申様去文永之御勘気之時乃聖人仰忘給歟。其殃未レ畢。重招ニ取十羅刹罰一歟」[49]との忠告を伝言するよう要請している。

滝泉寺院主代行智の策略によって引き起こされた熱原法難は、百姓三名の斬首と一七名の禁獄という悲惨な結末に至った。熱原法難後の動向については、先に挙げた『白蓮弟子分与申御筆御本尊目録事』に「枝葉十七人者雖レ令ニ禁獄一終仁放畢」とあり、禁獄された一七名は後に釈放された。これをもって熱原法難は一応の終局を迎えたものと見られるが、その後も法難の余波はしばらく続いた模様である。

日蓮は弘安二年（一二七九）十一月六日付の『上野殿御返事』の中で「此はあつわら（熱原）の事のありがたさに申御返事なり」[50]と記しており、熱原法難に際して南条時光の助勢があったことが窺える。それは弘安三年（一二八〇）七月二日付『上野殿御返事』に「さては、かうぬし（神主）等が事、いまゝでかゝへをかせ給て候事」[51]とあり、この頃においても熱原の信徒である神主らを南条家で匿っている。また同年十二月二十七日付『上野殿御返事』には「あつわら（熱原）のものどものかくをしませ給へる事は、承平の将門、天喜の貞任のやうに、此国のものどもはおもひて候ぞ。これひとへに法華経に命をすつるゆへ也。（中略）其上わづかの小郷にをほくの公事せめにあてられて、わが身はのるべき馬なし、妻子はひきかくべき衣なし」[52]とあって、南条時光は当時幕府からわずかな所領にも関わらず多くの課税をかけられる境遇にあったことがわかる。その要因には、熱原の神主らを匿ったことなどが影響したものと考えられている。[53]南条時光の助勢は、熱原法難の渦中にある駿河の門弟らにとって、どれほど大きな力となったかは想像に難くない。

一方、行智によって滝泉寺の住坊を奪い取られた日秀と日弁については、同年十一月二十五日の『富城殿女房尼御前御書』に「さてはえち（越）後房・しもつけ房と申僧をいよどのにつけて候ぞ」[54]とあり、日蓮は六老僧日頂を同行させて下総の富木常忍のもとへと避難させている。日秀・日弁の両師は、熱原法難を引き起こす直接的要因である苅田狼籍事件の当事者であるので、行智らによってさらなる迫害が加えられることを危惧した日蓮の措置であったと推測されよう。

以上見てきたように、熱原法難は結果的に文永元年（一二六四）十一月の小松原法難に引き続き殉教者が生じた、日蓮門下にとって重大な法難となった。日蓮は、熱原法難の渦中にあって混乱する駿河の弟子檀越に対して度々書状を送って激励すると共に法難の対応に関する指示を送り、法難の動向に細心の注意を払っていた。鎌倉で法難が推移する中、中心的役割を担って対応したのは日興であり、それは熱原法難を通して日蓮から四通の書状を賜り、指示を受けていることから窺える。日蓮が弟子檀越に対して度々指示を送った理由について高木氏は、当時の駿河は得宗領であり、北条氏の得宗政治の基盤として強固な政治権力が覆いかぶさっていたことを日蓮は熟知しており、もし当地において対立が激化し抗争が生ずれば、その政治権力が当然介入すると考えたからであると指摘している。[55]

このように、日蓮が熱原法難の動向を深く懸念した背景には、政治権力によって教団が壊滅状態にまで追い込まれた、文永八年（一二七一）の龍口法難における苦い経験があったと思われる。政治権力が絡んだ宗教的弾圧事件である熱原法難が勃発したことは、日蓮にとってかつて体験した龍口法難の辛苦を思い起こさずにはいられなかったであろう。だからこそ日蓮は、同じような法難を繰り返さぬようにと考え、駿河一地域に限った弾圧としてではなく門下全体に関わる重大な法難として捉え、門弟に多くの指示や激励を送ったものと想定される。そのような面から熱原法難は、単に日興を中心とする駿河の弟子檀越に加えられた迫害ではなく、日蓮そして門下全体に多大なる影響を及ぼした法難と位置づけられるのである。

第二項　日蓮滅後の日興

一、身延期

弘安五年（一二八二）十月十三日、日蓮は武蔵国千束郷の池上宗仲の館にて、六一歳の生涯を閉じた。入滅の五日前、臨終近きことを覚った日蓮は、滅後の法灯として本弟子六人、いわゆる「六老僧」を選定した。すなわち日昭・日朗・日興・日向・日頂・日持の六人であり、かつて天台宗寺院住僧から日蓮の弟子へと転化して、駿河を中心に教線拡大に努めた日興も六老僧の一人としての指名を受けた。日蓮の入滅は六老僧にとってとてつもなく重大な転機であり、これにより求法者から弘法者へと立場を変え、各々が布教伝道の新たなスタートを切ることとなるのである。

日蓮の遺骸は池上にて荼毘に付した後、遺骨は遺言により身延に移され、そこに廟所が設けられた。そして翌弘安六年（一二八三）正月二十三日には日蓮の百箇日忌が営まれ、その折に六老僧とその他の諸師が月毎に交代で墓所の香花当番をする守塔輪番制が定められた。これにより、日興は九月の輪番にあたることとなった。これらの事実は日興が執筆した『宗祖御遷化記録』[56]によって知ることができるものであり、本記録は日蓮の葬送次第を伝えるだけでなく、その前後における教団初期の体制と動向をも窺い知ることができる、貴重な史料である。

さて、日蓮百箇日忌の折に取り決められた守塔輪番制は、弘安六年中、すなわち日蓮の一周忌過ぎまでは順調に実行されたと見られている。[57]ところが翌弘安七年（一二八四）に入ると、鎌倉幕府が弘安の役以降諸宗・諸社に命じてきた敵国調伏・天下安全の祈禱を、日蓮教団に対しても執行するよう要求してきた。当時、鎌倉では六老僧の日昭・日朗が当地を布教の拠点とし、指導的立場として鎌倉在住門下の統率にあたっていた。その鎌倉日蓮教団に対して幕府は、要求する祈禱を行わなければ鎌倉教団を一掃するであろうと圧力をかけてきたのである。このような幕府の命令を受けて日昭・日朗は鎌倉教団の壊滅危機を憂い、申状を提出して陳弁諫暁すると共に、幕府の要求通り祈禱の巻数を捧げるという選択をした。この結果、鎌倉日蓮教団は壊滅の危機を脱し、事なきを得たのである。鎌倉日蓮教団の周辺では、弘安七年から九年頃にかけてこのような危機的状況が生じていた。

しかし、このような鎌倉教団周辺の情勢は、門弟諸師による守塔輪番制の継続実行を狂わすこととなる。つまり、鎌倉方面在住の門弟は幕府の弾圧への対応に追われ、当番月に輪番勤仕することが困難になったのである。この頃の様子について、日興は弘安七年十月十八日の書状『美作房御返事』に次のように述べている。

今年は聖人之第三年に成らせ給候つるに、身労なのめ（斜）に候はは何方へも参合せ進せて、御仏事をも諸共に相たしな（嗜）み可レ進候つるに、所労と申、又不二一方一御事と申、何方にも不二参合進一候つる事、恐入候上歎（へ）き存候（中略）自二何事一身延沢之御墓之荒はて候て、鹿かせきの蹄に親り懸らせ給候事、目も当られぬ事に候[58]

本書状によれば、日興は諸方を訪ねて日蓮の三回忌の仏事を門弟共々に営みたかったが、この頃体調が優れず、また鎌倉で一大事が起こっていたために、何方へも出かけることができず、遺憾であったと述べている。またこの頃の日蓮の墓所の状況について、目もあてられないほど酷く荒廃した状態であるとも述べている。したがって、日蓮百箇日忌の際に定めた守塔輪番制は、鎌倉における政治権力の圧力が大いに影響を及ぼし、三回忌さえも迎えることなく挫折せざるを得なくなったと見られるのである。なお『日蓮教団全史（上）』によれば、この輪番制は、そこに名を連ねる諸師の年齢から考えて、元々一周忌または三回忌頃までの継続を限度として制定されたもので、その後は輪番を廃して常住持制にするという日蓮の内意か、あるいは長老僧たちの内談が行われたのではないかとの推測を立てている。[59]

ともあれ、結果的に守塔輪番制が早々に破綻したことにより、日蓮の墓所は管理が行き届かず、荒れ果てた状態に陥ってしまったようである。そこで日興は、自身の布教拠点が駿河で身延に比較的近いということを考慮し、日蓮の墓所を守るために自分が身延に常住すべきとの旨を、身延の地頭波木井実長に申し出た。波木井実長はこれを快諾し、日興は身延住山を開始するのである。日興の身延住山の時期については、次に挙げる波木井実長書状の系年比定をめぐって異論が提出されている。

（1）波木井実長書状『与白蓮阿闍梨御房書』弘安八年（一二八五）正月四日

さてはくおんじに、ほくゐきやうの、ひろまらせをはしまして候よし、うけ給（ハ）り候事、めでたくよろこび入（ッ）て候、さて御わたり候事、こしやう人の、御わたり候とこそ、思まいらせ候へ[60]

（2）波木井実長書状『与白蓮阿闍梨御房書』（年未詳）二月十九日

　さてわたらせ給候ことは、ひとへに、しやう人のわたらせ給候と思まいらせ候に候[61]

弘安八年（一二八五）正月四日の（1）『与白蓮阿闍梨御房書』において、波木井実長が日興の身延住山をあたかも日蓮の再来かと喜んでおり、さらに年次未詳二月十九日の（2）『与白蓮阿闍梨御房書』も同様に、実長が日興の身延住山に対する喜びを述べているものである。まず『日蓮教団全史（上）』によれば、（1）と（2）に記される実長側の経済状況から、両書を同年のものとするには疑義があり、（2）の系年は弘安九年（一二八六）二月十九日とすべきであるとする。そして日興は弘安七年末に身延住山を開始し、弘安八年正月四日に（1）を受け、その後一端駿河に下るものの、同年末には再び登山して常住し始め、弘安九年二月に（2）を受けたと推測している。[62]

これに対し池田令道氏は、『日蓮教団全史（上）』が推測する弘安八年正月以降の身延下山や同八年末の再入山の事実は他の史料では見出せないことを指摘した上で、（2）の系年を弘安八年に推定し、さらに日興の身延常住を弘安六年九月頃から身延離山までの期間との見解を提示している。[63]なお、この点について『御伝土代』には、「身延山ニテ弘法ヲイタシ（致）クケ（公家）関東ノソウモン（奏問）ヲナシ（為）テ、三ヶ年ガ間身延山ニ御住アリ」[64]と、日興の身延常住は三年間と伝えられる。日興が後に身延離山を決意するのは正応元年（一二八八）十二月頃であるから、『御伝土代』の記述によってそこから三年前と逆算すれば、弘安八年末頃の常住となる。

このように諸説あって断定することは困難だが、いつ常住し始めたかは別として、少なくとも弘安七年末頃にはすでに日興身延常住の件が決定していたことは間違いないであろう。なお、富士学林によれば、いわゆる「二箇相承」を賜ったことを根拠に弘安五年末の入山と断定している。[65]しかし、今日では「二箇相承」自体が後世の偽作であることは学術的に濃厚である。根拠とする史料が偽作とされ、かつ史料の信憑性を実証する史料が他にない以上、この富士学林の説は不完全と言わざるを得ない。

こうして日興は身延に住山して統轄を開始するが、程なくして同じく六老僧に任命された日向が身延に入山する。日向の身延入山時期に関連する史料として、前掲した弘安八年（一二八五）正月四日の波木井実長書状（1）『与白蓮阿闍梨御房書』に「みんぶの阿闍梨の御房の、御はかへ御まいり候べきよしうけ給はり候事、ひとへに御ゆへとあひ存、又もよろこび入て候」[66]とあり、弘安七年末か八年のはじめに、日向が日蓮の墓参のために身延へ入山する意志を表明したことが読み取れる。また、正応元年（一二八八）十二月の書状と伝えられる日興書状『原殿御返事』には「民部阿闍梨世間の欲心深してへつらひ諂曲したる僧、日蓮の御法門を立るまては不レ思寄レ大に破らんする仁よと、此二三年見つめ候て」[67]と記されていて、日興は身延に登山した日向の謗法を二、三年の間見てきたと述べている。この記述によれば、正応元年の三年前＝弘安九年（一二八六）の時点で日向の謗法が開始されていると想定されることから、日向の身延住山は弘安九年以前には開始しているものと推測される。これらの史料の記述から、日向の身延住山は弘安八年中に始まったと考えられている。[68]これ以降日向は学頭職として、門弟の育成に力を注いでいくのである。

ところが、身延を統轄する日興と学頭日向との間には教化方法をめぐって次第に確執が生じるようになり、ついには日興が身延離山するまでの騒動に発展してしまう。この件に関しては、正応元年（一二八八）十二月十六日に日興が波木井実長の子息長義と推定される原殿に対して送った書状『原殿御返事』に、身延離山に至った詳細な経緯を見ることができる。本書状では、日向の教示指導の下に地頭波木井実長がいわゆる「三箇の謗法」を犯したとし、それに対する日興の批判が記されている。実長が犯した謗法として挙げられるのは、次の三つである。

①三島大社に参詣し、『立正安国論』に明示される神天上法門に背いたこと。
②本尊として始成無常の一体仏を造立したこと。
③南部郷福士の塔供養の奉賀について謗施を行ったこと。

これら三箇の謗法を犯した実長について日興は、「此事共は入道殿の御失にては渡らせ玉ひ候はす。偏に諂曲したる法師の過にて候へ[69]」と述べ、実長による謗法の原因は学頭日向の邪義にあると明言している。先に挙げたように、これらの謗法は日興が「民部阿闍梨世間の欲心深してへつらひ諂曲したる僧、聖人の御法門を立るまては不ニ思寄一大に破らんする仁よと、此二三年見つめ候て」きた間に犯された謗法であった。日興は、このような度重なる地頭の謗法を許容してきた学頭日向に対して擯出することを決意し、出家の師である日興の教導に従うよう実長に改心をせまった。しかし実長は「我は民部阿闍梨を師匠にしたる也[70]」と述べ、日向を師匠とすることを断言し、日興の教示を受け入れようとはしなかった。

この騒動により、日興はこれ以上の身延在住は無益と判断し、「いつくにても聖人の御義を相継進セて、世に立て候はん事こそ詮にて候へ[71]」と述べて身延下山を決意した。そして正応二年（一二八九）正月頃と推測されるこの時期に身延を離れ、富士へと下った。日興四三歳の時のことであった。

二、富士期

身延を下山し、自身の布教地である駿河に赴いた直後の日興の動向について、中世後期から近世初頭にかけて成立した以下の史料に関連箇所を見出すことができる。

○保田妙本寺十四世日我『申状見聞私』　天文十四年（一五四五）四月七日

正応元年十二月五日、身延御離山、駿州御遷先河合御休足、其後大石御遷[72]

○大石寺十七世日精『富士門家中見聞』上巻　寛文二年（一六六二）十二月十八日

由比氏の請により正応二年春日興大井を御立ありて河合に移り給ふ。此所に御逗留の間南条殿の請により下の坊に移り住し給へり、爰に北にあたりて原あり大石原と名く（中略）然る可き勝地なりと御覧して此に寺を建立し給ふ[73]

堀氏によれば、『富士門家中見聞』の文中「正応二年春日興大井を御立ありて」は史実と異なる記述と想定しているが、[74]これらの記録によれば、日興は駿河に下ってまずは母方の実家である河合由比家に赴き、ここにしばらく逗留した後、上野の地頭南条時光の招請によって南条氏の館または持仏堂に身を寄せたと伝えられる。この日興が身を寄せた南条氏の館または持仏堂が、右の『富士門家中見聞』の記述中に「下の坊」とあるように、現在の下条下之坊の濫觴であるとされている。そののち日興は、南条氏邸の北方に位置する大石ヶ原に御堂を建立し、ここに止住した。これが現今の大石寺の濫觴とされている。この件については『御伝土代』にも

興上ハ身延山出給テ、南条次郎サヘモン（左衛門）トキミツ（時光）カリヤウ（領）、駿州フジ（富士）上野ノガウ（郷）ヘコエ（越）給、大聖人ヨリトキミツ（時光）ガ給ハル御シヨ（書）ニ云賢人殿云云、コレニヨリ（依）テコノ地ヲシメ（占）寺ヲタテ（立）給[75]

との記述が見られる。日興は正応三年（一二九〇）十月十三日に「日目授与之」との授与書を有する曼荼羅本尊を書写しているが、[76]所伝では、これをもって大石寺創立の日と定め、同時に弟子日目へ伝法内附されたと想定している。[77]

その後、日興は重須の地頭石河孫三郎能忠の招請によって上野から重須へと居を移すこととなる。『本門寺棟札』[78]によれば、永仁六年（一二九八）二月十五日、重須地頭石河能忠・上野地頭南条時光・小泉法華衆・上野講衆の合力のもと、重須の地に日蓮御影堂・本化垂迹天照大神宮・法華本門寺根源の三堂の基礎が築かれ、これが今日の北山本門寺の濫觴とされている。石河能忠と南条時光は甥と叔父の関係にあり、日興の上野から重須への移住は、血縁関係にある両地頭の領解・協力のもとに行われていることがわかる。ただし井上博文氏によれば、永仁六年時点から本門寺と号していたのではなく、広宣流布達成後に戒壇としての本門寺が後に建立されることを期待して、日興が『本門寺棟札』を事前に作成したのではないかとの見解を示し、さらに日興が重須に移住して建立したのは、住坊の他には廟所か御影堂のみに留まると推測している。[79]また『本門寺棟札』の筆跡については、日興の常の書体と異なるとの指摘もなされており、[80]これらの指摘から、『本門寺棟札』の記述そのままを史実として受け入れるには課題が多い。しかし、日興によって永仁六年に重須の地に寺基が築かれたことは間違いないであろう。この時日興五三歳、日蓮が身延入山した年齢と同じ年齢をもって、上野から重須へと移住したのである。大石寺開創の所伝によって計算すれば、日興は上野に九年間居住したことになる。そして重須移住後の大石寺は、弟子日目が管領することとなった。

日興は重須に移住した同年、日興を仲介役として日蓮から曼荼羅本尊を授与された日興門下を列記した『白蓮弟子分与申御筆御本尊目録事』を認めた。本目録の作成は、上野から重須へ移住するにあたり、自身の門下を今一度整理・確認すべきとの目的のもとになされたと考えられる。本目録の冒頭には、次のような記述が確認できる。

一、甲斐国蓮花寺住僧寂日房者依レ為二日興第一弟子一所二申与一如レ件。
一、新田卿公日目者日興第一弟子也。仍所二申与一如レ件。
一、富士下方市庭寺下野公日秀者日興弟子也。仍所二申与一如レ件。
一、駿河国富士上方河合少輔公日禅者日興第一弟子也。仍所二申与一如レ件。
一、甲斐国西郡小室摂津公日仙者日興第一弟子也。仍所二申与一如レ件。
一、鎌倉住人了性房日乗者日興第一弟子也。聖人御遷化後間日興所レ与二書写一如レ件。
此六人者日興第一弟子也。[81]

すなわち、寂日房日華・卿公日目・下野公日秀・少輔公日禅・摂津公日仙・了性房日乗の六名を挙げて、「日興第一弟子」と称している。これに関連して、三位阿闍梨日順が建武三年（一三三六）九月に著した『日順阿闍梨血脈』には、以下のような記述が見られる。

此師亦准二望法主佳例一授二与六人名言一、頗上聖値遇古老、仍過半先立逝去、往古所二治定一故云二本六人一、次撰二量一乗大機一重添二加六人碩徳一、是最後随逐若徒、蓋可レ謂二末世龍象一、近来預二賞翫一乃名二新六人一。[82]

本書によれば、日興は日蓮が六老僧を選定したことに倣い、先に挙げた六人の弟子をいわゆる「本六人」として選定したという。『白蓮弟子分与申御筆御本尊目録事』の中には本六人という名称は見出せないが、六名を挙げてわざわざ「日興第一弟子也」と記していることから、おそらくは永仁六年時点で選定されたものであろう。本六人の選定は、日興が重須移住後に行った注目すべき事蹟の一つであるといえる。また『日順阿闍梨血脈』には、本六人の過半が日興より先に遷化したため、日興は新たに若手の弟子六名を選定して滅後の法灯とし、それを「新六人」と称したと記されている。新六人については、元徳四年（一三三二）二月十五日の『日興置状』に新六人として蔵人阿闍梨日代・寂仙房日澄・弁阿闍梨日道・式部阿闍梨日妙・宰相阿闍梨日豪（郷）・大進阿闍梨日助の六名が挙げられている。[83]しかし、新六人について富谷日震氏は、その内の一人日澄が『日興置状』が記される二三年も前に遷化していることを始め四箇の疑点を提示しているし、[84]また新六人を収録する『日興置状』自体が今日の学説では偽書と判断されることから、新六人の顔触れに関しては不透明と言わざるを得ない。

日興の重須移住後の事蹟としてもう一つ注目されるのが、門弟の学問研鑽・育成機関として重須談所を開設したことである。北山本門寺所蔵の日興写本『頼基陳状』の奥書には「正和五年閏十月二十日駿河国富士上方重須談所ニシテ以テ二再治本一書写了　白蓮七十一才」[85]とあり、これが重須談所という名称の初見である。したがって、少なくとも正和五年（一三一六）の段階で重須談所が存在していることが読み取れる。そして文保二年（一三一八）十一月二十四日の三位日順『表白』によれば「於テ二重須談所ニ一座致ス二論談ヲ一講師表白」[86]とあり、重須談所において日順が講義を行う様子が窺える。重須談所の存在は、日蓮教団史上、檀林等の教育機関名が伝わるものの中で最も早いものであり、そのような面から日興による重須談所の開設は、非常に重要な意義を有している。また日興は重須移住後、確認できるだけでも三〇〇幅に近い数の曼荼羅本尊を書写しており、これも日興の教化活動における特色の一つといえる。この点については次章で述べよう。

日興は重須移住以降上述した事蹟を残しつつ、正慶二年（一三三三）二月七日、八八歳の生涯を閉じた。重須には三六年もの長きにわたり居住し、門弟育成を始めとする布教伝道に尽力したのであった。

小　結

以上、本節では門祖日興の生涯とその行動を辿ってきた。既述したように、日興は天台宗の僧侶として仏道を歩み出していたにも関わらず、日蓮との出会いによって感化され、それまでの信仰を擲って日蓮の弟子へと身を投じた。そこには若年僧ながら相当の覚悟と決意があったのであろう。

日興が日蓮に入門して以降、甲斐・駿河を中心に布教活動に励み、着実に教域を伸張させると共に、自らも六老僧の一人に選定されるまでの高僧に成長を遂げた。そして、日興門流の二大中心寺院ともいうべき大石寺と北山本門寺の礎を築き、鎌倉時代にはこの両寺を拠点として日興とその門弟らが教化活動を展開したのである。

所伝によると、日興の信仰態度は極めて純信・厳粛で、かつ弟子に対する指導も日蓮に対して至心恭敬の給仕を行うよう専らに勧めたとされる。しかしながら、その厳格な態度が原因となり、身延での日向との争いに代表されるように、時には対立に発展することもあったようである。その一端を表しているのが、日興と弟子日尊に纏わるエピソードである。京都要法寺十三世日辰『祖師伝』には、次のような記述がなされている。

> 日興説法の時深秋に値ひ堂を去て戌亥に往くこと十五丈許り梨樹有り、秋風の為に吹かれて其葉乱落す日尊之を視玉ふ、日興之呵責して曰く汝早く座を起つべし(87)

つまり、日興が説法を行っている最中に日尊が外の梨の木の葉が落ちたことに一瞬目を奪われた。この一瞬の気の緩みを日興は厳しく責め、ついには日尊は勘当されたという。『祖師伝』は中世後期成立の史料であり、実際にこのような原因によって日尊が日興から勘当を受けたかどうかの真相は不明と言わざるを得ないが、日興の性格や信仰態度を伝える史料として、このエピソードはあまりにも有名である。このように、日興は日蓮の信念・流儀を信奉し尊崇する余り、少しも変えることなくその教義を純粋に信受し、日蓮に直参する一途な態度を終生貫こうとした。それは日興が曼荼羅本尊を揮毫する際、大半のものにわざわざ「書写之」と書き記して、あくまで日蓮の曼荼羅本尊を書き写すものであるという態度で書写に臨んでいることからも窺えよう。したがって、曼荼羅本尊書写の態度や重須談所開設の事実は、取りも直さず日蓮の教えを正確に後世に伝え遺し、受持・弘伝しようとする日興の意志を表しているものと考えられる。

また前述した通り、日興が認めた曼荼羅本尊、著述・記録・書状類、写本遺文の数は、日蓮直弟の中でも群を抜いてその多くが今日まで伝来している。これらの日興文書群の存在は、初期日蓮教団の動向を伝えるだけでなく、鎌倉時代における人々の生活状況や慣習、社会情勢などの多種多様な情報をも今日まで伝えているのである。そのような面から、日興が残した功績は極めて大なるものがあるといえよう。

註

(1)『宗全』二巻（山喜房佛書林、一九五九年）二四八頁。
(2)『富要』五巻（富士宗学要集刊行会、一九六一年）一四七頁。
(3)『興本』二五頁。
(4)角川日本地名大辞典編纂委員会編『角川日本地名大辞典　19山梨県』（角川書店、一九八四年）一八六・二四二頁。
(5)『角川日本地名大辞典　19山梨県』一八七頁。
(6)堀日亨『富士日興上人詳伝』八頁。

（7）『興全』一二五頁、『宗全』二巻一一四・一一五頁。
（8）『興本』二九頁。
（9）『宗全』二巻二四八頁。
（10）堀日亨『富士日興上人詳伝』三三四頁。
（11）堀日亨『富士日興上人詳伝』一〇頁。
（12）『上代事典』五六三頁。
（13）『興全』三一五頁、『宗全』二巻九三頁。
（14）国史大辞典編集委員会編『国史大辞典』四巻（吉川弘文館、一九八四年）七九五頁。
（15）『定遺』（身延山久遠寺、二〇〇〇年改訂増補）二一六〇頁。
（16）『安国論奥書』（『定遺』四四二頁）「去ル見テ二正嘉元年太歳丁巳八月廿三日戌亥之剋ノ大地震ヲ一勘フレ之ヲ」。
（17）高木豊『日蓮とその門弟』（弘文堂、一九六五年）一九四頁。
（18）『定遺』八五九頁。
（19）『宗全』二巻二四八頁。
（20）『定遺』六六〇頁。
（21）鈴木一成『日蓮聖人遺文の文献学的研究』（山喜房佛書林、一九六五年）二七三頁。
（22）高木豊『中世日蓮教団史攷』一一五頁。
（23）菅原関道「日興本『立正安国論』と紙背文書」（『興風』二〇号、興風談所、二〇〇八年）。
（24）池田令道「日興筆『転重軽受法門』―依智における日興上人―」（『日蓮大聖人御書システム』〈http://www5f.biglobe.ne.jp/~gosyosys/〉所収コラム「平成十九年五月」）。
（25）坂井法曄「日興写本をめぐる諸問題について」（『興風』二一号）二四二〜二四四頁。
（26）『興全』三一五頁、『宗全』二巻九三頁。
（27）高木豊『日蓮とその門弟』二〇六頁。

(28)『日興上人』一一頁。
(29) 堀慈琳『熱原法難史』。
(30) 堀日亨『富士日興上人詳伝』七三頁。
(31) 高木豊『日蓮とその門弟』一九三頁。
(32)『日興上人』五三頁。
(33) 長谷川信達「熱原法難の周辺に関する一考―伝承再考に向けての試論的覚書―」(『富士学報』四四号、富士学林、二〇一一年)。
(34)『定遺』一六八一頁。
(35)『定遺』一六八一頁。
(36)『定遺』一六八〇頁。
(37)『定遺』一四三三頁。
(38) 立正大学日蓮教学研究所編『日蓮聖人遺文辞典(歴史篇)』(身延山久遠寺、一九八五年)一〇〇五頁。
(39)『定遺』一六七四頁。
(40)『定遺』一六七六頁。
(41) 加藤文雅編『日蓮聖人御遺文』(日宗社、一九〇四年)二〇五頁、『宗全』一巻六五頁等。
(42)『定遺』一六八〇頁、堀日亨『富士日興上人詳伝』一三四頁等。
(43) 菅原関道「中山法華経寺聖教に見える異筆文書の考察」(『興風』一六号、興風談所、二〇〇四年)一二八頁。
(44)『定遺』一六八〇〜一六八一頁。
(45)『興全』一二七頁、『宗全』二巻一一六頁。
(46)『変毒為薬御書』(『定遺』一六八三頁)。
(47) 堀慈琳『熱原法難史』二六〜二七頁。
(48)『上代事典』二六頁。

(49)『定遺』一六八三頁。
(50)『定遺』一七〇九頁。
(51)『定遺』一七六六～一七六七頁。
(52)『定遺』一八二九～一八三〇頁。
(53)『日蓮聖人遺文辞典（歴史篇）』八八頁。
(54)『定遺』一七一一頁。なお、本書状の系年について『定遺』は弘安二年とし、また鈴木一成『日蓮聖人遺文の文献学的研究』では弘安三年と推定している。
(55) 高木豊『日蓮とその門弟』二〇八頁。
(56)『興全』一一一頁、『宗全』二巻一〇一頁。
(57)『日蓮教団全史（上）』六二～六五頁。
(58)『興全』三四七頁、『宗全』二巻一四五頁。なお、本書状は京都要法寺十三世日辰写本によって伝わるものである。
(59)『日蓮教団全史（上）』五〇頁。
(60)『日蓮教団全史（上）』六九頁。
(61)『日蓮教団全史（上）』七一頁。
(62)『日蓮教団全史（上）』七二～七三頁。
(63) 池田令道「無年号文書・波木井日円状の系年について」（『興風』一一号、興風談所、一九九七年）二四三～二四四頁。
(64)『宗全』二巻二四九頁。
(65) 富士学林研究科『日興上人身延離山史』（大石寺、二〇〇六年）三八～三九頁。
(66)『日蓮教団全史（上）』七〇頁。
(67)『興全』三五三頁、『宗全』二巻一七二頁。
(68)『上代事典』六二六頁、富士学林研究科『日興上人身延離山史』一一三頁。
(69)『興全』三五五頁、『宗全』二巻一七三頁。

(70)『興全』三五五頁、『宗全』二巻一七三頁。
(71)『興全』三五六頁、『宗全』二巻一七四頁。
(72)『富要』四巻（富士宗学要集刊行会、一九六一年）一一二頁。
(73)『富要』五巻一六四頁。
(74)堀日亨『富士日興上人詳伝』二四六頁。
(75)『宗全』二巻二四九頁。
(76)『興本』五頁。
(77)堀日亨『富士日興上人詳伝』二四三頁。
(78)『興全』一三七頁、『宗全』二巻一一一頁。
(79)井上博文「初期日蓮教団における寺院の成立と性格」（宮崎英修先生古稀記念論文集刊行会編『日蓮教団の諸問題』、平楽寺書店、一九八三年）四六九〜四七〇頁。
(80)『上代事典』七四〇頁。
(81)『興全』一二一頁、『宗全』二巻一一二頁。傍線は筆者による。
(82)『宗全』二巻三三五頁。
(83)『興全』三三二頁、『宗全』二巻一三八頁。なお、『宗全』二巻では本書を『日代置状』と表記している。
(84)富谷日震『本宗史綱』四七頁。
(85)『興全』一四八頁。
(86)『宗全』二巻三一七頁。
(87)『富要』五巻四〇頁。

第二節　日興滅後における門流の展開

前節では、日興門流の祖日興が、日蓮在世の求法期から日蓮亡き後の弘法期を通してどのような行動をし、日蓮門下として動乱激しい鎌倉時代を生き抜いたか、その足跡の一端を辿ってきた。その生涯の中で、日興が数多くの弟子檀越を獲得していることは、初期日蓮教団における刮目すべき功績であるといえる。

正慶二年（一三三三）の日興入滅以降、本六人を始めとする日興の直弟らを中心にさらなる布教伝道がなされ、日興門流は新たな展開を見せていくのである。本節では、日興滅後の直弟子・孫弟子らによる門流の教線拡大の様相と門流内部の動向について、主要な事蹟を中心に項目を挙げて、少しく概観したい。

第一項　日興の門弟

日興滅後の門流の展開を概観するにあたり、まずは日興とその門弟の師弟関係について確認しておきたい。日興の曽孫弟子までを下限とする主な門弟の師弟関係を諸史料をもとにまとめると、おおよそ左記の系譜図のようになろう。ただし、門弟の師弟関係については、諸説あるものや時期によって師匠が変わるケースが見受けられる。また、寺院歴代譜と実際の法脈譜は必ずしも一致するものではない。したがって、左に示した系譜図が、先行研究において既出の法脈図または現今の諸山歴代譜と相違する箇所があることを注記しておく。なお、門弟名下の（）内は主要寺院の

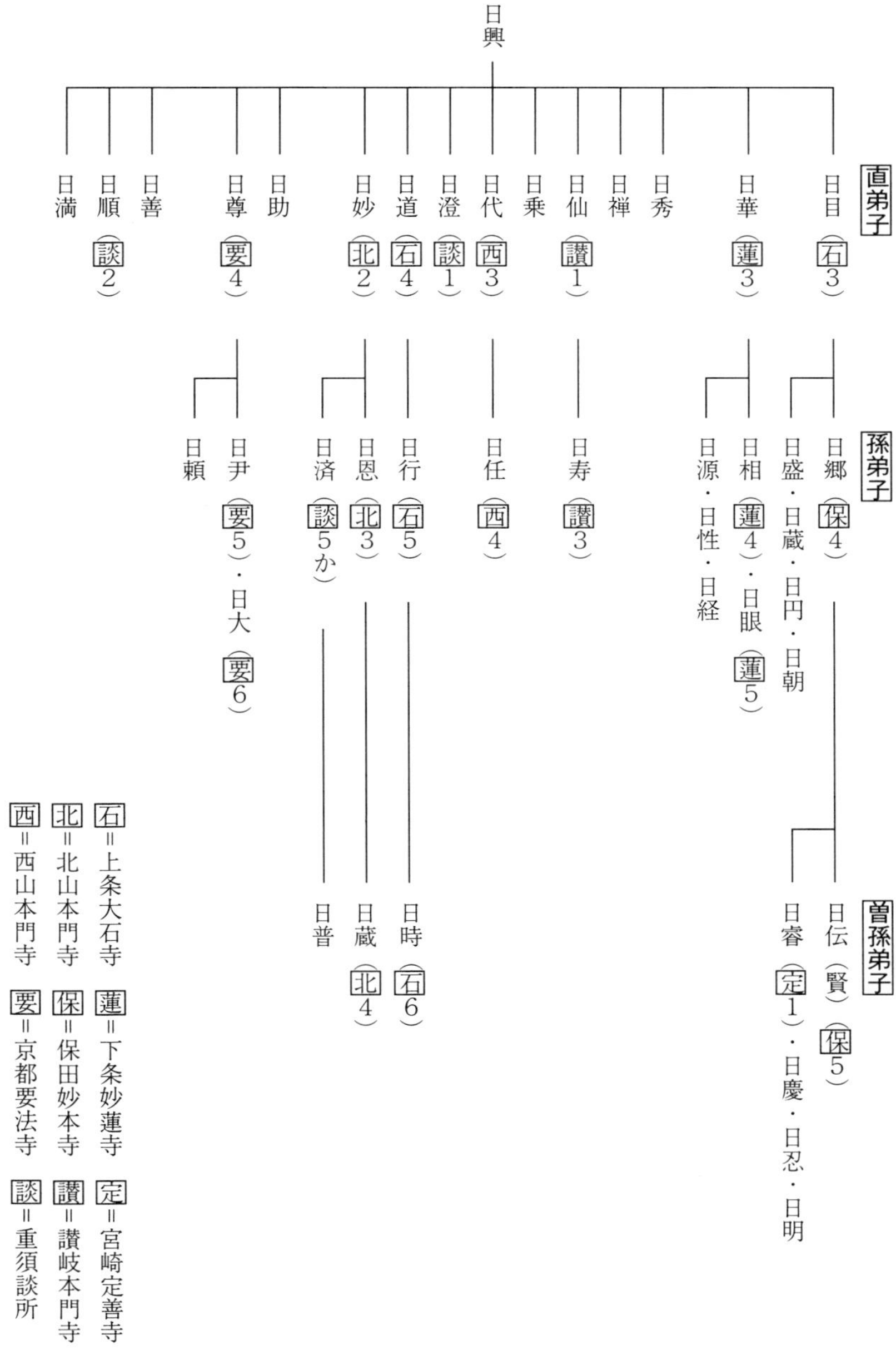
日興
直弟子
日目（石3）
日華（蓮3）
日秀
日禅
日仙（讃1）
日乗
日代（西3）
日澄（談1）
日道（石4）
日妙（北2）
日助
日尊（要4）
日善
日順（談2）
日満
孫弟子
日郷（保4）
日盛・日蔵・日円・日朝
日相（蓮4）・日眼（蓮5）
日源・日性・日経
日寿（讃3）
日任（西4）
日行（石5）
日恩（北3）
日済（談5か）
日尹（要5）・日大（要6）
日頼
曽孫弟子
日伝（賢）（保5）
日睿（定1）・日慶・日忍・日明
日時（石6）
日蔵（北4）
日普
石＝上条大石寺　蓮＝下条妙蓮寺　定＝宮崎定善寺
北＝北山本門寺　保＝保田妙本寺　讃＝讃岐本門寺
西＝西山本門寺　要＝京都要法寺　談＝重須談所

歴世を表している。

日興は永仁六年（一二九八）に上野から重須へと移住するにあたり、日目・日華・日秀・日禅・日仙・日乗の本弟子六人（本六人）を選定した。ところが、日興晩年の頃には本六人の内の過半がすでに遷化していたため、日興は新たに新進気鋭の弟子六人（新六人）を選定した。新六人は、日代・日澄・日道・日妙・日郷・日助と伝えられるが、この顔触れに関しては疑義が呈されている。しかし、右に示した系譜図を見てわかるように、本六人・新六人に挙げられる日興の門弟の多くが弟子を抱えると共に日興門流主要寺院の歴代にも名を連ねており、これらの門弟を中心に初期日興門流が展開している様子が窺える。とりわけ日目や日華には多数の弟子の存在が確認でき、指導者的役割を果たして多くの弟子を指揮していた姿が想像できる。また本六人・新六人どちらにも名を連ねてはいないが、日興の直弟子日尊とその弟子達の活躍も目覚ましいものがあり、後に日尊門流とも称されるほど大きな展開を見せるようになる。

日興は在世中に大石寺と北山（重須）本門寺の礎を築いた。日興在世中ではこの二箇寺が中心寺院であり、門流の拠点でもあった。それが日興滅後になると、その門弟らによってさらに教線が拡張される一方で、門弟同士の争い事が表面化するようになり、それに伴って門弟が分立し各地に新たな拠点寺院を建立していった。それら門弟開創寺院の内、寂日房日華を開山（寺院歴代譜では三世）とする下条妙蓮寺、蔵人阿闍梨日代を開山（寺院歴代譜では三世）とする西山本門寺、宰相阿闍梨日郷を開山（寺院歴代譜では四世）とする小泉久遠寺・保田妙本寺、そして大夫阿闍梨日尊とその門弟によって基礎が築かれた京都要法寺（前身は京都上行院・京都住本寺）・伊豆実成寺は、今日の日興門流においては「富士五山」（大石寺・北山本門寺・西山本門寺・小泉久遠寺・下条妙蓮寺の五箇寺）または「興門八箇本山」（富士五山＋京都要法寺・保田妙本寺・伊豆実成寺の三箇寺）と総称されている。このように、日興門流は日蓮教団全体を通して大いに発展した門流の一つと言っても過言ではなく、これらの寺院は日興門流内における有力拠点寺院としてその立場を確立していくのである。しかしながら、その背景には日興滅後の門弟の分立があり、その分立が結果的に門流の広域なる展開を促したのである。

これらを踏まえた上で、次項以降では、日興の直弟子・孫弟子らが日蓮―日興―日興の門弟と相伝してきた教義を如何に受け止め、寺院を継承または開創し、発展へとつなげていったのかにスポットをあて、その具体的な動向を探ってみたい。

第二項　大石寺における門弟の動向

日興は在世中に上野から重須に移住し、その地に三六年間留まって入滅するに至ったが、日興が重須に移住する際に大石寺管領を任ぜられた本六人の一人、卿阿闍梨日目（一二六〇―一三三三）もまた自身が入滅するまで長きに渡って大石寺を統轄した。日目は日興からの信頼も厚く、また指導的役割を果たせる僧侶として相応しい弟子であったことが窺える。日興が正慶二年（一三三三）二月七日に入滅した直後の大石寺の動向を語る上でキーワードとなるのが、「道郷論争」と「大石寺東坊地係争」の二つである。ここではまず、従来定説とされてきたこの二つの争いについて考察してみよう。

一、日道・日郷の論争と大石寺東坊地係争

まず日道と日郷の論争、いわゆる「道郷論争」とは、日目が日興入滅の九ヵ月後の元弘三年（一三三三）十一月に、日興の遺命を受けて上洛天奏に出発した後、大石寺後継者をめぐって弁阿闍梨日道（一二八三―一三四一）と宰相阿闍梨日郷（一二九三―一三五三）の間で勃発したとされる継承騒動のことである。『日蓮教団全史（上）』によれば、道郷論争について次のような解説がなされている。

日興寂し、日目遺命をうけて上洛天奏せんとするに及び、日道を大石寺の留守役とし、日尊・日郷を伴として上洛、途中病を得て濃州垂井宿で遷化した。日尊は日目の遺志をつぎ、日郷と共に上洛天奏の大任を果したのであるが、日尊はそのまま京都に止まり諸方に遊化し、日郷は富士に帰り日目の遷化と、上奏を終えた旨を報じ、更に日目入滅にのぞんで大石寺後董を付与せられたことを大衆に告げたので一山俄かに騒擾し、日道と日郷の間に継承の問題を回って確執を生ずるに至った。争うこと三年、延元元年（建武三年、一三三六）日道大石寺を継ぎ、日郷は逐われて房州に赴き吉浜中谷の法華寺に退いた。(1)

つまり具体的には、京都から富士に戻った日郷が日目の上洛途次での急逝と、その際に大石寺後継者に指名された旨を大衆に報告したが、日目不在中の大石寺留守居を務めた日道らはこれを受け入れることができず対立するに至り、その結果、地頭南条氏との血縁関係にある日道がその外護を受けて大石寺の四世を継承したとされる。道郷論争は、『日蓮教団全史（上）』を始め現代の諸書にほぼ共通して解説されるものであり、日興入滅直後における日興門下の対立の一つとして定説と化している出来事である。そしてこの争論を契機として、大石寺においてはさらに日目の住坊

たる蓮蔵坊をはじめとする境内東側の坊地（大石寺東坊地）の所有権をめぐって、日道と日郷の争いが発生したという。この件について、『富要』および『富士日興上人詳伝』では以下のように説明している。

日目上人天奏の途上垂井（美濃）の遷化は大石に多大の不祥を発し法運壅塞の原由となれり、時に大石の西大坊（本坊）に主職する日道と東坊蓮蔵坊に住する日郷との聞に宗義の諍ひ起り東坊中の一二此に左祖したるより大衆の為に擯出せられ、房州の旧地に去るに至れり、此を以つて日郷は南条の宗家たりし時綱（時光の五男五郎左衛門尉）に乞ふて東坊地一帯の寄進を受け又其嬰児牛王丸を其後董として互に結托し、事を官憲に訴へて進出し東御堂を作りて西大坊と拮抗せり、此より以後或は地頭或は守護或は管領と官憲を煩して東坊地（多く蓮蔵坊）の出入諍論七十年に亘りて事遂に西大坊の理運に帰せり(2)

これがいわゆる「大石寺東坊地係争」と称される騒動である。『上代事典』によれば、本係争は史料的には建武五年（一三三八）五月五日に南条時綱が日郷に宛てた『寄進状』に始まり、応永十二年（一四〇五）四月十三日の法陽の『去状』をもって終息する約七〇年間続いた係争とされるが、(3)堀日亨氏は前述した通り、道郷論争の始まりから数えて「蓮蔵坊（大石東坊）七十二年の係争」と位置づけている。(4)この大石寺東坊地係争は、日目入滅から五年後の建武五年に、南条時綱が『寄進状』を記して日郷に大石寺東方の地を寄進しているが、この日郷が寄進された東方の坊地をめぐって勃発した係争であり、その発端とされる日道や日郷の入滅後も、大石寺の日道門下（特に大石寺五世日行と六世日時）と保田妙本寺の日郷門下（特に妙本寺五世日伝）によって、長きにわたり継続して展開され、最終的には十五世紀初頭までその痕跡を確認することができるものである。その間、種々の文書が日道門下・日郷門下および官憲の間で取り交わされ、本係争関係文書は今日まで多数伝来している。そしてこの係争は、最終的には日道門下の勝利・

日郷門下の敗北となり、大石寺東坊地は元々日郷が寄進されていたにも関わらず、日道門下が大石寺全体を手中に収めることとなった。このように、大石寺ではまず日道・日郷による継承争いが起こり、その延長線上に土地争いが発生したという、この二つの騒動が続けて勃発したとするのが、日興・日目両師の入滅直後の大石寺における歴史的事実として、従来通説とされてきたのである。

この大石寺に関する歴史認識について一石を投じているのが、前掲した坂井法曄氏の論考「道郷論争と大石寺東坊地の係争」[5]である。本稿において坂井氏は、従来諸書において語り継がれてきた道郷論争が、決まって大石寺十七世日精『富士門家中見聞』の記述を依拠としていることを問題視し、それがどのような過程において成立したかを考察することに主眼をおき、道郷論争および大石寺東坊地係争という二つの争論を正史料に基づいて再考している。その結果、両争論の発端とされる日道と日郷の間には直接争った形跡は見られず、むしろ親交的関係にあったこと、また大石寺東坊地係争の痕跡が確認できる最初の現存文書は文和四年（一三五五）四月二十五日の『大石寺蓮蔵坊臈次事』[6]であり、この係争は南条氏の上野郷退出と日道・日郷の入滅以降にその門下によって開始されていること、さらに今日通説とされる道郷論争は、実際に日道・日郷の間に日目の後継者争いがあったのではなく、大石寺東坊地係争の終結後に日道・日郷両門下の対立感情がより深化し、互いに法脈の正当性を主張する中で、いつの間にか両師を対立関係に置いた正嫡論争へと発展していき、その結果『富士門家中見聞』によって創作された偽りの論争であると指摘している。

坂井氏の説は、従来通説として一般化してきた歴史認識が実は錯覚によって成立したものであることを指摘するものであり、注目すべき論説であるといえよう。この坂井説に照らして大石寺周辺の動向を考えれば、日興・日目入滅直後の大石寺では日目の後継者争いがあった様子は見えず、約二〇年を経過した頃になって大石寺の東坊地をめぐる争いが発生し、大石寺と保田妙本寺・小泉久遠寺の間で確執が生じていったということになる。

二、日郷門下の動向

次に、ここまで度々名前が挙げられてきた日郷とその門弟の動向についても触れておきたい。周知の通り、日郷とその門弟によって建立された主要寺院として、いわゆる興門八箇本山に数えられる保田妙本寺と小泉久遠寺がある。保田妙本寺は日郷自身の布教によって開創されたものであり、小泉久遠寺は日郷滅後、その門弟によって建立された寺院である。

日郷とその門弟、および保田妙本寺・小泉久遠寺に関する先行研究は、近年では保田妙本寺所蔵の古文書・記録類の多くを翻刻収録した『千葉県の歴史』[7]や、事蹟について論究した坂井法曄氏の前掲論文「道郷論争と大石寺東坊地の係争」、佐藤博信氏の著『中世東国日蓮宗寺院の研究』[8]等が挙げられる。またこの他、大谷吾道氏の「日睿筆「類集記」について」[9]、佐藤氏の「【史料紹介】安房妙本寺所蔵「宗祖一期略記　日我御記」」[10]、「【史料紹介】安房妙本寺所蔵「富山一流草案」」[11]、佐藤氏・坂井氏の共著論文「安房妙本寺文書の古文書学的研究―特に無記名文書の筆者特定について―」[12]、「安房妙本寺蔵　日興写本『一代五時鶏図』・某筆『王代記並八幡菩薩事』」[13]等によって関連史料が広く公開・分析されており、日郷とその門弟周辺に関する研究は近時大きな進展を見せている。

さて、日目が晩年頃に認めたと推測される日郷に宛てた書状『与宰相阿闍梨御房書』[14]には、次のような記述が見られる。

抑安房国者聖人御生国其上二親御墓候之間、我身も有度候へとも老体之間無其義候処、御辺居住候へハ喜悦無極候。相構々々法門強可被立候(15)

このように本書状には、日蓮の生誕地安房における日郷の布教を日目が喜び、激励している様子が記されている。したがって、日郷は日目在世中から安房への布教活動を行っていることがわかる。この安房における活動の事実が、今後の日郷と安房とを結びつける大きな要因の一つとなったと考えられる。

そして日郷の事蹟に関して、後年には以下のような認識がなされている。

○保田妙本寺十四世日我『申状見聞私』　天文十四年（一五四五）四月七日

為二目上御代官一房州御下着於二磯村一御弘通あり、其時目上御文曰何々抑安房国者聖人御生国、其上二親御はか候間我身有度候共老体間御辺居住候へば喜悦無レ極候、乃至可レ被レ継二法命一候恐々謹言云云、爰佐々宇左衛門尉云人本摩々門徒也、於二磯村一帰伏申致二御供一自身堀内其侭寺とす今妙本寺地形是也、九十八代光明院御宇尊氏将軍時代建武比妙本寺建立有レ之(16)

○日我『当門徒前後案内置文』　天正六年（一五七八）四月二十二日

磯村上行寺ノ事、日郷上人於二彼所一御弘通、其時ヨリ建立也(17)

これらの史料によれば、日郷は先に述べたように師である日目の在世中から安房に布教を展開し、まず磯村に教化弘通、この地に最初の拠点（後の上行寺）を構えた。その磯村布教の折、日郷は甲斐源氏の末流とされる佐々宇左衛門尉と出会う。佐々宇氏は元々「摩々門徒」（真間門徒＝真間弘法寺門徒）であったが、日郷の教化によって入信し、吉浜の地に佐々宇氏が開基檀越となって法華堂を創建したと伝承される。これが保田妙本寺の濫觴とされている。

妙本寺の開創時期については、先の『申状見聞私』に「九十八代光明院ノ御宇尊氏将軍ノ時代建武ノ比妙本寺建立有レ之」と述べられているが、日郷の弟子で後に宮崎定善寺を開創する薩摩阿闍梨日睿（一三〇九―一三六九）が、日郷から受学した法門を貞和五年（一三四九）に類集した『日睿類集記』に「建武二年十二月一日安房国吉浜にして相伝す」[18]と記されている。『上代事典』はこれによって、建武二年（一三三五）には妙本寺の前身としての拠点が一応確立していたものと推測している。[19]一方、公文書では、建武五年（一三三八）三月十一日に某左衛門尉が日郷に対して『吉浜法華堂宛安堵状』を発給しており、『富要』ではこれを受けて建武五年が妙本寺の創立年であると位置づけている。[20]このように、妙本寺の開創時期については具体的には現状二説存在していることが確認できる。

日郷は安房に布教して以来、磯村や吉浜に自身の弘通拠点となる寺院の基礎を築いた。そして『日睿類集記』によれば、建武二年十二月一日に吉浜において、同三年（一三三六）二月二十日・三月二日には磯村において、弟子日睿に法門を相承したことが記されている。[21]また文安六年（一四四九）五月十八日成立の日穏『日睿縁起』宮崎定善寺所蔵日承写本にも暦応四年（一三四一）二月十二日に日睿が日郷より法門相承を受けたことをはじめ、日睿が度々法門相承を受けた旨が記述されている。[22]このように、安房の弘通拠点における日郷とその門弟の行動の一端が窺える。日睿は、日承本『日睿縁起』に「生年卅五才康永三年甲申十一月晦日、従二日郷一日州惣導師職給二補任状一畢」[23]とあるように、康永三年（一三四四）十一月、三五歳の時に日郷より九州布教の総導師職を命じられており、後に日向国を中心に教化活動を展開、領主伊東氏の外護を受けてこの地に現在における定善寺の寺基を築き、九州の布教拠点を確立している。

日郷は晩年の文和二年（一三五三）四月八日、『譲渡安房国北郡法華宗事』(24)を認めて、妙本寺を牛王丸（一三三九―一四一六、後の中納言阿闍梨日伝、保田妙本寺五世）に付属した。この時牛王丸はまだ幼少であったため、同月十七日に『譲渡安房国安西三富保内伊戸村法華宗事』(25)・『日賢付属状』(26)を認め、日明・日賢等の門弟に牛王丸の後見役を託して、同年四月二十五日、日郷は六一歳で遷化した。日郷は、師日目の命によって日蓮の生誕地である安房国に布教して以降その地に寺基を築き、日興門流の教線を安房に伸張させると共に、駿河から遠く離れた九州地方にも門流の教線を伸ばすことを意図したのである。

日郷入滅後の妙本寺は、度々公文書の発給を受けている。応永二年（一三九五）十一月二十八日に鎌倉府奉行人二階堂氏と想定される成喜より寺地安堵について『二階堂カ成喜書状』(27)が発給され、同年十二月十一日にはその成喜が加判した『安房吉浜妙本寺絵図』(28)と、その子行孝によって『二階堂カ行孝書状写』(29)が発給されている。また応永八年（一四〇一）十月二十七日には鶴岡八幡宮別当弘賢より『法印某奉弘賢カ補任状写』(30)、同宮僧衆と想定される賢成より『賢成奉安堵状』(31)が出され、さらに応永十七年（一四一〇）二月十八日には同宮別当尊賢より『栄快奉尊賢安堵状写』(32)が発給されている。

妙本寺がこれら一連の公文書を発給されたことについて、佐藤博信氏が言及している。すなわち、妙本寺の支配権が二階堂氏から鶴岡八幡宮領へと推移したのは、室町幕府体制成立の中で鎌倉府によって妙本寺が祈願寺に位置づけられたことによるものであり、この妙本寺と鎌倉府との関係は、史料が示す通り十四世紀末期（応永年間初頭）に具体化したことを指摘している。そして、日郷の段階の妙本寺が御影堂・宝蔵・廟堂の三堂を備えるに過ぎなかったのに対し、先の『安房吉浜妙本寺絵図』に御影堂・宝蔵・天堂・本尊堂・鎮守堂等の堂舎（五宇）および大坊以下坊舎（八宇）等が描写されることに触れ、鎌倉公方足利氏満の安堵を受けて妙本寺が日蓮宗寺院として整備されていく表現に他ならないと述べている。[33]妙本寺初期の段階において、妙本寺が政治権力の影響を大いに受けて発展していく様子の一端が窺えよう。なお、先に挙げた応永二年十一月二十八日の成喜『二階堂カ成喜書状』が、妙本寺寺号の初見史料と見られている。

日郷から後継に定められた牛王丸は、時を経て日賢、日伝と改名し、上述した妙本寺の発展の中で中心人物として奔走した。日伝は、応永二十三年（一四一六）四月八日に『下三人中譲状』[34]を認め、以後妙本寺は日周・日了・日応の三人で一年毎に持ち回りで住持を務めることを定めた。そして同年十月十一日、日伝は七七歳をもって遷化した。

一方、小泉久遠寺に関しては、日郷滅後にその成立を見ることになる。既述した通り、日目入滅後の建武五年（一三三八）に、南条時綱より日郷が譲与された蓮蔵坊をはじめとする大石寺東坊地の所有権をめぐる係争が日道門下と日郷門下の間で勃発し、最終的に保田妙本寺側すなわち日郷門下の敗北に終わり、日郷門下は日郷が元々譲られた大石寺東坊地を失う結果となった。この大石寺東坊地係争において、保田妙本寺側の中心的立場を担ったのは、日郷の後の保田妙本寺を継承した先の中納言阿闍梨日伝であった。日伝は大石寺東坊地係争での敗北を受け、蓮蔵坊を駿河国小泉の地に移転して日郷門徒の本山と定めた。そして応永二十三年（一四一六）四月八日、先に挙げた『下三人中譲状』とは別に、その小泉道場を弟子の円乗坊日宣に譲渡する旨と、円乗坊日宣亡き後は法泉房日崇が住持を勤めるべきとの旨を『下法宣房日崇譲状』に認めて授与している。その譲状は左記の通りである。

駿河国富士上方、并上野精進町、北山下方諸檀那道場之事、
右寺中者、上野蓮蔵房被所移申之間、総門徒本山云云、然間日伝依住持弟子円乗坊日宣譲与、円乗坊一期之後者、法泉房日崇可住持申、法泉房他家以後者、如先規可為総持、雖然、可随時宜歟、仍為後日亀鏡所譲与之状如件、

応永二十三年太歳丙申卯月八日　　日伝判

下法泉房日崇[35]

これが小泉久遠寺の濫觴とされている。具体的な成立時期については特定するのは困難であるが、『日蓮正宗富士年表』では大石寺大過去帳の記述から、応仁二年（一四六八）に保田妙本寺日安が久遠寺を開創したと伝えている。[36]しかし、尼崎本興寺に所蔵される慶林坊日隆『四帖抄』第三・四帖の三河日要書写本には「于時寛正四年癸未九月七日已尅書了於富士小泉久遠寺奉写」、「寛正四年癸未九月七日　富士山小泉於久遠寺書写之畢　総持坊日要之」との記述が見られることが指摘されており、[37]寛正四年（一四六三）の時点で既に小泉の地に久遠寺が存在していることがわかる。したがって、久遠寺の成立は少なくとも『日蓮正宗富士年表』の記述よりも遡ることになる。そして『上代事典』によれば、『四帖抄』第三・四帖の三河日要書写本に見られる「富士山小泉の久遠寺」との文が、小泉久遠寺の寺号の初見であるとしている。[38]

こうして日興門流の中心地である駿河の大石寺・本門寺にも程近い小泉の地に、久遠寺という日郷門下の拠点寺院が新たに開創され、保田妙本寺と共に日郷門下の本寺として、これ以後展開していくのである。

第三項　本門寺における門弟の動向

一方、重須本門寺の周辺においても、日興滅後新たな展開を迎えることとなる。それは、教学解釈をめぐって門弟間における対立が早々に表面化してくるのである。その対立の中心となるのは、式部阿闍梨日妙（一二八五—一三六五）・摂津公日仙（一二六二—一三五七）・蔵人阿闍梨日代（一二九七—一三九四）の三名である。本項ではこれらの日興門下の間に表出した対立の動向を中心に、その流れを辿ってみたい。

一、日妙・日代の対立

まず第一の対立は、正慶二年（一三三三）十月、日興滅後約八ヵ月後にして日妙と日代の間において勃発したことが伝えられる。日興の弟子の如寂房日満が康永二年（一三四三）二月七日に認めた『日代上人重須離山事』という置文には、次のような記述が見られる。

正慶二癸酉十月石川式部三位実忠疫病煩時、於彼枕辺日妙隠密、而誦陀羅尼与普賢呪、于時於彼病者有下女、名号竹松女也、是由井氏外戚之裔也、即時此女詣本御影此由奉訴日代上人、故代師云、日興上人背御修行、日妙本迹一致之修行、令得意迷乱之間、被仰大謗法、於日妙不令為連経(39)

この日満の置文によれば、正慶二年十月、地頭である石河実忠が病床にあった時、日妙は陀羅尼と普賢呪を読誦して祈禱を行ったとされ、その旨を竹松女から報告を受けた日代は、日妙の行動を師日興の修行に背く本迹一致の謗法行為であると責め、それ以来日妙に連経させなかったことが記されている。この当時日妙四八歳、日代三六歳と、日代のほうが一二歳も年下であって、年齢の面からいえば日代が日妙に戒告することは考えにくいと思われる。しかし、応安元年（一三六八）十月十三日の兵部大輔某『日代宛補任状』に「補任、駿河の国富士重須の法花堂並に坊地等の事、日代上人の所」[40]とあり、また同年十一月の日代『目安』には「日興上人付法日代申、当郡重須郷坊職、并御影像事、右所者、日興上人三十余年弘通之旧跡也、雖レ多二法器一以二日代一補処付法被レ置レ定畢」[41]とあって、日代が日興から重須の坊職を譲られたとする記述を見ることができる。西山本門寺には、日興が日代に宛てて付属する旨を記したいわゆる八通の遺状と呼ばれる置文が存在するが、執行海秀氏らが指摘するようにこれらは古来より真偽の問題があるため、[42]これをもって日代が日興より付属を受けたことを断定することはできない。しかし、今挙げた兵部大輔某『日代宛補任状』や日代『目安』等の記述から、日代は日興から滅後の本門寺の管理を委ねられていたことは、ほぼ間違いないと見られている。[43]したがって、後輩である日代が先輩日妙の連経を禁止したということは、宮崎英修氏が指摘しているように、日代が本門寺を譲られたという立場からの指示であったと考えられる。[44]この事件がきっかけとなり、重須において日代と日妙・地頭石河実忠との間に確執が生じてしまったのである。

二、日仙・日代の対立

日妙が石河実忠の病床にて陀羅尼と普賢呪を読誦したことを厳しく責めた日代であったが、この対立発生の直後、さらなる対立が表面化することとなる。それが建武元年（一三三四）正月七日、日仙と日代の間で発生した法華経方便品を読誦すべきか否かをめぐる問答、いわゆる方便品読不読問答である。日妙と日代の対立からわずか三ヵ月後の出来事であった。

方便品読不読問答に関しては、既に『富士日興上人詳伝』[45]、『日蓮教団全史（上）』[46]、宮崎英修「興門初期の分裂と方便品読不読論―五人所破抄の著者について―」[47]、執行海秀『興門教学の研究』[48]、髙橋粛道『日蓮正宗史の研究』[49]等によって考察がなされ、初期日興門流の分裂につながる事蹟の一つとして諸書に取り上げられている。これらの先行研究を参照しつつ、本問答の経緯を辿ってみたい。

まず、本問答に関する最も中心的な史料としては、問答を見聞して記録したものとされる佐渡阿仏房妙宣寺二世日満の『方便品読不之問答記録』[50]と、日睿の『日仙日代問答』[51]の二つの記録が挙げられる。この両書は共に、方便品読不読問答の経緯を直接的に記したものである。これらの史料によると、本問答が行われたのは建武元年正月七日、場所は大石寺日仙坊であった。問答聴聞者については、『方便品読不之問答記録』には「問答聴聞衆及フ二十余人ニ一」とあり、また『日仙日代問答』には重須大衆すなわち日代側として「大輔阿闍梨日善・大進阿闍梨日助其ノ外大衆」、大石寺大衆すなわち日仙側として「伊賀阿闍梨、下之坊御同宿、宮内卿阿闍梨其外十余人」が同席したとされる。このような状況で問答が開始された。

問答の内容は、まず日満の『方便品読不之問答記録』によれば、日仙と日代は三問三答を行い、日仙は『薬王品得意抄』等を用いて迹門無得道により方便品の不読を主張し、対して日代は『月水御書』等を用い、迹門方便品は文上では得益なるも文底では無得益であり、真実の得益は本門寿量品の文底の因妙に限るとした上で、日蓮・日興両先師と同様に方便品を読誦すべきと主張した。一方、『日仙日代問答』によれば、日仙は迹門方便品の不読を主張したのに対し、日代は鎌倉方と同様に迹門に得益ありと主張したという。したがって、両書とも日仙の方便品不読と日代の方便品読誦を伝えており、この両者の立場は共通している。

ところがこの問答の結果については、日満の記録と日睿の記録では異なる見解が示されている。『方便品読不之問答記録』では、日代の主張を受けて日仙は言い返すことができなかったとして日代の勝利を伝え、一方の『日仙日代問答』では、日代は本迹迷乱の説を唱えた結果重須を擯出され、日仙が勝利したとしている。このように、両書は全く相反する結末を伝えているのである。この他の史料によっても、本問答の結果日仙・日代どちらに軍配が上がったのか、その真相を知り得ることはできない。日満の記録と日睿の記録に記される本問答の勝敗が相違することについて、宮崎英修氏は次のように述べている。

両書の結論は異なるが、その内容は問答の後、門家の論点となったところであるから、この二本は共にそれぞれの立場で、筆記者の意楽により、それも、論争が盛んになったころ、自身の立場にたって制作されたものとみるべきであろう[52]

また、この件に関する堀日亨氏の見解は以下の通りである。

直聞といえども（中略）俗耳の聞くところをさらに時刻を経て筆にしたものであれば、いかに正直にしても多少の主観は加えらるるものとみねばならぬに、あるいはなにがしかの故意が加わらんも計られぬので、両記の記が齟齬してるではなかろうか[53]

このように、両記録の内容の相違に関しては、宮崎氏・堀氏共に両書が後年の成立である可能性を示唆し、その上で筆記者それぞれの立場が影響し、主観が加えられた結果であろうと推測している。事実、現在両書共に自筆本は伝来しておらず、後世の写本によって知ることができるもので、さらに『方便品読不之問答記録』に関しては京都要法寺十三世広蔵院日辰（一五〇八—一五七六）以降に成立したものとする説も提示されている。[54] したがって、宮崎・堀両氏が主張するように、この両記録における問答結果の解釈は、後世の代になってそれぞれの立場から作成されたものである可能性は高いと考えられる。

この方便品の読誦をめぐる日仙と日代の問答を受けて、日道は『遺日尊之状』に

日興上人御跡人人面面法門立違候、或同二天目一方便品不二読誦一、或同二鎌倉方一迹門得道之旨立申候[55]

と述べ、また日妙は『玉野大夫阿闍梨御房へ状』に

摂津阿闍梨御房天目義立河合大輔阿闍梨御房、蔵人阿闍梨御房鎌倉方五人の与同大謗法、希代未曽有之次第候[56]

と述べている。つまり、日仙は天目の方便品不読に影響された僧であり、日代は文上得益・文底無得益で真実の得益は本門寿量品の文底に限ると述べたにも関わらず、迹門得道を主張して鎌倉方に与同した僧と見なされ、他の日興門下からは両者共に日蓮・日興の教義とは異なる解釈を示す僧であると異端視されてしまう。しかし、本問答は二者の争いのみに留まらず、これを契機にその後本問答についての様々な評論や新たな議論が日興門下の間で盛んに交わされるようになったようである。迹門無得益による方便品不読を主張すれば、天目に同心して日蓮・日興両先師に違う法門となり、逆に迹門得益を認めれば鎌倉方に与同する法門として批判される。日仙と日代の問答は、結果的に日興門下に法門解釈に関する大きな問題を投げ掛ける形となったのである。この様子は日満『日満抄』[57]・京都住本寺開基日大『尊師実録』[58]・日睿『日睿類集記』[59]等をはじめとする諸史料に窺うことができ、中でも『日睿類集記』には、本迹勝劣義をめぐって日道と方便品読不読論争で日代に同心した日助との間で発生した問答を記録している。日興門下にお

ける方便品読誦に関する評論と議論については、特に堀氏が文献史料の整理を行っているのでそちらを参照されたい。[60]堀氏の研究によれば、方便品読不読論争に関する評論・議論を記した史料は多数存在することが指摘されており、このことからも日仙と日代の問答が、当時日興門下の間で大きな波紋を呼んだことが窺えよう。

ともかく、先述したように日仙と日代は方便品読不読問答をきっかけに、この折に主張した教義解釈をめぐって他の日興門下から異端視された。そして問答の後、日仙は程なく讃岐へと移住して当地を布教拠点と定め、後の讃岐本門寺へとつながる寺基を整えたとされる。一方の日代も、元々日興から重須坊職の後継に指名されていたにも関わらず、『日仙日代問答』によれば重須大衆から本迹迷乱の僧とされて重須を擯出されたという。先にも挙げた康永二年（一三四三）二月七日の日満『日代上人重須離山事』や応安元年（一三六八）十一月の日代『目安』によれば、日代の重須退出に際して日妙と地頭石河実忠に寺領と寺宝の占拠等の謗法行為があったことが述べられている。すでに触れた日妙と日代との確執、そして日代が重須退出後に日妙と地頭に謗法行為があったことを指摘していることを勘案すると、結果的に日妙らと日代の対立によって生じた確執が方便品読不読問答の結果を受けてより決定的なものとなり、その圧力によって日代が重須から擯出されるに至ったものと見られるのである。

日代が重須を退出した時期については、日仙との問答直後に擯出され、その後大石寺塔中寄住の一時期を過ごしたとする説[61]と、日満によって『日代上人重須離山事』が記された康永二年（一三四三）二月七日をもって重須退出の日とする説[62]の二説が確認できるが、この後日代は西山の地に移住してこの地に寺基を築いた。これが西山本門寺の濫觴とされ、日興門流における新たな布教拠点がここにも成立していくのである。

第四項　日尊とその門弟の京都布教

一、日尊の京都布教

日興門流において京都に本格的に教線を伸張させたのは、大夫阿闍梨日尊（一二六五―一三四五）である。日尊は始め天台僧として仏道を歩み出したが、弘安六年（一二八三）、一九歳の時に日目に出会い入信、後に日興に対面して師事したと伝えられる。

前掲した通り、日興と日尊に関するエピソードとして、日興が説法を行っている最中に日尊が外の梨の木の葉が落ちたことに一瞬目を奪われ、この気の緩みを日興は厳しく責め、ついには日尊は勘当されたという伝承が、日辰の『祖師伝』に記述されている。(63) 落葉に目を奪われたことが要因で勘当を受けたかどうかは別として、日目が日代に宛てて送った書状『進上伊与公御房書』の中に「其後大夫房御不審ゆり候て後」(64) と記されているから、日尊が日興より勘当されたことは間違いないものと見られる。

日尊が日興から勘当されて以降の行動について、『祖師伝』には次のような記述が見られる。

日尊東西に徘徊する十二年の中に三十六ヶ寺を建立し、亦重須本門寺に帰りて免許を請ふ、日興大いに喜て一度に三十六鋪の本尊を日尊に賜ふ、開山一年正五九月、日尊祈禱の為に書写し玉ふ合して、三十六鋪是なり三十六ヶ所は雲州の安養寺〈住本寺に附くなり〉、丹波の上興寺〈上行寺に附くなり〉、伊豆の伊東六ヶ寺〈天文弘治の比実成寺広宣寺妙蓮寺等なり、血脈は日目日尊日誉日眼日出日典日能云云西山と通ず〉、下野の稗田石田の二ヶ寺

〈大石寺に附く〉。奥州実成寺一円寺〈上行寺に附く〉[65]

この記述によれば、日興から勘当されていた期間は一二年間[66]に及び、その間、東は陸奥国より西は出雲国に至るまで各地で伝道布教の日々を送り、三六箇寺もの寺院の建立を果たしたという。ただし、そう伝える『祖師伝』には日尊の開創寺院名は一二箇寺しか挙げられておらず、また『日興上人日目上人正伝』では現存する日尊開創寺院を二八箇寺としているが[67]、それでもなお三六箇寺には届かない。長い年月の経過の中で、伝承さえも伝わらずに廃寺となった寺院もあるだろうが、この件について『日蓮教団全史（上）』では、日尊の行跡を後人が誇張したものとみている[68]。このように、勘当を受けたことに奮起して各地で多くの功績を残した日尊は、その後重須に帰って日興に勘当の許しを請い、それまでの活躍が認められてようやく勘当を解かれた。そして、日興は日尊に計三六幅の曼荼羅本尊を授与したとされる。日尊が開創した寺院各々に本尊として掲げて、礼拝の対象とするために授与したものであろうか。ちなみに日尊に授与された日興曼荼羅本尊は、現在三幅が伝来している。

さて、日興が入滅した年の十一月、日目は日興の遺命を遂げるべく公家奏聞のために上洛を決意する。その際、日尊は随伴役として日目に同行したが、上洛の途次に日目は病により急逝してしまう。日尊はその後日目の遺志を引き継いで奏聞を果たし、そのまま関西地方の教化伝道に励むことを決意する。日尊の弟子日大が記した『尊師実録』には「自₂雲州播州₁暦応元年戊寅四月十一日御京着、同二年己卯四月十三日上行院移住御在生七ヶ年云云」[69]とあり、日尊は日目遷化後に出雲国・播磨国に布教した後、暦応元年（一三三八）四月十一日に再び京都に入り、翌二年（一三三九）四月十三日には六角油小路の地に上行院を建立したとされる。当時は後醍醐天皇によって樹立された建武の新政により、政治の中心地が東国鎌倉から西国京都へと移行していた。また教団内の動向として妙顕寺日像による布教が実を結び、建武元年（一三三四）には妙顕寺が公家から勅願寺として認可されて間もない頃であった。妙顕寺が勅願寺となったことを受けて、東国諸門流の諸師もまた同様の功績をあげるべく、こぞって京都を目指すようになるが、そのような情勢の中で日興門流では日尊がいち早く京都を目指したわけであり、日尊によって京都に日興門流初の拠点寺院が設立されたのである。

日尊は上行院建立後、晩年の七年間をここで過ごした。康永三年（一三四四）六月八日には、日尊は弟子の日印（一一三七三）に対して『日印譲状』(70)を認め、付法の弟子と定めて日興曼荼羅本尊と日蓮御影を授与し、上行院の後事を託した。そして翌年の貞和元年（一三四五）五月八日、日尊は八一歳をもって入滅した。

二、日尊門下の動向

日尊より六角上行院を継承した日印は後に日尹と名を改めるが、日尹と同様日尊の直弟子として日大（一三〇九―一三六九）という弟子がいた。日大は本覚法印と号し、貞治二年（一三六三）には比叡山総探題円実坊法印権大僧都直兼と台当の立義について問答を行っており（日大『日大直兼台当問答記』(71)）、優れた学僧として名を馳せた。日大は生涯を通じて多くの寺基を築いたことが、次の史料から読み取ることができる。

①日大『即身成仏事』　貞和二年（一三四六）九月二十九日

貞和二年丙九月二十九日　於テ二京都冷泉西洞院法華道場ニ一記シ二録之ヲ一畢　日大判(72)

②日大『日大直兼台当問答記』貞治二年（一三六三）十二月二十三日
　貞治二癸卯十二月二十三日　自リ二一条猪熊ノ上行院一罷フ二向山門ニ一[73]
③日大曼荼羅本尊　貞治三年（一三六四）九月十二日
　長安城木辻の法華堂、上行院と号するの本尊なり[74]

これらの記述によれば、日大は日尊入滅の翌年頃には京都冷泉西洞院法華堂を、貞治二年までには一条猪熊上行院を、貞治三年までには長安城木辻法華堂（上行院）を建立していることがわかる。この他にも日大は、美作・備中・出雲方面に布教を展開し、真言密教寺院を十余箇寺改宗させたとされる。[75]『日蓮教団全史（上）』では、日大が右に挙げた②③に見える開創寺院名を度々上行院と号していることに触れ、日大が開創した寺院は、初めはすべて上行院と称したものと想定している。さらに続けて、日大が自身の開創寺院を上行院と号したのは、日尊建立の六角上行院が日大ではなく日尹に継承されたことに対する不満の表れであり、自身をもって上行院の正嫡であると意識していたからではないかと推測している。[76]日代が重須本門寺を擯出されて西山の地に建立した法華堂が、後に本門寺正嫡意識によって西山本門寺と号されることと同様に、日尹が継承した六角上行院に対して、日大が寺号をめぐって正嫡意識を有していたことは、諸状況から見て大いに考えられよう。

そして『祖師伝』には、「日大の弟子日源一条猪熊に於イて法華堂を建立し本実成寺と号す、其ノ後二条堀河に移ッて寺を立て住本寺と号す」[77]とあり、日大が建立した一条猪熊上行院は、その後弟子の日源によって本実成寺と改められ、さらに二条堀川の地に移転して住本寺と再び改称するに至った。また久遠成院日親『伝灯抄』によれば、日尹と日大の間で如来寿量品「心壊恋慕　咸皆壊恋慕」の「壊」の字の読み方について「エ」と読むか「クワイ」と読むかの争いが起こって上行院と門徒を引き分け、これにより日尊門下が二流になったことを伝えている。[78]

こうして日尊によって京都に日興門流の教線が広げられ、上行院という拠点寺院が建立されたが、日尊の直弟子の段階で日尊門下が二分したことが伝えられ、それによって後に住本寺と称される新たな寺院が生み出された。上行院と住本寺は共に京都日興門流の拠点寺院として存続してはいくものの、天文五年（一五三六）の天文法難によって両寺共破却されてしまう。しかしながら、広蔵院日辰の尽力によって両寺は合併して一寺となり、要法寺と号して再建され、復興の道を歩んでいくのである。

小　結

以上、日興滅後における日興門流初期の展開について、主な事蹟を取り上げて考察した。日興は入滅に際し、かつて日蓮が滅後の法灯として六人の本弟子を指名したことに倣い、自身もまた本六人・新六人を選定してこれらの弟子を中心に滅後の伝道教化を託し、正慶二年（一三三三）二月に八八歳の生涯を閉じた。しかしその後、日興滅後約八ヵ月後という早い段階で、教義解釈をめぐる対立が重須の日妙と日代の間に発生し、これを皮切りに方便品読不読問答・大石寺東坊地係争など、門弟間の対立抗争が次々と表面化していった。そして、渦中の日興門下はそれぞれが自身の正統性を主張し、それが余計に確執を深化させる要因ともなった。またこれらの対立は、僧侶のみの争いではなく、地頭をはじめとする檀越をも含んだ権力闘争という一面も持ち合わせていた。それによって、日興が門流の布教拠点として基礎を築いた大石寺・本門寺から擯出または退出に追い込まれる門弟を生み出す結果にも至ったのである。

しかし、これら日興入滅直後に見られた門弟間の争いは、単に門流を分散化させたわけではなかった。これらの争いによって本寺を離れた日興門下は、日代は西山に、日仙は讃岐にというように、それぞれが新たな土地に布教伝道を開始し、それによって各地に新たな布教拠点となる寺院の基礎が築かれていった。また京都に布教した日尊自身には争った形跡は見られないものの、その弟子の代に門下が二分しており、これによって新たな拠点寺院が成立している。つまり、対立抗争が生み出した門弟の分散が、結果的には日興門流全体の教線の広域な拡張へとつながっていったと見ることができるのである。

ただし、こうして各地に門流の拠点寺院が開創されるも、それらが成立する背景には諸々の対立感情があるが故にその遺恨は晴れず、諸山同士の対立は以後も継続していった。

註

（1）『日蓮教団全史（上）』一七六頁。
（2）堀日亨『富士日興上人詳伝』八三四頁。本箇所は『富要』九巻（富士宗学要集刊行会、一九五七年）三五～三六頁からの引用文。
（3）『上代事典』二三七頁。
（4）堀日亨『富士日興上人詳伝』八三四頁。
（5）坂井法曄「道郷論争と大石寺東坊地の係争」（『興風』一三号）。
（6）『宗全』二巻二八三頁。

（7）『千葉県の歴史』資料編　中世3　県内文書2。
（8）佐藤博信『中世東国日蓮宗寺院の研究』（東京大学出版会、二〇〇三年）。
（9）『興風』一八号（興風談所、二〇〇六年）。
（10）『千葉大学人文社会科学研究』一五号（千葉大学大学院人文社会科学研究科、二〇〇七年）。
（11）『千葉大学人文社会科学研究』一六号（千葉大学大学院人文社会科学研究科、二〇〇八年）。
（12）『千葉大学人文社会科学研究』二三号（千葉大学大学院人文社会科学研究科、二〇一一年）。
（13）『千葉大学人文社会科学研究』二四号（千葉大学大学院人文社会科学研究科、二〇一二年）。
（14）『日目上人』二〇四頁。
（15）『日目上人』三八七頁。
（16）『富要』四巻九八頁。
（17）宮崎県編『宮崎県史』史料編　中世1（宮崎県、一九九〇年）五七六頁。
（18）『富要』八巻（富士宗学要集刊行会、一九五七年）二六〇頁。
（19）『上代事典』七六六頁。
（20）『富要』八巻六九頁。
（21）『富要』八巻二六〇・二六一頁。
（22）『上代事典』三四四頁。
（23）『上代事典』三四七頁。
（24）『宗全』二巻二八〇頁。『上代事典』三七九頁では本書を『牛王丸付属状』と題す。
（25）『宗全』二巻二八三頁。『上代事典』三八三頁では本書を『日明付属状』と題す。
（26）『上代事典』三八三頁。
（27）『千葉県の歴史』資料編　中世3　県内文書2　一七六頁。本書の年代は推定。
（28）『千葉県の歴史』資料編　中世3　県内文書2　一七七頁。本書の年代は推定。

(29)『千葉県の歴史』資料編　中世3　県内文書2　一七八頁。本書の年代は推定。
(30)『千葉県の歴史』資料編　中世3　県内文書2　二〇三頁。
(31)『千葉県の歴史』資料編　中世3　県内文書2　二〇三頁。
(32)『千葉県の歴史』資料編　中世3　県内文書2　二〇四頁。
(33)佐藤博信『中世東国日蓮宗寺院の研究』三〇～三四頁。
(34)『宗全』二巻四九九頁。
(35)『宗全』二巻五〇〇頁。
(36)富士年表増補改訂出版委員会編『日蓮正宗富士年表』（富士学林、二〇〇八年）一四七頁。
(37)大平宏龍「日隆聖人と東国法華宗」（『興隆学林紀要』創刊号、興隆学林専門学校、一九八六年）一一三～一一四頁。
(38)『上代事典』一二七頁。
(39)『宗全』二巻三九六頁。
(40)『富要』八巻一六八頁。
(41)『宗全』二巻二三三頁。
(42)執行海秀『興門教学の研究』（海秀社、一九八四年）一一九頁、堀日亨『富士日興上人詳伝』五九四頁。
(43)『上代事典』四三九頁、執行海秀『興門教学の研究』一一九頁、宮崎英修『日蓮教団史研究』一二〇頁。
(44)宮崎英修『日蓮教団史研究』一二〇頁。
(45)堀日亨『富士日興上人詳伝』八一六頁。
(46)『日蓮教団全史（上）』一七八頁。
(47)宮崎英修「興門初期の分裂と方便品読不読論―五人所破抄の著者について―」（『大崎学報』一二二号）。本稿は後に同『日蓮教団史研究』に再録。
(48)執行海秀『興門教学の研究』一二一頁。
(49)髙橋粛道『日蓮正宗史の研究』三二〇頁。

(50)『宗全』二巻三九四頁。
(51)『宗全』二巻四四五頁。
(52)宮崎英修『日蓮教団史研究』一二一頁。
(53)堀日亨『富士日興上人詳伝』八一七頁。
(54)『統合システム』二〇一五年度版（興風談所、二〇一五年）所収『上代事典』「日満『方便品読不問答記録』」項。
(55)『宗全』二巻二六二頁。
(56)『宗全』二巻二六九頁。
(57)『宗全』二巻四〇〇頁。
(58)『宗全』二巻四一三頁。
(59)『富要』九巻五頁。
(60)『富要』九巻二頁、堀日亨『富士日興上人詳伝』八一六頁。
(61)『富士門家中見聞』（『富要』五巻二〇四頁）、『宗全』二巻七頁。
(62)『日蓮教団全史（上）』一八四頁。
(63)『富要』五巻四〇頁。
(64)『日目上人』三七九頁、『宗全』二巻二〇四頁。
(65)『富要』五巻四二頁。
(66)なお、大石寺九世日有『物語聴聞抄佳跡』（『富要』一巻、富士宗学要集刊行会、一九五七年）一九〇頁によれば、日尊の勘当年数を二五年間としている。
(67)『日興上人日目上人正伝』（大石寺、一九八二年）三九四頁。
(68)『日蓮教団全史（上）』一八六頁。
(69)『宗全』二巻四一一頁。
(70)『宗全』二巻二九三頁。

(71)『宗全』二巻四二二頁。
(72)『宗全』二巻四三七頁。
(73)『宗全』二巻四二二頁。
(74)『富要』八巻二一〇頁。
(75)富谷日震『本宗史綱』二〇五頁。
(76)『日蓮教団全史（上）』一八八〜一八九頁。
(77)『富要』五巻五二頁。
(78)『宗全』一八巻（山喜房佛書林、一九六八年）四八頁。

第二章　日興門流における曼荼羅本尊の継承

はじめに

日蓮の教化活動における特色の一つとして、曼荼羅本尊の図顕が挙げられる。日蓮は、釈尊が究極の教えを説き顕した末法相応の経典である法華経への絶対的帰依を表明し、その広大な世界と真髄を「南無妙法蓮華経」の七字を中心とする曼荼羅本尊として揮毫し、具現化した。

日蓮による曼荼羅本尊は、日蓮が相模国依智から佐渡へと配流される前日、文永八年（一二七一）十月九日にいわゆる「楊子御本尊」[1]を揮毫したことにはじまる。以来、その相貌を少しずつ変化させながら、入滅年の弘安五年（一二八二）六月[2]に至るまで、約一〇年間の内に数多くの曼荼羅本尊を揮毫している。その数は、最新の研究成果を反映した『【図説】日蓮聖人と法華の至宝』所収「日蓮聖人真蹟曼荼羅本尊目録」によれば、現存数だけでも一二五幅にのぼることが指摘されている。[3]日蓮は揮毫したこれらの曼荼羅本尊を、法華経信仰の証として弟子檀越に度々授与し、日蓮の曼荼羅本尊は弟子檀越によって代々伝承されていった。

また日蓮滅後には、その門弟らによって曼荼羅本尊の揮毫が行われるようになり、法を伝える重要法門として門流を問わず定着化し展開していった。そして、時代の変遷と共にその様式や願意が多様化しながら、門弟の曼荼羅本尊もまた弟子檀越へと授与されていった。曼荼羅本尊の揮毫は、まさしく日蓮教団における代表的な信仰活動の一つであり、今日まで絶え間なく受け継がれているのである。

そこで本章では、日蓮教団における信仰活動の特色である曼荼羅本尊継承の一端を探るため、日興門流、特にその初期の段階における曼荼羅本尊の継承に着目したい。そして、日蓮在世中から日蓮滅後へと時代が変遷する中で、日興とその門弟がどのように日蓮曼荼羅本尊を位置づけて受容し、また曼荼羅本尊の揮毫を継承・展開していったかについて、考察していきたい。

註

（1）日蓮聖人真蹟集成法蔵館編集部編『日蓮聖人真蹟集成』一〇巻（法蔵館、一九七七年）一番。

（2）『日蓮聖人真蹟集成』一〇巻一二二・一二三番。

（3）中尾堯・寺尾英智編『【図説】日蓮聖人と法華の至宝』一巻　曼荼羅本尊（同朋舎メディアプラン、二〇一二年）一〇〇頁。なお寺尾英智氏によれば、現存数はさらに多く、約一三〇幅現存することが指摘されている。寺尾英智「諸門流先師の曼荼羅本尊について」（日蓮宗勧学院講座発表レジュメ、平成二十五年二月十八日発表）。

第一節　『白蓮弟子分与申御筆御本尊目録事』（『弟子分帳』）について

永仁六年（一二九八）、日興は『白蓮弟子分与申御筆御本尊目録事』を記した。本書は、白蓮すなわち日興の弟子分に「与レ申」（申し与え）られた「御筆御本尊」の目録、つまり日興が自己の弟子檀越に対する曼荼羅本尊の授与を日蓮に依頼し、それが叶って日蓮から自筆の曼荼羅本尊を授与された弟子檀越の氏名を列記してまとめた目録である。本目録には日蓮から曼荼羅本尊を授与された弟子檀越の氏名の他、その居住地や師弟関係、また日興に違背した者の氏名までも見ることができる。さらに、下総の富木日常が永仁七年（一二九九）三月六日に自らが蒐集した日蓮真蹟遺文および聖教類を記録した『常修院本尊聖教事』[1]と同様に、日蓮曼荼羅本尊の伝来の様子も窺うことができ、日蓮教団初期の実態を詳細に伝える重要史料の一つと位置づけられよう。

『白蓮弟子分与申御筆御本尊目録事』に関する先行研究としては、高木豊「日興とその門弟」[2]、同「日蓮とその門弟」[3]、継命新聞社『日興上人』[4]等が挙げられる。特に高木氏の論考は本目録に記される弟子檀越と申し与えられた日蓮曼荼羅本尊について総合的かつ精細な分析を行っている。これらの先行研究を踏まえ、本節では日興門流における曼荼羅本尊の意義を探るため、それを伝える門流の初期段階の史料である本目録について、考察を加えてみたい。

なお、本目録の略称について、高木氏前掲論文や『日蓮宗事典』[5]、『宗全』二巻等[6]では『本尊分与帳』との略称を用いて表記している。これに対し、『上代事典』[7]等では『弟子分本尊目録』または『弟子分帳』と略記している。本目録の内容を見ると、「俗弟子分」「女人弟子分」「在家人弟子分」というように「弟子分」という表記が見られ、また曼荼羅本尊授与の表記を「所二申与一如レ件」「申二与之一」と記していることが窺える。これらの事柄を考慮すると、本目録は曼荼羅本尊を「分与」された人の目録ではなく、日興の「弟子分」に「申与」られた曼荼羅本尊の目録と解釈するのが妥当であろう。京都要法寺十三世広蔵院日辰もその著『祖師伝』において、本目録を「弟子分之帳」(8)と表記していることは見逃せない事実である。したがって本書では、内容および先師による略称の用い方を勘案して、本目録を『本尊分与帳』ではなく『弟子分帳』と略記して論を進めていく。

第一項　『弟子分帳』記載の弟子檀越

『弟子分帳』は日興自筆本が現在北山本門寺に所蔵されており、また寛文四年（一六六四）五月十五日の日付を有する同寺十四世日優写本も所蔵されている。正本は経年による損傷が激しく判読不能な箇所が多々見られるが、その箇所は写本によって補完され、現在ではほぼ全文が判明している。前述の通り、『弟子分帳』には日興の仲介により日蓮曼荼羅本尊を申し与えられた日興の弟子檀越に関する様々な情報が記録されており、日興門流初期の実態を今に伝える史料としてその価値は極めて高い。まずは『弟子分帳』に記載される弟子檀越について検討してみたい。

『弟子分帳』に見える弟子檀越は、「僧弟子分」・「俗弟子分」・「女人弟子分」・「在家人弟子分」の四グループに分けて記載されている。ただし、「僧弟子分」という明確な見出しは本目録中にはなく、俗弟子分の前に僧弟子および波木井南部氏一族が列記されている。何故僧弟子と波木井南部氏が同列に並べられているのかという疑問点は残るが、本書では目録の順列に従って、ここに列記される僧弟子および波木井南部氏をまとめて僧弟子分として扱った。

これらの弟子檀越を国別・弟子分別に分類すると、次の表一のようになる。

『弟子分帳』には、僧弟子分として僧弟子および波木井南部氏が二八名、俗弟子分として一四名、女人弟子分として七名、在家人弟子分として一七名、計六六名の弟子檀越の名前を確認できる。僧侶と檀越とで分ければ二八名と三八名で、僧侶と檀越分け隔てなく曼荼羅本尊が授与されていることがわかる。また『弟子分帳』記載の弟子檀越の所在地は、日興の教化活動の中心地である駿河と甲斐にほぼ集中しており、伊豆・武蔵・相模の三国にも少数ながら弟子檀越を確認することができる。

『弟子分帳』には六六名の内、了性房日乗への授与に関して「聖人御遷化後間日興所レ与二書写一如レ件」[9]と記されている。つまり、日乗授与の曼荼羅本尊は申し与えたものではなく、日蓮入滅後に日興が自ら日蓮曼荼羅本尊を書写して授与したものであることがわかる。これについて高木氏は「日乗についてわざわざ日蓮没後のこととし、日蓮の本尊を書写して与えたと記していることは、日乗を除く残りの弟子分が在世中の日蓮から本尊を授与されたことを意味すると考えてよいであろう」[10]と指摘している。高木氏が言及するように、日乗を除く六五名の弟子檀越に対して授与された曼荼羅本尊は、在世中の日蓮から日興の申請により申し与えられた日蓮筆の曼荼羅本尊であると考えられる。このことから、日興門下の間で日蓮の曼荼羅本尊を申し与えるという行為が当時頻繁に行われており、その結果、六五名もの大勢の弟子檀越が授与されるに至っていたことが窺える。

【表二】『弟子分帳』記載の日興の弟子檀越

国名	僧弟子分	俗弟子分	女人弟子分	在家人弟子分	計
駿河	下野公日秀 少輔公日禅 甲斐公日持 越後房日弁 肥後公 楠王児 大夫房 治部房日位 筑前房	南条時光 高橋六郎兵衛入道 石河新兵衛入道道念 河合入道 由比甚五郎 河合四郎光家 河合又次郎入道 松野次郎三郎	石河新兵衛入道後家尼 高橋六兵衛入道後家尼 松野左衛門次郎後家尼 南条平七郎母尼 豊前房妻	神四郎 弥五郎 弥次郎 小四郎次郎 中里四郎太郎 最妙尼 新福地神主 江美弥次郎 太郎太夫入道 弥四郎入道 弥三郎重光 新五郎 六郎吉守 三郎太郎 弥太郎 又次郎 田中弥三郎	39
甲斐	寂日房日華 摂津公日仙 因幡房日永 肥前房日伝 遇俣志入道 南部六郎三郎 イホメノ宿ノ尼 弥三郎兵衛入道 越前房 南部六郎入道 藤兵衛入道 播磨公 南部六郎次郎 弥六郎 弥次郎入道	大井橘三郎光房 大井庄司入道 下山左衛門四郎	曽祢五郎後家尼 大井庄司入道後家尼		20
伊豆	卿公日目 土佐房	新田四郎信綱			3
武蔵	泉出房	綱島九郎太郎入道 綱島九郎次郎時綱			3
相模	了性房日乗				1
計	28	14	7	17	66

一、僧弟子分について

『弟子分帳』には、まず「日興第一弟子」として寂日房日華・卿公日目・下野公日秀・少輔公日禅・摂津公日仙・了性房日乗の六名、いわゆる本六人が列記され、次いで六老僧の一人甲斐公日持が「日興最初弟子」として挙げられている。周知の通り、本六人は日興門下中の高僧であるし、日持は日興の弟子となって後に日興と同じ六老僧に撰定された弟子である。このような高僧に対して日蓮の曼荼羅本尊が申し与えられることはごく自然な流れである。今触れたように、日乗が日蓮から直接曼荼羅本尊を申し与えられていないにも関わらず『弟子分帳』に加えられたのは、本六人に数えられる日興の高弟であったためと考えられよう。『弟子分帳』には今挙げた七名の高弟を筆頭に、僧弟子分二八名が列挙されている。

その僧弟子に関する記述の中には注目すべき点が見られる。まず、所在地として既成寺院の名前が記されている弟子が存在する点である。それらを以下に挙げる。

「蓮花寺」――寂日房日華
「岩本寺」――肥後公・筑前房・豊前公（※豊前公には曼荼羅本尊授与の記述なし）
「四十九院」――治部房日位

ここでは、蓮花寺・岩本寺・四十九院の三箇寺の名前を確認することができる。日興自身、弘安元年（一二七八）

三月頃までは四十九院の住僧でありながら日蓮に師事し、布教活動を展開していたことが知られる。[11]それと同様に、既成寺院名が記載されているということは、その寺院に寄住しながらも日興の弟子となった者がいたということを表している。

四十九院の治部房日位は、『弟子分帳』によれば日持の弟子とされるが、日持もまた四十九院の住僧であったことが日興の『四十九院申状』の記述から窺い知ることができる。[12]このことから、日興も寄住した四十九院での僧院生活の中で日位は日持の弟子となり、日位は日持師事後も四十九院に留まり続け、そこを布教の拠点としていたということが推測される。

岩本寺とは岩本実相寺を指すと考えられ、岩本寺寄住の弟子を三名確認できる。その内肥後公には楠王児という弟子がおり、共に日蓮曼荼羅本尊を申し与えられている。しかし『弟子分帳』によれば、肥後公は弘安年中に、また楠王児は弘安二年（一二七九）十二月二十五日に一七才の若さで死去したことが記されている。そして、両者に申し与えられた曼荼羅本尊は、共に楠王母尼が相伝したことが記されている。よって楠王母尼は二幅の日蓮曼荼羅本尊を伝持していたということになるが、楠王児・楠王母尼については詳細は不明である。楠王児は他の僧弟子と並んで挙げられているから、出家の弟子と考えてよいであろうか。肥後公に申し与えられた曼荼羅本尊の相伝については、元徳四年（一三三二）十二月十七日の日興『日盛本尊相伝証文』[13]にも関連する記述が見られるが、この点については後述しよう。

豊前公については、『弟子分帳』には曼荼羅本尊を申し与えられた旨は記されていないが、筑前房と同宿と記されており、筑前房同様岩本寺の住僧であったと考えられる。また『弟子分帳』女人弟子分には「高橋筑前房女子豊前房妻」[14]

と記されていて、豊前房の妻は日興から曼荼羅本尊を申し与えられている。この記述から、岩本寺の住僧である豊前公および筑前房が妻帯僧であり、かつ両者が親戚関係にあったということが看取できる。さらに筑前房の女子が豊前房に嫁いでいるので、筑前房のほうが年長であると考えるのが自然であろう。

なお、高木氏は「高橋筑前房」との表記から、筑前房が日興の叔父・叔母にあたる高橋六郎兵衛入道とその後家尼らと同族である可能性を示唆し、日興と筑前房も親戚関係にあると想定している。(15)

次に、師弟関係にある弟子檀越の存在を確認することができる点が挙げられる。師弟関係が明記される弟子檀越を以下に列記する。

○越後房日弁の弟子（八名）……泉出房、南条平七郎母尼、江美弥次郎、太郎太夫入道、弥太郎、又次郎、弥四郎入道、田中弥三郎
○寂日房日華の弟子（四名）……肥前房日伝、大井庄司入道、大井庄司入道後家尼、曽祢五郎後家尼
○甲斐公日持の弟子（三名）……治部房日位、大夫房、松野次郎三郎
○日弁、日秀両師の弟子（三名）……神四郎、弥五郎、弥次郎
○下野公日秀の弟子（三名）……六郎吉守、新福地神主、三郎太郎
○肥後房の弟子（一名）……楠王児
○南部六郎入道の弟子（一名）……遇俣志入道
○播磨公の弟子（一名）……イホメノ宿ノ尼

○因幡房日永の弟子（一名）…………下山左衛門四郎

これを見ると、越後房日弁の弟子が八名と最も多く、次いで寂日房日華の四名、甲斐公日持の三名、越後房日弁・下野公日秀両師の弟子の三名と続く。また日弁・日華・日持に関しては、僧侶と檀越の両方の弟子を獲得していることがわかる。

日興と同じ六老僧に数えられる日持は、前述したように治部房日位を、そして自身の出身地である駿河国松野の大夫房と松野次郎三郎を弟子としている。『弟子分帳』に見える松野左衛門次郎後家尼について、高木氏および『上代事典』では日蓮在世中の檀越である松野殿の妻に比定し、また松野次郎三郎の母である可能性も示唆している。[16]松野在住の弟子は、日持の教化に依るところが大きいと考えられる。また南部六郎入道は遇俣志入道を、播磨公はイホメノ宿ノ尼を、因幡房日永は下山左衛門四郎を弟子としているが、ここに同族内での師弟関係を確認することができる。

なお、蓮花寺の住僧であった寂日房日華の弟子の一人、曽祢五郎後家尼について少々触れておきたい。『弟子分帳』には「甲斐国曽祢五郎後家尼者寂日房弟子也。仍日興申二与之一。但聖人御滅後背畢」[17]と記され、曽祢五郎後家尼が日蓮曼荼羅本尊を申し与えられていることがわかる。この記述に対応するものと考えられるのが、京都本満寺に所蔵される弘安四年（一二八一）四月二十五日図顕の日蓮曼荼羅本尊で、その内に加筆された日興添書には「甲斐国大井庄々司入道女子同国曽弥小五郎後家尼者日興弟子也仍申与之」[18]と記されている。つまり、両史料に記される曼荼羅本尊の被授与者名が「曽祢五郎」と「曽弥小五郎」とで微妙に異なっており、果たしてこの両者が同人であるかどうかが問題となる。堀日亨氏は、曽祢五郎の子が曽祢小五郎であると推測している。[19]しかし『興全』正誤表では、『弟子分帳』

の曽祢五郎後家尼の項を「甲斐国曽祢五郎後家尼者寂日房弟子也大井庄司入道女子也……」[20]と補訂しており、これによれば『弟子分帳』と前掲の日興添書共に大井庄司入道の女子であると伝えていることで一致している。したがって「曽祢五郎」＝「曽弥小五郎」であると考えられる。

さて、下野公日秀と越後房日弁はそれぞれ弟子檀越を抱え、さらに日秀日弁両師を師とする檀越がいたことが記されている。日秀と日弁は弘安二年（一二七九）に惹起した熱原法難の後、その余波を避けるため下総国の富木常忍のもとに赴いている。[21]この両師の弟子とされる熱原郷の住人神四郎・弥五郎・弥次郎の三名は、その熱原法難で殉死した檀越であり、『弟子分帳』では三名の名の下に法難の次第を注記し、さらに「コレタ、事ニアラス。法花経ノ現罰ヲ蒙レリ」[22]と、熱原法難の重大性と殉教者の正当性を語っている。また日秀の弟子、六郎吉守・新福地神主の二名も熱原の住人と記されている。新福地神主については、弘安三年（一二八〇）七月二日の『上野殿御返事』に「さては、かうぬし（神主）等が事、いまゝでかゝへをかせ給て候事ありがたくをぼへ候」[23]との記述があり、熱原法難後に南条時光の館で匿われていたこの神主と同人であると考えられる。新福地神主の存在は、当時の日興門下に神主がいたことを表しており、さらに日蓮の曼荼羅本尊まで申し与えられている事実が窺える。

一方、日弁の檀越、太郎太夫入道・弥太郎・又次郎・弥四郎入道・田中弥三郎の五名については、富士下方市庭寺の住人と記されている。市庭寺については『御伝土代』に「日秀日弁ハ市庭滝泉寺ヲシンシユツ（擯出）セラレ給」[24]との記述があって、滝泉寺の所在地が市庭寺と呼ばれていた可能性が考えられる。これに対し堀氏は、「熱原郷の中に市庭寺と呼ぶ寺があって、その跡がそのまま市庭寺と呼ばれた。それはたぶん、現今の三日市場辺であろう。この付近に滝泉寺が建った」[25]と述べ、元々市庭寺という寺院が存在したことを主張している。さらに『上代事典』では、実相寺が岩本寺（岩本に在る寺）と呼ばれたように、市庭寺が滝泉寺の異称（市庭に在る寺の意）である可能性を示している。[26]日秀・日弁両師が滝泉寺に寄住していたことは『滝泉寺申状』[27]の記述によって明らかであるから、日興が『弟子分帳』に記した「市庭寺」とは特定の寺院名ではなく、その所在地を指した名称と考えるのが自然であろうか。また市庭寺の太郎太夫入道・弥太郎・又次郎・弥四郎入道・田中弥三郎は僧侶ではなく在家であることから、やはりこの場合の「市庭寺」は市庭寺寄住ではなく地名として、その地域の住人という意味合いで使用された可能性が高いと考えられる。したがって、今挙げた日秀・日弁の檀越は滝泉寺の近辺の住人と想定される。また市庭寺とは記されていないものの、富士下方の住人とされる三郎太郎・江美弥次郎の二名もまた同域に居住する檀越である可能性が高いと推測される。

これらの檀越は、日秀・日弁が師であること、そして滝泉寺近辺の住人と考えられることから、熱原法難の被害を受けた檀越である可能性が高く、また捕らえられて禁獄された一七名の内に該当する者がいたことも想定されるのである。

このように、自身の弟子檀越を抱える日興門下の存在は、各門下が在地において展開した布教活動が実を結び、日蓮と日興の教えを信奉する自身の弟子檀越（日興からすれば孫弟子にあたる）を獲得したことを端的に表しており、この行動が日興門流初期の伸張に大きく寄与したことは言うまでもない。日興の弟子による新たな弟子檀越獲得の動きは、日蓮滅後さらに顕著となってくるのである。この点については後述する。

二、檀越弟子分（俗弟子分・女人弟子分・在家人弟子分）について

『弟子分帳』には僧弟子分に引き続き、俗弟子分一四名、女人弟子分七名、在家人弟子分一七名、計三八名の檀越弟子分が列記される。その檀越弟子に関して注目すべき点の一つは、血縁関係・族縁関係の一端が記されている点である。

『弟子分帳』記載の弟子檀越の中で、日興の血縁・族縁関係者を挙げると、祖父河合入道・弟大井橘三郎光房・叔父河合又次郎入道・叔母高橋六（郎）兵衛入道後家尼（持妙尼）・その夫高橋六郎兵衛入道・義父綱島九郎太郎入道・その子綱島九郎次郎時綱の七名が挙げられる。河合四郎光家は河合入道の血縁であろうか。そうであれば光家もまた日興の血縁の一人に数えられる。また僧弟子分に含まれて列記されている波木井南部氏では、南部六郎入道（波木井実長）を始め南部六郎次郎・南部六郎三郎・遇俣志入道・藤兵衛入道・イホメノ宿ノ尼・弥六郎・弥次郎入道・弥三郎兵衛入道・越前房・播磨公の一一名が挙げられている。

このように、多くの血縁・族縁関係者に対して日蓮曼荼羅本尊を申し与えている事実は、当時の日興の教化活動がことに血縁関係を通して行われていたことを物語っており、日興にとって血縁・族縁関係者は、教団を拡張する上での基盤として、重要かつ有効な教化対象の一つとして捉えていたと考えられる。

他にも石河新兵衛入道道念夫妻や、日目とその兄新田四郎信綱にも日蓮曼荼羅本尊が申し与えられているが、『弟子分帳』にはこれらの一族の他の者への授与は見られない。しかし、石河氏や新田氏一族の中には後に日興から曼荼羅本尊を授与される弟子檀越が多数存在しており、ここにも血縁・族縁関係を通しての教化の一端が確認できるのであ

る。また石河新兵衛入道後家尼は南条兵衛七郎の女子であって、石河氏と南条氏が親戚関係にあることが知られる。このような檀越同士の親戚関係の事実もまた、日興の教化がその一族により深く浸透する要因の一つとなったと考えられる。

なお、高橋六（郎）兵衛入道後家尼について、『弟子分帳』には「高橋六兵衛入道後家尼者日興叔母也。仍所二申与一如レ件」[28]と、また尼崎本興寺所蔵の建治二年（一二七六）二月図顕の日蓮曼荼羅本尊内日興添書には「富士西山河合入道女子高橋六郎兵衛入道後家持妙尼仁日興申与之」[29]とあり、持妙尼と称されている。この持妙尼については、旧来より日蓮から書状を賜っている妙心尼または窪尼との異同が論じられており、近時の研究では持妙尼＝妙心尼＝窪尼とする説が提示されている。[30]これらの尼の異同に関してはここでは割愛するが、少なくとも日興がこの添書を記した時点では、日興は叔母である高橋六郎兵衛入道後家尼を持妙尼と称していたことが窺える。また、今挙げた建治二年二月図顕の日蓮曼荼羅本尊の紙背にも、日蓮の筆で「持妙尼」と記されていることが近年報告されており、日蓮が曼荼羅本尊を申し与えることを承知して図顕していたことが指摘されている。[31]これにより、日蓮もこの時点で持妙尼と称していたことがわかるのである。

この他では、富士上野在住の檀越として上野郷の地頭である南条時光を筆頭に小四郎次郎[32]・弥三郎重光・中里四郎太郎[33]・新五郎・太郎大夫後家最妙尼の六名が曼荼羅本尊を申し与えられている。周知の通り、南条時光は上野殿とも称された日蓮在世中からの有力檀越で、日蓮入滅後日興を上野に招いて大石寺の基礎を築いた人物である。小四郎次郎については『弟子分帳』に「弘安五年十月聖人御滅□死了」[34]と記されている。日興『宗祖御遷化記録』の参列者には駿河国富士上野住人として「四郎次郎」[35]の名が見えるが、これが小四郎次郎と同人であるならば、小四郎次郎は日蓮の葬儀に参列後間もなく死去したということになる。

弥三郎重光と中里四郎太郎の二名については、「上野殿家人」すなわち南条家につかえる家人であると記されている。弥三郎重光が申し与えられたと想定される弘安三年（一二八〇）九月三日図顕の日蓮曼荼羅本尊には「正和元年出家三郎左近入道也」との日興添書があり、弥三郎重光は正和元年（一三一二）に出家して三郎左近入道と称したことがわかる。日興の弟子檀越に日蓮曼荼羅本尊が申し与えられたのは日蓮在世中の出来事とされることは既に述べたが、この日興添書は当然正和元年以降の筆となるため、日蓮在世中に弥三郎重光に申し与えた曼荼羅本尊に、後年になって日興が加筆したということになろうか。また新五郎は百姓であることが記され、最妙尼は太郎大夫の後家尼と記されるが、それ以外のことは現時点では不明である。

なお、『弟子分帳』の末には「南条七郎次郎（後次郎左衛門尉 後出家沙弥大行）親父給也」との一文が記された別紙が同綴されている。この件について堀氏は、この一文が日興筆であるが故に散失せぬよう同綴したのみであろうと述べている。[36] 南条七郎次郎の親父、すなわち南条兵衛七郎は文永二年（一二六五）に死去しており、また現存する日蓮曼荼羅本尊の初見は文永八年（一二七一）十月九日であることから、南条兵衛七郎が日蓮曼荼羅本尊を申し与えられたことは、現時点では考えられない。また先の一文の書式も『弟子分帳』の通例とは異なっている。したがってこの一文は、堀氏が推測するように『弟子分帳』とは関係のないものと考えるのが至当であろう。

三、日興違背の弟子檀越

『弟子分帳』の記述からは、日興に違背した弟子檀越の存在をも知ることができる。日興違背の弟子檀越は僧侶八名、檀越四名の計一二名を数える。以下、その弟子檀越の名前と違背を伝える記述を『興全』から抜粋して挙げる。

《僧侶》

甲斐公日持「聖人御滅後背㆓白蓮㆒五人一同天台門徒也トナノレリ」

越後房日弁「弘安年中背㆓白蓮㆒了」

泉出房「越後房逆罪時同時背了」

因幡房日永「今背了」

肥前房日伝「今背了」

大夫房「聖人御滅後背了」

治部房日位「聖人御滅後背了」

筑前房「聖人御滅後背了」

《檀越》

松野次郎三郎「聖人御滅後背畢」

下山左衛門四郎「聖人御滅後背畢」

松野左衛門次郎後家尼「聖人御滅後背了」
曽祢五郎後家尼「聖人御滅後背畢」

前述したように、六老僧の一人日持は四十九院での勉学中に日興と出会って入信した、日興最初の弟子とされている。しかし『弟子分帳』では、日持が日蓮滅後に違背したことを伝えている。日持は駿河国松野の出身で、日蓮在世中の松野の檀越といえば日持の父の松野六郎左衛門入道・その妻の松野殿後家尼・その子の松野六郎左衛門尉・その妻の松野殿女房がいる。松野一族が日蓮に帰依するようになったのは日持の教化によるところが大きく、『弟子分帳』にも松野次郎三郎と松野左衛門次郎後家尼の名前が挙げられている。その松野次郎三郎と松野左衛門次郎後家尼も日蓮滅後日興に違背している。さらに日持の弟子の大夫房・治部房日位も同様に日蓮滅後の違背が伝えられる。『弟子分帳』記載の日持関係者全員が日蓮滅後に違背していることから考えると、日持が日興のもとを離れたことがきっかけで、その弟子檀越もまた日持と同道したものと推察される。

日持と同様のケースは、越後房日弁と因幡房日永の関係者にも見られる。『弟子分帳』によれば、越後房日弁は弘安年中に違背し、その弟子である泉出房も日弁と同時に違背したと伝えられる。この違背について堀氏は、日弁が熱原法難後に下総に赴いた時に関東方の法義に与同されたためではなかろうかと推測している。[37] さらに違背の時期について『日蓮教団全史（上）』は、日興の身延離山時に日弁は身延に残留し、その弟子泉出房も師匠と同じく行動して日興と決別したとしている。[38] したがって、日弁らの違背は正応元年（一二八八）頃の出来事となろうか。

また因幡房日永については、日蓮が日永の代筆で著した『下山御消息』の受取人、下山兵庫五郎との関係が想起されるが、日永の檀越でその兵庫五郎と同族と思われる下山左衛門四郎もまた日興違背の旨が記されている。日永らの違背について、堀氏は「五一の不和のために下山殿が五人方の民部日向に転向した時が因幡房の背反破門であり」(39)と想定している。これは『富士一跡門徒存知事』の「甲斐国下山郷地頭左衛門四郎光長聖人御弟子、遷化之後民部阿闍梨為レ師」(40)との記述を受けてのことであろうか。ともあれ日永と下山左衛門四郎の両者が同時期に違背したのであれば、その時期は日蓮滅後ということになる。

筑前房の違背については『弟子分帳』の記述しかなく、その詳細は不明である。ただし『日蓮教団全史（上）』によれば、筑前房は日弁同様日興の身延離山時に身延に残留し、日興と決別したとしている。(41)

一方、師僧については違背が記されずにその弟子檀越のみの違背が伝えられるケースも確認できる。寂日房日華の弟子である肥前房日伝と曽祢五郎後家尼は日興に違背しているが、日華については違背に関した記述がない。『富士一跡門徒存知事』には日伝について

　甲斐国有二肥前房日伝云者一（寂日房後背弟子也）盗二取日興義一於二甲斐国一盛弘二通此義一云云。是又造二副四脇士一。彼菩薩像身皆金色剃髪比丘形也。又神詣留之由聞レ之(42)

とあり、師の日華に対しても違背したと記している。堀氏はこの文を挙げ、日伝の背反の動機は不明ながらも神天上・安国論・本迹問題等のための軟派であったと推測している。(43)『富士一跡門徒存知事』は、古来より日興筆とすることに疑義が呈されているが、(44)日華の師である日興に違背している事実から、日伝は『富士一跡門徒存知事』に記述されるように、当然日華に対しても違背したものと思われる。曽祢五郎後家尼もまた日伝同様日華に対しても違背したのであろう。

なお前述した通り、弘安四年（一二八一）四月二十五日図顕の日蓮曼荼羅本尊内日興添書に記される「曽弥小五郎後家尼」と『弟子分帳』の「曽祢五郎後家尼」は同人と考えられるが、乾元二年（一三〇三）八月二十八日の日興曼荼羅本尊授与書にも「□女子曽祢五郎後家尼□」[45]とある。判読不能な箇所が多いが、この日興曼荼羅本尊が曽祢五郎後家尼に授与されたものであるならば、曽祢五郎後家尼は日蓮滅後の日興に対する違背と、違背後の日興による曼荼羅本尊授与の事実が確認できることになる。この点については後述したい。

以上、一二名の違背が『弟子分帳』に記されるが、違背した理由については既述したように『富士一跡門徒存知事』にこれらの違背弟子が日興の義を盗み取って弘通したこと、菩薩像造立のことなどの理由が記されている。しかし、『富士一跡門徒存知事』には真偽問題が存在しており、すべての内容を真と為すことには課題が残る。ただし、日興と日向が弟子の化導方法や教義を巡って対立し日興が身延を離山するに至ったことは、以後多数の弟子檀越が違背する大きな契機となったことは確実であると思われる。

第二項　現存する申し与えられた日蓮曼荼羅本尊

それでは、『弟子分帳』に挙げられた了性房日乗を除く六五名に申し与えられた日蓮曼荼羅本尊の内、現存することが確認できる曼荼羅本尊は何幅あるのだろうか。ここでいう申し与えられた曼荼羅本尊とは、日興添書（以下「添書」と略記）、もしくは日蓮授与書（以下「授与書」と略称）と添書の両方によって、『弟子分帳』記載の弟子檀越に授与された曼荼羅本尊と判断することができるものを指す。添書が加筆されている日蓮曼荼羅本尊を一覧にしたのが、次の表二である。なお、表二の「『弟子分帳』」項は、授与書・添書に記される曼荼羅本尊被授与者が『弟子分帳』に挙げられる弟子檀越の内に含まれているかどうかを表している。

【表二】日興添書が加筆される日蓮曼荼羅本尊一覧

	系年	所蔵	日蓮授与書	日興添書	『弟子分帳』	出典
①	年月日未詳	小泉久遠寺	なし	甲斐国波木井法寂房授与之	×	『御本尊集目録』四番
②	年月日未詳	佐渡妙宣寺	なし	佐渡国法花棟梁阿仏房彦如寂房日満相伝之	×	『御本尊集目録』一二番
③	文永十一年十一月	身延山久遠寺（曽存）	なし	因幡国富城五郎入道日常息寂仙房申与之　但可為大本門寺重宝也	×	『御本尊鑑』一二頁
④	建治元年十月	戸田妙顕寺	平時光授与之	南条平衛七郎子息七郎次郎平時光者依為日興第一弟子所申与如件	○	『御本尊集目録』二六番
⑤	建治二年二月	尼崎本興寺	なし	富士西山河合入道女子高橋六郎兵衛入道後家持妙尼仁日興申与之	○	『御本尊集目録』三二番
⑥	建治二年二月五日	西山本門寺	なし	懸本門寺可為万年重宝也　入道孫由比五郎入道女所譲得也　大宅氏女嫡子大法師譲与也日興祖父河合入道申与之	○	『門下歴代』九番
⑦	弘安元年八月	村松海長寺	日頂上人授与之	因幡国富城五郎入道息伊与阿闍梨日頂舎弟寂仙房付嘱之	×	『御本尊集目録』五三番
⑧	年月日未詳	京都妙覚寺	なし	可為本門寺重宝也　因幡国富城寂仙房日澄母尼弘（安）三年九月申与之	×	『御本尊集目録』五五番
⑨	弘安二年二月	桑名寿量寺	釈子日目授与之	（削損）日興（削損）	○	『御本尊集目録』六〇番
⑩	弘安二年十一月	上条大石寺	俗日増に之を授与す	本門寺重宝たるべきなり	×	『富要』八巻一七七頁

⑪	弘安三年二月	京都妙覚寺	優婆塞日安	富士下方熱原六郎吉守者依為日興弟子所申立如件	○	『御本尊集目録』七六番
⑫	弘安三年三月	京都本法寺	沙弥日載授与之	大弐房日正授与	×	『至宝』一〇四頁
⑬	弘安三年四月	京都妙覚寺	□光授与之	富士下方市庭寺大郎□夫入道子息□弥太郎□□日興□□	○	『至宝』一〇四頁
⑭	弘安三年五月八日	京都本能寺	沙門日華授与之	大本門寺重宝也　甲斐国蓮華寺住僧寂日房者依為日興第一弟子所申与之如件	○	『御本尊集目録』九二番
⑮	弘安三年五月九日	東京法道院	比丘日禅に之を授与す	少輔公日禅は日興第一の弟子なり仍て与へ申す所件の如し　本門寺に懸け奉り万年の重宝たるべきものなり	○	『富要』八巻一七八頁
⑯	弘安三年九月三日	京都妙蓮寺	俗日目授与之	富士上方上野弥三郎重満与之　日興　正和元年出家三郎左近入道也	○	『御本尊集目録』九八番
⑰	弘安三年十一月	佐渡世尊寺	比丘日法授与之	紀伊国切目刑部左衛門入道相伝之（以下『富要』八巻収録の文）「子息沙弥日然に之を譲り与ふ」	×	『御本尊集目録』一〇〇番
⑱	弘安四年三月	讃岐本門寺	俗日大授与之	懸本門寺可為末代重宝也　富士上野顕妙新五郎仁日興申与之	○	『御本尊集目録』一〇四番
⑲	弘安四年四月二十五日	東京常泉寺	なし	摂津公日仙は日興第一の弟子なり仍て与へ申す所件の如し	○	『富要』八巻一七八頁
⑳	弘安四年四月二十五日	京都本満寺	比丘尼持円授与之	可為本門寺重宝也　甲斐国大井庄々司入道女子同国曽弥小五郎後家尼者日興弟子也　仍申与之　孫大弐公日正相伝之	○	『御本尊集目録』一〇七番
㉑	弘安四年十月	千葉随喜文庫	□□□授与□（削損）	（削損）	×	『御本尊集目録』一一二番
㉒	弘安四年十二月	不明（大石寺蔵か）	優婆夷一妙授与之	遠江サカラノ小尼給本尊也	×	『御本尊集目録』一一六番

《表二出典略称一覧》
『御本尊集目録』＝山中喜八編『御本尊集目録』（立正安国会、一九九二年訂補五版）
『御本尊鑑』＝藤井教公編『御本尊鑑　遠沾院日亨上人』（身延別院内『御本尊鑑』再版刊行会、一九九九年）
『門下歴代』＝日蓮聖人門下歴代大曼荼羅本尊集成刊行会編『日蓮聖人門下歴代大曼荼羅本尊集成』（日蓮聖人門下歴代大曼荼羅本尊集成刊行会、一九八六年）
『至宝』＝中尾堯・寺尾英智編『【図録】日蓮聖人と法華の至宝』一巻　曼荼羅本尊（同朋舎メディアプラン、二〇一二年）
※⑮の所蔵について金原明彦『日蓮と本尊伝承─大石寺戒壇板本尊の真実』（水声社、二〇〇七年）五〇頁によれば、『法道院百年史』に当曼荼羅本尊は昭和四十五年三月十九日に大石寺に奉納されたとの記載があるとしている。また『富要』では授与書等が書き下し文で表記されているため、ここでもその記述に依った。

表二に挙げたように、添書が加筆される日蓮曼荼羅本尊は二二幅確認することができる。この内、まず曼荼羅本尊⑫⑳の添書にみえる「大弐房（公）日正」について触れておきたい。『御本尊集目録』によれば、⑳には「可為本門寺重宝也　甲斐国大井庄々司入道女子同国曽弥小五郎後家尼者日興弟子也　仍申与之　孫大弐公日正相伝之」との日興添書が見られることが提示されている（写真1）。

この中の「大弐公日正」という弟子名について、高木氏および『興全』は「大弐公日二」[46]と判読しており、『御本尊集目録』の判読と相違が見られる。そこで⑳に加筆される日興添書の筆跡を他の日興文書の筆跡と改めて比較検討したところ、「日二」ではなく『御本尊集目録』の表記の通り「日正」と判読すべきであるとの結論に至った。

この判読を支える史料として、『日蓮宗新聞』連載の中尾堯「ご真蹟に触れる」第二九二回（平成二十一年十一月二十日号）にて、京都本法寺に所蔵される弘安三年（一二八〇）三月に図顕された新加の日蓮曼荼羅本尊（⑫）に、日蓮の筆で「沙弥日戴授与之」と授与書がなされていること、また右下部に他筆で「大弐房日正授与」[47]との添書が存在していることが紹介されている（写真２）。ただ写真を見てわかる通り、⑫の添書部分は擦り消されているようで、添書全体をはっきりと窺うことは困難である。この他筆とされる添書「大弐房日正授与」を、先述の⑳における日興添書「大弐公日正」の筆跡と比較すると、両者の筆跡は近似していることがわかる。特に「正」字に日興の筆の特徴がよく表れている。このことから⑫内の他筆添書は日興筆であると考えられるため、⑫を表二に収録した。

写真１　⑳加筆の日興添書「大弐公日正」
（『日蓮聖人真蹟集成』一〇巻より転載）

写真２　⑫加筆の日興添書「大弐房日正」
（立正大学日蓮教学研究所架蔵写真）

以上の検討の結果、日号に漢数字を使うことは若干不自然である点や、同時期の曼荼羅本尊（⑫＝弘安三年、⑳＝弘安四年）に日興が「大弐房（公）日正」と記している点などを考慮すると、⑳に記される大弐公はやはり「日二」ではなく「日正」とすべきであることが指摘できるのである。[48] ただし、⑫に記される沙弥日戴と大弐房日正との関係など不明な点もあるが、少なくとも⑫と⑳の記述から、日正は日蓮曼荼羅本尊を二幅伝持していたことが読み取れる。

さて、表二に挙げた中で『弟子分帳』記載の日興の弟子檀越に申し与えられた日蓮曼荼羅本尊と判断されるものは、④⑤⑥⑨⑪⑬⑭⑮⑯⑱⑲⑳の一二幅である。この内、『御本尊集目録』および『日蓮聖人真蹟集成』、『日蓮聖人門下歴代大曼荼羅本尊集成』によって写真で確認できる曼荼羅本尊は④⑤⑥⑨⑪⑬⑭⑯⑱⑳の一〇幅で、また『富要』によって確認できる曼荼羅本尊は⑮⑲の二幅である。⑨⑬と、添書に「与之」と記されている⑯を除き、それ以外の添書には「申与」「与申」「申立」の文字が見え、これらの曼荼羅本尊が申し与えられたものであるということを物語っている。

『弟子分帳』に挙げられた弟子檀越の内、了性房日乗に申し与えられた曼荼羅本尊については、前述の通り日蓮滅後日興が曼荼羅本尊を書写して授与したとされるが、永仁四年（一二九六）卯月八日の日興曼荼羅本尊には「僧日乗授与之、大覚了性房者雖為卿公弟子成日興弟子□□仍所□□」[49]との授与書を見ることができる。山上弘道氏は、これが『弟子分帳』に記載される日乗に授与された曼荼羅本尊ではないかと推測している。[50] この曼荼羅本尊が日乗に申し与えられたものとする根拠として、次の三点が挙げられる。

1、「僧日乗授与之」とあり、日興が日乗に書き与えた曼荼羅本尊である点。

2、書写年代が、日蓮滅後から『弟子分帳』作成の永仁六年（一二九八）までの間である点。

３、「大覚了性房者雖為卿公弟子成日興弟子」とあり、日乗を日興弟子としている点。

以上の点が『弟子分帳』の日乗の項目と一致するため、山上氏が推測するように、この日興曼荼羅本尊が日蓮滅後に日興によって書写され授与された曼荼羅本尊であると考えられる。したがって、『弟子分帳』記載の六六名に授与された曼荼羅本尊の内、先の一二幅に日興曼荼羅本尊一幅を加え、現在一三幅の現存を確認することができる。

表二の中で、日興が弟子檀越に申し与えたことが判明する日蓮曼荼羅本尊一二幅を見ると、④⑨⑪⑬⑭⑮⑯⑱⑳の九幅において授与書が見られる。この内④⑭⑮の三幅で授与書と添書に記される被授与者名が一致し、⑪⑬⑯⑱⑳の五幅では授与書と添書の被授与者名が異なっている。ここで問題となるのは、授与書と添書の被授与者名が異なる⑪⑬⑯⑱⑳において、これらは果たして同一人物を指しているのかということである。

なお、⑬の授与書には「□光授与之」とあり、中尾堯氏は南条時光かと推測している。[51] もしそうであれば、授与書と添書の被授与者が明らかに異なる人物となるが、現時点では授与書に判読不明な箇所があり、被授与者名が確定できないので、⑬はここでの比較検討の対象からははずすこととする。

まず、⑯の授与書「俗日目」について、日蓮は卿公日目に授与した⑨の曼荼羅本尊の授与書に「釈子日目」と記しているにも関わらず、⑯では「俗日目」と記している。これに関連するものとして、「俗日常授与之」との授与書を有する山梨県立正寺所蔵の弘安四年（一二八一）九月図顕の日蓮曼荼羅本尊が挙げられる。[52]『日蓮教団全史（上）』によれば、既に『忘持経事』に「非レ俗非レ道秀居士」といわれ、さらに行為を賞美して「常忍上人」といわれた富木常忍をその五年後の弘安四年に「俗日常」と、しかも厳粛な曼荼羅本尊に書くことは考えにくく、「俗日常」と常忍は別人であるとしている。[53] ⑯の場合もこれと同様のケースであり、すでに「釈子」と記した卿公日目に対してその約一年半後に「俗」と称することは不自然であるため、俗日目と卿公日目とは別人の可能性が高い。別人であるならば、当時日目という日号を有する檀越が卿公日目の他にもう一人いたということになる。

ちなみに寺尾英智氏によれば、日蓮が出家者たる弟子に対して曼荼羅本尊を授与する際、授与書には弟子の日号を用い、日号の上または下に弟子に対する認識の仕方を示す呼称をつけるとし、その呼称には「沙門」「比丘」「釈子」「大日本沙門」「釈」「上人」「法師」「僧」の八種類が確認できることを指摘している。[54] この寺尾氏の指摘も、弟子か檀越かを判断する上での指標となり得よう。

⑪の授与書「優婆塞日安」、⑱の授与書「俗日大」に関しても、同じ日号の僧として保田妙本寺九世按察阿闍梨日安と京都住本寺開基本覚法印日大が確認できるが、共に日蓮滅後の僧であって年代が合わない。また寺尾氏の見解も勘案すると、これらも上述した日常・日目同様に別人であろう。また⑪⑳に関しては、授与書の「優婆塞」「比丘尼」の表記が添書の被授与者の性別と一致していることがわかる。『上代事典』によれば、⑪⑯⑱の授与書「日安」「日目」「日大」は添書に書かれている被授与者の日号であり、[55] また高木氏によれば⑳の授与書「持円」は添書「曽弥小五郎後家尼」の法号であって、同一人物だと判断している。[56]

⑪⑯⑱⑳は弘安三〜四年に図顕されているから、これらと同時期に図顕された他の曼荼羅本尊を『御本尊集目録』で確認すると、以下の授与書を見ることができる。なお、【】内の数字は『御本尊集目録』収録の曼荼羅本尊番号を示している。

【70】弘安二年十一月　　千葉随喜文庫蔵　「優婆塞日久」

【71】弘安三年二月一日　堺妙国寺蔵　「俗日頼授与之」
【77】弘安三年二月　浜松妙恩寺蔵　「俗吉清」
【88】弘安三年四月　京都本法寺蔵　「優婆塞藤原広宗授与之」
【94】弘安三年六月　小浜長源寺蔵　「俗日円授与之」
【95】弘安三年六月　京都本法寺蔵　「俗藤原国貞法名日十授与之」
【96】弘安三年六月　甚目寺実成寺蔵　「俗日肝授与之」
【97】弘安三年八月　岡宮光長寺蔵　「俗日重授与之」
【99】弘安三年九月八日　横浜市某家蔵　「優婆夷源日教授与之」
【102】弘安四年二月二日　池上本門寺蔵　「優婆塞藤原日生授与之」

これらを見ると、檀越の被授与者に対して「俗」「優婆塞」等の呼称と共に日号で表記している授与書を他にも多く確認することができる。このように、檀越に対する曼荼羅本尊授与の場合にも、日蓮は被授与者の日号を用いて授与書を記していた例が多々確認できるため、⑪⑯⑱⑳においても被授与者の日号・法号を用いて授与書を記した可能性は大いに有り得る。したがって、⑪⑯⑱⑳の授与書と添書に記される被授与者は同一人物と考えてよいであろう。ただし、同一人物であることを証明する他の確実な史料が見当たらないことは、今後の課題である。

授与書と添書が共に同一人物への授与を伝えているこれらの曼荼羅本尊の存在は、日興が在世中の日蓮に曼荼羅本尊授与を申請し、それを日蓮が了承の上、日興の弟子檀越に授与されたことの証左の一つとなり得るのではないだろうか。ただし⑤⑥⑲のように、添書から『弟子分帳』で申し与えられた曼荼羅本尊と判断できても、授与書が見られないものも存在している。日蓮が授与書を記さなかったとも考えられるが、長い年月を経て今日まで伝来する過程において、授与書部分が欠失した可能性も少なからず想定される。この点についても今後検討を要する。

また、『弟子分帳』に記載される弟子檀越への授与書があるにも関わらず、添書が見られない曼荼羅本尊も確認できる。同様に『御本尊集目録』より抜粋して以下に挙げる。

【63】弘安二年四月　千葉妙興寺蔵　「比丘日弁授与之」　日興添書なし
【68】弘安二年十一月　沼津妙海寺蔵　「優婆塞日安授与之」　日興添書なし
【69】弘安二年十一月　京都立本寺蔵　「沙門日永授与之」　日興添書なし

授与書によれば、【63】は越後房日弁に、【69】は因幡房日永に授与されたものと考えられ、共に『弟子分帳』記載の弟子である。これらの曼荼羅本尊には添書がないため【63】【69】が申し与えられた曼荼羅本尊であるかどうかは現時点では断定できない。表二で挙げた日蓮曼荼羅本尊にはすべて日興が添書を加筆しているが、もし『弟子分帳』記載の弟子檀越に対して、日興が添書を加筆しなくても曼荼羅本尊が申し与えられていた場合があったとするならば、これらの曼荼羅本尊もまた申し与えられたものである可能性が生じてくる。

【68】は優婆塞日安に授与された曼荼羅本尊だが、表二⑪も同じく優婆塞日安に授与された曼荼羅本尊である。⑪には添書が確認できるので、日興が申し与えたものは⑪であると考えられる。しかし、仮に【68】も⑪の優婆塞日安そ

の人に授与されたものであるならば、優婆塞日安は日蓮曼荼羅本尊を二幅授与されたことになる。日蓮曼荼羅本尊を複数幅授与または伝持している弟子檀越としては、先述した大弐房日正の他、六老僧の日昭・日朗・日向、後に重須談所初代学頭に補任する寂仙房日澄が挙げられる。[57] つまり、日蓮曼荼羅本尊を二幅授与されたことが確認できる弟子檀越はごく少数であることがわかる。果たして【68】と⑪の優婆塞日安が同一人物であるかどうか、現時点では決定的な根拠を見出すことはできない。しかし、【68】は弘安二年十一月、⑪は弘安三年二月のものであって、その時差は三ヵ月しかない。すでに門下として日蓮から曼荼羅本尊の授与を賜った優婆塞日安に対し、そのわずか三ヵ月後に敢えて日興が弟子の証として日蓮曼荼羅本尊を申し与えようと企図し、日蓮に授与を申請するであろうか。むしろそれは不自然と言わざるを得ない。したがって、【68】と⑪に見える優婆塞日安については、おそらく別人ではないかと思う。

また、日興が添書を加筆しなくても日蓮曼荼羅本尊が申し与えられていたのであれば、日蓮曼荼羅本尊の中で授与書が削損または截落されて判読不可能なものの中にも、『弟子分帳』記載の弟子檀越に申し与えられた曼荼羅本尊が含まれている可能性が出てくる。授与書が削損等の理由により判読不可能な曼荼羅本尊は、『御本尊集目録』によれば【51】【54】【75】【78】【82】【85】【87】【93】の八幅が挙げられる。現時点では断定することは不可能だが、これらの日蓮曼荼羅本尊の中にも『弟子分帳』記載の弟子檀越に申し与えられたものが存在するかもしれないという可能性を指摘しておきたい。さらなる調査の進展を待ちたい。

第三項　その他の日興添書にみえる日興の弟子檀越

前項で考察した『弟子分帳』の記述と一致する曼荼羅本尊の現存分一三幅の他にも、日興の添書を有する日蓮曼荼羅本尊がいくつか見られる。それらは表二の①②③⑦⑧⑩⑫⑰㉑㉒の一〇幅である。添書が見られることから、これらの中にも申し与えられた曼荼羅本尊の可能性があるものも含まれているのではないかと考える。これらについて検討してみたい。

まず法寂房に授与された①について、添書から法寂房は波木井の人ということがわかる。『弟子分帳』で曼荼羅本尊を授与された波木井南部氏は一一名を数えるが、問題は法寂房が波木井一族の中の誰であり、かつこの一一名の中に該当するかどうかということである。堀氏によれば、法寂房＝波木井実長で、当曼荼羅本尊は波木井実長に授与したものであると推測している。[58]これに対し高木氏は、房号を名乗るのは僧であって在家ではなく、文永年間における実長の出家は到底考えられないと否定した上で、波木井法寂房とは甲斐国波木井住もしくは出身の僧であると主張している。[59]いずれにせよ、法寂房が『弟子分帳』記載の波木井一族に該当するかどうかについては現時点では不明である。ただし、①の添書には「授与之」とあり、日興が申し与えた曼荼羅本尊には日興が通例的に「申与」「与申」と添書していることを考慮すると、①は『弟子分帳』記載の弟子檀越に申し与えられたものではないと考える方が自然かと思われる。また⑫も同様のことが言えよう。

②の如寂房日満は阿仏房日得の曽孫にあたり、佐渡における日興門流の発展に大きく関わった弟子である。この日満に授与された②には「相伝之」と記されており、申し与えたものではなく日興から日満へと相伝された曼荼羅本尊

かと想定される。

⑰の授与書に見える比丘日法は、中老僧の一人である和泉公日法であろうか。当曼荼羅本尊は授与書と添書から判断して、日法が日蓮から授与された曼荼羅本尊を切目刑部左衛門入道が相伝し、それを子の日然に譲与したということになろう。ここで問題なのは、切目刑部左衛門入道が相伝し、それを子の日然に譲与した理由である。ここでの日法が和泉公日法であるならば、その没年は暦応四年（一三四一）で日興のそれよりも後年のことである。日興の添書があることから、少なくとも相伝と譲与は日興入滅の正慶二年（一三三三）以前の出来事となる。すなわち、日法の遷化による曼荼羅本尊の相伝ではなく、日法在世中に切目刑部左衛門入道への相伝、そして日然への譲与が行われたということになる。在世中の日法から切目刑部左衛門入道が曼荼羅本尊を相伝した背景には何があったのか、またその曼荼羅本尊を日然が譲与された時は如何なる状況であったのか、などについては現時点では不明である。比丘日法と切目刑部左衛門入道らの関係性等も考慮すると、この場合は和泉公日法とは別人と考えたほうが可能性としては高いのかもしれない。いずれにせよ⑰の添書から相伝され、そして譲与された曼荼羅本尊であることが読み取れる。

㉒については、授与書の一妙と添書のサカラノ小尼とでは名前が異なるが、「優婆夷」と「小尼」の性別が一致するため、同一人物で「一妙」は法号であると考えられる。高木氏によれば、日興が申し与えたことを示すというよりは、相良の小尼所持の曼荼羅本尊が日蓮からの授与であることを確認するための添書であると解釈している。(60) 高木氏の解釈の通りならば、日興が当曼荼羅本尊を『弟子分帳』に加えなかったことも理解できる。

今挙げた②⑰㉒に関しても①⑫と同様に、日興が申し与えた曼荼羅本尊と判断することは難しい。『弟子分帳』にこれらの弟子檀越の名前が記載されていないこともまた、これを裏付けていると言えよう。

一方、寂仙房日澄とその母尼に授与された③⑧について、この二幅の添書には「申与之」の文字が見え、文字通り解釈すれば日興から申し与えられた曼荼羅本尊ということになる。また⑧には「弘（安）三年九月申与之」と記されており、申し与えるという行為が日蓮在世中に行われていたことを伝えている。ただし当曼荼羅本尊は、揮毫された年月日は未詳ながらも弘安元年（一二七八）筆と推定されており、その推定に立脚すれば、日蓮の揮毫から二年後に日興が申し与えているということになる。この理由については高木氏も未詳としているが、[61]『上代事典』では、弘安三年（一二八〇）十一月二十五日と推定される『富城殿女房尼御前御書』において、日蓮は富木常忍とその尼に対して熱原法難の余波を避けるために日秀・日弁両者の保護を依頼しており、⑧の曼荼羅本尊はこの件に関連した授与であったのではないかと推測している。[62]

またここで問題となるのは、日澄もその母尼も日蓮曼荼羅本尊を申し与えられているにも関わらず、『弟子分帳』にもれている点である。日澄はもと六老僧日向の弟子で、正安二年（一三〇〇）に日興に帰伏したと伝えられる。『弟子分帳』執筆時にはまだ正式に日興門下となっていないため、『弟子分帳』に含まれなかったとも考えられるが、もしそうだとすれば、それ以前に曼荼羅本尊を申し与えることはあり得ないのではないだろうか。少なくとも曼荼羅本尊を申し与えられる程の交流があったことは確かだが、何故両者が『弟子分帳』に記載されなかったのかについては、残念ながら現時点では明確な回答を見出すことはできない。しかし、③⑧によって日澄とその母尼に対する日蓮曼荼羅本尊授与の事実と、弘安三年時点における日澄母尼と日興との関係性の断面を窺い知ることができる。

また⑦の曼荼羅本尊には、授与書に「日頂上人」、添書に「寂仙房」とあり、被授与者が異なっている。この⑦に関しても、申し与えられた曼荼羅本尊ではないと想定される。すなわち、この曼荼羅本尊の被授与者は授与書にある通り六老僧日頂であり、添書に「付嘱之」とあることから、後になって日澄が当曼荼羅本尊を付嘱されたものと考えられる。日興が日頂授与の曼荼羅本尊を日澄に付嘱した理由として高木氏は、日頂が義父の富木常忍に疎んじられて富士の日興の許にいたこと、その弟日澄も日興に師事していたこと、そして恐らく日頂が死去するや、日頂所持の曼荼羅本尊をその弟でもありかつ日興の弟子であった日澄に付嘱させたのではないかと推測している。さらに付嘱の時期に関して高木氏は、日頂の遷化は伝承によれば嘉暦三年（一三二八）で、付嘱は日頂死後間もない頃であったろうと推測している。(63) 日頂の事蹟については史料に乏しく、寂年をはじめ不明な点が多いが、日澄は延慶三年（一三一〇）に遷化しており、また日頂の伝えられる寂年は日澄よりも後である。したがって、理由は不明ながらも日澄への付嘱は少なくとも日頂在世中のことではなかろうか。(64)

⑩は授与書・添書共に確認できるが、添書に被授与者の名前がないため「俗日増」が誰であるか特定することは困難である。しかし、現存する申し与えられた曼荼羅本尊に加筆された添書とよく似た「本門寺重宝たるべきなり」との文言が記されている。『上代事典』では、この曼荼羅本尊の添書を「□□九郎次郎時□日興　可(キ)レ為(ル)二本門寺重宝(ノ)一也」(65)と判読しており、もし『上代事典』の表記の通りであるならば、⑩は『弟子分帳』記載の綱島九郎次郎時綱に申し与えられた曼荼羅本尊である可能性が非常に高くなる。

㉑の曼荼羅本尊は授与書・添書共に削損があり、残念ながら「授与」の二文字以外は読み取ることができない。しかし当曼荼羅本尊の模本によれば、授与書に「俗平太郎授与□」、添書に「紀伊国切目形部左衛門入道息少輔房日然相伝之」(66)とあり、また別筆にて「稲守六郎に之を授与す」(67)とあるとされている。この模本によれば、平太郎が日蓮より曼荼羅本尊を授与され、それを⑰に見える「沙弥日然」と同人と思われる少輔房日然が相伝しているから、日然は日

蓮曼荼羅本尊を二幅伝持していたということになる。ただし『御本尊集目録』・『富要』共に添書を日興筆ではなく他筆としており、添書の内容は信憑性に欠ける。また表二には収録していないが、『富要』によれば、茨城県永井藤蔵氏蔵の弘安三年二月図顕の日蓮曼荼羅本尊に日興の加筆と思われる添書が見られるとされているが、現時点では判読不可能であるという。(68)今後調査が必要である。

小　結

以上、『弟子分帳』に記載される日興の弟子檀越と、申し与えられた日蓮曼荼羅本尊を中心に考察を進めてきた。日興が弟子檀越に対してこれほど多くの日蓮曼荼羅本尊を申し与えた事実は、現存する史料の中では他の五老僧を始め日蓮の直弟子の間において確認することのできない行動であり、日興の教化活動を探る上で特筆すべき事柄であると言えよう。

日興が自身の弟子檀越に対し、日蓮曼荼羅本尊を申し与えるという行為を度々行った理由は、第一には礼拝の対象とするためであったと考えられる。上述の通り、日興が弟子檀越に申し与えたのは日蓮曼荼羅本尊であり、また日興自身後に三〇〇幅超の曼荼羅本尊を「書写」している事実から、日興は日蓮が壮大な法華経の世界を独自の観点をもって開顕した曼荼羅本尊が、日蓮の悟りの世界の根幹をなすものであると捉えていた。そしてその曼荼羅本尊こそ、弟子檀越それぞれが礼拝すべき本尊であるとの思いを抱いていたものと想定される。日興が弟子檀越に対して自身の曼荼羅本尊ではなくわざわざ日蓮の曼荼羅本尊を申し与えている事実は、当時曼荼羅本尊を揮毫できる立場にあったのは当然日蓮のみであったことを物語っている。

そして第二には、日興門下としての証とするためであったと推測される。申し与えられたのが多数の弟子檀越に及んでいること、そして夫婦の弟子檀越に対しても一家に一幅授与するのではなく、夫と妻それぞれに申し与えている事実からも、弟子となった証としての意味合いが強かったのではないだろうか。また『富士一跡門徒存知事』には、次のような記述が見られる。

> 於日興弟子分本尊者一一皆奉書付事、誠以凡筆直聖筆事尤雖有其恐、或親以強盛之信心雖賜之子孫等捨之、或師酬常随給仕之功雖授与之弟子等捨之、依之或以交易、或以為他被盗、如此之類其数多也。故書付所賜之本主交名為後代高名也(69)

すなわち、日興が自身の弟子に申し与えた日蓮曼荼羅本尊に加筆することは恐れ多いことだが、曼荼羅本尊が子孫や弟子の代に捨てられたり盗まれたりして紛失するのを防ぎ、賜った弟子の後代の高名のために添書を書き留めておくのであるとしている。本書の記述が果たして日興の本意であるかどうかは断定し難いが、仮に本書が門弟の著作だとしても、日興が日蓮曼荼羅本尊を申し与えることについて、当時このような認識がなされていたものと想定される。

『弟子分帳』が作成された永仁六年（一二九八）は、『本門寺棟札』によれば重須の地に本門寺の基礎が築かれ、日興が大石寺から本門寺へと移住したことが伝えられる年である。このような年に日興は日蓮曼荼羅本尊の紛失防止と、多数の違背者発生を受けての弟子檀越の整理・明確化を意図して『弟子分帳』を作成した。『弟子分帳』の作成は、重須移住を期しての行動であることは明らかであり、高木氏が指摘するように、永仁六年は日興が自身の教化活動において新たなスタートを切った画期の年と位置づけられよう。(70)『弟子分帳』を作成して以降、日興による三〇〇幅を超す曼荼羅本尊の書写が本格的に始まっていくのである。

註

（1）『宗全』一巻一八三頁。
（2）高木豊「日興とその門弟」（川添昭二・高木豊・藤井学・渡辺宝陽編『研究年報　日蓮とその教団』四集二五頁）。なお、本稿はのちに同『中世日蓮教団史攷』に再録。
（3）静岡県編『静岡県史』通史編2　中世（静岡県、一九九七年）二二六〜二二九頁。
（4）『日興上人』一一三〜一四四頁。
（5）日蓮宗事典刊行委員会編『日蓮宗事典』（日蓮宗宗務院、一九八一年）三七七頁。
（6）『宗全』二巻目次二頁。
（7）『上代事典』二五四頁。
（8）日蓮宗全書『日蓮上人伝記集』（本山本満寺、一九七四年）五九五頁。
（9）『興全』一二二頁、『宗全』二巻一二二頁。
（10）高木豊『中世日蓮教団史攷』一一九頁。
（11）『四十九院申状』（『興全』三一五頁、『宗全』二巻九三頁）。
（12）『興全』三一七頁、『宗全』二巻九四頁。
（13）『興全』一三五頁、『宗全』二巻一四一頁。なお、『宗全』二巻では本書の名称を『与了性房書』と表記している。
（14）『興全』一二七頁、『宗全』二巻一一六頁。
（15）高木豊『中世日蓮教団史攷』一二九頁。
（16）高木豊『中世日蓮教団史攷』一三二頁、『上代事典』七四九頁。
（17）『興全』一二七頁、『宗全』二巻一一六頁。傍線は筆者による。

(18)『御本尊集目録』一五〇頁。傍線は筆者による。
(19)堀日亨『富士日興上人詳伝』七八五頁。
(20)『日興上人全集・日興上人御本尊集正誤表』一頁。傍線は筆者による。
(21)『富城殿女房尼御前御書』（『定遺』一七一一頁）。
(22)『興全』一二八頁、『宗全』二巻一一六頁。
(23)『上野殿御返事』（『定遺』一七六六頁）。
(24)『宗全』二巻二四九頁。
(25)堀日亨『富士日興上人詳伝』七七頁。
(26)『上代事典』四八頁。
(27)『定遺』一六七七頁。
(28)『興全』一二六頁、『宗全』二巻一一五頁。
(29)『御本尊集目録』四六頁。
(30)鈴木一成「高橋入道と妙心尼」（『大崎学報』一〇一号、立正大学仏教学会、一九五四年）、片岡邦雄「窪尼御前について―持妙尼・高橋入道・妙心尼―」（日蓮宗研究刊行同人会編『日蓮宗研究』1、法華ジャーナル、一九八四年）、池田令道「大石寺蔵日興上人書写御書の考察」（『興風』一三号）等。
(31)『本興寺の歴史と名宝』（本興寺、二〇一三年）一〇頁。
(32)『宗全』二巻一一六頁では「四郎次郎」と表記している。
(33)『宗全』二巻一一七頁では「中里具太郎」と表記している。
(34)『興全』一二八頁、『宗全』二巻一一六頁。
(35)『興全』一一三頁、『宗全』二巻一〇二頁。
(36)山口範道『日蓮正宗史の基礎的研究』一一〇頁。
(37)堀慈琳『熱原法難史』一一九頁。

(38)『日蓮教団全史（上）』七七頁。
(39)堀日亨『富士日興上人詳伝』七〇一頁。
(40)『興全』三一二頁、『宗全』二巻一二七頁。
(41)『日蓮教団全史（上）』七七頁。
(42)『興全』三一三頁、『宗全』二巻一二八頁。
(43)堀日亨『富士日興上人詳伝』三一八頁。
(44)近時、山上弘道「『富士一跡門徒存知事』について」（『興風』一九号、興風談所、二〇〇七年）によって、改めて日興撰述とする説が主張されている。
(45)『興本』八頁、『統合システム』二〇一五年度版所収『上代事典』「曽祢五郎の後家尼」項。
(46)高木豊『中世日蓮教団史攷』一二〇・一四三頁、『興全』一四二頁。
(47)日興添書「大弐房日正授与」の「授与」の部分について、この箇所は写真で示した通り摩滅が激しく、判読が困難である。近時、都守基一氏より同箇所を「相伝」と判読すべきとの教示をいただいた。字形も然る事ながら、日蓮が授与書に「授与」の語句を用いた場合、日興が添書に重ねて「授与」と記したケースは一例も確認することができない。したがって、ここは都守氏の指摘の通り「相伝」と判読したほうがよいように思われる。
(48)なお、『【図説】日蓮聖人と法華の至宝』一巻一〇五頁もまた⑳の該当箇所を「日正」と判読している。
(49)『興本』六頁。
(50)山上弘道「日興上人御本尊脇書について」（『興風』一一号、興風談所、一九九七年）二四頁。
(51)中尾堯「ご真蹟に触れる」第二五〇回（日蓮宗新聞社発行『日蓮宗新聞』連載、平成十八年五月二十日号）。
(52)『御本尊集目録』一五三頁。
(53)『日蓮教団全史（上）』三一頁。
(54)寺尾英智『日蓮聖人真蹟の形態と伝来』四五～四七頁。
(55)『上代事典』一三六・七七七・八一六頁。

(56) 高木豊『中世日蓮教団史攷』一四三頁。
(57) 『御本尊集目録』八一頁。なお、日朗に関しては『【図説】日蓮聖人と法華の至宝』一巻六五・八二頁を参照のこと。
(58) 堀日亨『富士日興上人詳伝』七九五頁。
(59) 高木豊『中世日蓮教団史攷』一二六頁。
(60) 高木豊『中世日蓮教団史攷』一二四頁。
(61) 高木豊『中世日蓮教団史攷』一二三頁。
(62) 『上代事典』六五六・六五七頁。なお、『富城殿女房尼御前御書』の系年については弘安二年説と弘安三年説がある。
(63) 高木豊『中世日蓮教団史攷』一二三頁。
(64) 日頂の寂年については、『本化別頭仏祖統紀』によれば文保元年（一三一七）三月八日のこととしており、また『新編日蓮宗年表』・『日蓮正宗富士年表』も「正林寺寺伝」等に依って同年に配置している。日蓮宗全書『本化別頭仏祖統紀』（本山本満寺、一九七三年）二二六頁、影山堯雄編『新編日蓮宗年表』（日蓮宗宗務院、一九八九年）五四頁、『日蓮正宗富士年表』七〇頁。
(65) 『上代事典』四三〇頁。
(66) 『御本尊集目録』一五六頁。なお、模本の所蔵については駿河国某寺となっている。
(67) 『富要』八巻二一六頁。
(68) 『富要』八巻一七八頁。なお、金原明彦『日蓮と本尊伝承―大石寺戒壇板本尊の真実』五〇頁によれば、『法道院百年史』に当曼荼羅本尊は昭和四十五年四月一日に大石寺に奉納されたとの記載があるとしている。
(69) 『興全』三〇九頁、『宗全』二巻一二四頁。
(70) 高木豊『中世日蓮教団史攷』一三七頁。

第二節　日興の曼荼羅本尊書写

前節で検討した『弟子分帳』によって、日蓮在世中の日興は自己の弟子檀越に対して日蓮曼荼羅本尊を度々申し与えたことが窺えたが、日蓮入滅後、日興は曼荼羅本尊の書写を活発に行っていくようになる。

現在確認されている日興の曼荼羅本尊数は、実に三〇〇幅を超す。これに対し他の五老僧が揮毫した曼荼羅本尊数は、日朗が二一幅、(1)日昭が二幅、(2)日向が二幅で、(3)日頂と日持に関しては確認することができない。また妙顕寺日像の曼荼羅本尊を集成した『龍華御本尊集』(4)には八二幅収録されているが、それでさえも日興の三分の一にも満たない。各師によって寿命や生活環境の違いがあるため、当然これらの数を単純に比較することはできないが、数量だけで見れば教団初期の門弟の中で日興の曼荼羅本尊数は群を抜いていることがわかる。多数の曼荼羅本尊を書写していることは、日興の弘通活動における特色の一つであるといえよう。

現存最古の日興曼荼羅本尊は弘安十年（一二八七）十月十三日書写のもので、それから日興が入滅する正慶二年（一三三三）に至るまで、ほぼ毎年にわたって継続的に書写している。これらの日興曼荼羅本尊には、授与書が記されているものが多く存在しており、三〇〇幅余の日興曼荼羅本尊の内、過半数の一七四幅に見ることができる。授与書には『弟子分帳』と同様に、被授与者の氏名やその居住地、血縁関係、曼荼羅本尊授与の目的等の様々な情報が記録されているため、授与書は弘安十年から日興入滅に至る四七年間における日興門流の広がりや曼荼羅本尊授与の意義を直接的に示す好史料であるといえる。

日興の曼荼羅本尊に関する先行研究は、早くに高木豊氏によって「日興とその門弟」[5]が発表された。高木氏は、前節で考察した『弟子分帳』に引き続いて日興曼荼羅本尊の授与書・書写年月日等に重点を置いて分析を行い、日興門流初期の動向について総合的かつ体系的な考察をされている。ただし高木氏は、『富要』八巻によって日興曼荼羅本尊の抽出を行っているため、考察対象にし得た曼荼羅本尊数は今日確認されているそれよりも少ないものであった。その後、日興曼荼羅本尊を網羅した集成本として『興本』が出版された。本書は日興曼荼羅本尊二九九幅について、授与書を始めとする様々な情報ならびに多数の図版や釈文を収録し、日興曼荼羅本尊の特徴や変化の有様についての詳細な解説もされている。さらに『興本』正誤表によって日興曼荼羅本尊の新たな増減が指摘され、三〇二幅の現存が確認された。これを受けて山上弘道「日興上人御本尊脇書について」[6]が発表され、山上氏は授与書に見える日興門下を地域別に整理した上で、一人一人の事蹟についてより詳細な分析を試みている。そして今日では、興風談所が作成した日蓮遺文・各門下・天台典籍関連史料データベースソフト『統合システム』によって、より手軽に日興門流関連史料に触れることが可能となった。この中で現在確認されている日興曼荼羅本尊の授与書等の表記について、若干の修正が施されて収録されている。なお、その後の調査で新たな増加が認められたので、それについては後述しよう。

こうした先行研究を踏まえ、本節では現在確認されている三〇〇幅超の日興曼荼羅本尊に焦点を合わせたい。そして、そこに記される授与書等について『統合システム』を始めとする最新の研究成果を反映させた上で改めて分析を行い、先学の説と比較検討を行いながら、日興在世中における日興門流の広がりと日興による曼荼羅本尊授与の意義について考察してみたい。

なお、本書中の〈〉内の数字は、『興本』収録の日興の曼荼羅本尊番号を表している。

第一項　伊東市吉田光栄寺所蔵の新出日興曼荼羅本尊について

静岡県伊東市吉田に所在する光栄寺は、日興の弟子で新六人の一人に挙げられる大進阿闍梨日助（―一三八七）によって開創された、日興門流に属する寺院である。日精『富士門家中見聞』の記述によれば、開山の日助は由比氏の出身で、同じ日興弟子の大輔阿闍梨日善・蔵人阿闍梨日代の甥にあたるとされる。(7) 建武元年（一三三四）正月七日に行われた摂津公日仙と日代による方便品読不読問答の際には、重須大衆として日善・日代と共に問答に参加し、日代の重須擯出後は日善・日代と共に一時的に大石寺住坊に居住し、その後伊豆国吉田に一宇を建立、これが現在の光栄寺と伝えられる。そして暦応三年（一三四〇）八月には日善・日代と三師連名で公家に対する申状(8)を作成し奏聞を企てている。これらの史料から、日助は日善・日代と血縁関係にあるだけでなく、教義的にも両師と近しい存在であったことが窺える。

また日助は、元亨元年（一三二一）八月十日に日目から書状『与大進公御房書』(9)を送られ、本書状の内容を日興に披露するよう依頼されており、この頃日助が日興の側近として仕えていたことが想定される。さらに日興が元徳二年（一三三〇）二月二十四日に書写した曼荼羅本尊の授与書には「為悲母一周忌書写如件、公家奏聞代官丸大進房日助授与之」(10)とあり、日助が日興の代官となって公家へ奏聞を行ったことも伝えられる。このように、日助は日興の弟子として師と非常に親密な関係にあったことが窺えるのである。

その日助によって開創された光栄寺は、山号を霊場山と号し、西山本門寺の末寺として栄えた古刹である。光栄寺所蔵の古文書で、寛文十年（一六七〇）七月に記された『柳瀬村従実成寺之訴状』(11)等には、光栄寺は「光永寺」とも表記されており、当時は両方の表記が使用されていたことがわかる。

近現代に至っては、明治九年（一八七六）二月の日蓮宗興門派独立、同三十二年（一八九九）の日蓮宗興門派から本門宗への改称、昭和十六年（一九四一）三月の三派合同等、激しく移り変わる宗門体制の中で、常に本寺西山本門寺と行動を共にしている。そして同三十二年（一九五七）三月には、西山本門寺と共に日蓮宗から離脱し、単立寺院として今日に至っている。また、光栄寺歴世の中で二十四世大弐阿闍梨日明・二十八世一如阿闍梨日省・二十九世恵妙坊日敬はそれぞれ西山本門寺四十六世・四十八世・五十一世を歴任しており、光栄寺が西山本門寺末の中でも格式高い寺院であることが知られる。

さて、光栄寺には、日蓮遺文の断簡をはじめとして曼荼羅本尊や古文書・記録類等、多数の寺宝史料が所蔵されている。光栄寺所蔵の日蓮遺文断簡については、延宝六年（一六七八）十一月十三日に吉田村名主村野伝兵衛の親・太郎左衛門によって光栄寺に奉納されたものと伝えられ(12)、既に『定遺』(13)や『伊東市史』(14)に全文が収録されて周知のものとなっている。

この日蓮遺文断簡と並び、重要な寺宝として当寺に所蔵されるのが、門祖日興が書写した曼荼羅本尊である。光栄寺には日興曼荼羅本尊が四幅所蔵されており、書写年月日の順に掲げると、左記の通りとなる。

①永仁七年（一二九九）二月一日
②元応三年（一三二一）正月十八日
③元亨二年（一三二二）正月十五日
④元亨二年（一三二二）正月□五□

これらの日興曼荼羅本尊については、『興本』および同書正誤表や『伊東市史』にも収録されておらず、またその後の調査による報告もなされていない新出の日蓮直弟文書である。そこで本項では、日興の曼荼羅本尊書写に関する検討を行うに先立ち、まず光栄寺所蔵の寺宝の中から新出の日興曼荼羅本尊を取り上げて紹介したい。なお、日興曼荼羅本尊の筆跡に関しては、すでに『興本』によって詳細な研究がなされているので、その成果に依拠しながら考察を進めていく。

①永仁七年（一二九九）二月一日書写の曼荼羅本尊

当曼荼羅本尊は、光栄寺所蔵の日興曼荼羅本尊の中で最も古いもので、永仁七年（一二九九）二月一日の日付を有するものである。体裁は軸装紙本で、一紙に記されている。本紙の寸法は縦三七・五cm×横二八・二cm。上巻に「日興上人漫茶羅　第一号」と他筆で記されている。本紙は全体的に褐色化し、また所々剥落している箇所も見られるが、左下、大増長天王の右に「日興（花押）書写之」と記されると共に、首題下「日蓮在御判」の右に墨痕が確認できる。おそらく「沙門□」と書いてあるものと思われる。これが授与書であれば、弟子某に授与した曼荼羅本尊ということになろう。

『興本』では、日興曼荼羅本尊の相貌を首題・列衆・四天王・不動愛染・図顕讃文・署名花押の六項目に分類して、その特徴と変遷について詳細な分析を行っている。[15] その分析に照らし合わせて当曼荼羅本尊を見ると、相貌の各特徴は同時期の曼荼羅本尊とほぼ一致し、①と書写年月日が最も近い山梨県本照寺所蔵の永仁七年三月日に書写された曼

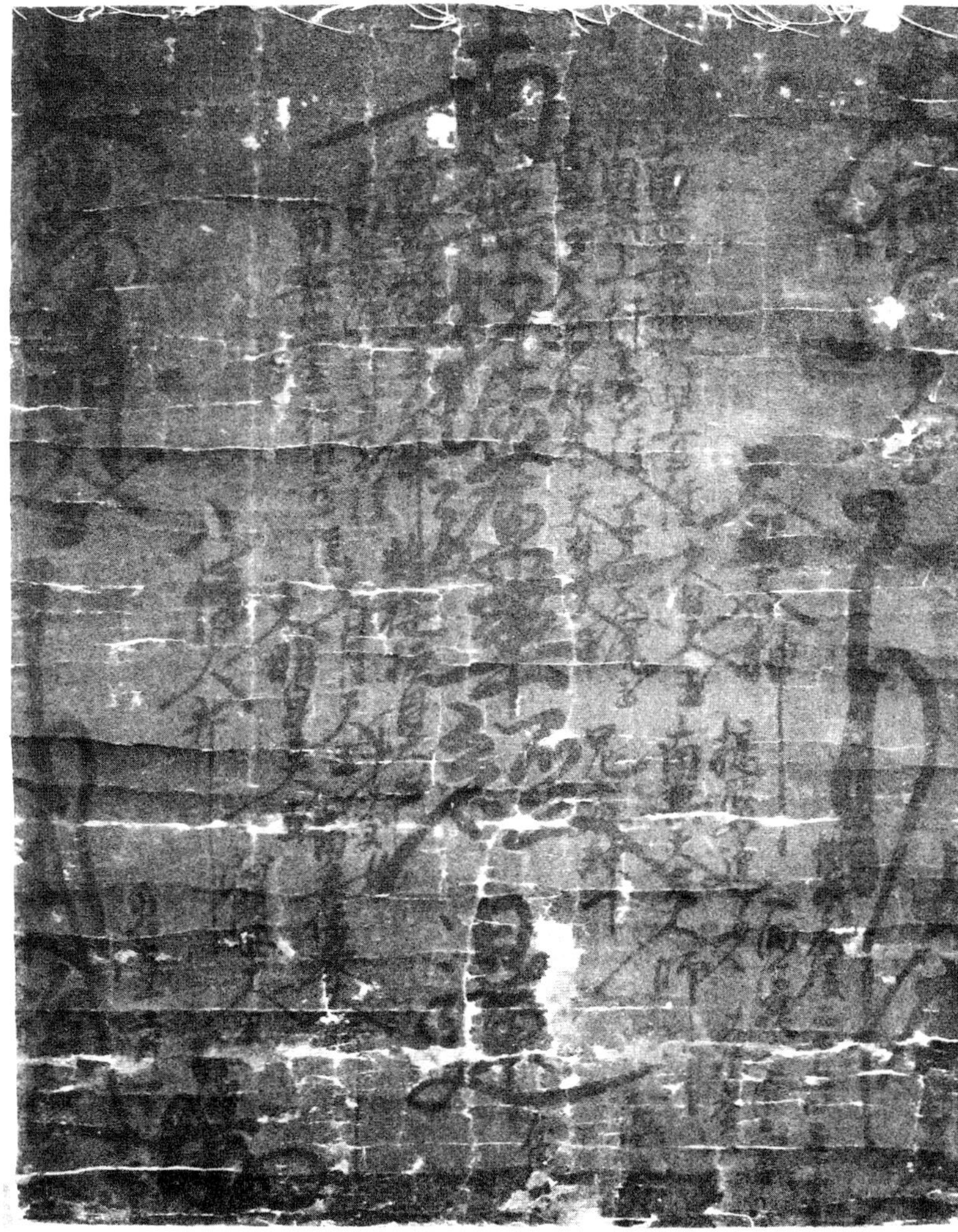

①永仁７年（1299）２月１日書写の曼荼羅本尊

大持国天王
（不動明王）

佛滅度後二千二百三十余年
一閻浮提之内未曾有
大漫荼羅也

大廣目天王

天照太神

沙門□

南無無邊行菩薩
大日天王
提婆達多

南無上行菩薩
第六天魔王
南無天台大師

南無多寶如来
大梵天王
鬼子母神

南無妙法蓮華経
日蓮 在御判

南無釋迦牟尼佛
釋提桓因大王
十羅刹女

南無浄行菩薩
大月天王
南無傳教大師

南無安立行菩薩
大明星天王
阿闍世大王

八幡大菩薩

日興（花押）

永仁七年二月一日　書写之

大毘沙門天王
（愛染明王）

大増長天王

①釈文

茶羅本尊（写真A）とも全体的に酷似している。『興本』によれば、この頃の曼荼羅本尊は比較的線が細く流麗な筆跡であることが指摘されているが、[16]特に首題の運筆がその特徴をよく表現しており、当曼茶羅本尊が日興筆であることは間違いない。

当曼荼羅本尊は日興五四歳の時、上野から重須に移住した翌年に書写されたものである。書写年月日順で見れば、現在確認されている日興曼荼羅本尊約三〇〇幅の中で、古いほうから数えて一四番目に位置するものである。したがって①は、日興最初期の曼荼羅本尊の一幅である。永仁年間に書写された曼荼羅本尊は、当曼荼羅本尊を含めて五幅しか確認されておらず、日興が居所を移すという転換期とも言うべき時期に書写されたものとして、貴重な史料である。

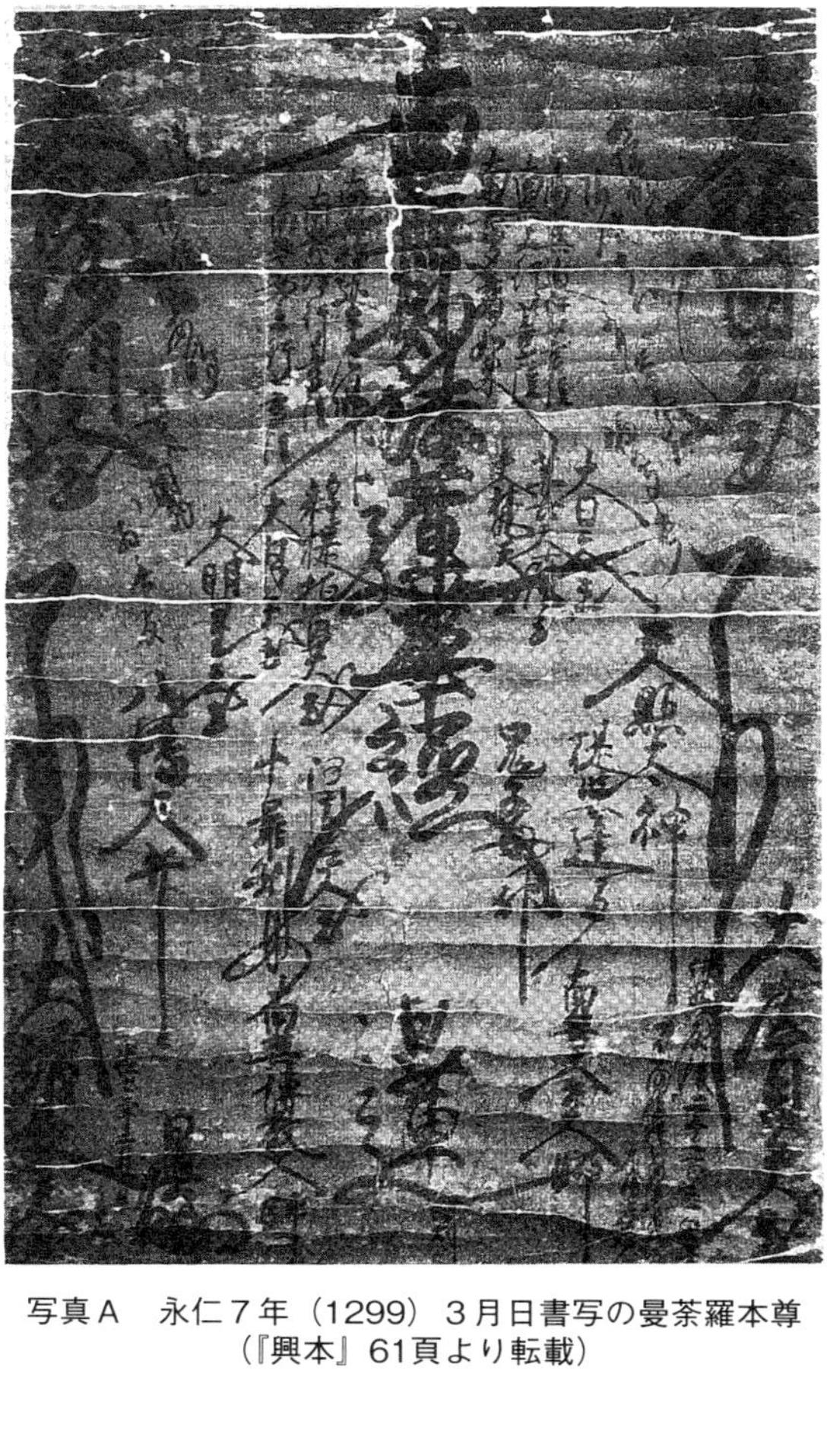

写真A　永仁7年（1299）3月日書写の曼荼羅本尊
（『興本』61頁より転載）

②元応三年（一三二一）正月十八日書写の曼荼羅本尊

当曼荼羅本尊は、首題の「経」字以下の一紙のみが単独で表装されているものである。体裁は軸装紙本、本紙の寸法は縦二九・八㎝×横五〇・〇㎝。本紙の大きさから、本来は三枚継のものであったが、何らかの原因により上部二紙を紛失し、下部一紙のみが伝来して現在の状態になったものと推測される。

全体的な筆跡は日興筆と判断されるが、本紙全体に渡って摩滅・剥落しており、それが文字にまでかかってしまっている箇所が多い。書写年月日についても文字が摩滅している箇所があり、年号を「元応」と読むのか「元徳」と読むのか、判断が非常に難しい。ただし、当曼荼羅本尊内に勧請される天照太神と八幡大菩薩の文字を見ると、天照太神の「太」字と八幡大菩薩の「大」字の三画目が外に伸びるように記されていることがわかる。この筆跡は、元応年間に書写された他の曼荼羅本尊（写真B）には類似した書体を見ることができるが、元徳年間に書写されたものの多くは三画目を書いた後左側にはねる運筆で記されており（写真C）、当曼荼羅本尊の書体とは相違している。したがって、当曼荼羅本尊の書写年月日は元応三年（一三二一）正月十八日と読むべきであろうと判断した。また、本紙左下にはかろうじて「日興（花押）□」の文字が確認でき、さらに大増長天王の左側に授与書と思われる墨書が認められるが、本紙の状態が悪く判読は困難である。なお、「日興」の署名二字に関しては摩滅により見えづらいが、日興の常の筆跡とは異なるように見える。おそらくは、摩滅した日興の署名の上に後人が署名を加筆したものではないかと思われる。元応三年（元亨元年）は日興七六歳の年であり、この年に書写された曼荼羅本尊は現在一三幅が確認されている。したがって、当曼荼羅本尊が一四幅目のものとなる。書写数を年代別に見れば、正和三年（一三一四）の一

②元応３年（1321）正月18日書写の曼荼羅本尊

（不動明王）
大□
佛滅度後□
□大□
三十余年之□
□
□菩薩
大□
龍樹菩薩
天照太神
経
日蓮
御判
羅刹女
八幡大菩薩
天台大師
章安□□
元応三年正月
十八日
無傳教□□
日興（花押）
□
大増長天王
□
（愛染明王）

②釈文

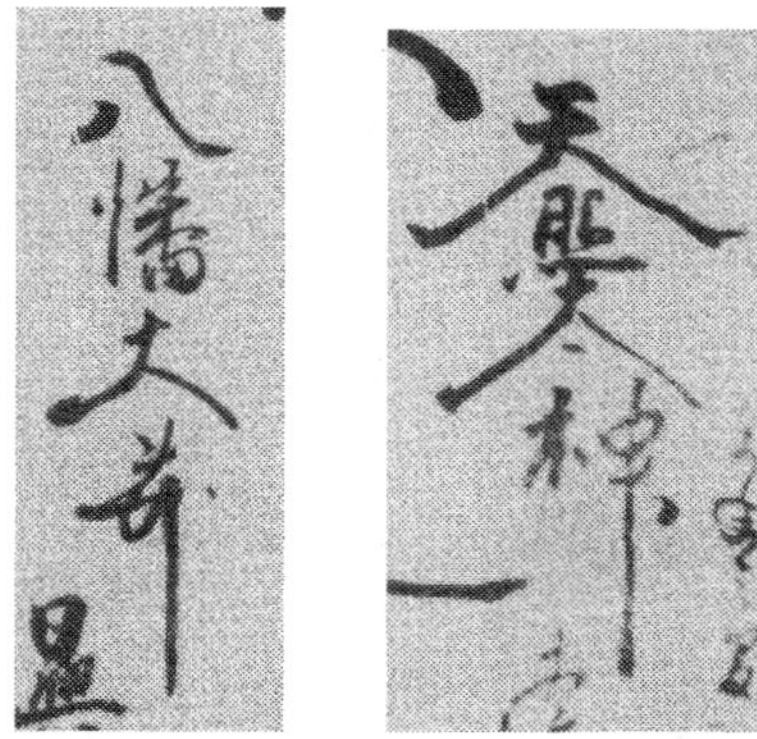

写真Ｂ
元応３年（1321）２月15日書写の
曼荼羅本尊内「天照太神」「八幡大菩薩」
（『興本』251頁より転載）

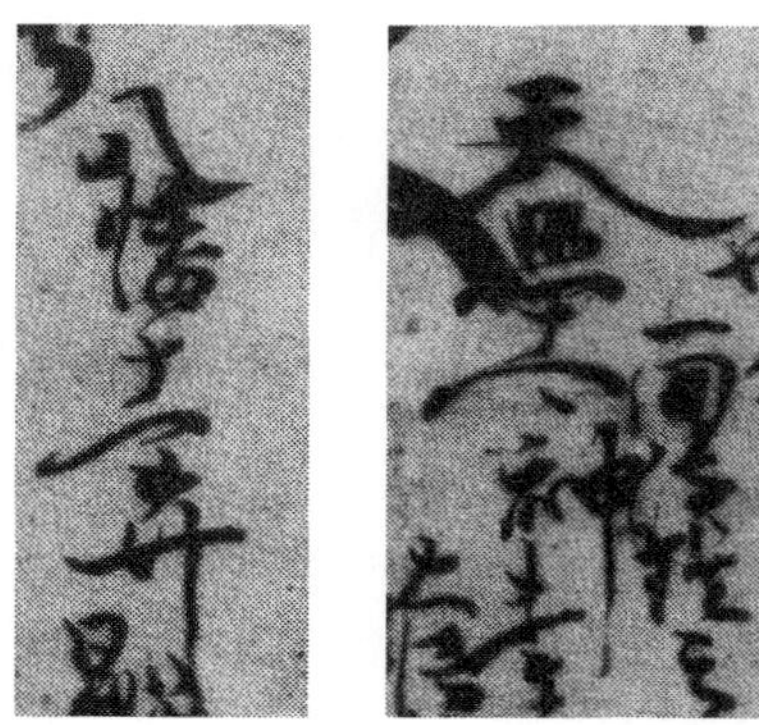

写真Ｃ
元徳３年（1331）２月15日書写の
曼荼羅本尊内「天照太神」「八幡大菩薩」
（『興本』341頁より転載）

九幅、元亨四年（一三二四）の一五幅に次いで多く書写された年にあたる。また日興は、元応三年正月には十三日、十五日と曼荼羅本尊を書写しており、[17]当曼荼羅本尊はそれに続くものであって、確認できるものだけでもこの頃数日おきに曼荼羅本尊を書写している様子が窺える。どのような理由から元応三年の書写数が多くなったのかは定かではないが、少なくともこの年に日興が精力的に曼荼羅本尊を書写しており、そのような活動の中で書写されたのが当曼荼羅本尊である。

③元亨二年（一三二二）正月十五日書写の曼荼羅本尊

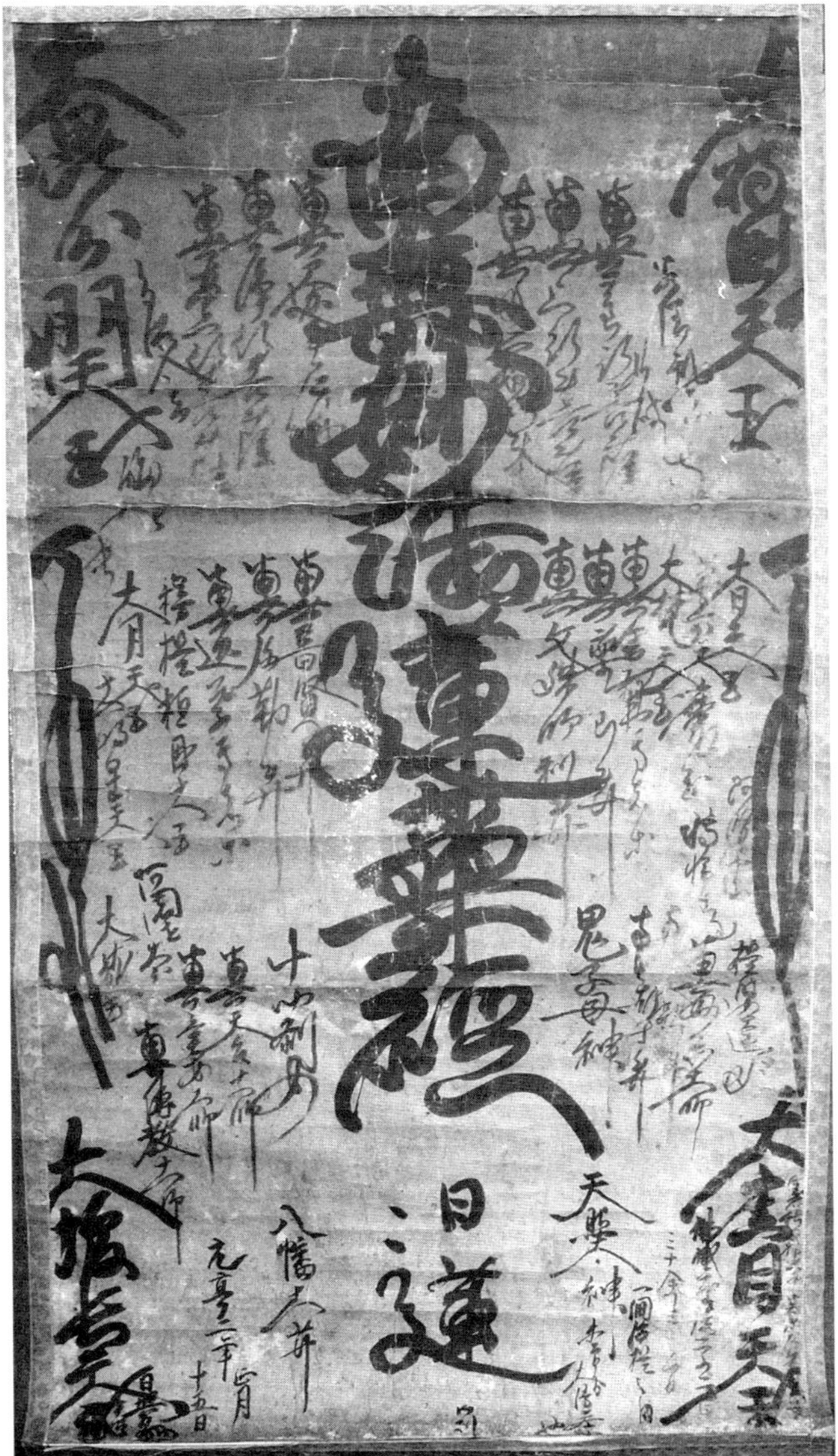

③元亨２年（1322）正月15日書写の曼荼羅本尊

大持国天王
（不動明王）
奥州新田卿公弟子□□□□□□岐□
阿脩羅王
大廣目天王
若悩乱者　大日天王　轉輪聖王　佛滅度後二千二百
頭破七分　第六天魔王　提婆達多　三十余年之間
大梵天王　南無妙楽大師　一閻浮提之内
南無々邊行菩薩　南無舎利弗尊者等　南□□親菩薩　未曾有
南無上行菩薩　南無薬王菩薩　南無龍樹菩薩　天照太神　大漫茶羅
南無多寶如来　南無文殊師利菩薩　鬼子母神　也

南無妙法蓮華経　日蓮　御判

南無尺迦牟尼佛　南無普賢菩薩　十羅刹女
南無浄行菩薩　南無弥勒菩薩　南無天台大師　八幡大菩薩
南無安立行菩薩　南無迦葉尊者等　南無章安大師
釋提桓因大王　南無傳教大師　元亨二年正月十五日
有供養者　大月天王　阿闍世大王
福過十号　大明星天王　大龍王　日興（花押）
書写□
大毘沙門天王
（愛染明王）
大増長天王

③釈文

当曼荼羅本尊は、元亨二年（一三二二）正月十五日に書写されたものである。年月日の左に「日興（花押）書写□」と記されている。体裁は軸装紙本三枚継で、本紙全体の寸法は縦九七・七cm×横五一・〇cmである。上巻に「日興上人漫荼羅　第二号」と記される。比較的本紙の状態がよく、はっきりと相貌を確認することができる。

ただし本紙右部が少々摩滅しており、それが文字にかかってしまっている箇所が所々見受けられる。右下に授与書と思われる「奥州新田卿公弟子□□□□□□岐□」との墨書が認められるものの、判読困難な箇所が多い。ただこの授与書から、当曼荼羅本尊は陸奥国に居住する日目弟子某か、もしくはその関係者に授与されたものであることが読み取れる。国別に見ると、陸奥は日興から曼荼羅本尊を授与された弟子檀越が最も多く確認できる国であり、当曼荼羅本尊の授与書の内容によっては、未確認の陸奥在住の弟子檀越に授与されたものである可能性も考えられる。

また、日興の曼荼羅本尊における相貌の特徴につい

写真Ｄ　元亨２年（1322）６月15日書写の曼荼羅本尊（『興本』261頁より転載）

て、初期は比較的線が細く、中期には首題が大きく字体も丸みを帯び、後期に至ってはごつごつとした感じになることが既に指摘されている。[18] 当曼荼羅本尊は年代的に後期のものにあたり、その相貌はまさしくこの頃に書写された日興曼荼羅本尊の特徴をはっきりと表していると言える。例として、同時期である元亨二年（一三二二）六月十五日に書写された、佐渡世尊寺所蔵の日興曼荼羅本尊の写真を掲示した（写真D）。三枚継で、かつこの寸法というのも注目すべき点で、③に類似した体裁と大きさのものを他の日興曼荼羅本尊の中に多数見出すことができる。

元亨二年は②が書写された翌年で、日興七七歳の年であり、この年に書写された曼荼羅本尊は現在一〇幅が確認されており、ここに③と次に紹介する④の二幅を含めて計一二幅となる。前年に引き続き元亨二年もまた日興が積極的に曼荼羅本尊書写を行っていた様子が窺えよう。

④元亨二年（一三二二）正月□五□書写の曼荼羅本尊

当曼荼羅本尊は全体的に摩滅が激しく剥落している箇所もあり、それによって文字が判読しづらい箇所が多々見受けられる。書写年月日については、「元亨二年（一三二二）正月□五□」と記されているが、「□五□」の部分は剥落により判読できない。十五日あるいは廿五日かと想定される。書写年月日の左には、日興の署名と花押と思われる墨書が確認できるが、これも剥落している。体裁は軸装紙本三枚継で、本紙全体の寸法は縦九四・七㎝×横五〇・二㎝。上巻には「日興上人筆漫荼羅　第三号」と記されている。当曼荼羅本尊は、③とほぼ同時期に書写されたものであり、かつ③の曼荼羅本尊とほぼ同サイズである。

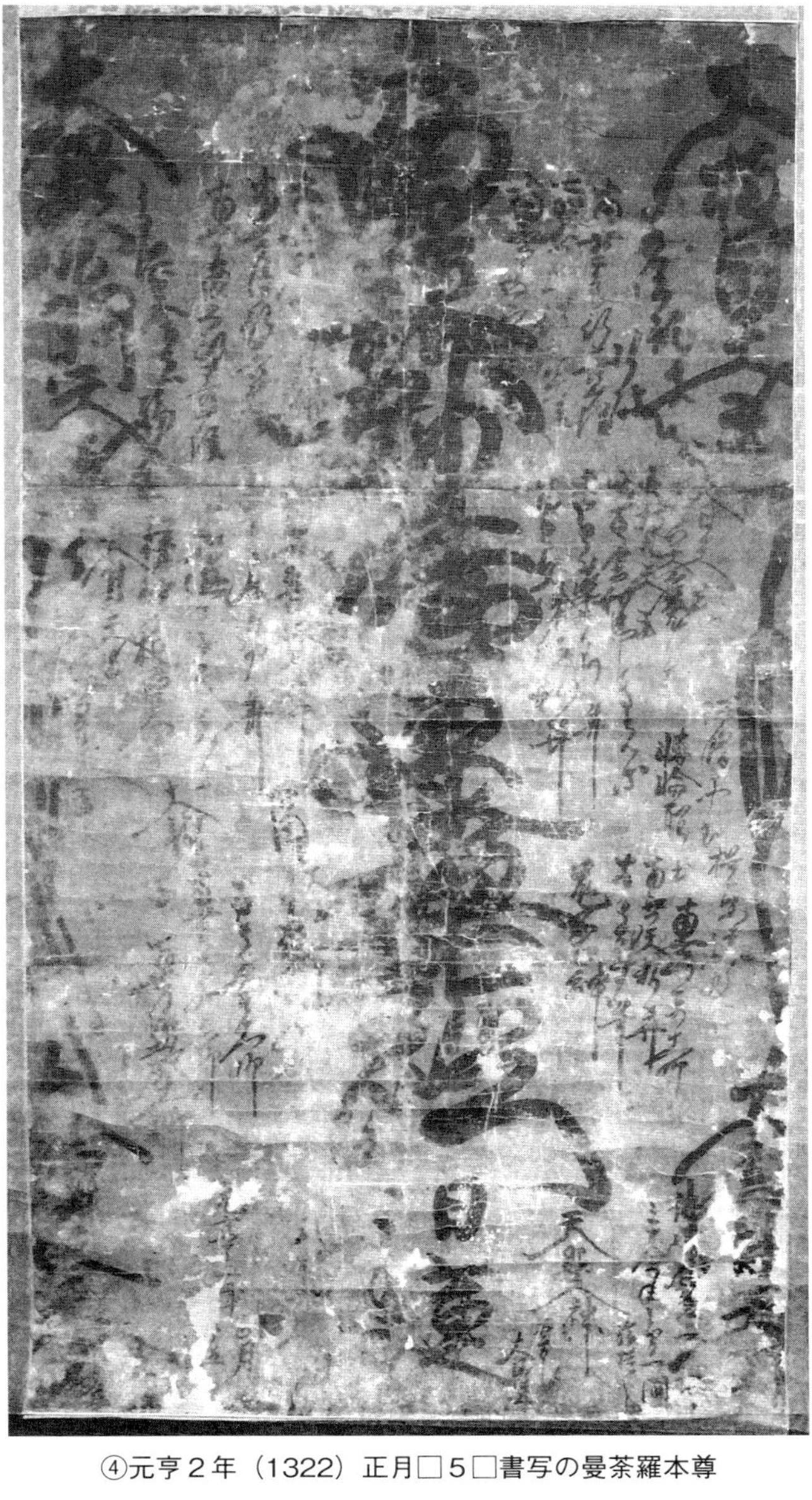

④元亨２年（1322）正月□５□書写の曼荼羅本尊

大持国天王　（不動明王）　大廣目天王
若悩乱者　大日天王　阿脩羅王　提婆達多　佛滅度後二□二百
頭破七分　第六天魔□　轉輪聖王　三十余年之間一閻
大梵天王　南無妙楽大師　浮提之内
南無々邊行菩薩　南無舎利弗尊者等　南無天親菩薩　未曽□
南無上行菩薩　南無薬王菩薩　南無龍樹菩薩　天照太神　大漫荼羅　□
南無多寶如来　南無文殊師利菩薩　鬼子母神
南無妙法蓮華経　日蓮　□
南□尼佛　□無普□菩薩　阿闍世大王
南無浄行菩薩　□□弥勒菩薩　十羅□女　八幡□
南無安立行菩薩　南無迦葉尊者等　南無天台大師
釋提桓因大王　南無□安大師　元亨二年　正月　□五□
有供養者　大月天王　大龍王　南無傳教大師
福過十号　大□星天王　日□
大毘沙門天王　（愛染明王）　大増長天王　□

④釈文

④が③と同時期に書写されたものであるため、その筆跡や勧請の諸尊に多くの共通点が見出せる。この時期の日興曼荼羅本尊に見られる特徴の、ごつごつとした感じで書写された相貌であることが看取できる。なお『興本』によれば、日興の曼荼羅本尊は元応年間後期から元亨二年の頃に至り、首題の光明点が短くなることが指摘されている。[19]ちょうど②③④がその時期に該当しており、これらもまたその特徴に当てはまるものといえよう。

以上、光栄寺に所蔵される新出の日興曼荼羅本尊四幅について、その紹介と検討を行った。これらはすべて、日興が書写した曼荼羅本尊と判断するに相応しい相貌を具えたものである。授与書等からは、これらはいずれも開山日助が日興から授与されたものと判断することはできず、光栄寺に伝来した経緯については現時点では不明と言わざるを得ない。ただし、授与書と思われる墨痕の判読がさらに進めば何らかの手掛かりが掴める可能性はあるため、その点は今後の研究課題としたい。

今回の報告によって、すでに公にされてきた日興曼荼羅本尊三〇四幅に新たにこの四幅を追加することができ、これによって現在確認されている日興曼荼羅本尊は計三〇八幅となった。この度の報告は、日蓮直弟の日興による曼荼羅本尊書写の実態解明をさらに進展させるものであり、そのような面から、光栄寺所蔵の日興曼荼羅本尊が公開されたことは非常に重要な意義を有していると言えよう。

第二項　日興曼荼羅本尊の特徴

既述した通り、日興の曼荼羅本尊は現在三〇八幅の存在が確認されている。これらの曼荼羅本尊を通覧すると、日興が曼荼羅本尊書写を行う上でのいくつかの特徴点を見出すことができる。ここではその特徴点について検討してみたい。

まずは曼荼羅本尊の形態についての特徴である。日興は曼荼羅本尊中の首題下に「日蓮在御判」または「日蓮御判」と記し、さらに「〇年〇月〇日書写之」と記している。この記述は三〇八幅中数幅を除いてほとんどの日興曼荼羅本尊に見られる特徴である。寺尾英智氏によれば日蓮直弟の曼荼羅本尊の形態について、首題の下に「日蓮在御判」と記し首題の左または右下に「書写之」と自署を小さく記す「書写型」と、自署は首題の直下に記し日蓮を先師と共に勧請する「勧請型」の二種類に分類できると指摘している。[20]日興曼荼羅本尊はその「書写型」の典型的代表例である。日興は自らが揮毫した曼荼羅本尊といえども、あくまで日蓮が図顕した曼荼羅本尊を「書き写し」たものであるという意識のもとに書写を行っていたことがこれらの記述から窺える。菅原関道氏によれば、日興が日蓮の曼荼羅本尊を書写する形態をとっている理由について、第一に弟子としての立場で日蓮こそが上行菩薩の垂迹であることを鮮明にするため、第二に日蓮滅後も日蓮の魂魄を常住させるためであると主張している。[21]日興の曼荼羅本尊書写におけるこのような態度は、日蓮の教義を純粋に信受し、寸分も変えることなく正確に後世に伝え遺し、受持、弘伝しようとする意志の表れであったのではないかと考えられる。

次に、日興の曼荼羅本尊の書写年月日に関する特徴である。先述した通り、日興曼荼羅本尊の初見は弘安十年（一二八七）十月十三日で、それから正慶二年（一三三三）の日興入滅に至るまで、ほぼ毎年にわたり継続的に書写している。これらの曼荼羅本尊を年代別に分類してみると、まず十四世紀に入ってから書写頻度が急激に増していることが看取できる。この点について高木氏は、日興の曼荼羅本尊書写の画期となるのは、永仁六年（一二九八）に日蓮の本尊聖教の整理と確認の意図のもと『弟子分帳』を作成したことではないかと主張している。[22]日興による『弟子分帳』作成と重須移住が同年のことであり、かつその後の曼荼羅本尊の書写頻度が急激に増加していることを勘案すると、これらの行動が無関係なものとは到底考えられない。高木氏の主張は妥当であると言えよう。

また、日興が最も多く曼荼羅本尊を書写している年は正和三年（一三一四）で、一九幅確認できる。正和三年は日蓮の三十三回忌にあたる年であり、正和三年書写の一九幅の内、日蓮正忌日の十月十三日の日付で書写されている曼荼羅本尊は九幅を数える。その内、〈129〉と〈130〉の授与書には「奉為三十三年」と明記されており、少なくともこの二幅に関しては日蓮の三十三回忌供養の目的で書写された曼荼羅本尊であることがわかる。正和三年に書写された曼荼羅本尊の中には、弟子檀越に授与する旨の授与書を記したものも見受けられるため、すべてが日蓮の三十三回忌供養のために書写されたものとは言い難い。しかしながら、十月十三日の日付を有する曼荼羅本尊は正和三年が最も多いことから、日興は正和三年が日蓮の三十三回忌の年であるという意識のもとに曼荼羅本尊を書写したということは間違いないであろう。

正和三年に次いで書写数が多いのは、元亨四（正中元）年と乾元二（嘉元元）年の一五幅であり、嘉元三年（一四幅）、元応三（元亨元）年（一四幅）、嘉元四（徳治元）年（一三幅）なども書写数の多い年である。これらの年に多く書写された理由については現時点では不明であり、今後の研究課題である。

さらに書写数を日付別に分類してみると、最も多いのは日蓮正忌日である十月十三日で、四四幅確認できる。月を問わずに十三日の日付のものを数えると七四幅にも上り、書写数全体の約四分の一を占めている。次に多いのは釈尊降誕日である四月八日で、一八幅確認できる。これも月を問わずに数えてみると二九幅となる。また釈尊涅槃日である二月十五日の日付のものは六幅と少なめだが、月を問わず十五日に書写されたものは三四幅を数える。これらの日付と曼荼羅本尊書写の関係について『興本』によれば、書写の日付が十三日と八日で書写数全体の三分の一を占め、かつ書写の目的が日蓮の年忌や仏生日と関係のない場合が多いということは、この両日を日興が曼荼羅本尊書写の日と定めていたのではないかと推測している。[23] これほどに同日付の曼荼羅本尊が多いという事実から考えれば『興本』が推測するように、日興は曼荼羅本尊を書写する場合に日蓮の正忌日や釈尊の降誕日・涅槃日を重視し、その日を選んで、またはその日付で書写していた可能性が高いと考えられる。

また『興本』によれば、年月日未詳かつ授与書の確認できないものが一二幅確認できる。曼荼羅本尊の多くに授与書を記し、また正中二年（一三二五）以降は自身の年齢まで曼荼羅本尊に加筆している日興にも関わらず、書写年月日も授与書も加筆していないのは少々不自然に感じられる。高木氏が実際の日蓮の曼荼羅本尊図顕数を二〇〇幅以上と推測し、また菅原氏が実際の日興の曼荼羅本尊書写数を約九三〇幅と推測しているように、[24] 日興曼荼羅本尊数三〇八幅もあくまで現在確認できる数であり、実際はこの数よりも当然多く書写されていたであろうことは想像に難くない。したがって、日興は先に曼荼羅本尊を書き貯めておき、授与する機会に応じてそれに書写年月日と授与書を加筆したケースがあったことが想定されるのである。それは実際の書写数が多ければ多いほど、さらにその可能性は高くなるであろう。あくまで推測ではあるが、可能性としてここに提示しておきたい。

第三項　日興曼荼羅本尊被授与者の考察

現在確認されている日興曼荼羅本尊三〇八幅の内、日興による授与書が記されているものは一七四幅確認することができる。これらの曼荼羅本尊は授与書が示す通り、日興の弟子檀越に対して授与されたものである。日興から曼荼羅本尊を授与された弟子檀越の考察を行うに先立ち、曼荼羅本尊被授与者の数とその分布について確認したい。授与書に見える被授与者を所在地別（国別）に分類したものが次の表三である。表三の（）内の数字は、授与書が摩滅等の理由により被授与者名は判読できないものの、被授与者の所在地は辛うじて読み取れる曼荼羅本尊数を足した数である。

表三に示した通り、計一一五名もの被授与者の存在が確認できる。国別の被授与者数は、大石寺日目および日道を輩出した新田氏一族の本貫地である陸奥が最も多い。次いで日興門流の中心寺院である大石寺と本門寺が所在し、日興らの活動の拠点となった駿河、そして甲斐はもちろんのこと、日蓮が流罪の刑に処せられた遠国佐渡にも被授与者が多く見られる。また下野・常陸・相模・遠江・美作・近江・武蔵・讃岐にも、日興から曼荼羅本尊を授与された弟子檀越が存在したことが確認できる。『弟子分帳』記

	僧侶	檀越	計
陸奥	5	28	33（35）
駿河	6	19	25（27）
甲斐	7	13	20（21）
佐渡	2	13	15
下野	2	1	3（ 4）
常陸	0	2	2
相模	0	1	1
遠江	0	1	1
美作	0	1	1
近江	0	1	1
武蔵	0	1	1（ 2）
讃岐	0	0	（ 2）
不明	4	8	12（23）
計	26	89	115

【表三】国別の被授与者数

載の弟子檀越の分布は駿河・甲斐・伊豆・武蔵・相模の五箇国であったが、ここでは一二箇国に弟子檀越の存在を確認することができる。『弟子分帳』を作成して以降日興門流の教線は広域に伸張し、着実に弟子檀越を獲得していたことが、日興曼荼羅本尊の被授与者の分布から窺い知ることができる。

このように、日興の教域が広く伸張した理由として高木氏は、この時期に新田氏や秋山氏をはじめとする檀越の分出自立が現れてきたことと、血縁・族縁関係を通して日興の教化活動が行われ、弟子の出身氏族の人々の帰依を獲得していったことが深く関わり合い、結果的に日興の教えの地方伝播をもたらし、教線の拡大につながっていったと主張している。(25) 授与書を見ると、新田氏・秋山氏・南条氏・石河氏などの有力檀越一族に対して曼荼羅本尊授与がなされ、また弟子檀越の父・母・孫などの血縁関係者に対する授与も頻繁に行われていることが確認できる。

以下、日興から曼荼羅本尊を授与された弟子檀越について、国別に分類して検討していく。

一、陸奥国

陸奥における曼荼羅本尊被授与者とその授与書をまとめたものが表四である。これによると、僧侶五名、檀越二八名の計三三名（某二名）が確認できる。

【表四】陸奥における曼荼羅本尊被授与者

	被授与者	僧俗	数	授与書
1	卿阿闍梨日目	僧侶	5	〈3〉正応元年（一二八八）八月十七日「上奏新田卿阿日目授与之一中一弟子、日道相伝之」 〈5〉正応三年（一二九〇）十月十三日「日目授与之」 〈216〉元亨四年（一三二四）十二月二十九日「最前上奏之仁卿阿闍梨日目」 〈282〉正慶元年（一三三二）十一月三日「最前上奏仁新田卿阿闍梨日目授与之、一中一弟子也」 〈286〉年月日未詳「奥州新田卿授与之」
2	了性房日乗	僧侶	4	〈11〉永仁四年（一二九六）四月八日「僧日乗授与之、大覚了性房者雖為卿公弟子成日興弟子□□仍所□□」 〈18〉正安三年（一三〇一）十月十三日「奥州新田卿公弟子了性房日乗授与之」 〈40〉嘉元二年（一三〇四）八月十五日「大学了性房日乗授与之」 〈54〉嘉元三年（一三〇五）八月十三日「大学了性房日乗授与之」
3	大夫阿闍梨日尊	僧侶	3	〈185〉元亨元年（一三二一）九月二十八日「奥州新田卿公弟子大夫公□」 〈202〉元亨四年（一三二四）一月八日「奥州新田蓮蔵阿闍梨弟子日尊」 〈229〉嘉暦元年（一三二六）十二月十三日「大夫阿闍梨日尊授与之」
4	越前房	僧侶	1	〈27〉乾元二年（一三〇三）三月十三日「奥州三迫上新田越前房授与之」
5	宮内卿日行	僧侶	1	〈262〉元徳二年（一三三〇）十月十三日「加賀野宮内卿日行下与之」
6	新田三郎（二郎）頼綱	檀越	1	〈19〉正安三年（一三〇一）十月十三日「新田三郎頼綱日善授与之」
7	新田三郎	檀越	1	〈142〉正和四年（一三一五）二月二十五日「新田三郎□□□□」
8	新田四郎信綱後家	檀越	1	〈98〉延慶三年（一三一〇）二月二十五日「奥州新田四郎信綱後家者南条□左衛門尉時光姉□日目所□如件」
9	新田四郎重秀	檀越	1	〈新加〉嘉元二年（一三〇四）「新田四郎重秀」
10	新田五郎道意	檀越	1	〈274〉元徳三年（一三三一）十二月五日「奥州□田五郎道意□□□」
11	新田孫太郎重行	檀越	1	〈66〉嘉元四年（一三〇六）四月二十三日「奥州新田太郎入道息孫太郎重行授与之」
12	新田孫三郎国道	檀越	1	〈56〉嘉元三年（一三〇五）八月彼岸「奥州新田孫三郎国道授与之」
13	新田孫五郎通章	檀越	1	〈214〉元亨四年（一三二四）十二月五日「奥州御家人新田孫五郎通章授与之」

14	新田三郎五郎行道	檀越	1	〈212〉元亨四年（一三二四）十二月五日「奥州御家人新田三郎五郎行道授与之」
15	新田金吾	檀越	1	〈284〉正慶元年（一三三二）十一月三日「一迫新田金吾授与之」
16	蓮阿尼（日目母）	檀越	1	〈143〉正和四年（一三一五）二月二十五日「為奥州新田卿公母尼第三年忌菩提也」
17	小次郎	檀越	1	〈34〉乾元二年（一三〇三）五月十三日「奥州新田五郎家人小次郎□□」
18	十郎入道後家尼日恵	檀越	1	〈235〉嘉暦三年（一三二八）二月五日時正第一「三迫十郎入道後家尼日恵」
19	加賀野三郎次郎	檀越	1	〈43〉嘉元二年（一三〇四）十月十三日「奥州三迫加賀野三郎次郎授与之」
20	加賀野彦三郎行重	檀越	1	〈91〉延慶二年（一三〇九）三月十五日「奥州三迫加賀野彦三郎行重者新田卿公之弟子也」
21	河東左衛門五郎	檀越	1	〈263〉元徳二年（一三三〇）十一月五日「河東左衛門五郎□」
22	河東□□□□	檀越	1	〈264〉元徳二年（一三三〇）十一月五日「河東□□□□」
23	宮野左衛門五郎行房□女	檀越	1	〈253〉元徳元年（一三二九）十二月二十四日「宮野さゑもん五郎行房□女」
24	平四郎	檀越	1	〈251〉元徳元年（一三二九）十月十三日「奥州法華徒平四郎」
25	平五郎入道	檀越	1	〈252〉元徳元年（一三二九）十月二十七日「授与平五郎入道」
26	平五郎入道母	檀越	1	〈272〉元徳三年（一三三一）九月六日「平五郎入道母第三年」
27	平六国守	檀越	1	〈90〉延慶二年（一三〇九）三月十五日「奥州三迫住人平六国守新田卿公弟子分」
28	平秀安	檀越	1	〈6〉正応四年（一二九一）十月十三日「平秀安授与之」
29	土与松麻呂	檀越	1	〈26〉乾元二年（一三〇三）二月十三日「土与松麻呂授与之、卿公弟子」
30	妙円比丘尼	檀越	1	〈236〉嘉暦三年（一三二八）二月二十日「為妙円比丘尼慈父悲母子息犬楠也」
31	妙性比丘尼	檀越	1	〈246〉嘉暦四年（一三二九）二月二十日時正第一「妙性比丘尼□」
32	小野寺虎王麿	檀越	1	〈250〉嘉暦四年（一三二九）七月二十七日「小野寺虎王麿卿公弟子也」
33	武庫又次郎母御前	檀越	1	〈195〉元亨二年（一三二二）十月十五日「奥州荻曽祢武庫又次郎母御前」
㉞	某①	未詳	1	〈79〉徳治二年（一三〇七）十二月七日「陸奥国六丁目住□新田卿公弟子」
㉟	某②	未詳	1	本節第一項③　元亨二年（一三二二）一月十五日「奥州新田卿公弟子□□□□□□岐□」

陸奥は日興から曼荼羅本尊を授与された弟子檀越が最も多く所在している国である。その理由は前述の通り、新田氏の存在が大きく関わっているものと考えられる。新田殿ならびに女房御方からの供養に対し、日蓮が礼状として弘安三年（一二八〇）五月二十九日に『新田殿御書』を書き送っていることからもわかるように、新田氏は日蓮在世中からの檀越で、かつ日目・日道の出身氏族でもある。さらに、日目とその兄新田信綱に関しては、『弟子分帳』にあるように日興第一の弟子として日興より日蓮の曼荼羅本尊を申し与えられており、外護者として日蓮・日興両者との密接な関係の一端を窺い知ることができる。

新田氏関係で日興曼荼羅本尊を授与された者を挙げると、1日目、6新田三郎（二郎）頼綱（日目兄）、7新田三郎、8新田四郎信綱（日目兄）の女房、9新田四郎重秀、10新田五郎道意（日目叔父か）、11新田孫太郎重行・12新田孫三郎国道・13新田孫五郎通章・14新田三郎五郎行道（以上四名日目甥か）、15新田金吾、17小次郎、18十郎入道後家尼日恵、三回忌供養の曼荼羅本尊として授与された16蓮阿尼（日目母）を含めて一四名を数え、曼荼羅本尊を授与された檀越の一族の中では最多である。新田氏に対する日興の曼荼羅本尊授与は、日目の母や兄弟を始めとする血縁関係者に多く見られ、さらには新田五郎の家人すなわち新田氏に仕える従者である小次郎に対しても行われている。その内、13新田孫五郎通章と14新田三郎五郎行道への授与に関しては同じ年月日に行われていることがわかる。両者が日興のもとを訪れた際にその記念として曼荼羅本尊を授与されたのか、また両者の入信の砌に同日付で曼荼羅本尊を書写したのかは定かではないが、どちらにせよ通章と行道の両者に何らかの動きがあり、それを機に曼荼羅本尊が授与されたことが推測できる。

これほど大勢の新田氏一族に対して曼荼羅本尊を授与している事実は、新田氏一族やその縁者の多くが日興に帰依し、日興もしくはその弟子との師弟関係を深めていたことを表していよう。ここに日興の教化活動が、弟子檀越の血縁・族縁関係を通じて行われていたことの一実例を見ることができる。

その新田氏と日興が結びつきを深めていった背景には、日目の存在が大きく影響している。日目は、日蓮入滅後の弘安六年（一二八三）に新田氏の本貫地である陸奥に布教の志を立てて下向し、陸奥布教の拠点とすべく上新田坊（後の本源寺）を建立した。さらに柏木法華堂（後の上行寺）・柳目法華堂（後の妙教寺）を建立し、陸奥における布教活動に尽力したことが伝えられる。日目による道場建立とその指導が、血縁・族縁関係にある新田氏一族の入信に大きくつながったものと考えられる。

永仁六年（一二九八）に日興が重須に移住して以降、日目は大石寺の運営と諸務が中心となった。そして後年、高齢となった日目は陸奥の所領を甥の弁阿闍梨日道に譲り、陸奥教化を委ねた。それを伝える史料として、嘉暦二年（一三二七）十一月十日の日目『譲状』には、次のような記述が見られる。

　譲渡弁阿闍梨所
　奥州三迫加賀野村内ニ田弐反、加賀野太郎三郎殿日目ニ永代たひたる間弁阿闍梨日道ニ限永代所譲与也（中略）又上新田坊并坊地弁阿闍梨ニ譲与畢。又上新田講師たるへし[26]

本状によれば、日道は加賀野太郎三郎が寄進した田二反と上新田坊、そしてその坊地を日目から譲り与えられ、同時に上新田の講師に任ぜられている。後に日道は、日目から譲与された加賀野の土地に法華堂（後の本道寺、現在は廃寺）を建立し、日目の意志を受け継いで陸奥教化の中心的役割を担った。

その加賀野では、田二反を寄進した加賀野太郎三郎の子孫と考えられる19加賀野三郎次郎・20加賀野彦三郎行重・

5宮内卿日行の三名が日興から曼荼羅本尊を授与されている。日行は正中二年（一三二五）九月二十三日書写の日興曼荼羅本尊〈223〉に「卿公日行日道第一弟子也、申与之」との日道の加筆があって日道の弟子とされ、大石寺五世に連ねられる僧侶である。日行は出身地である陸奥で師の日道と共に布教活動に励み、日目の開創した本源寺の三世にも連ねられている。

また宮野には日道によって法華堂（後の妙円寺）[27]が建立されたことが伝えられるが、その宮野では23宮野左衛門五郎行房□女・21河東左衛門五郎・22河東□□□□の三名が授与されている。この内河東左衛門五郎と河東□□□□は同日付の曼荼羅本尊を授与されており、両者の関連性が予想される。河東氏に関連して、表四には収録していないが、〈283〉の日興曼荼羅本尊には日目の筆で「奥州一迫河東五郎左衛門尉妙順与申日目」との添書が加筆されている。この添書から河東五郎左衛門尉妙順という檀越の存在が知られると共に、かつて日興が日蓮の曼荼羅本尊を弟子檀越に申し与えたように、日目もまた自身の弟子檀越に対して日興の曼荼羅本尊を申し与えるという行為を行っていたことがわかる。なお、河東左衛門五郎が授与された〈263〉は二六枚継（縦一六二・〇cm×横九七・四cm）の曼荼羅本尊であって、現時点で寸法が判明している日興曼荼羅本尊の中では最も大幅なものである。これについては後述する。

この他の被授与者では、24平四郎・25平五郎入道・26平五郎入道母・27平六国守・28平秀安の五名に関する事蹟は不明だが、山上氏が推測しているように同族であろうか。ちなみに平五郎入道母授与の曼荼羅本尊は三回忌供養のためのものであるため、平五郎入道母は元徳元年（一三二九）に死去したということになる。また尼として30妙円比丘尼・31妙性比丘尼の二名が確認できる。妙円比丘尼が授与された曼荼羅本尊の授与書には「慈父悲母子息犬楠也」とあって、この曼荼羅本尊は親族三名の供養のために授与されたものと想定される。この他29土与松麻呂、そして32小野寺虎王麿・33武庫又次郎母御前については詳細は明らかではない。

次に授与された曼荼羅本尊数を見ると、1日目が五幅、2日乗が四幅、3日尊が三幅授与されており、日興の直弟が上位を占めている。前述の通り、日目は陸奥における弟子檀越の指導者的役割を果たし、本六人にも選定され、なおかつ日興から大石寺を委ねられた高僧であるから、日興の信頼が弟子檀越の中でも特段厚かったといっても過言ではなかろう。日目に授与された曼荼羅本尊の内、権力者への諫暁を果たした功績を讃えて授与されたものが三幅見られることから、当時日目によって度々諫暁活動が実行されていたことが窺える。また、日目授与の〈216〉には「日道相伝之日郷宰相阿闍梨授与之」と、〈282〉には「日道相伝之」と他筆で加筆されている。この他筆は日道の筆とされており、この二幅を日道が相伝し、さらに〈216〉に関しては後に保田妙本寺を開創する宰相阿闍梨日郷に日道が授与していることが看取できる。

日目とならび本六人の一人とされる了性房日乗も、日興から四幅の曼荼羅本尊を授与されている。日乗は日目の弟子で、日目の陸奥教化の際に入信したとされる。また『弟子分帳』には「鎌倉住人了性房日乗者日興第一弟子也」(28)とあって、日乗には鎌倉に居住していた時期があり、鎌倉に常在寺を建立したことが伝えられる弟子である。日乗の鎌倉在住を伝える記述は、日興書状や日目書状に散見されるところである。日乗に授与された〈11〉に関しては、その年月日と授与書から『弟子分帳』記載の日乗授与の曼荼羅本尊である可能性が非常に高い。日興は日乗に曼荼羅本尊だけでなく、現存するだけでも一四通もの書状も書き送っており、両者の信頼関係は日目同様かなり厚かったことが想定される。

また日尊が授与された三幅の曼荼羅本尊の授与書からは、日目の弟子という情報の他は知ることはできない。しかし広蔵院日辰『祖師伝』によれば、日尊は日興から一二年間もの間勘当を受け、その間大いに発奮して東西広域に教化活動を展開したとされる。既に述べた通り、『祖師伝』は日興が日尊の活躍を認め、三六幅の曼荼羅本尊を授与したことを伝えているが、これらはその三六幅の内の曼荼羅本尊なのであろうか。

このように陸奥における弟子檀越の獲得は、日目の弘安六年以降の陸奥教化によるところが大きく、その布教によって日目自身の血縁である新田氏一族を中心に多くの弟子檀越を獲得した。結果的に日目が日興と陸奥信徒との橋渡し的役割を担っていたものと考えられる。またその教化は日道によって受け継がれ、さらなる弟子檀越の獲得へとつながっていった。陸奥に日興から曼荼羅本尊を授与される弟子檀越が多いのは、陸奥の門弟が篤信であったことが大きな要素であり、それが日目らの布教と絡み合い、曼荼羅本尊の授与を促したものと考えられる。

二、駿河国

駿河における曼荼羅本尊被授与者は、表五に示した通りである。僧侶六名、檀越一九名の計二五名（某二名）がおり、陸奥に次いで多くの被授与者が確認できる。駿河は大石寺と本門寺が所在する、いわゆる日興門流の中心地であるため、被授与者の数が多いのも頷けよう。

【表五】駿河における曼荼羅本尊被授与者

	被授与者	僧俗	数	授与書
1	寂仙房日澄	僧侶	4	〈17〉正安三年（一三〇一）十月十日「寂仙房□」 〈21〉正安三年（一三〇一）十月「僧日澄授与之」 〈25〉乾元元年（一三〇二）十二月二十八日「富城寂仙房日澄授与之」 〈68〉嘉元四年（一三〇六）四月二十三日「富城寂仙房日澄授与之」
2	大輔房日善（前）	僧侶	3	〈107〉応長元年（一三一一）十一月十三日「駿河国由比大輔房日前」 〈177〉元応三年（一三二一）二月二十八日「由比大輔阿闍梨日善授与之」 〈215〉元亨四年（一三二四）十二月二十九日「駿河国由比大輔阿闍梨日前」
3	石河孫三郎能忠	檀越	3	〈28〉乾元二年（一三〇三）四月八日「□河新兵衛入道息孫三郎者□」 〈50〉嘉元三年（一三〇五）六月八日か「……為朝敵上者石河孫三郎源義忠雖懸手打取之於後生令成仏者也、仍為三十五日書写如件」 〈新加〉嘉暦三年（一三二八）三月二日「石川孫三郎入道妙源授与之」
4	和泉又三郎本安	檀越	2	〈160〉文保二年（一三一八）三月六日「駿河国加島庄和泉□□□」 〈184〉元亨元年（一三二一）八月十五日「□与之　駿河国賀嶋庄和泉又三郎本安」
5	大進房日助	僧侶	1	〈256〉元徳二年（一三三〇）二月二十四日「為悲母一周忌書写如件、公家奏聞代官丸大進房日助授与之」
6	蔵人阿闍梨日代	僧侶	1	〈207〉元亨四年（一三二四）八月二十九日「大石持仏堂本尊日代闍梨」
7	嶋倉卿房日済	僧侶	1	〈247〉嘉暦四年（一三二九）二月二十日時正第一「日済授与之」
8	円乗房	僧侶	1	〈93〉延慶二年（一三〇九）六月二十九日「駿河国岩本実相寺前住円乗房六月廿九日遠忌日也」
9	石河新兵衛入道後家尼	檀越	1	〈14〉永仁七年（一二九九）三月「南条兵衛七郎女子石河新兵衛入道後家尼」
10	妙円	檀越	1	〈145〉正和四年（一三一五）十月十三日「石河孫三郎能忠女□妙円」
11	千寿	檀越	1	〈268〉元徳三年（一三三一）六月二十六日「源氏女千寿□□」
12	南条左衛門次郎時忠	檀越	1	〈158〉文保元年（一三一七）十月十三日「南条大行子息左衛門次郎所□」
13	南条□□五郎時綱	檀越	1	〈225〉正中二年（一三二五）十二月三十日「南条□□五郎時綱授与之」
14	伊豆左藤太□□	檀越	1	〈9〉永仁二年（一二九四）二月十五日「富士下方熱原□□郎妹伊豆左藤太□□授与之」

15	十郎入道明蓮	檀越	1	〈23〉乾元二年（一三〇三）三月一日「駿河国富士上方上野郷住人十郎入道明蓮授与之」
16	由比大□□郎	檀越	1	〈24〉正安四年（一三〇二）四月八日「駿河国由比大五郎入道二男大□□郎授与也」
17	神四郎	檀越	1	〈81〉徳治三年（一三〇八）四月八日「駿河国富士下方熱原郷住人神四郎号法華衆……」
18	金藤次	檀越	1	〈87〉徳治三年（一三〇八）十月十三日「駿河国富士下方前住人金藤次□」
19	弥次郎	檀越	1	〈148〉正和五年（一三一六）七月二日「駿河国富士上方北山郷二日市庭弥次郎」
20	□郎□守妻	檀越	1	〈178〉元応三年（一三二一）□十五日「□上野郷住人□郎□守妻□」
21	嶋倉卿房日済祖父	檀越	1	〈248〉嘉暦四年（一三二九）三月十八日「為嶋倉卿房日済祖父也」
22	妙福	檀越	1	〈266〉元徳三年（一三三一）二月二十四日「為悲母妙福一周忌之菩提書写之」
23	讃岐公日源父	檀越	1	〈155〉文保元年（一三一七）四月十三日「甲斐国寂日房弟子讃岐公慈父十三年」
24	讃岐公日源母	檀越	1	〈163〉文保三年（一三一九）四月八日「讃岐公母尼為□追善也」
25	蔵人阿闍梨日代母	檀越	1	〈275〉□年六月廿□「蔵人阿闍梨悲母□」
㉖	某①	未詳	1	〈39〉嘉元元年（一三〇三）十月十三日「駿河国富士上方庄□」
㉗	某②	未詳	1	〈92〉延慶二年（一三〇九）六月二十九日「駿河国岩本実相寺前住□□□□」

まず、僧侶で注目すべきは1寂仙房日澄である。日澄は重須談所の初代学頭を務め、かつ日興の新六人の一人に数えられる弟子である。日澄については『富士一跡門徒存知事』に「正安二年民部阿闍梨彼ノ新堂并ニ一体仏開眼供養ス。爰ニ日澄与㆓本師民部阿闍梨㆒ト永ク令㆓義絶㆒セシメ、帰㆓伏シテ日興㆒ニ為㆓弟子㆒ルト」[29]と記されており、元々六老僧日向や日頂に師事していたが、正安二年（一三〇〇）に日向と義絶して日興に師事するに至ったことが伝えられる。ただし既述した通り『富士一跡門徒存知事』の筆者については諸説あってその内容の信憑性には多少疑義が残るが、『日蓮教団全史（上）』では、日澄の弟子三位日順が建武三年（一三三六）に著した『日順阿闍梨血脈』に見られる日澄の記述と合致するから、この点に関してはほぼ真実を伝えているとみてよいであろうとしている。[30] そして高木氏によれば日興と日澄の師弟関

係について、日興が曼荼羅本尊を授与した正安三年（一三〇一）頃から日興師事が始まったのではなかろうかと推考している。[31] 高木氏の推測に立脚すれば、時期的に考えて日澄授与の〈17〉と〈21〉の曼荼羅本尊どちらかが入門の証として日澄に授与されたものではないかと考えられる。また日澄は延慶三年（一三一〇）に四九歳の若さで入滅するが、日澄への曼荼羅本尊授与は正安三年（一三〇一）～嘉元四年（一三〇六）のわずか六年の間に四幅の曼荼羅本尊を授与されている。これほどの短期間に複数の曼荼羅本尊を授与されている事実は特筆すべき点であり、日興と日澄の親密さを表している。しかし、日澄に授与された曼荼羅本尊の授与書には、単に日澄に授与するとの旨しか記されていないため、日興がこれら四幅を授与した個々の理由については詳らかではない。

次に檀越では、南条氏と石河氏の存在が目立つ。南条氏は日蓮在世中からの有力檀越で、その中でも大石寺開基檀越および本門寺開創の大施主である南条時光は、『弟子分帳』記載の通り日興から日蓮曼荼羅本尊を申し与えられている。南条氏で日興曼荼羅本尊を授与された者は、その時光の子である12南条左衛門次郎時忠と13南条□□五郎時綱の二名が確認できる。一方、石河氏では3石河孫三郎能忠・9石河新兵衛入道後家尼・10石河能忠女□妙円・11石河実忠の娘千寿の四名への授与が確認できる。石河孫三郎能忠は北山本門寺の開基檀越であって、当然日興との関係も深かったことが想定でき、結果三幅の曼荼羅本尊を授与されている。その中でも〈50〉の授与書には「伴野出羽三郎大野弥六者嘉元三年五月四日駿河守謀叛之大将也、但無実云云、為朝敵上者石河孫三郎源義忠雖懸手打取之於後生令成仏者也、仍為三十五日書写如件」とあり、これによれば北条駿河守に謀反した伴野出羽三郎と大野弥六の大将二名を石河能忠が討ち取り、その後生成仏のため、三十五日供養のために日興に曼荼羅本尊書写を依頼して授与されたものであることがわかる。その能忠の母である石河新兵衛入道後家尼に授与された〈14〉には「南条兵衛七郎女子石河新兵衛入道後家尼」との授与書があり、石河新兵衛入道後家尼が南条兵衛七郎の女子であることが読み取れる。この授与書は、駿河を代表する檀越の南条氏と石河氏が親戚関係にあることを示している。石河能忠女□妙円は、能忠の女子であろうか。千寿は石河実忠の娘であり、能忠の孫にあたる。石河氏では能忠の孫の代まで、すなわち三代にわたって日興から曼荼羅本尊の授与がなされており、石河氏においても血縁関係を通しての教化活動が行われていたことが看取できる。駿河の有力檀越の南条氏と石河氏が親戚関係にあることもまた、両氏族の日興帰依を大いに促したことであろう。

22妙福は日興の母である。〈266〉に「為悲母妙福一周忌之菩提書写之」と記していることから、日興は自身の母妙福の一周忌追善菩提のために〈266〉を書写したことがわかる。〈266〉の書写年は元徳三年（一三三一）であるから、妙福の没年は元徳二年（一三三〇）ということになる。しかし、元徳二年に5大進房日助に授与された〈256〉の授与書には「為悲母一周忌書写如件、公家奏聞代官丸大進房日助授与之」とあり、この〈256〉の授与書に見える「悲母」が妙福を指すのであれば、〈266〉の授与書から判断される妙福の没年とは一年の誤差がある。『日蓮正宗富士年表』によれば、大石寺過去帳の記載を採用して妙福を元徳二年逝去としている。[32]〈266〉には「妙福」の名前が明記されていることから、この場合は元徳二年逝去説の方が妥当であると思われる。今日、〈256〉と〈266〉は共に曽存のため原本を確認することは不可能であるが、元徳三年を元徳二年と誤読した場合や、山上氏が指摘するように〈256〉の「悲母」は日助の母を指すことも可能性として十分考えられる。[33]

日興滅後、西山本門寺を開創する6蔵人阿闍梨日代は、「大石持仏堂」に安置するための曼荼羅本尊を授与されている。この大石持仏堂の実体については不明だが、当曼荼羅本尊は大石持仏堂に安置するためのものであるから、少なくとも持仏堂に掲げて礼拝の対象とするための授与であったと考えられる。当時の持仏堂の責任者として、日代に授与されたのであろう。その日代の25母に対しては、授与書に「蔵人阿闍梨悲母□」とあることからすでに死去していることがわかり、追善供養のための曼荼羅本尊授与がなされている。

由比では、2大輔阿闍梨日善（前）と5大進房日助、16由比大五郎入道二男大□□郎の三名が授与されている。日善は日代の兄と言われ、また日善・日代の甥が日助と伝えられるが、それを裏付ける明確な史料はなく不明である。日善は三幅の曼荼羅本尊を授与されていることから、日興との関係は深かったものと推測される。日助は今触れたように、母の一周忌供養のために〈256〉を授与されている。この曼荼羅本尊によって、日助が日興の代官として公家に奏聞したことがわかる。由比大五郎入道については、『日興上人御遷化次第』に「由比大五郎」の名を見ることができる。堀氏は、不完全と断りながらも由比大五郎を河合入道の子に比定し、由比大五郎＝由比大五郎入道と見ているようであるが、[34]これに対し山上氏は由比大五郎と由比大五郎入道を同人と判断することに否定的である。[35]未だ判然としないが、その由比大五郎入道の二男が日興より曼荼羅本尊授与を受けている。

8円乗房は、〈93〉の授与書に「駿河国岩本実相寺前住円乗房六月廿九日遠忌日也」とあり、岩本実相寺前住の弟子であるとされる。ここでも既成寺院の住僧から日興門下へと改宗したケースを確認することができる。『弟子分帳』にも岩本実相寺住僧の肥後公・筑前房・豊前公らの名前が見えるが、これらの僧との関わりはあったのだろうか。重須談所の五代学頭とされる7嶋倉卿房日済は〈247〉を授与され、同年にその21祖父に対しても〈248〉が授与されている。また〈155〉と〈163〉は讃岐公日源の23父・24母の追善供養のために書写された曼荼羅本尊だが、〈155〉には他筆で「日興上人門跡日済阿闍梨依為同法日源授与之」[36]との授与書が見える。この授与書から、日済と日源が同法関係にあることが窺える。

また〈81〉には、熱原法難で殉死した17神四郎の名前が見える。『弟子分帳』に神四郎が熱原法難にて斬首された檀越の一人であることが明記されるが、〈81〉の授与書にも「駿河国富士下方熱原郷住人神四郎号法華衆、為平左衛門尉被切頸三人之内也左衛門入道切法華衆頸之後経十四年企謀反間被誅畢、其子孫無跡形滅亡畢」と、『弟子分帳』同様の記述が見られる。〈81〉が書写された徳治三年（一三〇八）は、熱原法難発生から丸三〇年であることからも、熱原法難で殉死した神四郎の追善供養のために書写された曼荼羅本尊であると考えられる。授与書の後半では、熱原法難にて神四郎を始めとする三名の首を切った平左衛門入道とその子孫が、熱原法難の一四年後に誅せられたことが記されている。19二日市庭の弥次郎に関しては詳細は不明であるが、山上氏は〈148〉の授与書の「北山郷」に注目し、従来北山郷の地名は康永四年（一三四五）三月十日の『富士直時譲状』が初見とされてきたが、〈148〉でも「北山郷」の文字が確認できることから、当授与書が初見となることを主張している。[37]

この他、賀嶋庄の4和泉又三郎本安、熱原の14伊豆左藤太□□、上野の15十郎入道明蓮・20□郎□守妻、富士下方前住の18金藤次にも曼荼羅本尊の授与が確認できるが、未詳な点が多く、詳細については今後さらなる検討を要する。

三、甲斐国

甲斐における曼荼羅本尊被授与者は表六の通りである。甲斐は日興の出身地でもあり、僧侶七名、檀越一三名の計二〇名（某一名）と、多くの被授与者が確認できる。

【表六】甲斐における曼荼羅本尊被授与者

	被授与者	僧俗	数	授与書
1	式部阿闍梨日妙	僧侶	6	〈99〉延慶三年（一三一〇）六月十三日「甲斐国寂日房弟子式部公□□」 〈144〉正和四年（一三一五）七月十五日「甲斐国鰍沢蓮華寺前住寂日房弟子式部公□□」 〈149〉正和五年（一三一六）八月時正初日「甲斐国蓮花寺前住僧弟子式部公日妙」 〈174〉元応二年（一三二〇）□「甲斐国西郡蓮華寺前住侶寂日房弟子式部公日妙授与之」 〈265〉元徳三年（一三三一）二月十五日「奏聞御代式部阿闍梨日妙武家三度公家一度」 〈267〉元徳三年（一三三一）六月二十一日「□□式部阿闍梨□□□」
2	秋山与一信綱	檀越	5	〈30〉乾元二年（一三〇三）四月八日「甲斐国秋山与一源信綱授与之」 〈35〉乾元二年（一三〇三）八月十三日「甲斐国秋山与一源信綱授与之」 〈106〉応長元年（一三一一）九月二十三日「甲斐国秋山余一源信綱」 〈165〉元応元年（一三一九）六月二十三日「甲斐国西郡蓮華寺前住侶寂日闍梨□□入道」 〈199〉元亨三年（一三二三）八月十五日「寂日阿闍梨父入道」
3	源交（日妙父）	檀越	3	〈136〉正和三年（一三一四）十月十三日「甲斐国蓮花寺前住僧寂日房弟子式部房父□□□」 〈137〉正和三年（一三一四）十月十三日「甲斐国蓮花寺前住僧寂日房弟子式部房父□□□」 〈232〉嘉暦二年（一三二七）五月十三日「甲斐国蓮花寺式部房□□源交十三年」
4	摂津公日仙	僧侶	1	〈4〉正応三年（一二九〇）十月八日「僧日仙授与之　日仙百貫房者賜聖人異名也、日興上奏代也」
5	明石房	僧侶	1	〈49〉嘉元三年（一三〇五）四月八日「甲斐国住人盲者明石房授与之」
6	治部房日延	僧侶	1	〈55〉嘉元三年（一三〇五）八月十五日「甲斐国青沼治部房授与之、甲斐国符寺治部日延」
7	東観坊	僧侶	1	〈78〉徳治二年（一三〇七）五月十三日「甲斐国西郡小室東観坊　摂津公」
8	甲斐公蓮長	僧侶	1	〈125〉正和三年（一三一四）七月一日「甲斐国柏尾寺前住僧甲斐公蓮長」
9	大弐房日寿	僧侶	1	〈258〉元徳二年（一三三〇）閏六月朔日「曽祢大弐房」
10	秋山孫次郎泰忠	檀越	1	〈186〉元亨元年（一三二一）十月十三日「甲斐国秋山孫次郎□□□□」
11	聖丸	檀越	1	〈271〉元徳三年（一三三一）八月十五日「秋山孫次郎子息聖丸授与之、為一周忌也」

12	下山兵庫五郎後家尼	檀越	1	〈76〉徳治二年（一三〇七）四月八日「甲斐国市河宮堅入道息女兵庫五郎後家尼授与之」
13	下山又四郎光宗	檀越	1	〈224〉正中二年（一三二五）十月十三日「為甲斐国下山兵庫五郎卅三年、子息又四郎光宗授与之　正忌日十一月十一日」
14	下山五郎妙□	檀越	1	〈204〉元亨四年（一三二四）四月八日「下山五郎法名妙□三十三年」
15	曽祢五郎後家尼	檀越	1	〈36〉乾元二年（一三〇三）八月二十八日「□女子曽祢五郎後家尼□」
16	大妙比丘尼	檀越	1	〈51〉嘉元三年（一三〇五）六月二十一日「□曽根介入道孫□大妙比丘尼授与之、相当十三年、仍遂供養」
17	平泉寺尼	檀越	1	〈77〉徳治二年（一三〇七）四月八日「甲斐国下山平泉寺為尼一周忌」
18	三位房父	檀越	1	〈110〉正和元年（一三一二）五月四日「五月十九日甲斐国市河三郎兵衛□□三位房父□□」
19	たいふ房の尼	檀越	1	〈122〉正和二年（一三一三）十一月五日「下山のたいふ房□□のあま□□」
20	久富五郎三郎入道蓮実妻	檀越	1	〈164〉文保三年（一三一九）四月十五日「甲斐国下山車師尼十三年　女子久富五郎三郎入道蓮実妻也」
㉑	某	未詳	1	〈2〉正応元年（一二八八）六月二十三日「甲斐国西房蓮華寺前住□□□□」

甲斐の有力檀越には秋山氏がおり、その被授与者には2秋山与一信綱、10秋山孫次郎泰忠、11泰忠の子聖丸の三名が挙げられる。

ところで、秋山与一信綱については『御伝土代』に「日興上人ニ帰伏申テ富山ニ居住ス、ダンナ（檀那）弟子等皆富士マイリ（参）給、下山三位房日順秋山与一入道大妙コレラナリ」(38) との記述がある。既に述べた通り『御伝土代』は日蓮・日興・日目三師の伝記本であり、従来大石寺四世に連ねられる日道の著とされてきたが、近時の研究ではそれを覆し、大石寺六世日時の著とする説が提示されている。(39) また三位日順『日順阿闍梨血脈』には、「大妙」の名の下に「柔和忍辱弘法越㆓諸人㆒道心堅固富山大檀那也、仍雖㆑居㆓在家㆒血脈列㆑之」(40) との記述が見られる。これらの史料から、堀氏は大妙＝秋山信綱と推測している。[41] また重須談所十七代学頭日然が貞享元年（一六八四）に北山本門寺に造立した学頭歴代墓碑に刻まれる銘文によると、三世に大妙と記されている。[42] 堀氏が比定するように大妙＝信綱であるならば、檀越である秋山信綱が日澄・日順に続いて重須談所の三代学頭に就任したことになる。

大妙について丹治智義氏は、『日順阿闍梨血脈』は日順が両眼を失明した建武三年（一三三六）九月十五日に、自分が継承してきた日興教学の相伝正当性を訴え、次に誰に伝えるかを記したものであるから、そこに僧侶ではない大妙の名前を残したのは、大妙がいかに優れた人材であったかを物語っているのではなかろうかと述べている。[43] しかし、大妙という檀越が僧侶の育成機関である重須談所の学頭に補任したということが事実であるならば、それは極めて特殊な事例と言わざるを得ない。当時様々な事情や状況の変化があったとしても、果たしてそのようなことが有り得たのだろうか。ましてや日興が『弟子分帳』に僧弟子分・俗弟子分・女人弟子分・在家人弟子分と、弟子檀越を明確に区分して表記しているにも関わらず、それを継承した門下が日興の意志に背くことがあろうか。そもそも大妙＝信綱とする説は、『御伝土代』の記述に依拠したものであるため、この記述自体が事実を伝えているかどうかでさえも現時点では断定できない。重須談所に関する史料は誠に乏しく、大妙の件を含め不明な点が多いのは課題である。

ただし、秋山信綱の事蹟に関連する史料として、三位日順写本『三三蔵祈雨事』には「于時文保元年四月一日、以秋山上野殿御本書写之畢　執筆日順法師」[44] との奥書が記されている。この秋山上野殿とは秋山信綱のことで、日順写本の奥書によれば、日順が文保元年（一三一七）に秋山信綱所持の写本を転写したことが伝えられる。今日信綱所持本は現存していないため、信綱が書写したものであったどうかは不明だが、仮に信綱書写本であったならば、信綱は下総の富木常忍と同様に識字能力に長けた檀越であったことが窺えるのである。当然これを根拠に重須談所学頭大妙

＝信綱という結論には至らないが、秋山信綱の事蹟に関連する史料として先の日順写本は貴重である。

さて、その秋山信綱は日興から五幅もの曼荼羅本尊を授与されている。秋山信綱に授与された曼荼羅本尊の内、〈199〉の授与書には「寂日阿闍梨父入道」とあり、また〈165〉にもこれと同人と想定される「甲斐国西郡蓮華寺前住侶寂日闍梨□□入道」との授与書が見える。この寂日房日華の父入道について、執行海秀氏・高木豊氏は秋山信綱と断定している。(45) これに対して『上代事典』では、推定年齢等から別人である可能性を指摘している。(46) 現時点では即断し難いが、今は暫定的に執行・高木両氏の主張に依って同人と判断し、表六に収めた。他の秋山氏では、讃岐本門寺の開基檀越で後に入道して沙弥日高と称した秋山孫次郎泰忠、(47) またその子聖丸も曼荼羅本尊を授与されるに至っている。

甲斐においても、既成寺院に寄住しながらも日興の弟子になった者がいる。鰍沢蓮華寺の1式部阿闍梨日妙、国符寺の6治部房日延、柏尾寺の8甲斐公蓮長の三名が挙げられる。『弟子分帳』には本六人の寂日房日華が蓮華寺の住僧であったことが記されているが、これらも日華と同様のケースである。蓮華寺寄住が伝えられる日華と日妙に関して、次の記述を挙げる。

○日蓮曼荼羅本尊内日興添書　弘安三年（一二八〇）五月八日
　大本門寺重宝也　甲斐国蓮華寺住僧寂日房者依為日興第一弟子所申与之如件(48)
○日興曼荼羅本尊〈136〉授与書　正和三年（一三一四）十月十三日
　甲斐国蓮花寺前住僧寂日房弟子式部房父□□□
○日興曼荼羅本尊〈232〉授与書　嘉暦二年（一三二七）五月十三日

甲斐国蓮花寺式部房□□源交十三年

これらの記述から、日華は弘安三年の時点では蓮華寺の住僧であったが、正和三年までには蓮華寺を退出していること、日妙は日華の弟子であること、そして日妙もまた嘉暦二年の時点で蓮華寺に寄住していることなどが窺える。嘉暦二年まで日妙が蓮華寺に寄住していたのであれば、後に本門寺二世を継承するほど高弟の日妙が大石寺・本門寺の両拠点寺院建立後、日興の晩年近くまで既成寺院に居住していたことになる。

その日妙は六幅の曼荼羅本尊を授与されたと考えられ、その数は日興から曼荼羅本尊を授与された弟子檀越の中で最多である。その内〈265〉は、日興の代官として武家と公家に諫暁活動を度々果たした功績を讃えて授与されたものである。日妙の父3源交は、〈232〉の授与書から嘉暦二年（一三二七）が十三回忌の年であると考えられる。そうなると正和三年（一三一四）十月十三日に源交に授与された〈136〉と〈137〉は、源交が死去する前年に授与されたことになる。[49]同日に一人の弟子檀越に対して二幅も授与するのは少々不自然だが、『興本』によれば〈136〉と〈137〉は同一の曼荼羅本尊である可能性が指摘されているため、[50]実際に授与されたのは元々一幅であった可能性がある。日妙とその父源交に授与された曼荼羅本尊は父子合わせて九幅とかなり多く、日興との関係の深さを物語っている。

治部房日延が住したとされる国符寺について、高木氏は国分寺ではないかと推測し、また甲斐公蓮長がかつて住した柏尾寺については天台寺院であったことを指摘し、さらにこれらのことから日蓮や日興がそれ以前から存在していた別所や往生院の聖あるいは持経者を吸収していったのではないかと想定している。[51]

今見たように、日興の曼荼羅本尊に見られる授与書からも『弟子分帳』に見られた既成寺院の住僧から日興門下への転化の事実を確認することができ、改めて当時既成寺院の住僧への教化活動が行われていたことを示す事例の一つとして注目されよう。

下山氏では、下山兵庫五郎の三十三回忌供養のためにその子息13又四郎光宗が曼荼羅本尊を授与され、また12下山兵庫五郎後家尼も授与されている。14の下山五郎妙□も三十三回忌供養のために授与されており、名前が近似する下山兵庫五郎との関連性が予想されるが、両者の名が見える〈224〉と〈204〉では書写年月日が異なるため、少なくとも下山五郎と下山兵庫五郎とは別人であると考えられる。山上氏は同族で同世代の人であろうと推測している。[52] また17平泉寺尼のいた平泉寺は、日順『摧邪立正抄』に「甲州下山若嶋ノ内ニテ建二一宇ノ堂ヲ一号ス二平泉寺ト一、干時下山兵庫五郎光基ノ所領也」[53]とあり、また『富士一跡門徒存知事』に「甲斐国下山郷兵庫五郎光基氏寺平泉寺」[54]とあって、下山兵庫五郎の所領地に建立された下山氏の氏寺であったと伝えられる。そこに住した尼の一周忌供養のために、〈77〉が授与されている。他、詳細不明であるが19下山のたいふ房の尼に、また下山の車師（＝車大工）尼の十三回忌供養のためにその女子である20久富五郎三郎入道蓮実の妻に曼荼羅本尊が授与されたことが確認できる。

4摂津公日仙は、日興の代理で諌暁活動を行った功績を讃えられ〈4〉を授与されている。これは日目が諌暁活動を果たした記念として授与された〈3〉と並び、初期日興門流における代官による諌暁活動の史実を伝えるものである。日仙は本六人の一人で、『弟子分帳』にあるように日蓮の曼荼羅本尊も申し与えられており、後に讃岐に赴き讃岐本門寺の開基となった日興直弟である。〈258〉の授与書に見える9曽祢大弐房について、曽祢氏出身の大弐房には大弐房日寿と大弐房日正の二名がおり、高木氏は曽祢大弐房＝日正（二）と断定している。[55] しかし、日仙の弟子の日寿が後に讃岐に渡って日仙滅後に讃岐本門寺を継承しており、その讃岐本門寺に〈258〉が伝来していることを考慮すると、曽祢大弐房は日寿である可能性のほうが高いのかもしれない。

日寿が出た曽祢氏では、他に15曽祢五郎後家尼と16大妙比丘尼の二名が確認できる。曽祢五郎後家尼については前節で検討したように、『弟子分帳』に「甲斐国曽祢五郎後家尼者、寂日房弟子也、仍日興申二与之一、但聖人御滅後背了」[56]と記載されるその人で、日蓮滅後から永仁六年（一二九八）までの間における違背が伝えられている。そうなると、日興が乾元二年（一三〇三）に授与した「□女子曽祢五郎後家尼□」との授与書を有する〈36〉の存在が問題となろう。つまり、これらの史料を勘案すると、一度日興に違背した檀越に対して日興が改めて曼荼羅本尊を授与したということになる。『弟子分帳』で違背が伝えられる弟子檀越の中で、後年日興曼荼羅本尊を授与された者は曽祢五郎後家尼のみである。違背を記したのは日興であるから曽祢五郎後家尼の違背は確実であるし、弟子檀越でなければ曼荼羅本尊授与もあり得ないので、乾元二年の時点で日興門下であったということは確実であろう。一度違背した後再び入信したのか、それとも他の理由があったのか、非常に興味深い点である。もっとも〈36〉の授与書には判読されていない箇所が多く、その内容によっては曽祢五郎後家尼本人への授与ではない場合も十分想定されるため、その点は今後の研究課題である。この他では盲者の5明石房、7東観坊、18三位房父等[57]についても詳細不明であり、ここでは授与されたという事実しか分からない。

四、佐渡国

佐渡における曼荼羅本尊被授与者は、表七に掲示した通りである。僧侶二名、檀越一三名の計一五名が確認できる。

【表七】佐渡における曼荼羅本尊被授与者

	被授与者	僧俗	数	授与書
1	大和房日性（昇）	僧侶	3	〈100〉延慶三年（一三一〇）六月十三日「佐渡国住侶大和房日昇者寂日房弟子也」 〈111〉正和元年（一三一二）七月十五日「佐渡国住為平十郎安重一周忌舎兄大和房」 〈新加〉正和三年（一三一四）八月「大和房日性与之」
2	日行房	僧侶	3	〈15〉正安二年（一三〇〇）九月「沙弥日行授与□」 〈183〉元亨元年（一三二一）六月二十四日「日行坊」 〈239〉嘉暦三年（一三二八）六月二十一日「佐渡国日行房」
3	又三郎	檀越	3	〈233〉嘉暦二年（一三二七）七月朔日「佐土国又三郎授与之」 〈238〉嘉暦三年（一三二八）六月二十一日「佐渡国又三郎□□さ□」 〈270〉元徳三年（一三三一）六月二十七日「又三郎□」
4	遠藤九郎太郎	檀越	2	〈57〉嘉元三年（一三〇五）九月一日「遠藤九郎太郎」 〈121〉正和二年（一三一三）七月十三日「佐土国藤九郎入道息九郎太郎□」
5	和泉五郎入道	檀越	2	〈86〉徳治三年（一三〇八）十月十三日「佐渡国住人和泉□□□」 〈102〉延慶三年（一三一〇）十月十三日「佐渡国住人和泉五郎入道□□」
6	源太入道妙円	檀越	1	〈52〉嘉元三年（一三〇五）七月十二日「佐渡国住人源太入道妙円□□」
7	一谷入道孫心□	檀越	1	〈127〉正和三年（一三一四）七月十五日「佐土国一ノ谷入道孫心□寺仏也」
8	源右衛門	檀越	1	〈166〉元応元年（一三一九）七月一日「佐渡国三郎□□入道子息源右衛門」
9	藤五郎	檀越	1	〈172〉元応二年（一三二〇）六月十二日「佐渡国住藤五郎」
10	こうとのはは	檀越	1	〈182〉元亨元年（一三二一）六月二十四日「こうとのは丶の百ヶ日」
11	蓮持尼	檀越	1	〈190〉元亨二年（一三二二）六月十五日「聖人御弟子蓮持尼七年　日行房相伝之」
12	とう大夫の妻女の母	檀越	1	〈255〉元徳二年（一三三〇）二月十三日「さとの国とう大夫のさい女乃は丶の一すいきのために」

13	右馬入道母	檀越	1	〈260〉元徳二年（一三三〇）八月十七日「為右馬入道悲母一周忌也」
14	遠藤右馬太郎藤原守安	檀越	1	〈269〉元徳三年（一三三一）六月二十七日「遠藤右馬太郎藤原守安」
15	鬼一丸	檀越	1	〈280〉正慶元年（一三三二）六月二十六日「渡部遠藤馬太郎守安子息為鬼一丸卅五日也」

佐渡の被授与者に関する注目点は、日興がいた駿河から地域的に離れているにも関わらず、曼荼羅本尊被授与者が数多く確認できる点である。この事実は、遠方の地である佐渡にまで日興の教線が着実に伸張し、そして根付いていたことを如実に物語っている。

佐渡に日興門流の教線が及ぶ契機となったのは、まぎれもなく日蓮の佐渡流罪であろう。『御伝土代』には「大聖人御カンキノトキ（勘気時）、サトノシマ（佐渡島）ヘ御トモ（供）アリ」[58]とあり、この記述が事実を伝えているのであれば日興は日蓮流罪時に佐渡へ渡っており、この時から日興と佐渡の信徒との師檀関係が始まったものと考えられる。

1大和房日性と2日行房は、共に三幅の曼荼羅本尊を授与されている。大和房日性については〈100〉のように「日昇」と記される場合もあるが、山上氏によれば「日性」と「日昇」は音で通用させていたのではないかと指摘しており[59]、同人と判断すべきであろう。〈100〉の授与書からは寂日房日華と日性の師弟関係が窺え、また〈111〉の「佐渡国住為平十郎安重一周忌舎兄大和房」との授与書から、日性には平十郎安重という弟がおり、その一周忌供養の目的で〈111〉が授与されたことがわかる。

日華と日性の師弟関係の始まりについて、高木氏は日興が佐渡の法華衆に宛てて送った書状『佐渡国法花講衆御返事』の「さいしやうとの（宰相殿）ゝ御事しきふのきミ（式部公）のほんしやく（本迹）のほうもん（法門）を申をきこしめいて」[60]の文を挙げ、本書状に見える「さいしやうとの」を宰相阿闍梨日郷、「しきふのきミ」を式部阿闍梨日妙に比定し、日郷と日妙が佐渡へと派遣されて法華講衆に法門を説いた時期があったことを想定している。さらに日性が日華の弟子であるということは、日郷・日妙の佐渡派遣から考えれば日華についても佐渡教化の一時期を想定でき、そうした時期に日性の日華師事が始まったのではないかと主張している。[61]このような佐渡への弟子派遣による教化活動が当時行われていたのであれば、その教化によって日興門流の教説がより佐渡に浸透・定着し、佐渡に多くの弟子檀越を獲得できた要因の一つとなったであろう。

また日行房については、佐渡の被授与者の中で最も早くに曼荼羅本尊を授与された弟子であって、佐渡における初期からの日興の弟子と思われる。11蓮持尼の七回忌供養のために授与された〈190〉には「聖人御弟子蓮持尼七年　日行房相伝之」との授与書があって当曼荼羅本尊を日行が相伝しており、蓮持尼と日行の近しい関係、さらには親子関係も想定できる。この授与書には「相伝之」とあることから、元々蓮持尼に授与してあった曼荼羅本尊に、蓮持尼の七回忌に際して日行が相伝することになったため、日興が授与書を新たに書き加えた可能性も考えられる。

この日行については、朗門九鳳の一人で佐渡日朗山本光寺開基の妙音阿闍梨日行と同人とする説がある。しかし、この説に対して山上氏は否定的で、今日佐渡に伝わる曼荼羅本尊の授与書において明らかに佐渡以外の人とわかるものは一例もなく、また日行授与の曼荼羅本尊がすべて佐渡に伝わることからも日行が佐渡の住人であった可能性が高く、日行と蓮持尼授与の〈15〉〈183〉〈190〉〈239〉に見える日行はすべて同人であると判断している。[62]佐渡にいる日性・日行両師が日興から三幅の曼荼羅本尊を授与されていることは、当然日興との関係が親密であったと考えられ、また曼荼羅本尊授与の年次から考えれば、佐渡から日興のいた駿河に赴き、その際に授与されたのであろう。

檀越では3又三郎・4遠藤九郎太郎・5和泉五郎入道の三名が曼荼羅本尊を複数幅授与されている。又三郎の事蹟は未詳であり、また前述の通り駿河に和泉又三郎本安という檀越がいるため、〈270〉に見える又三郎が佐渡国又三郎なのか和泉又三郎本安なのか判断し難い。しかし山上氏によれば、同日に佐渡の檀越である14遠藤右馬太郎藤原守安への授与が確認できることから、〈270〉も佐渡の檀越又三郎への授与である可能性が高いとしている。[63] 元徳三年（一三三一）六月二十七日に二人で日興のもとを訪れた際に授与されたのであろうか。和泉五郎入道については現時点では詳細不明である。佐渡の遠藤氏といえば、日蓮の弟子の阿仏房やその曽孫の佐渡阿闍梨（如寂房）日満がいるが、その遠藤氏ではまず遠藤九郎太郎が〈57〉〈121〉の二幅を授与されている。この二幅の授与書は、従来判読不可能な箇所が多く「九郎太郎」の四字しか判読されていなかったが、堀氏は左図の遠藤氏系図[64]を挙げ、九郎太郎を盛正と推測した。

為盛（故阿仏房日得武者所）—盛綱（藤九郎後の阿仏左兵衛尉）—盛正（九郎太郎妙覚）┬盛(守)安（太郎妙行）
　└興円（佐渡阿闍梨如寂日満）

『上代事典』によれば、後の実地調査で表七に記載した授与書の通り判読し直されたようである。その調査による判読で九郎太郎が遠藤氏であり、かつ藤九郎の子ということが明らかになったため、堀氏の推測の通り九郎太郎は遠藤九郎太郎盛正であることが確定した。また次に挙げる日満曼荼羅本尊の授与書と日蓮曼荼羅本尊内日興添書には、日満と九郎太郎盛正妙覚との親子関係、阿仏房と日満との関係が記されており、これらも遠藤氏系図の記載と合致する。

○日満曼荼羅本尊授与書　延文二年（一三五七）十二月九日　佐渡妙宣寺所蔵

右志者為迎慈父妙覚聖霊遠忌成仏得道乃至法界平等利益(65)

〇日蓮曼荼羅本尊内日興添書　年月日未詳　佐渡妙宣寺所蔵

佐渡国法花棟梁阿仏房彦如寂房日満相伝之(66)

その遠藤九郎太郎盛正の子で日満の兄とされる14遠藤右馬太郎藤原守（盛）安も曼荼羅本尊を授与され、さらに守安の子である15鬼一丸の三十五日供養のために〈280〉が授与されている。ただし、高木氏は遠藤右馬太郎藤原守安の「右馬太郎」に注目し、文永八年（一二七一）九月十五日の日蓮遺文『土木殿御返事』に見える「えちの六郎左衛門尉殿代官右馬太郎」(67)が佐渡流罪の折に本間氏の代官として日蓮を依智へ連行し、やがて佐渡への護送の役職となったことを想定した上で、この右馬太郎が右馬太郎守安の父または祖父にあたるのではないかと推測しており、遠藤氏系図内の藤九郎盛綱から守安への単線的系譜ではなく複線的系譜がある可能性を示唆している。(68)また13右馬入道母に授与された〈260〉に見える右馬入道は、右馬太郎守安の関係者である可能性も想定されるが、詳細は不明である。12とう大夫の妻女の母に授与された〈255〉の「とう大夫」については、高木・山上両氏とも「藤大夫」の字を充てて遠藤氏の人であろうかと推測している。(69)9藤五郎についても山上氏が遠藤家系図に見える遠藤九郎太郎盛正の弟の「藤五郎宣綱」ではなかろうかと推測しているが、それ以外は不明である。

このように、日蓮の佐渡流罪中に帰依した阿仏房の法華信仰は、日蓮滅後もその子孫が日興との師弟関係を保ちながら曽孫の代に至っても途絶えることなく受け継ぎ、日蓮と日興の教えは日満によってさらに佐渡の中に浸透していったものと考えられる。日満が幼少期に日興のもとで行学に励んだことが伝えられるが、それも日興に帰依していた父盛正の勧めがあったからではなかろうか。

また阿仏房と同じく、日蓮の佐渡流罪中に帰依した檀越である一谷入道の孫7心□も「佐土国一ノ谷入道孫心□寺仏也」の授与書を有する〈127〉を授与されている。阿仏房と同様に一谷入道の一族においても、日蓮の教義はその子孫によって継続的に信仰されていたことが窺える。授与書後半にある「寺仏」とは、法華経を読誦する御堂に礼拝の対象として掲げるための曼荼羅本尊という意味であろうか。詳しくは不明である。10こうとのははの百箇日忌供養のために授与された〈182〉に見える「こうとの」について、山上氏は「国府殿」の字を充て、国府入道の子孫もまた国府殿と呼ばれていたのではないかと推測している。(70) 6源太入道妙円、8源右衛門については未詳である。

上述の通り、日興門流が佐渡に多くの弟子檀越を獲得するに至ったのは日蓮の佐渡流罪がきっかけであり、その際に日蓮に帰依した阿仏房や一谷入道、国府入道に代表される弟子檀越が日蓮滅後も日興と師檀関係を持ち、世代が変わっても血縁関係を通してその信仰は受け継がれていった。その背景には、日興の弟子の佐渡派遣による布教活動や日満の存在が大きく関わっていたものと想定される。そして日興が『佐渡国法花講衆御返事』の宛書に「さとの国の法花かうしう」(71)と記したように、元亨三年（一三二三）の時点で法華講衆と呼べるほど多くの日興門下が佐渡にいた。そのような佐渡の篤信の弟子檀越に対して、日興は逐次曼荼羅本尊を授与したのであろう。今日、佐渡の日蓮宗寺院に伝わる日興曼荼羅本尊は三三幅を数える。この事実もまた、日興門流と佐渡との強い結びつきの一端を示しているのではないだろうか。

五、その他

これまで挙げてきた地域以外の日興曼荼羅本尊を授与された弟子檀越について、国別に示したのが表八である。表を一見してわかるように、それぞれの国における被授与者の数は、これまで考察してきた国と比べて極めて少数である。

【表八】その他の国における曼荼羅本尊被授与者

	被授与者	僧俗	数	授与書
下野				
1	民部阿闍梨日盛（城）	僧侶	1	〈205〉元亨四年（一三二四）四月二十日「大学民部阿闍梨日城授与之」
2	乗忍房	僧侶	1	〈227〉嘉暦元年（一三二六）八月二十八日「下野国民部阿闍梨弟子乗忍房授与之」
3	民部阿闍梨日盛外祖父	檀越	1	〈101〉延慶三年（一三一〇）七月十三日「民部房外祖父為三十三年也」
④	某	未詳	1	〈138〉正和三年（一三一四）十月十五日「下野国□□阿闍梨弟子□」
常陸				
5	行形大□経二郎入道蓮性	檀越	2	〈118〉正和二年（一三一三）四月八日「常陸国行形大□経二郎入道蓮性者伊豆国河野三郎□□□□悲母第三年書写之　五月廿五日遠忌日也」 〈119〉正和二年（一三一三）五月五日「□□□□□八郎入道□沙弥蓮□」
相模				
6	三村入道日運	檀越	1	〈128〉正和三年（一三一四）八月二十日「常陸国三村入道日運授与」
遠江				
7	師房母	檀越	1	〈48〉嘉元三年（一三〇五）四月八日「白蓮弟子箱根師房母授与之」

8	紀新大夫の□□□□五郎太夫□子	檀越	1	〈257〉元徳二年（一三三〇）五月一日「きしんのたいふの□□□□五郎太夫□子にさつけたふほんそんなり」
美作				
9	関清左衛門尉	檀越	1	〈175〉元応三年（一三二一）一月十五日「美作国関清左衛門尉大夫阿闍梨弟子□□」
近江				
10	源玉一丸	檀越	1	〈176〉元応三年（一三二一）二月十五日「近江国坂田源内兵衛尉子息源玉一丸」
武蔵				
11	網嶋某	檀越	1	〈84〉徳治三年（一三〇八）十月八日「網嶋□日興」
⑫	某	未詳	1	〈277〉元徳四年（一三三二）一月二十九日「むさしの国めうけんしの□」
讃岐				
⑬	某①	未詳	1	〈203〉元亨四年（一三二四）一月十三日「讃岐国三之郡高瀬□□□」
⑭	某②	未詳	1	〈242〉嘉暦三年（一三二八）十月十三日「讃岐国□□□上蓮阿闍梨弟子也」

まず下野では、曼荼羅本尊被授与者が三名（某一名）確認できる。その内の1民部阿闍梨日盛については、元徳四年（一三三二）二月十七日の日興『日盛本尊相伝証文』に「日乗相二伝之一自二日乗一弟子日盛相二伝之一」[72]とあり、また元弘三年（一三三三）十月十三日の日目曼荼羅本尊授与書に「日目弟子大学民阝(ママ)阿闍梨日城授之」[73]とあって、日盛は日乗の弟子であり、かつ日目の弟子とされている。これは日乗授与の曼荼羅本尊に日興が「僧日乗授与之、大覚了性房者雖為卿公弟子成日興弟子□□仍所□□」（表四の2の〈11〉）と記して、日乗は日目弟子といえども日興の弟子であると位置づけたことと同様で、日目もまた自身の弟子である日乗の弟子の日盛に対しても、日目弟子と表記したものと考えられる。その日盛の母方の祖父にあたる3外祖父の三十三回忌供養のために〈101〉が授与されているが、大石寺十四世日主『日目弟子事』には「日盛大学民部阿は日乗俗人の時の子息の故にこれを結す」[74]との記述があって、

これによれば日盛は日乗の子息であると伝えられる。もしこれが事実であるならば、日盛外祖父は日乗の義父ということになるが、山上氏はこの説に対して疑義を呈している。(75) また日盛弟子の2乗忍房も曼荼羅本尊を授与されている。乗忍房については事蹟不明であるが、少なくとも日盛によって下野布教が展開され、その結果弟子を獲得するに至ったことが読み取れる。

次に常陸では、二名の被授与者が確認できる。高木氏は6三村入道日運に対して授与された「常陸国三村入道日運授与」の授与書を有する〈128〉について言及し、日興曼荼羅本尊に檀越で日号が記されているのは他に「新田三郎頼綱日善」（表四の6）と「十郎入道後家尼日恵」（表四の18）の二名のみであり、日興が檀越に対する授与書にほぼ決まって俗名を記していることから考えれば、この曼荼羅本尊は日号授与のためのものではなかろうかと推測している。また5行形大□経二郎入道蓮性についても、在家男性の法号を曼荼羅本尊に記したのは「新田三郎頼綱日善」（表四の6）とこの蓮性のみであり、特徴的なことであるとしている。さらに続けて、常陸の檀越に対する曼荼羅本尊授与が正和二、三年と続いていることから、この頃あるいはこれ以前からおそらく日興の弟子によって日興門流の教線が常陸に伸張したことの証としてよいのではなかろうかとも推測している。(76) この点について山上氏は、常陸が陸奥に向かう道のりの途中に位置していることや、日目・日郷の足跡が常陸に確認できることを勘案して、常陸における檀越獲得は両師の教化による可能性を示唆している。(77) 断定するには至らないが、現時点では両氏の推測は信憑性があると考えられる。

相模では、7師房母に対する曼荼羅本尊の授与が確認できる。箱根は伊豆走湯山権現と共に二所権現の一つとされてきた地であり、『御伝土代』には「文永九年（ミヅノヘサル）十三歳ニテ走湯山円蔵坊ニ御登山、同十一年（キノヘイヌ）日興上人ニ奉リテレ値ヒ聴二聞シ法華ヲ二」[78]とあって、かつて走湯山で日目が日興に出会い、教化されたことを伝えている。高木氏によれば、日目が日興に帰依したことから走湯山権現における日興の教化が箱根権現にまで及び、師房の帰依に至ったと推測している。[79]授与書に「白蓮弟子」とわざわざ記されていることからも、日興と直接師弟関係を結んだことは大いにあり得るし、そうであれば日興が走湯山に赴いた時に入信したとも考えられる。また〈48〉は師房の母に対する授与であるから、母子揃って日興に帰依していることが窺える。

遠江では、8きしんたいふの□□□五郎太夫□子に対して〈257〉が授与されている。遠江は、日興の父大井橘六がかつて居住した地であることが『弟子分帳』に記されており、また前節で触れたように、日興はサカラノ小尼と称する檀越に対して日蓮曼荼羅本尊を申し与えている。〈257〉が書写されたのが元徳二年（一三三〇）であるから、日興の晩年の頃も遠江における日興門流の法灯がきしんたいふの□□□五郎太夫□子によって保たれていたことがわかる。高木氏は「きしんたいふ」に「紀新大夫」との漢字を充て、日興の父の一族と推測する遠江紀氏の系図に見える「遠定」に比定できる可能性を示している。[80]具体的に如何にして遠江に日興門流の教線が伸張したかは定かではないが、高木氏が推測する通りであるならば、日興の父がかつて在住した遠江において日興らによる布教活動が行われ、その際にサカラノ小尼や父の一族が日興に帰依し、サカラノ小尼は後に日蓮曼荼羅本尊を申し与えられるに至った。また父の一族においても法華信仰は継承され、紀新大夫の□□□五郎太夫□子が日興から曼荼羅本尊を授与されるに至ったと推測できる。これはあくまで推測の域を出ないが、少なくとも遠江に日興門流の教線が伸張したことと、遠江が日興の父大井橘六がかつて居住した地であるということは無関係ではないと思われる。

美作の9関清左衛門尉は、「美作国関清左衛門尉大夫阿闍梨弟子□□」との授与書から分かる通り、大夫阿闍梨日尊の弟子である。日尊は日興より一二年間の勘当を受け、その後大いに発奮して東西に奔走し多数の寺院を建立したと伝えられる。その日尊が出雲布教の折に関清左衛門尉と出会い、日尊に帰依したものと考えられている。山上氏は、日目書状『進上伊与公御房書』の「如仰関左衛門か奉公ありかたく候へハ、ゆめ〱不和義不可存候。大夫房この丶ち参て候ハ」[81]との記述から、本書状中の関左衛門という名前が関清左衛門尉と近似することと、内容から関左衛門が日尊の関係者のようであることを挙げ、両者の関連性を述べている。[82]

近江では、坂田郡坂田庄に住する武士と思われる坂田源内兵衛尉の子息10源玉一丸への授与が見られる。山上氏は『日興上人御遷化次第』に見える「源内」の名を挙げ、同人であろうかと推測している。[83]また、地理的な関係から日目が奏聞諫暁の途上にあって寄宿等のたよりにしていた檀越の一人であろうかと見る説もある。[84]そう考えると、源内兵衛尉の入信は日目の教化に起因するものであろうか。もしくは関西地方に自己の教化活動の域を広げ、日目の奏聞諫暁の際にも同行した日尊が教化した檀越であるかもしれない。

また授与書に判読不可能な箇所が多く、現時点では被授与者の特定ができないが、武蔵と讃岐の二国にも弟子檀越の存在が確認できる。武蔵の檀越11綱嶋某に対する授与と考えられる〈84〉は判読不可能な部分が多く、表に記したようにかろうじて「綱嶋」「日興」の四字が読める程度である。綱嶋といえば『弟子分帳』に挙げられる、日興の母が再婚した綱島氏一族が想起される。〈84〉はその一族の誰かに対する授与であろうか。また〈277〉の授与書に見える「めうけんし」とは、戸田妙顕寺のことであろうか。そうであれば、妙顕寺の関係者に対する授与である可能性が高い。

讃岐に弟子を持つ〈242〉の上蓮阿闍梨について、京都住本寺日大『尊師実録』によれば「一（讃岐国住）浄蓮阿闍梨（摂津阿闍梨御房御事也）日仙云」[85]とあって、本六人の一人である摂津公日仙のことを指す。日仙は甲斐の人で後に讃岐本門寺の開基となり、日仙自身も日興から曼荼羅本尊を授与されている。高木氏は、甲斐国秋山孫次郎泰忠が讃岐に移住したこと、泰忠が源誓から高瀬郷を譲られたこと、『日高置状』に「御そう（僧）（仙師）より御のち（後）はだい（大）に（弐）の御そう（僧）一ぶん（分）ものこ（残）さず御あと（跡）は御ち（知）ぎやう（行）あるべきあいだ（間）……」[86]とあること等を挙げ、下向の時期は不明ながらも、日仙および弟子の大弐房日寿の讃岐国高瀬移住は確実だとしている。[87]〈203〉や〈242〉を授与された弟子檀越は、秋山泰忠と関係のある人物の可能性も想定されよう。ともあれ、元亨四年（一三二四）の時点には讃岐に日興から曼荼羅本尊を授与される弟子檀越がおり、嘉暦三年（一三二八）の時点で讃岐に日仙の弟子がいたことが看取できる。

なお、曼荼羅本尊被授与者の中で所在地が不明な弟子檀越は一二名確認できる。また、被授与者名もその所在地も不明だが、弟子檀越某に対して授与された曼荼羅本尊であると判断されるものは一一幅確認できる。この一一幅の被授与者は、これまで検討してきた弟子檀越に該当する可能性も有している。これらをまとめたのが表九である。

【表九】国不明の曼荼羅本尊被授与者

	被授与者	僧俗	数	授与書
1	大泉房日伝	僧侶	1	〈12〉永仁六年（一二九八）一月十五日「大泉房日伝授与」
2	信僧房	僧侶	1	〈61〉嘉元四年（一三〇六）三月一日「信僧房授与之」
3	亀石房	僧侶	1	〈123〉正和三年（一三一四）二月十三日「盲者亀石房」
4	渋谷寧相公日□	僧侶	1	〈273〉元弘元年（一三三一）九月十三日「渋谷寧相公日□□」
5	日妙比丘尼	檀越	1	〈10〉永仁二年（一二九四）十月十三日「日妙比丘尼授与」
6	真妙	檀越	1	〈47〉嘉元三年（一三〇五）二月「沙門真妙授与之」
7	遠藤左衛門	檀越	1	〈188〉元亨二年（一三二二）三月十三日「花山院中納言家侍遠藤左衛門［　　］」
8	余三太郎	檀越	1	〈192〉元亨二年（一三二二）九月十二日「余三太郎」
9	妙厳比丘尼	檀越	1	〈194〉元亨二年（一三二二）九月十三日「妙厳比丘尼授与之」
10	比丘日□藤原国□	檀越	1	〈197〉元亨二年（一三二二）十二月十八日「日興弟子比丘日□藤原国□」
11	□谷□比丘尼	檀越	1	〈237〉嘉暦三年（一三二八）二月二十日「□谷□比丘尼十三年並三十三年」
12	半次郎国長	檀越	1	〈279〉正慶元年（一三三二）六月二十六日「半次郎国長」
⑬	某①	未詳	1	〈82〉徳治三年（一三〇八）八月彼岸「聖人奉遇□□人御房御□者十三□□」
⑭	某②	未詳	1	〈108〉応長二年（一三一二）二月十二日「□□□□為一周忌□□」
⑮	某③	未詳	1	〈113〉正和元年（一三一二）十月十三日「［　　］郎次［　　］与之」
⑯	某④	未詳	1	〈120〉正和二年（一三一三）七月十三日「［　　］授与之」
⑰	某⑤	未詳	1	〈130〉正和三年（一三一四）十月十三日「奉為三十三年　□□国□□□弟子［　　］」
⑱	某⑥	未詳	1	〈156〉文保元年（一三一七）五月八日「授与之□□□□」
⑲	某⑦	未詳	1	〈162〉文保二年（一三一八）九月二十六日「為大学三□□□□三年□□」
⑳	某⑧	未詳	1	〈167〉元応二年（一三二〇）一月十八日「授与也」
㉑	某⑨	未詳	1	〈196〉元亨二年（一三二二）十二月十八日「源氏□□□」
㉒	某⑩	未詳	1	〈200〉元亨三年（一三二三）十一月十日「［　　］妙［　　］」
㉓	某⑪	未詳	1	〈278〉元徳四年（一三三二）四月一日「□□卿宮□□□授与之」

この内、佐渡寺院に所蔵される曼荼羅本尊の授与書に見える3亀石房、8余三太郎、12半次郎国長の三名については、山上氏が佐渡に伝わる日興曼荼羅本尊で明らかに佐渡以外の人に授与されたものは一例もないことから佐渡の住人と推測しているが、[88]この推測以外に佐渡の住人であることを示す史料が見つからないため、今回は表九に収めた。2信僧房については、山上氏が『大石寺蓮蔵坊臈次事』等に見える「信増房」との関連性を示している。[89]10比丘日□藤原国□は、授与書に判読不能な箇所があって被授与者名自体明らかではないが、「比丘日□」と日号が記されていると考えられる。前述した通り、授与書に日号が記される檀越への曼荼羅本尊授与は日号授与のためのものではないかという高木氏の推測に立脚すれば、これも日号授与のためのものである可能性が高い。今挙げたもの以外の被授与者については未詳であり、今後検討を要する。

第四項　曼荼羅本尊授与の目的

それでは日興による曼荼羅本尊の書写と授与は、どのような時に、どのような意図をもってなされたのであろうか。以下、授与書から曼荼羅本尊授与の目的が読み取れるものを中心に、それらを目的別に分類した上で検討してみよう。

一、追善供養・年回忌供養

日興曼荼羅本尊には、故人の追善供養・年回忌供養のために書写・授与されたものが散見される。それらの授与書に記される仏事は一〇種類確認することができる。以下に該当する曼荼羅本尊とその授与書を列挙する。

①三十五日忌

〈50〉嘉元三年（一三〇五）六月八日（推定）「……仍為三十五日書写如件」

〈280〉正慶元年（一三三二）六月二十六日「……子息為鬼一丸卅五日也」

②百箇日忌

〈182〉元亨元年（一三二一）六月二十四日「こうとのは、の百ヶ日」

③一周忌

〈77〉徳治二年（一三〇七）卯月八日「甲斐国下山平泉寺為尼一周忌」

〈108〉応長二年（一三一二）二月十二日「□□□為一周忌□□」

〈111〉正和元年（一三一二）七月十五日「佐渡国住為平十郎安重一周忌舎兄大和房」

〈255〉元徳二年（一三三〇）二月十三日「……とう太夫のさい女乃は、の一すいき……」

〈256〉元徳二年（一三三〇）二月二十四日「為悲母一周忌書写如件……」

〈260〉元徳二年（一三三〇）八月十七日「為右馬入道悲母一周忌也」

〈266〉元徳三年（一三三一）二月二十四日「為悲母妙福一周忌之菩提書写之」

〈271〉元徳三年（一三三一）八月十五日「秋山孫次郎子息聖丸授与之、為一周忌也」

④三回忌

〈118〉正和二年（一三一三）卯月八日　「……河野三郎□□□□悲母第三年書写之……」

〈143〉正和四年（一三一五）二月二十五日　「為奥州新田卿公母[尼]第三年忌菩提也」

〈162〉文保二年（一三一八）九月二十六日　「為大学三□□□三年□□」　※十三回忌の可能性もあり

〈272〉元徳三年（一三三一）九月六日　「平五郎入道母第三年」

⑤七回忌

〈190〉元亨二年（一三二二）六月十五日　「聖人御弟子蓮持尼七年　日行房相伝之」

⑥十三回忌

〈51〉嘉元三年（一三〇五）六月二十一日　「……大妙比丘尼授与之、相当十三年、仍遂供養」

〈82〉徳治三年（一三〇八）八月彼岸　「聖人奉[遇]□□[人]御房御□者[十三]□□」

〈155〉文保元年（一三一七）卯月十三日　「甲斐国寂日房弟子讃岐公慈父十三年」

〈164〉文保三年（一三一九）卯月十五日　「甲斐国下山車師尼十三年……」

〈232〉嘉暦二年（一三二七）五月十三日　「甲斐国蓮花寺式部房□□源交十三年」

〈237〉嘉暦三年（一三二八）二月二十日　「□谷□比丘尼□□十三年並三十三年」

⑦三十三回忌

〈101〉延慶三年（一三一〇）七月十三日　「民部房外祖父為三十三年也」

〈129〉正和三年（一三一四）十月十三日　「奉為三十三年」

〈130〉正和三年（一三一四）十月十三日　「奉為三十三年　□□国□□□弟子[　　　]」

〈204〉元亨四年（一三二四）卯月八日　「下山五郎法名妙□三十三年」

〈224〉正中二年（一三二五）十月十三日　「……下山兵庫五郎卅三年、子息又四郎光宗……」

〈237〉嘉暦三年（一三二八）二月二十日　「□谷□比丘尼□□十三年並三十三年」

⑧遠忌

〈93〉延慶二年（一三〇九）六月二十九日　「岩本実相寺前住円乗房六月廿九日遠忌日也」

⑨年回忌の明記なし

〈110〉正和元年（一三一二）五月四日　「五月十九日甲斐国市河三郎兵衛□□三位房父□□」

〈163〉文保三年（一三一九）卯月八日　「讃岐公母尼為□追善也」

〈236〉嘉暦三年（一三二八）二月二十日　「為妙円比丘尼慈父悲母子息犬楠也」

〈275〉□年六月二□　「蔵人阿闍梨悲母□」

⑩熱原法難から三〇年

〈81〉徳治三年（一三〇八）卯月八日　「駿河国富士下方熱原郷住人神四郎号法華衆、為平左衛門尉被切頸三人之内也左衛門入道切法華衆頸之後経十四年企謀反間被誅畢、其子孫無跡形滅亡畢」

年回忌を明記してあるか、あるいは授与書から故人の追善供養のために書写したと考えられる曼荼羅本尊は、三四幅（内一幅重複）を数える。その内、一周忌供養のための曼荼羅本尊が八幅と最も多く、次いで十三回忌と三十三回忌が六幅見られる。

これらの曼荼羅本尊の存在は、当然中には弟子檀越からの依頼もあっただろうが、日興が故人の年回忌等に際して追善供養の意味合いをもって曼荼羅本尊を書写、授与したことを表している。これは日蓮の三十三回忌にあたる正和三年十月十三日に曼荼羅本尊を九幅も書写していることや、日蓮の命日と釈尊の生誕日に多くの曼荼羅本尊を書写していることなどもまた、追善供養の意味合いが強かったのではないかと考えられる。特に熱原法難から丸三〇年にあたる年に書写された〈81〉の存在は、三〇年が経過してもなお日興の脳裏に法難の苦い記憶が色濃く残っていることを示しており、熱原法難が日興門流に与えた影響の大きさを物語っている。なお、日興における追善供養の動向については、曼荼羅本尊の他に日興書状にも散見されるところである。それについては本書第四章第二節で述べたいと思う。

以上のことから、曼荼羅本尊授与の目的の一つとして、故人の年回忌等に際してその追善供養のために曼荼羅本尊が授与されていたことを確認できる。

二、諫暁活動実施の記念

次に、国家権力者に対する諫暁活動を行い、その功績を日興が賞賛して授与したと判断される曼荼羅本尊が見られる。それに該当するのは次の六幅である。

〈3〉正応元年（一二八八）八月十七日　「上奏新田卿阿日目授与之一中一弟子、日道相伝之」
〈4〉正応三年（一二九〇）十月八日　「……日仙百貫房者賜聖人異名也、日興上奏代也」
〈216〉元亨四年（一三二四）十二月二十九日　「最前上奏之仁卿阿闍梨日目」
〈256〉元徳二年（一三三〇）二月二十四日　「……公家奏聞代官丸大進房日助授与之」
〈265〉元徳三年（一三三一）二月十五日　「奏聞御代式部阿闍梨日妙武家三度公家一度」
〈282〉正慶元年（一三三二）十一月三日　「最前上奏仁新田卿阿闍梨日目授与之……」

これら六幅の曼荼羅本尊に見られる授与書は、日興の弟子が権力者すなわち公家・武家に対して諫暁活動を実行し、その諫暁を果たした功績を讃えて、日興が記念として授与したことを伝えている。これらの曼荼羅本尊の存在は、日興門流において公権力に対する諫暁活動が頻繁に行われていたことを物語っていよう。

〈4〉には「日興上奏代也」、〈256〉には「公家奏聞代官丸」、〈265〉には「奏聞御代」と記されており、日仙・日助・日妙の三師による諫暁活動は、日興の代官として実行されたものであることが読み取れる。一方、〈3〉〈216〉〈282〉の三幅は日目に授与されたものである。日目の諫暁活動については、日眼『五人所破鈔見聞』に「日目上人四十二度ノ天奏ニ依テ」[90]とあって、日目が実に四二度も諫暁を行ったと伝えている。残念ながらその全貌を窺うことのできる史料は残っていないが、日目が日興から諫暁達成の記念として度々曼荼羅本尊を授与されている事実から、日目による諫暁活動もまた繰り返し行われていたものと推察される。

諫暁活動の実績を伝える史料としては、これらの曼荼羅本尊の他、日興やその弟子による申状が挙げられよう。その申状を見ると、諌暁を行う際には権力者に対して申状と共にほぼ決まって『立正安国論』が提出されていることに気づく。このことから日興とその門弟による諌暁活動は、日蓮の遺志を受け継ぎ、日蓮が『立正安国論』に記した立正安国の理想実現を達成したいという志のもとに展開されたものと考えられる。今挙げた曼荼羅本尊のように諌暁活動を実行した痕跡が散見されることからも、諌暁活動が日興門流の教化活動における一つの大きな目標であったことが窺い知れる。

日興門流における諌暁活動の動向については次章で論じることとし、ここでは日興による曼荼羅本尊授与の目的の一つに、諌暁活動実施の記念としての授与があった事実を確認した。

三、持仏堂安置

授与書に持仏堂の名前が記される曼荼羅本尊が二幅見られる。それらの授与書を以下に挙げる。

〈65〉嘉元四年（一三〇六）卯月八日　「徳治二年□□　白蓮持仏堂安置也」

〈207〉元亨四年（一三二四）八月二十九日　「大石持仏堂本尊日代闍梨」

〈65〉と〈207〉には、「白蓮持仏堂」「大石持仏堂」と記されており、当時このような持仏堂が存在したことを知ることができる。これらの持仏堂について、堀氏によればこの二つは同じものを指していると想定している。[91]また山上氏は〈207〉の大石持仏堂について、これは日興が大石寺在住時に住んでいた持仏堂を指し、〈207〉を授与された日代はこの時期その持仏堂の坊主を務めていたため、持仏堂安置の曼荼羅本尊を授与されたのではないかと推測している。[92] しかしながら、これらの持仏堂が具体的にどこを指すのかについては現時点では不明と言わざるを得ない。

これに関連して、中尾堯氏によれば、日蓮が揮毫した曼荼羅本尊は「守護の曼荼羅本尊」と「礼拝の曼荼羅本尊」の二種に大きく分類されることが指摘されている。[93] 守護の曼荼羅本尊は、いわゆる「佐渡百幅」のように一紙に染筆されて勧請される諸尊も少ないもので、守護の印として小さく折りたたんで携帯されていたものと考えられている。これに対して礼拝の曼荼羅本尊は「佐渡始顕曼荼羅本尊」に代表されるように、題目を唱える信仰の場に本尊として掲げるためのもので、何枚かの紙を継ぎ、その場に相応しい大型の料紙に揮毫されているものとしている。

日興曼荼羅本尊を通覧してみると、大型の曼荼羅本尊として、表四の21河東左衛門五郎に授与された〈263〉（二六枚継、縦一六二・〇cm×横九七・四cm）や表九の7遠藤左衛門に授与された〈188〉（三枚継、縦一二〇・五cm×横六二・〇cm）が挙げられる。[94]『興本』によれば、曼荼羅本尊の上部が黒ずんでいるものは、堂宇または持仏堂に永く安置され香の煙によって煤けたのであろうと指摘しているが、[95]〈263〉はそうではないものの〈188〉は上部が黒く煤けている。中尾氏や『興本』の指摘を考慮すると、授与書には明記されないものの〈263〉と〈188〉もまた持仏堂などの御堂に掲げ安置するための曼荼羅本尊であった可能性が考えられよう。ただし、両曼荼羅本尊とも授与書から檀越個人に授与されたものと考えられることには留意する必要がある。なお〈263〉について菅野慈俊氏は、宮野妙円寺創建の際、その本堂に安置するために下附した曼荼羅本尊であると断定している。[96]

ちなみに日興曼荼羅本尊の中で、中尾氏が指摘する守護曼荼羅本尊の特徴を有するものは、一六幅〈1〉、〈14〉、

〈131〉、〈146〉、〈166〉、〈190〉、〈233〉、〈235〉、〈238〉、〈239〉、〈246〉、〈260〉、〈270〉、〈279〉、〈280〉、本節第一項①確認できる。ただし『興本』に収録される日興曼荼羅本尊は、寸法が記載されていないものや写真が不鮮明・不掲載のものがあり、他にも該当する曼荼羅本尊および除外される曼荼羅本尊が存在するものと思われる。しかし中尾氏の指摘に立脚すれば、今挙げた一六幅の中に守護の曼荼羅本尊として弟子檀越が携行したものがあった可能性が指摘できる。〈65〉と〈207〉の授与書から、日興曼荼羅本尊の中に持仏堂に安置する目的で書写された曼荼羅本尊が存在するという事実が確認できる。

小　結

以上、日興の曼荼羅本尊について、授与書や被授与者を中心に考察してきた。本節のまとめとして、日興による曼荼羅本尊授与を通して見えてきた日興門流展開上の重要点を挙げたい。

まず第一に、陸奥における新田氏、駿河における石河氏・南条氏らに代表されるように、血縁関係者・族縁関係者に対する曼荼羅本尊授与が多々確認できることである。それは『弟子分帳』に、日興が多くの血縁関係者に対して日蓮曼荼羅本尊を申し与えた事実が記されていることと同様で、弟子檀越の血縁・族縁関係者が日興にとって重要な教化対象のルートであったことを如実に物語っている。血縁・族縁関係者を通しての教化は、今まで全く接点のなかった人物に対する教化に比べれば比較的スムーズに帰依を得ることができたと予想され、またそのことが門弟の増加を促したのであろう。

第二に、日興から曼荼羅本尊を授与された弟子檀越の中にも、既成寺院の住僧を見出せることである。それは当時の日興らの教化活動が既成寺院の住僧に対しても行われており、それらの僧を転化・吸収していったことを示している。また日蓮在世中の日興がかつてそうであったように、日興門下となった後日興から曼荼羅本尊を授与される段階においてもなお既成寺院に寄住し続けたと考えられる弟子檀越が確認できることは特徴的である。

そして第三に、高木氏が指摘しているように、日興から曼荼羅本尊を授与された弟子檀越が陸奥や佐渡、美作や讃岐など、日興門流の拠点となった駿河からは遠く離れた地にまで広域に亘って存在していることである。特に遠方地であるにも関わらず多くの弟子檀越・曼荼羅本尊被授与者が存在している陸奥や佐渡などの地域においては、日目に代表されるように当然日興と現地の弟子檀越とをつなぐ指導者的役割の門弟が存在したものと思われる。そして新田氏や秋山氏といった檀越が分出自立した地において、日興だけでなくその門弟らもまた血縁・族縁関係者を教化し、新たな弟子檀越の獲得へとつなげていったことが、初期日興門流における広域化と定着化を促進させたと考えられる。

このような日興の教化活動において、日興が最も重視したものの一つが曼荼羅本尊であった。それは日興が三〇〇幅を超える曼荼羅本尊を書写し、自身の弟子檀越に対して授与し続けてきたことから明らかである。日興が曼荼羅本尊を重視した理由は、日蓮独自の法華経観を開顕した曼荼羅本尊こそが、まさに日蓮の悟りの心を伝える最も重要な法門であると捉えていたからであろう。日興が大半の曼荼羅本尊に「日蓮在御判」「書写之」と記し、あくまで日蓮の曼荼羅本尊を書写するという形態をとっていることは、日興の、日蓮の悟りの心を正確に伝え遺したいという意志の表れであり、書写した曼荼羅本尊を弟子檀越一人一人に礼拝の対象とさせるために授与したと考えられる。また、日興が『弟子分帳』を記して師弟関係と日蓮曼荼羅本尊の授与を明確に記録したことと、日興が自身の曼荼羅本尊一幅一幅に授与書を記して授与していることは、弟子の証としての曼荼羅本尊授与の事実を証明するためのものであり、換言すれば、日興門下であることを明確にし、自門の独自性と確立化を目指すという意識があったことを示しているのではないだろうか。

日興による曼荼羅本尊書写と授与の原点は、『弟子分帳』が伝える日蓮在世中に日蓮曼荼羅本尊を申し与えた事実であり、これがもととなって日興の曼荼羅本尊書写の事蹟につながっていることは間違いないであろう。日蓮の入滅により、求法者から弘法者へと立場が変化した日興にとって、日蓮の教えを忠実に受容し、法華本門の思想を末代に弘め遺すことこそが唯一無二の使命であり、それを達成するための教化活動の一つが曼荼羅本尊の授与であったと考えるのである。

註

（1）大田区史編さん委員会編『大田区史』資料編　寺社２（大田区、一九八三年）一二六七～一二七二頁、妙顕寺文書編纂会編『妙顕寺文書二』（妙顕寺、一九九一年）一九～二〇頁、『日蓮聖人門下歴代大曼荼羅本尊集成』一三～一七番、山中喜八編『日蓮大聖人御真蹟　御門下御本尊集』（立正安国会、一九五七年）四～七番。なお、菅原関道「日興上人本尊の拝考と『日興上人御本尊集』補足」（『興風』一一号、興風談所、一九九七年）三七五頁において、菅原氏は坂井法曄氏の教示により一二幅現存としている。

（2）『日蓮大聖人御真蹟　御門下御本尊集』一・二番。

（3）『日蓮大聖人御真蹟　御門下御本尊集』一二・一三番。

（4）永岡淳正編『龍華御本尊集』（燈明寺、一九八四年）。

（5）高木豊『中世日蓮教団史攷』一三六頁。

（6）『興風』一一号。
（7）『富要』五巻二二二頁。
（8）日代『申状』（『宗全』二巻二三〇頁）。
（9）『日目上人』三八九頁。
（10）『興本』二八頁。
（11）伊東市史編纂委員会編『伊東市史』史料編　近世Ⅱ（伊東市、二〇一一年）六二九頁。
（12）『伊東市史』史料編　近世Ⅱ　六五二頁。
（13）『断簡二一一』（『定遺』二九二九頁）。
（14）伊東市史編集委員会・伊東市教育委員会編『伊東市史』史料編　古代・中世（伊東市、二〇〇七年）。
（15）『興本』三八〜四一・三七三〜三九五頁。
（16）『興本』三六九頁。
（17）『興本』正誤表一三頁、『興本』二一頁〈175〉。
（18）『興本』三六九頁。
（19）『興本』二六四頁。
（20）寺尾英智「《講義録》諸門流先師の曼荼羅本尊について」（『興風』二六号、興風談所、二〇一四年）。
（21）菅原関道「日興上人本尊の拝考と『日興上人御本尊集』補足」（『興風』一一号）三五八頁。
（22）高木豊『中世日蓮教団史攷』一三七頁。
（23）『興本』三七二頁。例えば、正中二年（一三二五）十月十三日に書写された「為甲斐国下山兵庫五郎卅三年、子息又四郎光宗授与之　正忌日十一月十一日」との授与書を有する日興曼荼羅本尊〈224〉が挙げられる。
（24）高木豊『中世日蓮教団史攷』一二二頁、菅原関道「日興上人本尊の拝考と『日興上人御本尊集』補足」（『興風』一一号）三三三頁。
（25）高木豊『中世日蓮教団史攷』一六三頁。

(26)『日目上人』三七八頁、『宗全』二巻二〇三・二〇四頁。なお『宗全』二巻では、本状を『譲渡弁阿闍梨所』、『与日道書』の二つの別文書として収録している。
(27)ここまでに挙げた新田本源寺・森上行寺・柳目妙教寺・宮野妙円寺の四箇寺を日目建立の「奥四箇寺」と称している。『日目上人』七一頁。
(28)『興全』一一二頁、『宗全』二巻一一二頁。
(29)『興全』三一二頁、『宗全』二巻一二七頁。
(30)『日蓮教団全史（上）』八八頁。
(31)高木豊『中世日蓮教団史攷』一四六頁。
(32)『日蓮正宗富士年表』七七頁。
(33)山上弘道「日興上人御本尊脇書について」（『興風』一一号）五〇頁。
(34)堀日亨『富士日興上人詳伝』七五三頁。
(35)山上弘道「日興上人御本尊脇書について」（『興風』一一号）五〇頁。
(36)『興本』一九頁。
(37)山上弘道「日興上人御本尊脇書について」（『興風』一一号）五四頁。
(38)『宗全』二巻二五二頁。
(39)池田令道「大石寺蔵『御伝土代』の作者について」（『興風』一六号）。
(40)『宗全』二巻三三八頁。
(41)堀日亨『富士日興上人詳伝』七七〇頁。
(42)『富要』八巻二五二頁。
(43)丹治智義「重須談所の教育史的考察」（高木豊・冠賢一編『日蓮とその教団』、吉川弘文館、一九九九年）二七七頁。
(44)日蓮聖人の世界展制作委員会編『図録日蓮聖人の世界』（日蓮聖人の世界展実行委員会、二〇〇一年）一〇六頁。
(45)執行海秀『日蓮宗教学史』（平楽寺書店、一九七六年）三五頁、高木豊『中世日蓮教団史攷』一四二頁。

(46)『上代事典』五・五五〇頁。
(47)高木豊『中世日蓮教団史攷』一四三頁は秋山孫次郎泰忠を日華の兄弟としているが、堀日亨『富士日興上人詳伝』七七〇頁では信綱と泰忠の親子関係を否定している。
(48)『御本尊集目録』一三一頁。
(49)高木豊『中世日蓮教団史攷』一四三頁は、正和三年授与の曼荼羅本尊は源交の三年忌追善のためのものであるとしている。
(50)『興本』一七頁。
(51)高木豊『中世日蓮教団史攷』一四四頁。
(52)山上弘道「日興上人御本尊脇書について」(『興風』一一号)六六頁。
(53)『宗全』二巻三五〇頁。
(54)『興全』三〇七頁、『宗全』二巻一二三頁。
(55)高木豊『中世日蓮教団史攷』一四三頁は「大弐公日二」と表記しているが、前節で指摘したように「日二」ではなく「日正」と表記するのが正しいと考えられる。前節参照。
(56)『興全』一二七頁、『宗全』二巻一一六頁。
(57)『上代事典』一七四頁、山上弘道「日興上人御本尊脇書について」(『興風』一一号)六七頁において、大黒喜道・山上弘道両氏は三位日順の父と推測している。
(58)『宗全』二巻二四八頁。
(59)山上弘道「日興上人御本尊脇書について」(『興風』一一号)三一頁。
(60)『興全』二三〇頁、『宗全』二巻一七七頁。
(61)高木豊『中世日蓮教団史攷』一五六頁。
(62)山上弘道「日興上人御本尊脇書について」(『興風』一一号)三三頁。
(63)山上弘道「日興上人御本尊脇書について」(『興風』一一号)三九頁。
(64)堀日亨『富士日興上人詳伝』六八二・六八九頁。

(65)『上代事典』四八一頁。
(66)『御本尊集目録』一七頁。
(67)『定遺』五〇三頁。
(68)高木豊『中世日蓮教団史攷』一五四頁。
(69)高木豊『中世日蓮教団史攷』一五四頁、山上弘道「日興上人御本尊脇書について」(『興風』一一号)三六頁。
(70)山上弘道「日興上人御本尊脇書について」(『興風』一一号)三八頁。
(71)『興全』二二二頁、『宗全』二巻一七九頁。
(72)『興全』一三五頁、『宗全』二巻一四一頁。なお『宗全』二巻では、本書を『与了性房書』と表記している。
(73)『日目上人』三九六頁。
(74)堀日亨『富士日興上人詳伝』四七五頁。
(75)山上弘道「日興上人御本尊脇書について」(『興風』一一号)二五頁。
(76)高木豊『中世日蓮教団史攷』一五八・一五九頁。
(77)山上弘道「日興上人御本尊脇書について」(『興風』一一号)三〇頁。
(78)『宗全』二巻二五七頁。
(79)高木豊『中世日蓮教団史攷』一六〇頁。
(80)高木豊『中世日蓮教団史攷』一二五頁。
(81)『日目上人』三七九頁、『宗全』二巻二〇五頁。
(82)山上弘道「日興上人御本尊脇書について」(『興風』一一号)七〇頁。
(83)山上弘道「日興上人御本尊脇書について」(『興風』一一号)六九頁。
(84)『日目上人』一二〇頁。
(85)『宗全』二巻四一四頁。
(86)『富要』八巻一三〇頁。

(87) 高木豊『中世日蓮教団史攷』一六一頁。
(88) 山上弘道「日興上人御本尊脇書について」(『興風』一一号) 三三・三八・三九頁。
(89) 山上弘道「日興上人御本尊脇書について」(『興風』一一号) 七一頁。
(90)『宗全』二巻五一八頁。
(91) 堀日亨『富士日興上人詳伝』六二〇頁。
(92) 山上弘道「日興上人御本尊脇書について」(『興風』一一号) 四八頁。
(93)【図説】日蓮聖人と法華の至宝』一巻一九六～二〇四頁。
(94)『興本』三七〇頁によれば大幅の日興曼荼羅本尊として、寸法が記載されていないものの大石寺所蔵の一六枚継も挙げている。
(95)『興本』三七二頁。
(96) 菅野慈俊「日道上人御開創「三迫本道寺」及「一迫妙円寺」について(一)」(和党編集室編『小倉山房遺稿集』、和党編集室、一九七六年) 一四五頁。

(付記) 本節執筆にあたり、伊東市吉田光栄寺住職村田彰俊上人には、貴重な史料の調査、並びに写真掲載の御許可を頂いた。末筆ながら記して感謝の意を表します。

第三節　門弟による曼荼羅本尊の受容と書写

前節では、日興の曼荼羅本尊とその授与書に着目して検討したが、日興の門弟もまた曼荼羅本尊を書写していることが確認できる。日興が生涯を通して多数の曼荼羅本尊を書写したことを、日興の門弟らが如何に受けとめ継承しようとしたか、これは日興門流における曼荼羅本尊の意義を紐解く上での重要な問題点である。

門弟による曼荼羅本尊の受容を伝える史料は、大きく二種類に分けられる。一つは日興曼荼羅本尊内に加筆される門弟添書、もう一つは門弟の曼荼羅本尊とそこに記される授与書である。前者は、かつて日興が日蓮曼荼羅本尊に添書を加筆して自身の弟子檀越に申し与えたことと同様に、門弟における日興曼荼羅本尊の位置づけを伝えるものである。そして後者は、日興の門弟における曼荼羅本尊書写の継承と、弟子檀越に対する授与の事実を伝えるものである。またこれら二種類の史料には、日興曼荼羅本尊の授与書には見ることのできなかった当時の弟子檀越の存在も新たに確認することができる。したがって門弟の添書と曼荼羅本尊授与書は、日興の門弟における曼荼羅本尊受容の有様を伝えると共に、日興在世中から滅後にかけての初期日興門流における実態を補完しつつ、さらに深く掘り下げるための重要な史料であるといえよう。

そこで本節では、日興曼荼羅本尊に加筆される門弟添書、および門弟書写の曼荼羅本尊とその授与書に着目したい。そしてこれらの史料を整理分析して、日興門流初期における日興の直弟子・孫弟子らによる曼荼羅本尊の受容と書写の実態、また弟子檀越の動向の一端について少しく考察してみたい。

第一項　日興曼荼羅本尊内加筆の門弟添書

前述の通り、日興が書写した曼荼羅本尊には、他筆添書が加筆されているものが多々散見される。ここでは、その他筆添書を中心に検討したい。『興本』および同書正誤表を参照し、他筆添書が確認される日興曼荼羅本尊を抽出して一覧にまとめたものが次の表一〇である。表には日興の授与書、他筆の添書を併せて記載した。

【表一〇】日興曼荼羅本尊内加筆の他筆添書一覧

	曼荼羅本尊書写年月日	日興授与書	他筆添書	出典
1	乾元二年（一三〇三）五月十三日		日有師云々	『興本』三三番
2	嘉元四年（一三〇六）十二月十三日		富士大石寺門徒土州吉奈大乗坊住持中将阿闍梨日位授与之	『興本』七二番
3	徳治二年（一三〇七）四月八日	甲斐国下山平泉寺為尼一周忌	法円妻延文二年十月十三日水口日源孫作五郎授与之	『興本』七七番
4	徳治三年（一三〇八）十月八日	綱嶋□日興	□授与之□	『興本』八四番
5	延慶二年（一三〇九）三月十五日	奥州三迫住人平六国守新田卿公弟子分	平六雖給之無可相伝仁間河口孫三郎政行授与之	『興本』九〇番
6	延慶二年（一三〇九）十月十三日		【日目筆】越後国孫太郎妻女申与	『興本』九五番

7	正和元年（一三一二）七月十五日	佐渡国住為平十郎安重一周忌舎兄大和房	所申与	『興本』一一一番
8	正和二年（一三一三）四月八日	常陸国行形大□経二郎入道蓮性者伊豆国河野三郎□□□悲母第三年書写之　五月廿五日遠忌日也	【蓮性筆】筑後国奴田宮内左衛門入道道意女子藤原氏授与之建武二年三月廿二日　沙弥蓮性（花押）	『興本』一一八番
9	正和三年（一三一四）八月二十日	常陸国三村入道日運授与	大石寺衆遠江阿闍梨日性授与之	『興本』一二八番
10	正和三年（一三一四）十月十五日	下野国□□阿闍梨弟子□	明治卅年十月廿三日奉加筆、五十六世日応（花押）	『興本』一三八番
11	正和四年（一三一五）二月二十五日	為奥州新田卿公母尼第三年忌菩提也	須藤孫七授与之	『興本』一四三番
12	正和五年（一三一六）六月十五日		□郎入道蓮性悲母□□　相伝日憲	『興本』一四六番
13	正和五年（一三一六）七月二日	駿河国富士上方北山郷二日市庭弥次郎	日有之代柳目弁公日能授与之	『興本』一四八番
14	正和五年（一三一六）八月二十七日		【他筆か】陸前国三村六郎入道円連、為慈父第十三年也	『興本』一五二番
15	文保元年（一三一七）四月十三日	甲斐国寂日房弟子讃岐公慈父十三年	日興上人門跡日済阿闍梨依為同法日源授与之	『興本』一五五番
16	元亨二年（一三二二）九月十二日	余三太郎	妙順尼公授与之	『興本』一九二番
17	元亨四年（一三二四）十月六日		【日目筆】越後国宰相房日郷日目申与之	『興本』二〇八番

18	元亨四年（一三二四）十一月二十七日		【日目筆】□□□□申与之	『興本』二一〇番
19	元亨四年（一三二四）十一月二十七日		【日目筆】柳目比丘尼妙性申与之	『興本』二一一番
20	元亨四年（一三二四）十二月二十九日	最前上奏之仁卿阿闍梨日目	【日道筆】日道相伝之日郷宰相阿闍梨授与之	『興本』二一六番
21	正中二年（一三二五）二月八日		【日目筆か】窪田彦三郎□□申与之	『興本』二一七番
22	正中二年（一三二五）九月二十三日		【日目筆】奥州新田信乃房申与之	『興本』二二二番
23	正中二年（一三二五）九月二十三日		【日道筆】卿公日行日道第一弟子也、申与之	『興本』二二三番
24	嘉暦三年（一三二八）六月二十一日	佐渡国日行房	日光相伝之	『興本』二三九番
25	嘉暦四年（一三二九）二月二十日時正第一	日済授与之	為後生菩提本□を届候、妙因敬白	『興本』二四七番
26	嘉暦四年（一三二九）五月十三日		【日目筆】岩沢左衛門二郎貞行日目申与之	『興本』二四九番
27	元徳二年（一三三〇）五月一日	きしんのたいふの□□□五郎太夫□子にさつけたふほんそんなり	土州幡太吉奈法華堂住侶□□□以四事功授与□□	『興本』二五七番
28	元徳二年（一三三〇）十月十三日	加賀野宮内卿日行下与之	大□□阿□□□公日善授与之（左）□□日教	『興本』二六二番
29	元徳三年（一三三一）九月六日	平五郎入道母第三年	日行房授与之	『興本』二七二番

30	元徳四年（一三三二）四月一日	□□卿宮□□□授与之	桜町中納言末葉三郎衛門善常法名駿河公日法為十三廻授与之、日誓授与之	『興本』二七八番
31	正慶元年（一三三二）十一月三日	最前上奏仁新田卿阿闍梨日目授与之、一中一弟子也	日道相伝之	『興本』二八二番
32	正慶元年（一三三二）十一月三日		【日目筆】奥州一迫河東五郎左衛門尉妙順与申　日目	『興本』二八三番

表一〇に示した通り、他筆添書が加筆される日興曼荼羅本尊は三二幅確認することができる。ただし、当然ここに挙げた他筆添書すべてが、初期日興門流の門弟の筆によるものとは限らない。したがって、添書の内容から初期日興門流の段階で加筆されたものなのか、または後世の加筆なのかを峻別した上で検討を進める必要がある。

まず本節での検討対象に該当しない、日興の直弟子・孫弟子以降の加筆であることが確実なものとして、1・10・13の三幅が確認できる。この内1と13の添書に見える日有に関しては、大石寺九世日有（一四〇二－一四八二）と考えられるため、日有もしくはその時代の弟子による加筆と想定されよう。また10の添書については、明治三十年（一八九七）に大石寺五十六世日応が加筆したとの旨が明記されているため、後世の加筆であることが明白である。

続いて、他筆添書が日興の直弟子・孫弟子の頃の加筆かどうか即断できないものとして、2・11・14・16・24・25・27・28の八幅が確認できる。2に見える中将阿闍梨日位は、その添書から大石寺門徒で土佐国吉奈に所在する大乗坊の住持であることが窺える。これに関連して、長享二年（一四八八）十二月七日書写の大石寺十二世日鎮曼荼羅本尊に「大石寺門弟土州吉奈大乗坊衆三位阿闍梨日芸に之を授与す」[1]との授与書が見え、この記述から土佐国吉奈に大乗坊という坊があって、そこの住持を務めた中将阿闍梨日位と住僧の三位阿闍梨日芸の存在を知ることができる。当然これらの記述だけでは両者が同時期の僧である確証は得られないものの、『上代事典』では同時期の住僧かと推測している。[2] また、27には「土州幡太吉奈法華堂」との記述が見られ、2や日鎮曼荼羅本尊授与書との関連が予想される。

28の添書は判読不可能な箇所が多く、今一つ被授与者の「日善」がどのような門弟であったか判然としない。当曼荼羅本尊は、元々日興が後に大石寺五世を継承する宮内卿日行（―一三六九）に授与したものであるが、かろうじて判読される添書「大□□阿□□□公日善」の記述と日行の没年から、添書による被授与者が西山本門寺開山蔵人阿闍梨日代の舎兄とされる大輔阿闍梨日善（一二九二―一三八四）である可能性も考えられる。その場合、日行滅後に日善が日行授与の曼荼羅本尊を相伝する形で授与されたことになろうか。ただし、曼荼羅本尊左側に見られる添書「□□日教」の四字の取り扱い方によっては再検討が必要となる。もしこの左右に記される添書が一筆であるならば、日教が当曼荼羅本尊を日善へと授与したことも可能性として考えられようが、現時点では日善と同時代に日教という弟子の存在を見出すことはできない。また「大□□阿□□□公日善」と「□□日教」の添書が別筆であるならば、日善と日教とが無関係であることも想定される。どちらにせよ判読不可能な箇所が多いことと、「□□日教」の四字の解釈を確定できない以上、仮説の域を出ない。

14の三村六郎入道円連は父の十三回忌供養のために曼荼羅本尊を授与され、また25の妙因に関しても追善菩提のために授与されている様子が窺える。25は元々重須談所学頭を務めた嶋倉卿房日済に対して授与された曼荼羅本尊であるが、その日済と妙因との関係は不明である。また11の須藤孫七、16の妙順尼公、24の日光については現時点では未詳であり、添書の年代特定を断念せざるを得ない。

そして、添書が概ね直弟子・孫弟子の頃の加筆と判断されるものとして、3・5・6・8・9・12・15・17・18・

19・20・21・22・23・26・29・30・31・32の一九幅が確認できる。まずこれらの中で、日目と日道による加筆と考えられる添書が見られるのは次の一〇幅である。なお、上の数字は表一〇の通し番号を示している。

6　【日目筆】越後国孫太郎妻女申与
17　【日目筆】越後国宰相房日郷日目申与之
18　【日目筆】□□□□申与之
19　【日目筆】柳目比丘尼妙性申与之
20　【日道筆】日道相伝之日郷宰相阿闍梨授与之
21　【日目筆か】窪田彦三郎□□申与之
22　【日目筆】奥州新田信乃房申与之
23　【日道筆】卿公日行日道第一弟子也、申与之
26　【日目筆】岩沢左衛門二郎貞行日目申与之
32　【日目筆】奥州一迫河東五郎左衛門尉妙順与申　日目

日目の添書が加筆されるものが八幅、日道の添書が加筆されるものが二幅確認できる。これらの添書を通覧してまず気付くことは、「申与」との文言が記されているものが多いということであり、それは一〇幅中九幅に確認することができる。これはすなわち『弟子分帳』に見られたように、かつて日興が自身の弟子檀越に対する曼荼羅本尊の授与

を日蓮に申請し、それが叶って日蓮から曼荼羅本尊を授与されたが、この一連の流れを日興は「申し与える」と称した。したがって日興が行ったのと同様に、その弟子の日目・日道が自身の弟子檀越に対する曼荼羅本尊授与を日興に依頼し、それが叶って日興から曼荼羅本尊を授与されたことを表しており、日興の弟子もまた申し与えるという行為を継承して行っていた事実がこれらの添書から看取できる。この場合の曼荼羅本尊授与はやはり日興在世中に行われ、曼荼羅本尊に記された年月日か、もしくはそう遠くない時期に授与されたのであろう。

ここで日興曼荼羅本尊を申し与えられた弟子檀越にスポットを当ててみると、弟子では日郷・日行・信乃房の三名、檀越では孫太郎妻女・比丘尼妙性・窪田彦三郎・岩沢左衛門二郎貞行・河東五郎左衛門尉妙順の五名が確認できる。この内日行に対しては日道が曼荼羅本尊を申し与えており、その他の弟子檀越へは日目が授与している。大石寺五世に連ねられる日行は、23の他にも元徳二年（一三三〇）十月十三日書写の曼荼羅本尊を日興から授与されている。23の添書は正中二年（一三二五）九月二十三日書写の日興曼荼羅本尊に加筆されるものであり、23の曼荼羅本尊は申し与えるために日興が書写したものと想定されることから、日行は日道から第一の弟子の証明として23を申し与えられたその五年後に、再度日興から曼荼羅本尊を授与されたことになる。

6孫太郎妻女と17日郷の二名は、越後の人とされる。『弟子分帳』や日興曼荼羅本尊授与書には越後における弟子檀越の存在を確認することはできなかったが、これらの添書から、当時越後にも弟子檀越が存在したことが窺える。孫太郎妻女については、応永年間成立と考えられる『大石記』に次のような記述が見られる。

> 越後国の法華宗平孫太郎助時は法すきの者なりしが、伊賀の阿闍梨を教化して日目上人へ参らす。其後又安房の宰相日郷を教化して先づ甲斐国に遣はす。日花の弟子紙漉新太夫と云ふ者の許に逗留す。此男も法すきの者なり

し程に、かしこに落付きしなり。地体は伊賀の阿闍梨の方へ当家の学文のために登せしなり(3)

この記述によれば、越後の平孫太郎助時という法華信徒が伊賀阿闍梨を教化して日目門下と成し、その後日郷も教化して伊賀阿闍梨のもとへ学問のために向かわせたことを伝えている。伊賀阿闍梨は日世と号し、日郷の最初の師とされている。(4)孫太郎妻女は、その日世と日郷を入信させた平孫太郎助時の妻と考えられ、(5)妻もまた日目に帰依して日興曼荼羅本尊を申し与えられるに至ったものと思われる。

また日郷に関しては、日興から直接授与された曼荼羅本尊は現存していないが、添書から17と20の二幅の日興曼荼羅本尊を伝持していることがわかる。17は師の日目が弟子の日郷に対して申し与えた日興曼荼羅本尊であるが、20は元亨四年（一三二四）十二月二十九日に「最前上奏之仁卿阿闍梨日目」との授与書をもって日興が日目に授与したものを日道が相伝し、日道がそれをさらに日郷へと授与したものである。よって、この場合は申し与えられた曼荼羅本尊ではないことが判明する。堀日亨氏によれば、この日興曼荼羅本尊は日目晩年の奏聞に日郷が法兄日尊と共に随伴し、日目遷化の後富士に戻った日郷の法労をねぎらって留守役を務めた日道が日郷に授与したものと解釈している。(6)ただし、文明十四年（一四八二）九月の記録である本乗寺日会『大石寺久遠寺問答事』には「日目上人御奏聞御上洛之時節宰相阿闍梨日郷上人御留守居役ニ被仰付」(7)とあり、日目晩年の奏聞の際に留守役を務めたのは日道ではなく日郷であると記す記録も存在している。従来、日道と日郷の間には日目遷化後の大石寺継承をめぐる確執、いわゆる「道郷論争」が生じ、その延長線上に大石寺東坊地をめぐる係争が展開したということが定説化されてきた。この定説に対しては既述した通り坂井法曄氏が、道郷論争は大石寺東坊地係争の結果を受けて創作されたものであり、日道と日郷の間に直接争った形跡は見られないとの新説を提示している。(8)20に見られる添書が具体的にいつの段階で加筆されたかのを断定するのは困難であるが、[9] 添書が記された時点では、少なくとも日道と日郷の間で曼荼羅本尊授与が行われる程良好な関係にあったことは明白である。

一方、19比丘尼妙性、22信乃房、26岩沢左衛門二郎貞行、32河東五郎左衛門尉妙順の四名は、陸奥の人とされている。比丘尼妙性については、嘉暦四年（一三二九）二月二十日の日興曼荼羅本尊に「妙性比丘尼□」との授与書があり、近似した名が見られる。両者が同一人物を指すならば、比丘尼妙性は二幅の日興曼荼羅本尊を伝持していることになるが、山上氏は別人である可能性を示唆している。[10]

河東五郎左衛門尉妙順は陸奥国一迫在住の武士であり、この他、河東氏一族で日興から曼荼羅本尊を拝受した者は前節で検討したように河東左衛門五郎と河東某の二名がいる。この内、河東某が授与された日興曼荼羅本尊に関しては、授与書に判読不可能な箇所があるため、授与書次第では河東五郎左衛門尉妙順への授与であった可能性も考えられる。しかし、河東某が授与された日興曼荼羅本尊は元徳二年（一三三〇）十一月五日の書写であるのに対し、河東五郎左衛門尉妙順が申し与えられた32の曼荼羅本尊は正慶元年（一三三二）十一月三日の書写である。つまり、申し与えられた32の方が後年の授与なのである。河東某＝河東五郎左衛門尉妙順と仮定した場合、すでに日興から曼荼羅本尊を授与された檀越に対して、改めて弟子の証あるいは礼拝の対象となすために曼荼羅本尊を申し与えるということが、果たして有り得たのであろうか。逆のケースであれば確認できるが、日興から曼荼羅本尊を授与された後に再び申し与えられるという例は他に確認することはできない。やはり河東某と河東五郎左衛門尉妙順は別人と考えるのが至当であろう。

また21窪田彦三郎については、常陸国菊田庄に窪田という地名があり、日目がその菊田庄在住の檀越に宛てて送っ

た書状『与菊田の四郎兵衛殿書』が伝わることから、窪田彦三郎も菊田庄在住の檀越の一人と考えられている。(11)

なお、7にも「所申与」と三字のみの添書があり、先に挙げたものと同様に申し与えられた曼荼羅本尊であることが読み取れるが、添書からは被授与者名を確認することはできない。7には「佐渡国住為平十郎安重一周忌舎兄大和房」との日興授与書が記されていて、佐渡の弟子大和房日性の舎弟平十郎安重の一周忌供養のために授与された曼荼羅本尊であることがわかる。この一周忌供養のための授与が「所申与」であったのかどうかが問題となろうが、ここに挙げた申し与えられた曼荼羅本尊九幅にはどれも日興による授与書は記されておらず、また日興が申し与えた日蓮曼荼羅本尊に記される日蓮授与書は、すべて授与する旨以外は伝えていない。したがって、通例に従えば一周忌のために曼荼羅本尊が申し与えられたとは考えにくく、7における日興授与書と他筆添書は無関係なものと判断するのが妥当であろう。ただし、いつ、どのような経緯で「所申与」の添書が記され、当曼荼羅本尊が申し与えられたのかについては、現時点では明確にすることはできない。

この他、残りの3・5・8・9・12・15・29・30・31の曼荼羅本尊は申し与えられたものではないが、その添書から日興門流初期における日興曼荼羅本尊授与の一端を垣間見ることができる。

3は徳治二年（一三〇七）四月八日に書写され、「甲斐国下山平泉寺為尼一周忌」との日興授与書と「法円妻延文二年十月十三日水口日源孫作五郎授与之」との他筆添書を有している。このことから、徳治二年に平泉寺尼の一周忌供養のために日興が当曼荼羅本尊を授与し、それが五〇年後の延文二年（一三五七）に讃岐公（水口）日源の孫の作五郎が伝持したことが読み取れる。また日源に孫がいることから、日源が妻帯僧であったこともわかる。ただ、他筆添書の読み取り方、特に法円妻をどのように解釈するかが問題点である。つまり、法円妻が作五郎に授与したという意味なのか、それとも法円妻が授与された曼荼羅本尊を延文二年に作五郎に授与するという意味なのか。『上代事典』は平泉寺尼＝法円妻かと推測しており、[12]どちらかといえば後者の意味で解釈しているが、法円妻が別人を指す可能性も否定できない。日源は15の添書にもその名が見られる。15には「日興上人門跡日済阿闍梨依為同法日源授与之」とあり、日源の父の十三回忌供養のために授与された日興曼荼羅本尊を、後年になって日源が同法関係の証として重須談所の学頭を務めたとされる嶋倉卿房日済に譲与している。日済は応安元年（一三六八）に遷化しているため、日源からの譲与はそれ以前のことであろう。この記述から、日源と日済両師が親密な関係にあったことが想定される。

8と12の添書には、共に蓮性の名を確認することができる。8は正和二年（一三一三）四月八日に書写された曼荼羅本尊で、日興授与書に「常陸国行形大□経二郎入道蓮性者伊豆国河野三郎□□□悲母第三年書写之　五月廿五日遠忌日也」、他筆添書に「筑後国奴田宮内左衛門入道道意女子藤原氏授与之建武二年三月廿二日　沙弥蓮性（花押）」とある。この他筆添書には花押が記されていることから、蓮性自身の筆と考えられる。これらの記述から、蓮性は正和二年時点では常陸の住人として日興から曼荼羅本尊を授与され、それを建武二年（一三三五）に筑後の宮内左衛門入道道意女子藤原氏に伝授していることが知られる。

ところで福岡県編『史蹟名勝天然紀念物調査報告書』には、福岡県浮羽郡水縄村石垣観音寺に「駿河国富士山日興上人、華、一周忌御忌景三月七日也、元弘四年二月二十日沙弥蓮性敬白」との銘文を有する日興供養塔がかつて存在したことが指摘されている。[13]この銘文によれば、蓮性は元弘四年（一三三四）二月の時点では筑後に在住して日興門流の教義を当地に宣布している様子が窺える。山上氏はこれに加え『九州の石塔』所収の福岡県浮羽郡吉井町の塩塚家自然石題目板碑に刻まれる「嘉元二季九月七日、施主平連正」との銘文を挙げ、この「連正」と「蓮性」が同人である可能性を提示している。さらにこれらの記録を勘案して、蓮性は常陸と筑後を行き来していたか、あるいは筑後に常住していたと推測している。[14] 九州における日蓮教団の展開は、中山門流日厳が正和二年（一三一三）に肥前に渡り弘通したのが先駆けで、以後日興門流や八品派を中心に当地に教線が伸張した。しかし塩塚家自然石題目板碑の銘文に見える蓮正が蓮性その人であり、かつその板碑が日興門流の信仰のもとに建立されたとするならば、嘉元二年（一三〇四）時点での九州における日興門流流伝の可能性も想定される。そうであれば、塩塚家自然石題目板碑が九州における日蓮教団の展開を伝える初見史料となる可能性もあろうが、現時点では断定するには至らない。12の添書には「□郎入道蓮性悲母□□　相伝日憲」とあり、蓮性の母が既に逝去していることと当曼荼羅本尊を日憲なる僧が相伝していることが読み取れる。『上代事典』では日憲を蓮性その人か、その非母に近い出家と想定しているが、[15] 現状では不明と言わざるを得ない。ただ蓮性の名が見えることから、日憲は蓮性とそう遠くない関係者であることは間違いないであろう。

9の添書に見える遠江阿闍梨日性については、至徳四年（一三八七）七月書写の大石寺六世日時の曼荼羅本尊授与書に「遠江阿闍梨弟子遠江公与(ニフ)レ之(ヲ)」とあり、ここに見える遠江阿闍梨か弟子遠江公のどちらかが日性である可能性が指摘されている。[16] 9は、日興授与書からわかるように元々常陸国三村入道日運に授与されたものであり、それを日性が伝持している。その経緯は不明だが、年代的に見れば三村入道日運の逝去などの理由から、日性が相伝したものであろうか。

29では、平五郎入道母の三回忌供養のために授与された曼荼羅本尊を、後年日行房が伝授していることがわかる。平五郎入道については事蹟不明ながらも陸奥の檀越と想定され、[17] また日行については日興から複数幅曼荼羅本尊を授与されている佐渡国日行房や大石寺五世日行が挙げられる。平五郎入道が陸奥の檀越であるならば、29の日行は同郷出身である大石寺日行を指す可能性も考えられようが、山上氏が指摘するように、大石寺日行を「日行房」と記した史料は管見の限り見出すことはできない。[18] 逆に、日興から授与された曼荼羅本尊に日行房と明記されるのは佐渡国日行房であるが、今度は平五郎入道との関連性が見つからない。この二名とは別の日行に対する授与なのか、判然としない。

31には「最前上奏仁新田卿阿闍梨日目授与之、一中一弟子也」との日興授与書が見られ、日目の諫暁活動の功名を讃えて授与された曼荼羅本尊であることがわかる。それを添書にあるように、後に日道が相伝している。先に述べたように、20の曼荼羅本尊もまた添書から日道が相伝していることがわかり、日目が日興から諫暁活動の功績を讃えて授与された曼荼羅本尊を日道は二幅相伝していることが窺える。菅野慈俊氏は、31と32が同日付であることに着目して、日道が日目の代官として陸奥国一迫妙円寺の基礎を築くために下奥の際、31を日目より相伝し、同時に河東五郎左衛門尉妙順に申し与えるための32を奉持して同人に授与したものと推測している。[19] しかし、31と32が書写されたのは正慶元年（一三三二）十一月であり、日目が遷化するわずか一年前のことである。日目は上洛奏聞の途次でにわかに発病し急死ともいうべき入滅を迎えるが、その際当然奏聞による迫害のリスクは想定していたとしても、死までを覚悟の上で奏聞に向かったであろうか。もしそうであれば、大石寺の後継についても上洛前により明確な形で示し置いたはずである。そのような中、日興が「一中一弟子也」と記し、弟子として最大級の評価をされて授与された曼荼羅本尊を、自らの死後を想定して、上洛までの一年の間に前もって相伝しようとする準備が果たして日目にあったであろうか。あくまでも推測の域を出ないが、日目授与曼荼羅本尊の日道相伝は、日目滅後に行われたものと考える。

このように、日興曼荼羅本尊に加筆される他筆添書によって、かつて日興が行った曼荼羅本尊を申し与えるという行為を門弟もまた継承して行っている事実と、門弟によって日興曼荼羅本尊が相伝または伝持されていく様子の一端を知ることができる。そして日興曼荼羅本尊授与書には確認できなかった初期日興門流の門弟として、水口日源孫作五郎、河口孫三郎政行、孫太郎妻女、宮内左衛門入道道意女子藤原氏、遠江阿闍梨日性、日憲、窪田彦三郎、信乃房、岩沢左衛門二郎貞行、駿河公日法、日誓、河東五郎左衛門尉妙順の一二名の存在を新たに見出すことができる。

第二項　門弟の曼荼羅本尊書写

次に、初期日興門流の門弟による曼荼羅本尊書写の事蹟に着目したい。門弟曼荼羅本尊については、『日蓮大聖人御真蹟　御門下御本尊集』[20]、『奉蔵於奥法宝』[21]、『日蓮聖人門下歴代大曼荼羅本尊集成』などに図版が多数収録され、またその系年や授与書等は『富要』八巻や自治体史などによってもすでに翻刻されて周知のものとなっている。これらの諸文献を参照し、日興の直弟子・孫弟子の曼荼羅本尊および十四世紀中に書写されたその他の弟子の曼荼羅本尊を、授与書等と共にまとめたものが表一一である。日興とその門弟の師弟関係については、すでに第一章第二節において系譜図を提示したため、ここではその系譜図によって直弟子・孫弟子等を判断した。参考までに今一度系譜図を左に挙げておく。この図中、ゴシック体で表記したのが表一一収録の門弟である。

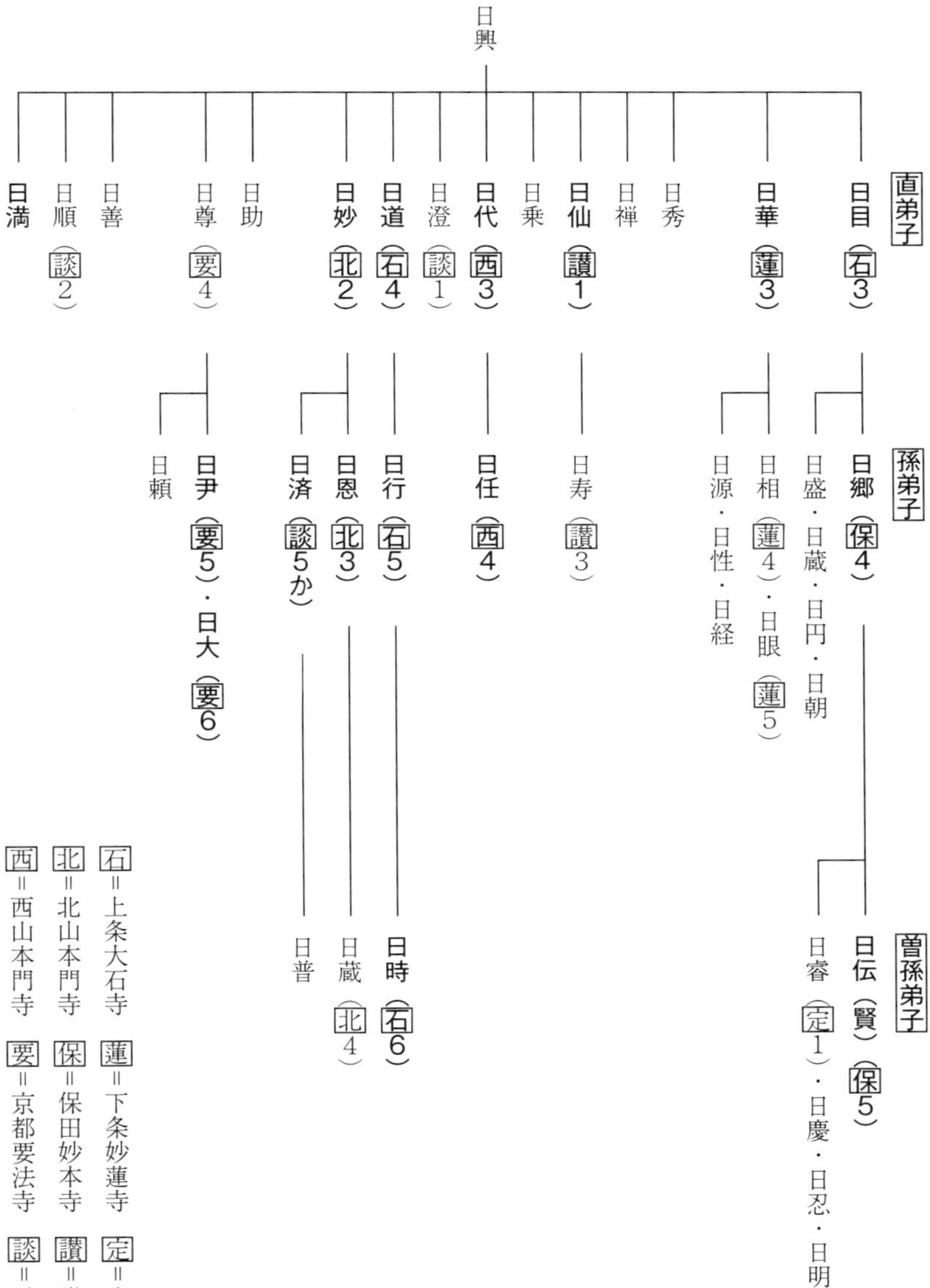

石＝上条大石寺　蓮＝下条妙蓮寺　定＝宮崎定善寺
北＝北山本門寺　保＝保田妙本寺　讃＝讃岐本門寺
西＝西山本門寺　要＝京都要法寺　談＝重須談所

【表一二】門弟の曼荼羅本尊一覧

	名	歴世	年月日	所蔵	授与書・添書等	出典・備考
1	日華	下条妙蓮寺三世	徳治二年（一三〇七）五月四日	下条妙蓮寺	秋山玄首に授与す	『詳伝』五七五頁 真偽未決
2	日華	下条妙蓮寺三世	徳治二年（一三〇七）六月十一日	下条妙蓮寺	宗信へ授与す	『詳伝』五七五頁 真偽未決
3	日華	下条妙蓮寺三世	延慶元年（一三〇八）九月六日	下条妙蓮寺	蓮寂坊へ授与す	『詳伝』五七五頁 真偽未決
4	日華	下条妙蓮寺三世	延慶三年（一三一〇）四月十二日	下条妙蓮寺	当国秋山清太夫へ授与す	『詳伝』五七五頁 真偽未決
5	日華	下条妙蓮寺三世	応長元年（一三一一）五月九日	下条妙蓮寺	当村秋山伝吉へ授与す	『詳伝』五七五頁 真偽未決
6	日華	下条妙蓮寺三世	元亨二年（一三二二）四月十九日	下条妙蓮寺	甲州鰍沢秋山伝内へこれを授与す	『詳伝』五七五頁 真偽未決
7	日目	大石寺三世	元亨四年（一三二四）十一月十九日	保田妙本寺		『千葉』一〇五〇頁 一遍首題
8	日華	下条妙蓮寺三世	正中二年（一三二五）六月三日	下条妙蓮寺	授与之武田友胤法名日了□	『御門下』二三番 真偽未決
9	日目	大石寺三世	正中三年（一三二六）四月	小泉久遠寺	宰相阿闍梨日郷授与之　為守也	『日目』三九六頁
10	日仙	讃岐本門寺開基	元徳二年（一三三〇）五月	讃岐本門寺		『上代事典』六四七頁
11	日目	大石寺三世	元徳三年（一三三一）十二月	保田妙本寺	越後国宰相阿闍梨日郷授与之　日目弟子也	『日目』三九六頁
12	日目	大石寺三世	正慶元年（一三三二）正月二日	宮崎定善寺		『日目』三九六頁

13	日仙	讃岐本門寺開基	元徳四年（一三三二）二月彼岸	讃岐中之坊	□□成授与之	『上代事典』六四七頁
14	日済	御殿場久成寺開基	正慶元年（一三三二）十月十三日	御殿場久成寺	授与之　日普弟子日脉母	『久成寺縁起誌』五〇頁
15	日目	大石寺三世	正慶二年（一三三三）正月十三日	上条大石寺	奥州三迫上新田太夫四郎妻女授与之	『日目』三九六頁
16	日目	大石寺三世	正慶二年（一三三三）二月彼岸	島根妙興寺	奥州一迫河田美濃房丸授与之	『日目』三九六頁
17	日目	大石寺三世	正慶二年（一三三三）三月	京都要法寺	奥州新田太夫四郎母儀与之	『日目』三九六頁
18	日目	大石寺三世	正慶二年（一三三三）三月	上条大石寺	為新田十郎女房姉書写之	『日目』三九六頁
19	日目	大石寺三世	元弘三年（一三三三）十月十三日	宮城妙教寺	日目弟子大学民阝（ママ）阿闍梨日城授之	『日目』三九六頁
20	日道	大石寺四世	建武元年（一三三四）正月二十一日	上条大石寺	日目上人一百箇日□□□□	『富要』八巻一八八頁
21	日華	下条妙蓮寺三世	建武元年（一三三四）四月六日	下条妙蓮寺	之を授与す富士常八郎	『詳伝』五七五頁 真偽未決
22	日道	大石寺四世	建武三年（一三三六）二月十五日	上条大石寺	為日賢比丘菩提□□□□ （他筆）久成坊常住御本尊大納言阿日誉授与之	『上代事典』五五四頁
23	日仙	讃岐本門寺開基	建武四年（一三三七）五月	讃岐本門寺	伝僧日像、七十六	『上代事典』四三〇頁
24	日仙	讃岐本門寺開基	建武四年（一三三七）	讃岐本門寺	御房丸授与之	『上代事典』一五四頁
25	日仙	讃岐本門寺開基	建武五年（一三三八）六月	讃岐中之坊	七十七、□□房第三年の仏	『上代事典』六四七頁
26	日道	大石寺四世	暦応元年（一三三八）十月十三日	東京常泉寺	奥州一迫多々次郎為重に之を授与す	『富要』八巻一八九頁

27	日道	大石寺四世	暦応元年（一三三八）十月十三日	宮城妙教寺		『富要』八巻一八九頁
28	日道	大石寺四世	暦応元年（一三三八）十月十三日	宮城妙円寺	奥州一迫三浦河東左近将監為行にこれを授与す	『続上代事典』「三浦河東左近将監為行」項
29	日道	大石寺四世	暦応二年（一三三九）六月十五日	上条大石寺	奥州加賀野卿阿闍梨日行授与之、上奏代日行日道弟子一之中一也	『上代事典』三六八頁
30	日済	御殿場久成寺開基	康永元年（一三四二）十二月二十二日	御殿場久成寺	駿河国須流河郡相沢庄斉後邑山尾山普両庵改名シテ本山本門寺日妙聖人末弟成当寺久成寺小富士山号ス一山一寺開為万代之此大本尊残置者也云云　斉後村	『久成寺縁起誌』五〇頁
31	日郷	保田妙本寺四世	康永二年（一三四三）二月二十八日	宮崎妙国寺	女夜叉授与之	『上代事典』七七四頁
32	日妙	北山本門寺二世	康永三年（一三四四）三月十三日	北山本門寺		『門下歴代』四九番
33	日郷	保田妙本寺四世	康永三年（一三四四）八月一日	保田妙本寺	龍玉丸授与之	『千葉』一〇五〇頁
34	日郷	保田妙本寺四世	康永三年（一三四四）八月五日	保田妙本寺		『富要』八巻二〇六頁
35	日郷	保田妙本寺四世	康永三年（一三四四）八月十五日	保田妙本寺		『千葉』一〇五〇頁
36	日郷	保田妙本寺四世	康永三年（一三四四）十二月十三日	保田妙本寺	（他筆か）円命授与之	『千葉』一〇五〇頁
37	日郷	保田妙本寺四世	康永三年（一三四四）十二月	保田妙本寺		『千葉』一〇五〇頁
38	日郷	保田妙本寺四世	康永四年（一三四五）正月	小泉久遠寺		『富要』八巻二〇六頁
39	日郷	保田妙本寺四世	康永四年（一三四五）六月十三日	宮崎本東寺	高松授与之（他筆）理俊阿闍梨授与之　安房日慶	『上代事典』五五三頁

40	日郷	保田妙本寺四世	康永四年（一三四五）六月十五日	保田妙本寺		『千葉』一〇五〇頁
41	日郷	保田妙本寺四世	貞和二年（一三四六）正月二十三日	保田妙本寺		『千葉』一〇五〇頁
42	日行	大石寺五世	貞和二年（一三四六）十一月七日	京都住本寺	武庫源内四郎頼行に之を授与す	『富要』八巻一八九頁
43	日満	佐渡妙宣寺二世	貞和二年（一三四六）十二月九日	佐渡妙宣寺	為慈父妙覚□	『上代事典』四八一頁
44	日満	佐渡妙宣寺二世	正平二年（一三四七）四月十八日	佐渡妙満寺		『佐渡越後』七七頁
45	日大	京都要法寺六世	貞和四年（一三四八）	出雲妙伝寺	四十才	『上代事典』四五一頁
46	日郷	保田妙本寺四世	貞和五年（一三四九）正月	宮崎定善寺	睿祐授与之	『上代事典』六六頁
47	日郷	保田妙本寺四世	貞和五年（一三四九）正月	宮崎定善寺		『興一三』一六二頁
48	日郷	保田妙本寺四世	貞和五年（一三四九）六月二十八日	保田妙本寺		『千葉』一〇五〇頁
49	日郷	保田妙本寺四世	貞和五年（一三四九）九月二十一日	宮崎定善寺	（他筆）本承坊日承授与之　日慶	『上代事典』四二七頁
50	日郷	保田妙本寺四世	観応元年（一三五〇）七月五日	保田妙本寺		『千葉』一〇五〇頁
51	日郷	保田妙本寺四世	観応元年（一三五〇）七月七日	不明		『興一三』一六三頁
52	日行	大石寺五世	貞和六年（一三五〇）七月十九日	福島仏眼寺		『仏眼寺誌』一一四頁
53	日郷	保田妙本寺四世	（年未詳）十二月二十一日	保田妙本寺	石見房授与之	『千葉』一〇五〇頁

54	日郷	保田妙本寺四世	（年月日未詳）			『御門下』二二番
55	日満	佐渡妙宣寺二世	観応三年（一三五二）四月十一日	佐渡妙宣寺	右志者為姫女法名日仏三十五日也	『上代事典』四八一頁
56	日行	大石寺五世	文和二年（一三五三）三月十二日	宮城妙教寺	奥州一迫柳目法花衆武庫掃部□□□	『富要』八巻一八九頁
57	日妙	北山本門寺二世	文和四年（一三五五）二月十五日	北山本門寺	七十歳	立正大学日蓮教学研究所架蔵写真帳
58	日満	佐渡妙宣寺二世	延文二年（一三五七）十二月九日	佐渡妙宣寺	右志者為迎慈父妙覚聖霊遠忌成仏得道乃至法界平等利益	『御門下』二六番
59	日大	京都要法寺六世	延文二年（一三五七）	京都要法寺	備中国新見三郎左衛門尉藤原重直為二十五才大厄祈禱書之授与之　四十九才	『上代事典』四五一頁
60	日行	大石寺五世	延文四年（一三五九）三月八日	宮城妙教寺	頼行女房授与之	『上代事典』七七三頁
61	日行	大石寺五世	延文四年（一三五九）三月十日	東京常泉寺	武庫法師丸に之を授与す	『富要』八巻一九〇頁
62	日大	京都要法寺六世	貞治三年（一三六四）九月十二日	京都要法寺	五十六才、長安城木辻法華堂号上行院本尊也	『上代事典』四五一頁
63	日大	京都要法寺六世	貞治三年（一三六四）十月十三日	京都要法寺	平安城五条坊門烏丸左近五郎紀国安与之	『上代事典』四五一頁
64	日行	大石寺五世	貞治四年（一三六五）二月十五日	上条大石寺	南条卿阿闍梨日時に之を授与す	『富要』八巻一九〇頁
65	日行	大石寺五世	貞治四年（一三六五）二月二十六日	宮城妙円寺	一迫下宮柳目助八郎正明	『富要』八巻一九〇頁
66	日行	大石寺五世	貞治七年（一三六八）二月十五日	上条大石寺	上野郷町屋権守授与之（他筆）森大養坊衆安芸阿闍梨日伝授与之	『上代事典』七四七頁
67	日行	大石寺五世	応安元年（一三六八）八月時正	岩代本法寺	日慶	『富要』八巻一九〇頁

68	日尹	京都要法寺五世	応安三年（一三七〇）十月十三日	京都要法寺	沙弥尼妙義授与之	『上代事典』三一八頁 一遍首題
69	日伝	保田妙本寺五世	永和五年（一三七九）四月八日	保田妙本寺	慶松丸授与之	『千葉』一〇五一頁
70	日代	西山本門寺三世	至徳元年（一三八四）十月	西山本門寺	八十八才書写之　□駿河□□授与之	『興統二』一六頁及び写真より判読。
71	日伝	保田妙本寺五世	至徳二年（一三八五）十月二十五日	保田妙本寺	清次男授与之	『千葉』一〇五一頁
72	日代	西山本門寺三世	至徳三年（一三八六）正月	西山本門寺	満九十歳	『御大事』三八番 （付箋三九番）
73	日時	大石寺六世	至徳四年（一三八七）七月	宮城妙円寺	遠江阿闍梨弟子遠江公与之	『上代事典』二六三頁
74	日代	西山本門寺三世	嘉慶二年（一三八八）八月	西山本門寺	（左下に授与書らしき墨痕があるが判読不可能）	『門下歴代』六二番
75	日代	西山本門寺三世	康応元年（一三八九）十月	西山本門寺	九十三才	『興統二』一六頁 絹本
76	日代	西山本門寺三世	康応三年（一三九一）六月七日	西山本門寺	日代一弟子阿闍梨日任授与之　行年九十四書写之	『門下歴代』六三番
77	日代	西山本門寺三世	康応三年（一三九一）六月八日	西山本門寺	日代一弟子日任授与之　行年九十四書写之	『静岡』五七二頁 絹本
78	日代	西山本門寺三世	（年月日未詳）	西山本門寺		『御大事』三七番 （付箋三八番）
79	日代	西山本門寺三世	（年月日未詳）	西山本門寺		『御大事』四二番 （付箋四三番）
80	日時	大石寺六世	明徳三年（一三九二）四月十三日	宮城妙円寺	奥州一迫宮野住伊与公授与之	『上代事典』六〇頁

81	日恩	北山本門寺三世	応永七年（一四〇〇）十一月二十日	北山本門寺		立正大学日蓮教学研究所架蔵写真帳
82	日任	西山本門寺四世	応永十五年（一四〇八）二月十五日	西山本門寺		『門下歴代』八二番
83	日任	西山本門寺四世	応永十九年（一四一二）六月十七日	西山本門寺	□□阿闍梨授与之　行年七十	『門下歴代』八三番

※表二一の出典の略称については以下の通りである。

『詳伝』＝堀日亨『富士日興上人詳伝』（創価学会、一九六三年）
『千葉』＝千葉県史料研究財団編『千葉県の歴史』資料編　中世３　県内文書２（千葉県、二〇〇一年）
『御門下』＝山中喜八編『日蓮大聖人御真蹟　御門下御本尊集』（立正安国会、一九五七年）
『日目』＝日目上人出版委員会編『日目上人』（継命新聞社、一九九八年）
『統上代事典』＝『統合システム』二〇一五年度版（興風談所、二〇一五年）所収『上代事典』
『久成寺縁起誌』＝実成山久成寺縁起誌編集委員会編『実成山久成寺縁起誌』（実成山久成寺、一九九八年）
『本綱』＝富谷日震『本宗史綱』（本山要法寺、一九九四年）
『門下歴代』＝日蓮聖人門下歴代大曼茶羅本尊集成刊行会編『日蓮聖人門下歴代大曼茶羅本尊集成』（日蓮聖人門下歴代大曼茶羅本尊集成刊行会、一九八六年）
『佐渡越後』＝本間守拙『日蓮の佐渡越後』（新潟日報事業社出版部、一九九四年）
『興一三』＝坂井法曄「道郷論争と大石寺東坊地の係争」（『興風』一三号、興風談所、二〇〇〇年）
『仏眼寺誌』＝丹治義順『仏眼寺沿革誌』（仏眼寺、一九八一年）
『静岡』＝静岡県編『静岡県史』資料編６　中世二（静岡県、一九九二年）
『興統二』＝「西山本門寺重宝調帖―日省上人調」（『興統』二号、日蓮宗興統法縁会、一九八一年）
『御大事』＝西山本門寺三十七世日帝『御大事目録』（西山本門寺所蔵）

表一一に示した通り、計一六名八三幅の門弟曼荼羅本尊の存在が確認できる。ただし、寂日房日華の曼荼羅本尊八幅（1～6・8・21）については、堀氏によれば今後筆跡の精査が必要としており、日華筆と断定されていないようである。よって表一一には収録したが、現時点では参考史料扱いとせざるを得ない。

ここに挙げた内、図版で確認することが可能な門弟曼荼羅本尊を見ると、ほぼすべての曼荼羅本尊において首題直下に「日蓮」または「日蓮聖人」＋「在御判」と記し、自署を首題の左または右下に小さく記す、いわゆる書写型の相貌を確認することができる。寺尾英智氏によれば、日興曼荼羅本尊をはじめ、日興門流における曼荼羅本尊の特徴として書写型であることが指摘されている[22]。日興が門弟に直接伝授したか、あるいは日興が書写する光景を門弟が近くで見ていたかは定かではないが、結果として門弟らに日興の曼荼羅本尊書写の方法が受け継がれている様子が窺える。

また門弟曼荼羅本尊の書写年月日を見ると、日目と同じく本六人の日仙、そして後に重須談所学頭に補任する日済には、正慶二年（一三三三）の日興入滅以前に書写した曼荼羅本尊が存在していることに気付く。日興には、師である日蓮の在世中に書写した曼荼羅本尊は一幅も伝来していない。しかし、これらの門弟曼荼羅本尊の存在は、師である日興の在世中において既に弟子らによって曼荼羅本尊の書写が行われていたことを表している。

以下、書写数が多い門弟を中心にその曼荼羅本尊と授与書を挙げ、検討してみよう。

一、卿阿闍梨日目（大石寺三世）

7　元亨四年（一三二四）十一月十九日　（授与書なし）
9　正中三年（一三二六）四月　宰相阿闍梨日郷授与之　為守也
11　元徳三年（一三三一）十二月　越後国宰相阿闍梨日郷授与之　日目弟子也
12　正慶元年（一三三二）正月二日　（授与書なし）
15　正慶二年（一三三三）正月十三日　奥州三迫上新田太夫四郎妻女授与之
16　正慶二年（一三三三）二月彼岸　奥州一迫河田美濃房丸授与之
17　正慶二年（一三三三）三月　奥州新田太夫四郎母儀与之
18　正慶二年（一三三三）三月　為新田十郎女房姉書写之
19　元弘三年（一三三三）十月十三日　日目弟子大学民卩(ママ)阿闍梨日城授之

日興の重須移住後の大石寺を管領した日目（一二六〇―一三三三）の曼荼羅本尊は現在九幅確認され、その内七幅に授与書が認められる。なお、上の数字は表一一の収録番号を示している。

これらの書写年月日を見ると、元亨四年（一三二四）に始まり、以降日目の最晩年にかけて集中して書写されていることがわかる。日目による曼荼羅本尊書写と日興曼荼羅本尊の「申与」について、『日目上人』は次のように解説している。

《日目の曼荼羅本尊書写について》

日興上人の書写された御本尊は三百余幅現存するが、それに比較すると日目上人書写の御本尊はあまり伝わっていない。おそらく書写数も多くはなかっただろう。その理由としては、次項に挙げたとおり、日興上人に御本尊の授与を申請されたことなどが考えられる。(23)

《日興曼荼羅本尊の「申与」について》

前節（日目の曼荼羅本尊書写）と同様に、「申し与う」の記載が晩年の、特に元亨四年（一三二四）以降に集中している。この前年、日興上人は『佐渡国法花講衆御返事』（『興全』二二〇頁）において「この法門は師弟子をただして仏になる法門にて候なり」を門弟へくり返し説かれている。その中で日目上人の弟子だった日郷師へ「自分は誰の弟子であるという事をはっきりと述べるように」と仰せになっており、あるいはこうしたことの影響があるかも知れない。(24)

これによれば、日興が『佐渡国法花講衆御返事』で師弟子の関係を明確にせよと述べたことが、日目による曼荼羅本尊の授与に影響しているとし、また日目の曼荼羅本尊書写数は、日興曼荼羅本尊を申し与えたことが影響して、元々そう多くはなかったと推察している。日目の曼荼羅本尊授与が元亨四年以降に集中している事実から考えれば、『日目上人』が指摘するように、確かに実際の書写数はそう多くないのであろう。

日目曼荼羅本尊の被授与者は、僧侶では9と11の日郷・16美濃房丸・19日盛（城）の三名、檀越では太夫四郎の15妻女と17母、18十郎女房の姉の三名が確認される。太夫四郎については、『弟子分帳』に「新田四郎信綱者日興第一弟子也。仍所㆓申与㆒如㆑件(25)」と記されて日興から日蓮曼荼羅本尊を申し与えられた日目兄の新田四郎信綱か、あるいは嘉元二年（一三〇四）に日興から曼荼羅本尊を授与されている新田四郎重秀かと考えられている[26]。ただし、信綱の母は正和二年（一三一三）に逝去しているため[28]、17の曼荼羅本尊が信綱の母に授与されることは年代的に不可能である。17の授与書には年回忌供養のための授与とも記されないことから、15・17に見える太夫四郎＝信綱ではないと想定されるものの、逆に太夫四郎＝重秀と断定できる根拠も現時点では見つからない。

しかし日目が曼荼羅本尊を授与した弟子檀越を見ると、19を授与された日盛を除いて、すべて日興から曼荼羅本尊を授与されていない弟子檀越である。したがって日目が曼荼羅本尊を授与する対象としたのは、基本的には日興から曼荼羅本尊を授与されていない弟子檀越であったのではないだろうか。仮に太夫四郎＝重秀と考えた場合、先述したように新田四郎重秀は嘉元二年に、また18に見える新田十郎（重道、日目の兄）の女房は嘉暦三年（一三二八）に日興から曼荼羅本尊を授与されている[29]。そしてその妻や母、姉に対して日目が右の曼荼羅本尊を授与したということになる。この推測が正しければ、太夫四郎＝重秀の可能性も幾分高くなろう。

次に日郷と日盛の二名は、授与書に日目弟子ということが明記された曼荼羅本尊を日目から授与されている。したがって、日目がこの両者に授与した11と19の曼荼羅本尊は、弟子の証としての意味合いが強かったものと考えられる。また正中三年（一三二六）に書写され、「宰相阿闍梨日郷授与之　為守也」との授与書を有する9については、守護の曼荼羅本尊として日郷に授与されたものと思われる[30]。内容から日目晩年頃の書状と想定される『与宰相阿闍梨御房書』[31]によれば、日郷はこの頃安房へと布教に赴いていることが読み取れる。9の授与は、日目が弟子日郷の安房布教成満を願い、その守護のために授与したものであろうか。

この両者の内、日盛は元亨四年（一三二四）にすでに日興から曼荼羅本尊を授与されており[32]、それに引き続いて日目より19を授与されたことがわかる。また日郷に関しては、日興から直接曼荼羅本尊を授与されたことは確認できないものの、日目から日興曼荼羅本尊を申し与えられており（表一〇の17）、さらに9・11の二幅の日目曼荼羅本尊を授与されている。日郷は正慶二年（一三三三）十一月の日目最晩年の上洛奏聞にも随伴したことが伝えられ、日目の弟子として信頼関係の厚さが窺えよう。

日目から曼荼羅本尊を授与された弟子檀越は、日郷と日盛以外は皆陸奥の人と記され、(33)また前述した日興曼荼羅本尊内日目添書も含め、日目が曼荼羅本尊を授与または申し与えた弟子檀越の大半が陸奥の人であることがわかる。それは日蓮滅後、日目が族縁新田氏の本貫地である陸奥に赴いて布教を展開して以来、最晩年の正慶二年（一三三三）に至っても当地の弟子檀越に対して曼荼羅本尊を授与している事実からしても、日目が常に陸奥の弟子檀越との密接な関係を保っていたことを表しているといえよう。

日興の入滅は正慶二年（一三三三）二月七日で、日目の入滅は同年十一月のことであるから、日目の授与書や添書に見える弟子檀越は、日興在世中の入信とほぼ考えてよいであろう。すでに日興曼荼羅本尊の被授与者が陸奥に三三名（某二名）確認できたが、(34)今回の考察で日目曼荼羅本尊の被授与者として美濃房丸・太夫四郎の妻女と母・十郎重道女房姉の四名、また日興曼荼羅本尊内加筆の日目添書から信乃房・岩沢左衛門二郎貞行・河東五郎左衛門尉妙順の三名を新たに陸奥の弟子檀越として加えることができよう。他にも被授与者名が不明な者など、課題が残る弟子檀越も見られるが、少なくとも日興在世中、曼荼羅本尊を授与された弟子檀越が陸奥に計四〇名も存在したという事実を確認することができる。

二、弁阿闍梨日道（大石寺四世）

20　建武元年（一三三四）正月二十一日　日目上人一百箇日□□□□
22　建武三年（一三三六）二月十五日　為日賢比丘菩提□□□□
（他筆）久成坊常住御本尊大納言阿日誉授与之
26　暦応元年（一三三八）十月十三日　奥州一迫多々次郎為重に之を授与す
27　暦応元年（一三三八）十月十三日　（授与書なし）
28　暦応元年（一三三八）十月十三日　奥州一迫三浦河東左近将監為行にこれを授与す
29　暦応二年（一三三九）六月十五日　奥州加賀野卿阿闍梨日行授与之、上奏代日行日道弟子一之中一也

現今の大石寺歴代譜において四世に連ねられる日道[35]（一二八三―一三四一）の曼荼羅本尊は右記の如く六幅確認でき、その内五幅に授与書が認められる。日道曼荼羅本尊の現存数は少ないものの、それらは日興滅後から日道晩年にかけての五年間の内に書写されている。

日道が曼荼羅本尊を授与した弟子檀越として、22日賢比丘・26多々次郎為重・28三浦河東左近将監為行・29卿阿闍梨日行の四名が見られる。また授与書から、20は日目の百箇日忌に際してその供養のために書写したものであることが読み取れ、同様に22も日賢比丘の追善菩提を祈って書写されたものと想定される。

日道から曼荼羅本尊を授与された弟子檀越四名の内、多々次郎為重・三浦河東左近将監為行・日行の三名は授与書

から陸奥の人であることがわかる。日道は嘉暦二年（一三二七）十一月十日に日目から『譲状』を受け、加賀野太郎三郎が寄進した田二反と上新田坊、そしてその坊地を譲与され、同時に上新田の講師に任ぜられている。[36]つまり、日目から陸奥における布教活動を命じられたわけであり、このことが日道と陸奥とを結びつける大きな要因の一つとなったのである。

多々次郎為重と三浦河東左近将監為行は、授与書に奥州一迫の人と記されている。大石寺十七世日精『富士門家中見聞』の「日道伝」には「奥州に下向し一迫に一宇を建立す宮野村の内、高北山妙円寺是なり」[37]とあり、日道によって一迫にいわゆる奥四箇寺の一つである妙円寺の寺基が築かれたことが伝えられている。妙円寺建立の時期は不明だが、多々次郎為重と三浦河東左近将監為行はこの妙円寺近辺に居住し、日道に帰依した檀越であろうか。菅野氏によれば、多々次郎為重は八幡に住む石川氏の一人、蔵人次郎為重と同人かと推測し、[38]また三浦河東左近将監為行を三浦河東左近将監頼行と判読した上で河東氏＝三浦氏とし、頼行を正慶元年（一三三二）十一月三日書写の日興曼荼羅本尊内日目添書「奥州一迫河東五郎左衛門尉妙順与申　日目」（表一〇の32）に見える河東五郎左衛門尉妙順の子と推測している。[39]この両者は曼荼羅本尊を暦応元年（一三三八）十月十三日の同日に授与されている。この日は日蓮の祥月命日であるから当然大石寺や重須本門寺においても法要が営まれ、その法要に際して陸奥から日道のもとを訪れて、その時に授与された可能性も考えられる。

また日目から加賀野の土地を譲与された日道であったが、その加賀野出身の日行が日道の弟子となっている。既述の通り、正中二年（一三二五）九月二十三日書写の日興曼荼羅本尊内には「卿公日行日道第一弟子也、申与之」との日道添書（表一〇の23）が見られる。したがって、日興や日目と同様に、日道もまた自身の弟子の日行に対する曼荼羅本尊授与を日興に願い出て、それが認められて日興曼荼羅本尊が日行に授与されたことが看取できる。また添書に「第一弟子也」とあることから、日道が日行に対し日興曼荼羅本尊を申し与えたのは、入門の証・弟子の証としての授与であった可能性が高い。こうして日興曼荼羅本尊を申し与えられた日行は、さらに暦応二年（一三三九）六月十五日に日道より「奥州加賀野卿阿闍梨日行授与之、上奏代日行日道弟子一之中一也」との授与書を有する29を授与されている。授与書に「上奏代日行」とあることから、29は日行が日道の代官として諫暁活動を行った功業を讃えて授与されたものであると考えられる。したがって、暦応二年近辺で日行による諫暁が行われた可能性が高いと思われる。

また、29には「日道弟子一之中一也」との文言も授与書に見ることができる。これに関連して、正慶元年（一三三二）十一月三日の日興曼荼羅本尊には「最前上奏仁新田卿阿闍梨日目授与之、一中一弟子也（以下他筆）日道相伝之」と記されている。これは日興が諫暁を果たした日目に対し、「一中一弟子」と賞賛して授与した曼荼羅本尊であることを示している。この日興曼荼羅本尊は、後に日道が相伝したことが知られる。したがって、日道の代官となり諫暁を果たした日行に対し、日道もまた自身が相伝した日興曼荼羅本尊の授与書に倣って同様の授与書を記し、授与したものと想定されるのである。後述するが、この29の存在によって、日興滅後の直弟子らの代に諫暁活動が継続して実行されていた事実と、その諫暁活動の達成を賞賛する手段の一つとして曼荼羅本尊の授与が行われていた事実を知ることができる。

三、宮内卿日行（大石寺五世）

42　貞和二年（一三四六）十一月七日　武庫源内四郎頼行に之を授与す
52　貞和六年（一三五〇）七月十九日　（授与書なし）
56　文和二年（一三五三）三月十二日　奥州一迫柳目法花衆武庫掃部□□
60　延文四年（一三五九）三月八日　頼行女房授与之
61　延文四年（一三五九）三月十日　武庫法師丸に之を授与す
64　貞治四年（一三六五）二月十五日　南条卿阿闍梨日時に之を授与す
65　貞治四年（一三六五）二月二十六日　一迫下宮柳目助八郎正明
66　貞治七年（一三六八）二月十五日　上野郷町屋権守授与之
（他筆）森大養坊衆安芸阿闍梨日伝授与之
67　応安元年（一三六八）八月時正　日慶

陸奥国加賀野出身で日道の弟子日行（―一三六九）の曼荼羅本尊は右の九幅が確認され、その内八幅に授与書が認められる。したがって、授与する目的で書写したものが多いことがわかる。

日行曼荼羅本尊の授与書で注目すべき点は、被授与者に武庫氏が多いことである。日行から曼荼羅本尊を授与された武庫氏を挙げると、42武庫源内四郎頼行・56武庫掃部□□・60武庫源内四郎頼行女房・61武庫法師丸の四名を数える。日興門流関係の史料で武庫氏の名が見えるのは、元亨二年（一三二二）十月十五日書写の日興曼荼羅本尊の授与書に「奥州荻曽根武庫又次郎母御前」[40]とあるのが初見で、日興在世中からの武庫氏の入信が確認される。60の頼行女房は、42の武庫源内四郎頼行の妻と想定され、また菅野氏によれば、武庫源内四郎頼行は今挙げた日興曼荼羅本尊に見える武庫又次郎の兄弟と推測している。[41]さらに菅野氏は56の武庫掃部某と61の武庫法師丸の二名が頼行の子息で、かつ兄弟とも推測しているが、[42]現状では定かでない。しかし、日興や日目から曼荼羅本尊を授与された弟子檀越が陸奥に大勢確認できることは既に述べた通りで、武庫氏もまた陸奥法華衆の一部をなす一族であったことは間違いない。

また、武庫掃部某に授与された56の授与書には「柳目法花衆」との文言が見える。柳目には、既に日目が建立したとされる法華堂（現・妙教寺）があったため、そこを中心に法華経を信奉する集団が形成されたものと考えられる。柳目の僧俗には、日目書状『進上伊与公御房書』[43]に見える「柳目三郎」、同『大石寺坊主事』[44]に見える「柳目の泉房」、同『柳目殿御消息』[45]に見える「柳目殿」が挙げられ、また65を授与された助八郎正明も柳目の人と記されている。柳目殿については、柳目の地頭で柳目法華堂開基檀越の三浦氏を指すと想定されている。[46]また上述したように、元亨四年（一三二四）十一月二十七日書写の日興曼荼羅本尊内日目添書に「柳目比丘尼妙性申与之」と記されていて、比丘尼妙性が日目から日興曼荼羅本尊を申し与えられている。これらの弟子檀越もまた柳目法花衆を形成する人であろう。武庫掃部某はその柳目法花衆と呼ばれる檀越衆の一人であるが、菅野氏が推測するように授与書に記される武庫氏が皆血縁関係にあるとすれば、血縁関係を通して入信の勧めもあったであろうから、武庫掃部某以外の武庫氏もまた柳目法花衆に属していたことも大いに考えられる。日行が武庫氏一族に対して曼荼羅本尊を授与している事実から、当時の日行と武庫氏との関係の一端を窺い知ることができる。

このように、現今の大石寺歴代譜に連ねられる日目・日道・日行の三師は皆陸奥有縁の門弟であり、初期日興門流における陸奥教化は、この三師が特に中心となって布教伝道に尽力した。また後に触れるが、日興門流初期の大石寺は陸奥の信徒とのつながりが特に強く、外護も一際厚かったようである。そのような陸奥信徒と日興の直弟子・孫弟子との密接な関係の一端を、曼荼羅本尊授与の側面からも垣間見ることができる。

四、宰相阿闍梨日郷（保田妙本寺四世）

31　康永二年（一三四三）二月二十八日　女夜叉授与之
33　康永三年（一三四四）八月一日　龍玉丸授与之
34　康永三年（一三四四）八月五日　（授与書なし）
35　康永三年（一三四四）八月十五日　（授与書なし）
36　康永三年（一三四四）十二月十三日　（他筆か）円命授与之
37　康永三年（一三四四）十二月　（授与書なし）
38　康永四年（一三四五）正月　（授与書なし）
39　康永四年（一三四五）六月十三日　高松授与之（他筆）理俊阿闍梨授与之　安房日慶
40　康永四年（一三四五）六月十五日　（授与書なし）
41　貞和二年（一三四六）正月二十三日　（授与書なし）

46　貞和五年（一三四九）正月　　　　　　　　睿祐授与之
47　貞和五年（一三四九）正月　　　　　　（授与書なし）
48　貞和五年（一三四九）六月二十八日　（授与書なし）
49　貞和五年（一三四九）九月二十一日　（他筆）本承坊日承授与之　日慶
50　観応元年（一三五〇）七月五日　　　（授与書なし）
51　観応元年（一三五〇）七月七日　　　（授与書なし）
53　（年未詳）十二月二十一日　　　　　石見房授与之
54　（年月日未詳）　　　　　　　　　　（授与書なし）

日郷（一二九三―一三五三）は日興滅後に保田妙本寺を開創した弟子であり、同寺歴代譜では日蓮・日興・日目に続き四世に連ねられている。日郷の曼荼羅本尊はその保田妙本寺を中心に一八幅確認でき、初期日興門下の中では日郷の曼荼羅本尊が最も多く現存している。また日郷の曼荼羅本尊は、康永二年（一三四三）～観応元年（一三五〇）の八年間に書写されており、さらに同じ年に書写された曼荼羅本尊の日付も比較的近寄っている傾向にある。

日郷は日興・日目在世中から日蓮の生誕地である安房での布教を志して当地に赴き、まず磯村の地に法華堂（後の上行寺）を建立して最初の拠点とした。その後、建武二年（一三三五）頃には吉浜の地に法華堂（後の妙本寺）が建立され、それに伴い日郷の活動拠点もまた吉浜へと移行したことが伝えられる。[47] したがって、これらの日郷曼荼羅本尊は、すべて保田妙本寺の濫觴である吉浜法華堂が建立された後の書写であり、日郷が当地を活動の拠点として以降の実績と考えられるのである。

ただ、一八幅の日郷曼荼羅本尊の内、肝心の授与書が確認できるものは五幅しかない。しかも授与書に見える31女夜叉・33龍玉丸・39高松・46睿祐・53石見房の五名に関しても不明な点が多く、当時の状況が今一つはっきりしない。

女夜叉授与の31と睿祐授与の46は、共に宮崎県の寺院（31＝妙国寺、46＝定善寺）に所蔵されている。『上代事典』によれば、女夜叉は名前の類似性と地域的な近さから、宮崎定善寺開基檀越である法心の幼名である土用夜叉御前を指すと推測し[48]、また睿祐は当時日向国を支配していた伊東氏の縁者と想定している。[49] 日向には日郷弟子の薩摩阿闍梨日睿が弘通し、その拠点として法華堂（後の宮崎定善寺）を構え、九州における一門の拡大に尽力したことが伝えられる。したがって、女夜叉と睿祐が日向の住人であるならば、日睿の日向布教をきっかけとして入信した檀越に対して、師の日郷が曼荼羅本尊を授与したことになろう。

次に39の高松については、保田妙本寺五世日伝が応永十四年（一四〇七）一月八日に書写した曼荼羅本尊の授与書に「女弟子高松授与之」[50]と見える。しかしこの日伝曼荼羅本尊は、39が書写されてから六〇年も後のものであるから、年代的に同一人物とは考えにくい。ただし、同じ保田系の檀越で同じ名前でもあることから、日郷と日伝の曼荼羅本尊に見える高松が親子である可能性も考えられよう。

また53石見房については、文和四年（一三五五）四月二十五日の某『大石寺蓮蔵坊職次事』と同日某『大石寺蓮蔵坊三月宛番帳事』に「石見公日順」[51]との名が見える。両書はいわゆる大石寺東坊地系争関連文書で、弟子の名を列挙し大石寺東坊地を守ることを記したものである。これらの史料に見える石見公と53の石見房が同人であるならば、石見房の日号は日順であり、かつ日郷の弟子として曼荼羅本尊を授与されたことになる。しかし、それ以外の点は現時点では他の被授与者同様判明していない。

五、摂津公日仙（讃岐本門寺開基）

10　元徳二年（一三三〇）五月　（授与書なし）
13　元徳四年（一三三二）二月彼岸　□□成授与之
23　建武四年（一三三七）五月　伝僧日像、七十六
24　建武四年（一三三七）　御房丸授与之
25　建武五年（一三三八）六月　七十七、□□房第三年の仏

日仙（一二六二—一三五七）は日興本六人の一人で、日興入滅後に讃岐の地に移住伝道し、讃岐本門寺の開基となったと伝えられる。その日仙曼荼羅本尊は五幅確認でき、その内四幅に授与書が認められる。

日仙の讃岐移住の時期については、建武元年（一三三四）正月七日に大石寺日仙坊において行われた日代との方便品読不読の問答から、暦応三年（一三四〇）五月の記録とされる京都住本寺日大『尊師実録』に見える「一　浄蓮阿（讃岐国住）闍梨日仙云（摂津阿闍梨御房御事也）[52]」との記録まで、すなわち建武元年から暦応三年までの間の出来事と考えられている。また嘉暦三年（一三二八）十月十三日書写の日興曼荼羅本尊授与書に「讃岐国□上蓮阿闍梨弟子也[53]」とあって、日仙が讃岐に移住する前の嘉暦三年の段階ですでに讃岐に日仙の弟子がいたことが伝えられる。その弟子が誰であるかはこの

授与書から読み取れないが、『上代事典』は讃岐本門寺開基檀越の秋山泰忠である可能性を示唆している。[54]

このように周辺の状況が変化する中で、日仙は日興在世の頃から讃岐移住前後の頃にかけて曼荼羅本尊を書写している。さらには日目らと同様に、日興在世中から曼荼羅本尊を書写したことが確認できる数少ない門弟の一人である。

日仙曼荼羅本尊の被授与者としては、13□□成・23日像・24御房丸・25□□房の四名が確認できる。この内、□□成と三回忌供養のための授与と想定される□□房については、名前が判読不能なため、全くの未詳である。23の日像について堀氏は言及し、三位阿闍梨日順『摧邪立正抄』に見られる貞和四年（一三四八）五月頃に行われた日仙の弟子日寿と京都日像門流の僧日学との法論の記録を挙げ、23日像＝京都妙顕寺開山日像を指す可能性を示している。[55]しかし、そもそも日仙の弟子でも同門でもない日像に対して曼荼羅本尊を授与することは不自然と言わざるを得ない。ましてや朝廷から勅願寺としての公許を得、京都において絶対的地位を築いた妙顕寺の住持であった日像に対し、授与書に房号・阿闍梨号も付けず単に「僧日像」として扱っていることからしても、23の日像は妙顕寺日像とは別人と考えるべきであると思う。その場合、当時日仙の弟子に日像という名の僧がいたことになろう。

24の御房丸については、讃岐本門寺開基檀越である秋山氏の縁者との推測もあるが、[56]詳細はわかっていない。名前に「丸」と付されていることから、若年僧であろうか。24の他に、文和四年（一三五五）四月二十五日『大石寺蓮蔵坊薦次事』[57]と同日付『大石寺蓮蔵坊三月宛番帳事』[58]にも御房丸の名が見えるが、これらの同異については定かでない。しかし、仮に24の御房丸と『大石寺蓮蔵坊三月宛番帳事』『大石寺蓮蔵坊薦次事』等に見える御房丸を同人と考えた場合、24とこの二書との執筆年には約一八年の差がある。つまり、文和四年に記された『大石寺蓮蔵坊薦次事』の御房丸は、この時点で少なくとも一八歳以上の年齢ということになる。それにも関わらず名前に「丸」が付くのは少々不自然であって、他に手掛かりとなり得る文献が見当たらず断定はできないが、当時の通例からすれば、この場合は24の御房丸とは別人と判断すべきであろう。ただし、これ以外の詳細については現時点では不明であり、今後さらなる検討を要する。

六、蔵人阿闍梨日代（西山本門寺三世）

70　至徳元年（一三八四）十月　八十八才書写之　□□□駿河□□授与之
72　至徳三年（一三八六）正月　満九十歳
74　嘉慶二年（一三八八）八月　（左下に授与書らしき墨痕があるが判読不可能）
75　康応元年（一三八九）十月　九十三才
76　康応三年（一三九一）六月七日　日代一弟子阿闍梨日任授与之　行年九十四書写之
77　康応三年（一三九一）六月八日　日代一弟子日任授与之　行年九十四書写之
78　（年月日未詳）　（授与書なし）
79　（年月日未詳）　（授与書なし）

日代（一二九七―一三九四）の曼荼羅本尊は右の八幅[59]が確認でき、その内三幅に授与書が認められる。日代は本来日興より重須の坊職を委ねられていたようであるが、日興滅後の建武元年（一三三四）正月七日に本六人の日仙との間に方便品読不読の問答が惹起し、その結果重須を擯出され、康永二年（一三四三）頃西山の地に新たに本門寺を建立したことが伝えられる。また、曼荼羅本尊を書写した時の日代自身の年齢が加筆されているものを見ると、かなりの高齢にあって書写していることがわかる。

日代曼荼羅本尊の被授与者としては、70の駿河□□と76・77の日任がいる。この内駿河□□に関しては、授与書に不明な箇所が多く、現状では被授与者を特定することは困難である。もう一人の日任に関しては、日代の後、西山本門寺四世を継承する日代の弟子である。日任は康応三年（一三九一）六月七日・八日と、二日連続でほぼ同じ内容の授与書を有した曼荼羅本尊を日代から授与されている。それが76と77である。日代がほぼ同じ授与書の曼荼羅本尊を二日続けて日任に授与した理由については全くの不明であるが、76の授与をもって西山本門寺坊職を日代から譲与された、いわゆる補任の曼荼羅本尊と考えられている。その日任にも82応永十五年（一四〇八）二月十五日と83応永十九年（一四一二）六月十七日書写の曼荼羅本尊二幅を確認することができる。しかし、日任曼荼羅本尊の授与書もまた判読できていない箇所が多く、その被授与者を知ることはできない。

日代の曼荼羅本尊を見ると、自署部分に「日興上人伝灯法師日代（花押）」（74・76）、または「日興上人伝灯日代（花押）」（70・77）と記されている。これは日代が日興から法灯を継承した弟子であるという、自門の正統性を強調するための表記であると想定される。日代以前の日蓮門下の中で、曼荼羅本尊の自署に「伝灯」という語句を用いたケースは管見の限り他には見出せず、日代の曼荼羅本尊書写における特徴の一つに挙げられよう。そして、日代の弟子である日任も自身の曼荼羅本尊に「伝灯日任（花押）」（82・83）と記していることが見受けられ、日代が自身を日興の「伝灯」と表記したことを、日任もまた継承していることが窺える。この「伝灯」の文字は、管見の限り日任以降しばらくは西山歴世の曼荼羅本尊に現れないものの、十六世日映の曼荼羅本尊に再び見られるようになる。そして、以後の歴世の曼荼羅本尊には門祖日興・開山日代をそれぞれ「付法日興上人」「伝灯日代上人」などと並列表記して勧請することが徐々に定型化し、西山本門寺歴世の曼荼羅本尊書写における特色の一つとなっていくのである。

小　結

以上、日興曼荼羅本尊に加筆される門弟添書と門弟書写の曼荼羅本尊に着目し、日興の直弟子・孫弟子らによる曼荼羅本尊の受容について考察した。

本考察から明らかになったことは、まず日興の門弟らによって主体的に日興の書写した曼荼羅本尊が受け継がれていったことである。かつて日興が日蓮の曼荼羅本尊を自己の弟子檀越に申し与えたように、門弟もまた日興の曼荼羅本尊を自身の弟子檀越に申し与えており、先師の曼荼羅本尊を申し与えるという行為が門弟によって継承されて行われていた。また申し与える行為だけでなく、日興がある弟子檀越に授与した曼荼羅本尊が別の弟子檀越によって相伝または伝持されており、日興曼荼羅本尊そのものが二次的・三次的に継承されていく様子も窺えた。これはすなわち門弟らが日蓮の曼荼羅本尊同様、師である日興の曼荼羅本尊も法華経の真髄を具現化した重要法門として捉え、弟子の証あるいは礼拝の対象とするために重要視していたことを示していよう。

また日興の曼荼羅本尊を受け継ぐだけでなく、門弟それぞれが曼荼羅本尊を書写している。すでに日興在世中から曼荼羅本尊を書写している門弟も見られるものの、大半は日興滅後に書写を開始している。そして、陸奥と日目・日道・日行に代表されるように、門弟それぞれの布教地または移住地など、有縁の地における弟子檀越に対して自らが書写した曼荼羅本尊を授与している。門弟が曼荼羅本尊書写を行った背景には、間違いなく師の日興による曼荼羅本尊書写、さらには日蓮による曼荼羅本尊図顕の影響があったはずである。そして、その姿を見ながら先師より薫陶を受けた門弟らが成長し法を伝える立場になり、先師の行動に倣って曼荼羅本尊の書写と授与を行ったものと想定される。また曼荼羅本尊書写の形式についても、日興が首題下に「日蓮在御判」、そして「書写之」等と記して、あくまで日蓮の曼荼羅本尊を書写しているという姿勢を明確にしたように、門弟らもまた日興と同様の形式で書写しており、このこともまた日興の曼荼羅本尊書写を門弟が継承していたことを如実に物語っている。

しかし、現存する門弟各々の曼荼羅本尊の数量は、日興のそれと比較すると極端に少ない。現存数から考えれば、実際の書写数も日興ほど多くはなかったと思われる。その理由については前述した通り、門弟らが弟子檀越に対する曼荼羅本尊授与を日興に申請していたことが指摘されている。あるいは日興による度々の曼荼羅本尊授与によって、ある程度の弟子檀越に曼荼羅本尊がすでに行き渡っていたことも想定されよう。この点について現時点では明確な結論を導き出すには至らないが、門弟による曼荼羅本尊の受容と書写の事実から、初期日興門流において曼荼羅本尊が日蓮↓日興↓日興の門弟へと伝承されていく様子の一端を垣間見ることができる。

註

(1)『富要』八巻一九七頁。
(2)『上代事典』三一六頁。

(3)『上代事典』七七頁。
(4) 日我『申状見聞私』「最初は伊賀阿闍梨ノ日世ト云フ人ノ弟子也」(『富要』四巻九七頁)。
(5) 堀日亨『富士日興上人詳伝』五三三〜五三四頁では、6に記される他筆添書「孫太郎妻女」を「孫左衛門妻」と判読し、孫左衛門妻を孫太郎の近縁の人と推測している。
(6) 堀日亨『富士日興上人詳伝』五三〇頁。
(7)『上代事典』一二三頁。
(8) 坂井法曄「道郷論争と大石寺東坊地の係争」(『興風』一三号)。
(9) 坂井法曄「道郷論争と大石寺東坊地の係争」(『興風』一三号)一二三頁。この点について坂井氏は、堀氏同様日目滅後の授与と推測している。
(10) 山上弘道「日興上人御本尊脇書について」(『興風』一一号)一八頁。
(11)『上代事典』一三〇頁。
(12)『上代事典』七〇四頁。
(13)『史蹟名勝天然紀念物調査報告書』一二輯(福岡県、一九三七年)四七頁。なお、当供養塔の存在は川添昭二「九州日蓮教団の展開」(影山堯雄編『中世法華仏教の展開』、平楽寺書店、一九七四年)五二二頁においても指摘されている。山上弘道「日興上人御本尊脇書について」(『興風』一一号)二九頁によれば、観音寺日興供養塔は現在行方不明とされている。
(14) 山上弘道「日興上人御本尊脇書について」(『興風』一一号)二九頁、多田隅豊秋『九州の石塔』下巻(西日本文化協会、一九七五年)四七一頁。
(15)『統合システム』二〇一五年度版所収『上代事典』「日憲」の項。
(16)『上代事典』六四二頁。
(17) 堀日亨『富士日興上人詳伝』七五八頁。
(18) 山上弘道「日興上人御本尊脇書について」(『興風』一一号)二二頁。
(19) 菅野慈俊「日道上人御開創「三迫本道寺」及「一迫妙円寺」について(一)」(和党編集室編『小倉山房遺稿集』)一四四頁。

(20) 山中喜八編『日蓮大聖人御真蹟　御門下御本尊集』。
(21) 菅野慈俊編『奉蔵於奥法宝』(仏眼寺、一九六七年)。
(22) 寺尾英智「《講義録》諸門流先師の曼荼羅本尊について」(『興風』一六号)。
(23) 『日目上人』二六八頁。
(24) 『日目上人』二七三頁。
(25) 『興全』一二六頁、『宗全』二巻一一五頁。
(26) 『興本』正誤表一三頁。
(27) 『上代事典』二九九頁。
(28) 『興本』一八頁。正和四年(一三一五)二月二十五日書写の日興曼荼羅本尊授与書に「為奥州新田卿公母第三年忌菩提也」とある。
(29) 『興本』二六頁。
(30) この点については、坂井法曄「道郷論争と大石寺東坊地の係争」(『興風』一三号)一二七頁、佐藤博信『中世東国日蓮宗寺院の研究』も指摘している。
(31) 『日目上人』三八七頁。
(32) 『興本』一三頁。
(33) 民部阿闍梨日盛に関しては、下野国出身説と陸奥国出身説の二説が存在する。『上代事典』四二三頁。
(34) 前節参照。
(35) 既述した通り、坂井法曄「道郷論争と大石寺東坊地の係争」(『興風』一三号)において坂井氏は、日道を大石寺四世に連ねることに対して否定的な見解を示している。
(36) 『日目上人』三七八頁、『宗全』二巻二〇三・二〇四頁。
(37) 『富要』五巻二一二頁。
(38) 菅野慈俊「建武元年新田孫五郎国宣執達状をめぐる奥法華衆の考察(その三)」(『仙台郷土研究』二三巻一号、仙台郷土研究会、一九六三年）一一頁。
(39) 菅野慈俊「建武元年新田孫五郎国宣執達状をめぐる奥法華衆の考察（その二）」（『仙台郷土研究』二二巻三号、仙台郷土研究会、一九六二年）三頁。
(40)『興本』二二頁。
(41) 菅野慈俊「建武元年新田孫五郎国宣執達状をめぐる奥法華衆の考察（その三）」（『仙台郷土研究』二三巻一号）一五頁。
(42) 菅野慈俊「建武元年新田孫五郎国宣執達状をめぐる奥法華衆の考察（その三）」（『仙台郷土研究』二三巻一号）一五頁。
(43)『日目上人』三七九頁、『宗全』二巻二〇五頁。『宗全』二巻では本書状を『与伊与公書』と表記する。
(44)『日目上人』三九一頁、『宗全』二巻二三三頁。『宗全』二巻では本書状を『消息』と表記する。
(45)『日目上人』三九四頁、『宗全』二巻二二七頁。『宗全』二巻では本書状を『消息』と表記する。
(46)『日目上人』六九頁。
(47) 佐藤博信『中世東国日蓮宗寺院の研究』一七～二〇頁。
(48)『統合システム』二〇一五年度版所収『上代事典』「女夜叉」の項。
(49)『上代事典』六六頁。
(50)『千葉県の歴史』資料編　中世3　県内文書2　一〇五一頁。
(51)『宗全』二巻二八四・二八五頁。
(52)『宗全』二巻四一四頁。
(53)『興本』二七頁。
(54)『上代事典』六四六頁。
(55) 堀日亨『富士日興上人詳伝』五八八頁。
(56)『上代事典』一五四頁。
(57)『宗全』二巻二八四頁。
(58)『宗全』二巻二八五頁。

(59)『統合システム』二〇一五年度版所収『上代事典』「日代」の項によれば、この他に下条妙蓮寺と伊豆上行院にも日代曼荼羅本尊が一幅ずつ所蔵されることが指摘されている。

第三章　日興門流における諌暁活動の展開

はじめに

諫暁とは「いさめさとす」[1]こと、つまり、宗教者が信仰的な誤りを指摘して諭すことを意味する言葉である。日蓮教団における諫暁活動の歴史は、いうまでもなく文応元年（一二六〇）七月十六日、宿屋左衛門入道最信を仲介として前執権北条時頼に日蓮が『立正安国論』を上呈したことを淵源とする。

当時の鎌倉は、正嘉元年（一二五七）八月二十三日に襲った大地震以後、飢饉・疫病などの天災が慢性的に発生し、多くの人々が死に至る悲惨な状況下にあった。このような現状を日蓮は憂い、その原因を求めて、駿河国岩本実相寺一切経蔵に入って一切経を閲読したと伝えられる。そして災難頻発の原因を一切経に求めた結果、謗法すなわち間違った法（悪法）が日本国中に充満していることにあると確信するに至ったのである。このような立場から、国家権力である鎌倉幕府に対して速やかに謗法を放棄し、釈尊の正しい教えである法華経への帰依を求め、立正安国の実現を目指そうと意図したのが『立正安国論』の上呈であった。

しかし、結果的に『立正安国論』上呈に対する幕府の反応はなく、またこの上呈が引き金となって、以来日蓮は数々の迫害を加えられるようになる。だが日蓮は迫害にも屈せず、さらに文永八年（一二七一）九月十二日、文永十一年（一二七四）四月八日と続けて鎌倉幕府侍所所司平左衛門尉頼綱を諫めており、先の『立正安国論』上呈と合わせて生涯に計三度、幕府へ諫暁を果たしたことが『撰時抄』において表明されている。[2]後に鎌倉新仏教と称されるほど仏教が隆盛を極め、多くの開祖を輩出した鎌倉仏教史において、幕府の宗教政策のあり方に対して諫暁した開祖は日蓮ただ一人である。権力者に対する前代未聞ともいうべき日蓮の諫暁が、いかに突出した行動であったかが窺い知れよう。

この身命を惜しまない日蓮の諫暁活動は、日蓮滅後、六老僧をはじめとする日蓮門下諸師によって再び展開されていく。特に中世日蓮教団における諫暁活動は顕著である。その諫暁活動の手段は、主に「申状」の提出によるものであった。申状とは、諫暁者が権力者を諫め諭すための主張を記した上申文書の一種であり、[3]また申状が日蓮門下諸師によって度々権力者に提出されている事実から、教学・教団史両面において重要な意義を有する史料といえる。日蓮門下諸師が申状提出を中心とした諫暁活動を敢行した背景には、日蓮が命がけで目指した立正安国の理想世界実現のため、国家権力者を教化対象の第一として強く意識し、諫暁活動を継承して実行すべきとの共通認識が教団内にあったものと考えられる。前章で考察した曼荼羅本尊の授与が内的教化の性格を有するのに対し、諫暁活動は外的教化の代表的事例であるといえよう。

そこで本章では、中世日蓮教団における諫暁活動の実態を探ると共に、その中で日興門流諸師が如何に諫暁活動を継承しつつ展開したのかを根本課題とし、諫暁活動の際に提出した申状を中心に考察を加えてみたい。

なお、諫暁の類義語として、諸文献に「奏聞」「天奏」「上奏」等の語句が使用されている。これらは、一般的に天子すなわち天皇（公家）に自らの意見を申し上げることを意味する語句とされる。[4]したがって本章においては、公家に対する進言の場合は「奏聞」を、武家および身分不明者に対する進言の場合は「諫暁」を用い、さらにそれらを総称して「諫暁活動」と称することとする。

註

（1）『日蓮聖人遺文辞典（歴史篇）』二〇一頁。

（2）『定遺』一〇五三頁。

（3）国史大辞典編集委員会編『国史大辞典』一三巻（吉川弘文館、一九九二年）七九三頁。

（4）日本国語大辞典第二版編集委員会編『日本国語大辞典　第二版』八巻（小学館、二〇〇一年）三三〇頁。なお、『日蓮聖人遺文辞典（歴史篇）』六五二頁によれば、日蓮は奏聞という文言を公家・武家共に共通して使用していたことが指摘されている。

第一節　中世日蓮教団の諫暁活動

第一項　諫暁活動展開の概観

日蓮教団の諫暁活動に関する先行研究は、代表的なものとして高木豊「日蓮と日蓮宗教団の形成」[1]、宮崎英修「江戸中期における諫暁活動」[2]、渡辺宝陽『日蓮宗信行論の研究』[3]等が挙げられる。また堀日亨『富士日興上人詳伝』では、日興門流の諫暁活動を中心に考察が加えられている。この内、特に渡辺氏の研究では、六老僧から京都妙覚寺二十一世仏性院日奥（一五六五―一六三〇）に至るまでの日蓮門下における諫暁活動の事例四三件を整理し、その一覧を提示している。これらの先行研究によって、日蓮滅後の中世から近世にかけて、六老僧をはじめとする各門流諸師が国家権力者に対して邪法信仰を改め法華信仰に帰することを要請する申状を作成し、その申状提出による諫暁活動を活発に展開したことが指摘されている。その申状の存在によって、当時日蓮門下がいつ、どのような主張のもとに諫暁活動を行ったのかを窺うことができるのである。また、これらの申状には副進書、すなわち先師の諫暁書等を添えて提出する旨が多くの申状に記されている。副進書の添付が申状提出における一つの形式となっていたものと推測されよう。

そこで、日興門流における諫暁活動の展開を考察する前段階の作業として、本節ではまず日蓮滅後の中世日蓮門下における諫暁活動の全体像を、改めて確認することから始めたい。諸師の申状を中心とした諸史料から、中世日蓮門下による諫暁活動の事例をまとめたものが次の表一二である。表には、諫暁活動の事例を伝える史料とその諫暁先、および申状に添えて提出した副進書も併せて記載した。史料項の●は、申状・訴状・目安などの諫暁書自体が確認できるもの、△は記録として諫暁活動の事蹟が伝えられるものを表している。また△の史料に関しては国家的権力者、すなわち公家では天皇・関白、武家では将軍・管領・公方に対して行われた諫暁活動を伝えるものに限定して表に収録した。なお、諫暁者の歴世と門流については『日蓮宗事典』所収の「歴代譜」(4)及び「日蓮宗諸門流系図」(5)を参照した。

【表一二】中世日蓮門下諫暁活動一覧

	諫暁者	門流	史料	年月日	諫暁先	申状の副進書	出典・備考	時代
1	日昭（六老僧）	浜	●申状	弘安八年（一二八五）四月	武家		『宗全一』七頁	鎌倉期
2	日朗（六老僧）	比企谷	●申状	弘安八年（一二八五）	武家		『宗全一』二一頁	
3	日興（六老僧）	富士	●申状	正応二年（一二八九）正月	武家	立正安国論 文永八年申状	『興全』三一八頁	
4	日頂（六老僧）	中山	●申状	正応四年（一二九一）三月	武家	立正安国論	『宗全一』四〇頁	
5	日弁（中老僧）	その他	●訴状	永仁元年（一二九三）五月十六日	武家	立正安国論	『宗全一』八八頁	
6	日高（中山二世）	中山	●申状	正安四年（一三〇二）三月	武家か	立正安国論	『中山史料』二八頁	
7	日弁	その他	△仁和寺諸記抄	徳治二年（一三〇七）三月十三日	公家	立正安国論	『続群類』三一輯下四一七頁	
8	日像（京都妙顕寺三世）	四条	●訴状	延慶三年（一三一〇）六月二十三日	公家		『宗全一』二四七頁	

9	日順（重須談所学頭）	富士	●申状	嘉暦二年（一三二七）八月二十五日	公家か		『千歴』三四三頁	鎌倉期
10	日興	富士	●申状	嘉暦二年（一三二七）八月	公家	立正安国論 三時弘経図等	『興全』三二一頁	鎌倉期
11	日向（六老僧）	身延	●申状	嘉暦四年（一三二九）正月二十九日	武家	立正安国論	『宗全一』三六頁	鎌倉期
12	日向	身延	●申状	年月日未詳	武家		『所報』四七頁	鎌倉期
13	日興	富士	●申状	元徳二年（一三三〇）三月	武家	立正安国論 文永五年申状 同八年申状 所造書籍等	『興全』三三三頁	鎌倉期
14	日目（大石寺三世）	富士	●申状	元弘三年（一三三三）十一月	公家	立正安国論 先師日興上人申状（元徳二年） 三時弘経次第	『日目』三七七頁。日興入滅の年。	南北朝期
15	日進（身延三世）	身延	●申状	建武元年（一三三四）七月	公家		『所報』四八頁	南北朝期
16	日祐（中山三世）・日樹（真間三世）	中山	●申状	建武元年（一三三四）八月三日	公家		『中山史料』四三頁	南北朝期
17	日道（大石寺四世）	富士	●申状	延元元年（一三三六）二月	公家	立正安国論 先師日興上人申状案 日目上人申状案 三時弘経次第	『宗全二』二五九頁	南北朝期
18	日尊（京都要法寺四世）	富士	●申状	暦応元年（一三三八）十一月	公家	立正安国論	『宗全二』二八九頁	南北朝期
19	日妙（北山二世）	富士	●申状	暦応二年（一三三九）十月二十五日	公家	立正安国論 先師日興上人申状案 日目申状案 三時弘経次第	『宗全二』二六七頁。日興日目の七回忌の年。	南北朝期

20	日代（西山三世）・日善・日助	富士	●申状	暦応三年（一三四〇）八月	公家	立正安国論 三時弘経図並和漢両朝弘通次第及先師書釈要句	『宗全二』二三〇頁。三師合同の奏聞。
21	日祐	中山	△一期所修善根記録	暦応三年（一三四〇）十月三十日	武家		『宗全一』四四七頁。初代将軍足利尊氏に諫暁。
22	日祐	中山	△一期所修善根記録	暦応四年（一三四一）三月七日	武家		『宗全一』四四七頁。初代将軍足利尊氏に諫暁。
23	日行（大石寺五世）	富士	●申状	暦応五年（一三四二）三月	公家	立正安国論 祖師日興上人申状案 日目上人申状案 日道上人申状案 三時弘経次第	『上代事典』三六九頁。日道入滅の翌年。
24	日郷（保田四世）	富士	●申状	康永四年（一三四五）三月	公家		『宗全二』二七八頁。日興日目の十三回忌の年。
25	日郷	富士	△申状見聞私	貞和五年（一三四九）	公家		『富要四』九八頁。日興日目の十七回忌の年。
26	日什（京都妙満寺開山）	日什	△日什御奏聞記録（日穆記）	永徳元年（一三八一）六月二十三日	公家	立正安国論	『宗全五』八頁。日蓮百回忌の年。関白二条師嗣（一説に前関白二条良基）に奏聞。
27	日什	日什	△門徒古事（日運記）	永徳二年（一三八二）	武家		『宗全五』四一頁。関東管領足利氏満に諫暁。
28	日什	日什	△門徒古事	永徳二年（一三八二）	武家		『宗全五』四二頁。関東管領足利氏満に諫暁。
29	日什	日什	△門徒古事	永徳二年（一三八二）	公家		『宗全五』四二頁。関白二条師嗣（一説に前関白二条良基）に奏聞。

南北朝期

30	日什	日什	△門徒古事	永徳三年（一三八三）	公家		『宗全五』四二頁。関白二条師嗣（一説に前関白二条良基）に奏聞。	南北朝期
31	日什	日什	△門徒古事	至徳元年（一三八四）	武家		『宗全五』四三頁。管領細川武蔵守に諫暁。	南北朝期
32	日伝（保田五世）	富士	●申状	至徳二年（一三八五）三月	武家	先師日郷上人申状の案	『富要八』三七三頁	南北朝期
33	日什	日什	△門徒古事	明徳二年（一三九一）三月七日	武家	立正安国論	『宗全五』四七頁。三代将軍足利義満に諫暁。	南北朝期
34	日仁・日実	日什	△門徒古事	応永五年（一三九八）六月五日	武家		『宗全五』七三頁。日什七回忌の年。三代将軍足利義満に直訴。	室町期
35	日実	日什	△門徒古事	応永六年（一三九九）七月二十三日	公家		『宗全五』九六頁。関白一条経嗣に奏聞。	室町期
36	日実	日什	△門徒古事	応永七年（一四〇〇）	武家		『宗全五』九六頁。関東管領足利氏満に諫暁。	室町期
37	日仁・日実	日什	△門徒古事	応永十年（一四〇三）四月三十日～五月一日	公家	立正安国論	『宗全五』九八頁。内裏清涼殿で後小松天皇に『立正安国論』と申状を進覧。	室町期
38	日運	日什	△門徒古事	応永十二年（一四〇五）五月二十一日	公家	安国論副記	『宗全五』九八頁。	室町期
39	日仁・日運	日什	△門徒古事	応永十九年（一四一二）五月二十一日	武家		『宗全五』九九頁。四代将軍足利義持に直訴。	室町期
40	日延（京都妙覚寺九世）	四条	△門徒古事	年月日未詳	武家		『宗全五』一〇二頁	室町期
41	日聡（京都本圀寺八世）	六条	△門徒古事	年月日未詳	武家		『宗全五』一〇二頁	室町期
42	日学（身延九世）	身延	●申状	正長元年（一四二八）九月	公家		『所報』四九頁	室町期

43	日有（大石寺九世）	富士	●申状	永享四年（一四三二）三月	公家	立正安国論 日興上人申状案 日目上人申状案 日道上人申状案 日行上人申状案 三時弘経次第	『上代事典』三三七頁。日興日目百回忌の年。
44	玉泉房日伝	身延	△与中山浄光院書	永享四年（一四三二）	武家		『宗全一八』八四頁。六代将軍足利義教に諫暁。
45	日親（京都本法寺開山）	中山	△埴谷抄	永享十一年（一四三九）五月六日	武家		『紀要』「史料紹介」四頁。六代将軍足利義教に諫暁。
46	日住（京都妙覚寺十三世）	四条		文安元年（一四四四）	武家		『全史』二七三頁
47	日迅	身延	●申状	宝徳三年（一四五一）二月	不明		『所報』五四頁。
48	日出（三島・鎌倉両本覚寺開山）	身延	●申状	享徳二年（一四五三）六月十日	武家		『所報』五〇頁。身延十世日延の代官として諫暁。
49	日眼	中山		享徳二年（一四五三）	武家か		『概説』六〇頁。中山八世日院の代官として諫暁。
50	日雄	身延	●申状	長禄二年（一四五八）四月十一日	不明		『所報』五一頁。身延十世日延の代官として諫暁。
51	日学	身延	●申状	長禄三年（一四五九）三月二十八日	不明		『所報』四九頁
52	日朝（身延十一世）	身延	●申状	長禄三年（一四五九）八月	不明		『所報』五二頁
53	日朝	身延	●申状	長禄三年（一四五九）八月	不明		『所報』五二頁
54	日顕	身延	●申状	年月日未詳	公家		『所報』五三頁。本申状は身延十一世日朝の作。
55	日延（身延十世）	身延	△日学曼荼羅本尊授与書	長禄三年（一四五九）	公家		『身史』六〇頁

室町期

No.	人物	門流	形式	年月日	対象	提出文書	出典・備考	時期
56	日意（平賀九世）	比企谷		寛正元年（一四六〇）頃	不明		『概説』六〇頁	室町期
57	日雄	身延	●申状	寛正五年（一四六四）六月二十九日	武家		『所報』五三頁。古河御陣において野田蔵人太夫に付して古河公方足利成氏に上覧。	室町期
58	日住	四条	●目安	寛正六年（一四六五）十月十五日	武家	妙法治世集	『宗全一九』二〇五頁。八代将軍足利義政に諫暁。	室町期
59	左京日教・日耀（日教の師）	富士	●諫状	文明元年（一四六九）か	武家	応時得益集	『本綱』二五九頁。上行院日広の代官として諫暁。	室町期
60	日要（保田十一世）	富士	●申状	明応八年（一四九九）三月	公家	先師日目上人の申状	『富要八』三七五頁	戦国期
61	日意（身延十二世）	身延		明応八年（一四九九）三月	武家		『日年表』一四〇頁	戦国期
62	日我（保田十四世） 日侃（保田十五世）	富士	●申状	元亀四年（一五七三）九月	武家か	立正安国論 文永五年諫諍の状 同八年重陳の状 代々先師の申状（四通） 血脈師資相承の次第	『富要八』三七九頁	戦国期

※表一二の出典の略称は以下の通りである。

『宗全一』＝『宗全』一巻（山喜房佛書林、一九五九年）
『宗全二』＝『宗全』二巻（山喜房佛書林、一九五九年）
『宗全五』＝『宗全』五巻（山喜房佛書林、一九六八年）
『宗全一八』＝『宗全』一八巻（山喜房佛書林、一九六八年）
『宗全一九』＝『宗全』一九巻（山喜房佛書林、一九七四年）
『中山史料』＝中尾堯編『中山法華経寺史料』（吉川弘文館、一九九四年）
『千歴』＝財団法人千葉県史料研究財団編『千葉県の歴史』資料編　中世3　県内文書2（千葉県、二〇〇一年）

『所報』＝都守基一「『立正安国論』の再確認」（『身延山大学東洋文化研究所所報』一六号、身延山大学東洋文化研究所、二〇一二年）
『日目』＝日目上人出版委員会編『日目上人』（継命新聞社、一九九八年）
『続群類』＝塙保己一、補・太田藤四郎編『続群書類従』（続群書類従完成会、一九八九年）
『紀要』＝『日蓮教学研究所紀要』一号（立正大学日蓮教学研究所、一九七四年）
『全史』＝立正大学日蓮教学研究所編『日蓮教団全史（上）』（平楽寺書店、一九六四年）
『概説』＝影山堯雄『日蓮教団史概説』（平楽寺書店、一九五九年）
『身史』＝身延山久遠寺編『身延山史』（身延教報出版部、一九二三年）
『本綱』＝富谷日震『本宗史綱』（本山要法寺、一九九四年）
『富要四』＝『富要』四巻（富士宗学要集刊行会、一九六一年）
『富要八』＝『富要』八巻（富士宗学要集刊行会、一九五七年）
『日年表』＝影山堯雄編『新編日蓮宗年表』（日蓮宗新聞社、一九八九年）

前述した先行研究以降、新たに発見された史料等を加えて表一二を作成したところ、弘安八年（一二八五）の日昭・日朗による申状提出にはじまり、元亀四年（一五七三）九月の日我・日侃による申状提出に至るまでの約三〇〇年の間に、六二度の諫暁活動の事例が確認できる。その時代内訳は、鎌倉時代一三度、南北朝時代二〇度、室町時代二六度、戦国時代三度であり、戦国時代における事例は少ないものの、それ以前はどの時代でも頻繁に諫暁活動が展開されていることがわかる。また門流別に見ると、多い順に日興（富士）門流一七度、身延門流一五度、日什門流一三度、中山門流七度、四条門流四度、比企谷門流二度、浜・六条門流各一度の諫暁活動の事例が確認でき、各門流によって諫暁活動が展開されている様子が窺える。もちろん時代背景や居住地等の相違から、これらの回数をもって各門流における諫暁活動の度合いを単純に比較することはできないが、現時点では日興門流の諫暁活動を伝える史料が最も多く、また身延・日什両門流にもその事蹟を多数確認することができる。

ところで、これらの諫暁活動の事例の内、上申文書である申状・目安等の史料によって知ることのできる事例は三六度と、過半数に及ぶ。しかしこれらの申状の中で、権力者に提出した正文は現在一点も伝来していない。その原因は、申状が上位者へ差し出す上申文書という史料的性格にあると考えられる。

鎌倉幕府における裁判の際に提出された訴陳状の正文は奉行所に集積され、判決と同時に事切文書とよばれて幕府の文倉と呼ばれる文書収納蔵に送られるのが定めとなっていたため、訴陳状正文はほぼすべて幕府側に残ることが指摘されている。[6] したがって、日蓮門下が提出した申状の正文も同様に提出先に保管され、諫暁者の元に戻ってくることがなかったために、今日申状の正文を確認することができないのであろう。

ただし当時の通例として、これらの上申文書作成の際には、原文書である正文そのものの効力に即した案文と呼ばれる写しが正文と共に作成された。[7] つまり、申状の正文は諫暁活動の対象先に渡るものの、諫暁者の手元にはその案文が残るわけである。この先師申状の案文を元に、その門弟らが新たな申状を作成したのであろう。またその案文は、門弟による諫暁活動の際に申状に添えて提出され、自己の主張を正当づける証拠文書としての役割も担っていくようになった。このことは表一二に記載した副進書項に「申状案」との文字を確認できることによって明らかである。

しかし、その案文もまた今日まで伝来しているものは、保田妙本寺に所蔵される日目申状案[8]ただ一点のみである。したがって、今日我々が確認することのできる日蓮門下の申状は、ほぼすべて申状の案文あるいはその転写本ということにならざるを得ない。現在伝わるこれらの写本が申状正文の文言をどれだけ正確に伝えているかが当然問題となろうが、申状の内容を伝える現存史料は日目申状案の他は写本のみという現状にあるため、本考察では今日まで伝来している申状の案文および写本の内容によって論を進めていくこととする。

さて、既に述べたように、日蓮による三度の国家諫暁はすべて鎌倉武家政権に対して行われたものであり、高木豊氏によれば日蓮自身には公家奏聞・王城弘通の意図はなかったと想定している。(9) しかし日蓮門下による諫暁活動は、日蓮滅後には武家のみでなく公家に対しても積極的に行われるようになる。武家中心の諫暁活動から公家をも含んだ諫暁活動へと変化していく分岐点となるのは、間違いなく鎌倉時代の終焉と南北朝時代の到来であろう。

表一二を参照すると、鎌倉幕府の存続中は主に武家に対する諫暁の事例が多く見られるが、正慶二年（一三三三）五月に鎌倉幕府が崩壊し、隠岐に配流されていた後醍醐天皇が同年六月より京都に戻り、建武の新政と称される天皇親政を開始した。ちなみにこの年に日興は入滅している。政治の中心地が東国鎌倉から西国京都へと移行したことがきっかけとなり、日蓮門下はそれを追いかけるようにして京都を目指し、公家への奏聞を度々行ったのである。特に日興門流に限って見てみると、南北朝時代以降の諫暁活動は一三度を数えるが、その内公家に対する奏聞は一〇度、武家に対する諫暁は三度である。またこれらの諫暁活動の大半は日興滅後一〇数年の間に集中して行われているが、その対象はすべて公家であって、明らかに諫暁活動が公家に偏っている傾向が見られる。ただ、日興は在世中の嘉暦二年（一三二七）八月にはすでに公家に対する申状（表一二の10）を作成しており、さらに日興が弟子を遣わせて公家へ奏聞させた記録も見られることから、(10) 日興は在世中すなわち政治権力の京都移行以前から武家だけでなく公家への奏聞の志を持っていたと考えられる。したがって、日興滅後の日興門流において度々公家奏聞が行われたのは、政権の京都移行によるところだけでなく、日興の生前からの公家奏聞の遺志を果たすためでもあったと推測される。

ただし、日蓮門下による公家への諫暁活動が集中したのは南北朝時代初期の頃で、その後は公武両権力に対して平均的に展開されるようになる。この時代の武家政権の動向を見てみると、建武三年（一三三六）に足利尊氏によって京都に室町幕府が開かれ、南北朝時代後期には幕府の機構がほぼ整えられ、三代将軍足利義満の頃に最盛期を迎えた。室町幕府では細川・斯波・畠山の有力守護大名三氏が交替で管領に就任し、将軍の補佐役として政務を総轄した。また鎌倉には関東を統轄する政庁として鎌倉府が配置され、その首長である鎌倉公方には足利氏一族が、鎌倉公方の補佐役の関東管領には斯波氏・上杉氏・高氏・畠山氏らが就任した。このように武家権力が次第に体制を整え、公家同様京都を拠点に政治権力を発揮したこと、さらに鎌倉にも幕府の統治機関が設置されたことが、南北朝期以降の日蓮門下による諫暁活動のための上洛と武家への諫暁を促したと考えられる。

南北朝期以降、日蓮門下がこぞって京都を目指した要因として、政治権力が京都に移行したことの他にもう一点挙げられる。それは肥後阿闍梨日像（一二六九—一三四二）の京都布教により、妙顕寺が日蓮教団初の勅願寺として公許されたことである。

周知の通り、日像は日蓮から京都弘通を委嘱され、永仁二年（一二九四）四月より京都にて布教を開始する。京都における日像の教勢が盛んになるにつれて他宗の迫害は厳しさを増し、その結果朝廷から三度の流罪を受けるもそれを乗り越え、元亨元年（一三二一）十一月八日には京都弘通の勅許[11]を得て妙顕寺を開いた。そして建武元年（一三三四）四月十四日、日像は後醍醐天皇から左記の綸旨を賜り、これによって妙顕寺が日蓮教団初の勅願寺として中央政権から公に認められたのである。日像の京都弘通以来四一年目の快挙であった。

妙顕寺為二勅願寺一、
殊弘二一乗円頓之宗
旨一、宜レ凝二四海泰平之精
祈一者、
天気如レ此、悉レ之以状、
建武元年四月十四日　民部権大輔（花押）
日像上人御房(12)

さらに妙顕寺は建武三年（一三三六）八月に室町足利将軍家の祈禱所に、(13)建武四年（一三三七）四月には北朝光厳上皇の祈願所になることを命じられており、(14)南北朝時代初期において妙顕寺は公武の間に揺るぎない地位を確立するに至ったのである。

日像の活躍により、妙顕寺が公武の勅願寺・祈禱所に認定されたという知らせを受けた他の日蓮門下は、妙顕寺同様の公許を得るべく、次々と京都へ諫暁活動に赴いたと伝えられる。その時の様子が暦応三年（一三四〇）八月五日の日像書状『与大覚僧都書』に、次のように記されている。

自二何事一モ当御治世ヨリ妙顕寺ヲ御祈願所ニ被レ成候テ院宣ヲ給候ヌ、武家ノ御教書ト申、院宣ト申、存分施シ二面目ヲ一候ヌ、可レ賜二御祈禱祈所ヲ一之由普聞候、自リ二諸方一法華宗トナノリ候テ院宣御教書望申候ヘドモ、皆被レ捨候テ、剰ヘ妙顕寺ノ不レハ帯セ二挙状申状ヲ一不レ可レ有二御用一之由、公家武家一同ノ御沙汰ニ候也(15)

つまり、諸方より法華宗と名乗って院宣・御教書の下賜を求めて諫暁活動に来る者が多々いるが、その際に妙顕寺の挙状・申状を帯びていなければ公武共に受け付けないという状況が暦応三年の時点で出来上がっていたことを物語っている。このことは『日什御奏聞記録』において、日什が永徳元年（一三八一）に公家奏聞を企てた際、妙顕寺日霽の元を訪れて奏聞実行の取り計らいを依頼していることからも窺えよう。[16] これらの記録から、改めて当時の妙顕寺が京都において絶対的地位に君臨する様子が知られると共に、南北朝時代の始まりから暦応三年の頃にかけて行われた諫暁活動の背景においてこのような状況が発生しており、妙顕寺以外の他門流による諫暁活動の妨げとなっていた様子が窺える。公武の沙汰によって、妙顕寺の許可なしには諫暁活動が実行できないという特殊な情況が発生したことから考えると、南北朝時代初頭には各門流諸師が表一二に収録した事例よりもはるかに多くの諫暁活動をこぞって展開したのではないだろうか。その結果、歯止めをきかすために公武よりこのような指示が出されたと推考されよう。ともかく、日像門下の布教が公武の公認を得たことは他門流にとって大きな刺激となり、諫暁活動のための京都上洛を促す要因の一つになったと考えられる。

また日蓮門下の諫暁活動では、申状と共に『立正安国論』を副進書の一つとして提出しているケースが多々見られる。表一二を参照すると、『立正安国論』を副進したことが窺える諫暁活動は、門流多岐に渡って一九度も確認することができる。渡辺氏も指摘しているように、この事実は諫暁活動の目的が日蓮の『立正安国論』の趣旨を改めて献策することにあったことを如実に物語っている。[17] このような共通認識のもと、各門流諸師は申状の提出と『立正安国論』の副進を相次いで実行し、その結果『立正安国論』の副進が奏聞・諫暁の手段の一つとして伝統化していったものと想定される。日蓮門下が幾度も『立正安国論』を副進している事実から、当時門下によって『立正安国論』が頻繁に書写されたであろうことは想像に難くなく、相当数の写本が作成されていたものと推測される。日蓮門下の諫暁活動は、まさに『立正安国論』の精神のもとに実行され、脈々と受け継がれていったことがわかる。

第二項　各門流の諫暁活動

次に、諫暁活動の展開について、門流別に事蹟を検討してみたい。日興門流に関しては次節以降に検討することとし、ここではその他特に多くの事例が確認される身延・日什・中山の三門流を取り上げる。

一、身延門流

表一二を参照すると、身延門流による諫暁活動の事例は一五度確認することができる。今その事例と関連史料を表より抜粋して挙げると、左記の通りである。なお、上に付した番号は表一二の収録番号を示している。

11	日向（身延二世）	嘉暦四年（一三二九）正月二十九日	申状
12	日向（身延二世）	（年月日未詳）	申状
15	日進（身延三世）	建武元年（一三三四）七月	申状
42	日学（身延九世）	正長元年（一四二八）九月	申状

44	日伝		永享四年（一四三二）	与中山浄光院書
47	日迅		宝徳三年（一四五一）二月	申状
48	日出	（本覚寺開山）	享徳二年（一四五三）六月十日	申状
50	日雄		長禄二年（一四五八）四月十一日	申状
51	日学	（身延九世）	長禄三年（一四五九）三月二十八日	申状
52	日朝	（身延十一世）	長禄三年（一四五九）八月	申状
53	日朝	（身延十一世）	長禄三年（一四五九）八月	申状
54	日顕	（茂原住僧）	（年月日未詳）	申状
55	日延	（身延十世）	長禄三年（一四五九）	日学曼荼羅本尊授与書
57	日雄		寛正五年（一四六四）六月二十九日	申状
61	日意	（身延十二世）	明応八年（一四九九）三月	『日年表』による

身延門流における諫暁活動の事例は、その大半が申状の存在によって知られるものである。これらの申状の内、12・15・42・47・48・50・51・52・53・54・57の一一通の申状は、岡山県和気郡和気町の法泉寺（日蓮宗不受不施派）に所蔵される文書『日奥聖人御修行次第』に「先聖目安」として付載されているものであり、近時都守基一氏によってその存在が明らかされた、諫暁活動関連の新出史料である。[18] 本書の筆者は釈日正（一八二九―一九〇八）で、収録される申状は近代の写本ということになるが、都守氏によれば、不受不施派が身延を攻撃するためにこれだけのものを

偽作することは考えにくく、本書の内容は信用できるものであると述べている。[19]

身延門流の諫暁活動を伝える初見史料は、11の嘉暦四年（一三二九）正月二十九日の日付を有する六老僧日向の申状である。しかし、日向は正和三年（一三一四）九月三日に六二歳をもって入寂しており、11は日向滅後一五年後のものとなる。したがって、本申状は日向自身の手で提出されたものではなく、日向申状を日向の門弟が書き写し、嘉暦四年の諫暁活動の際に提出する申状として、あるいは副進書として使用したものである可能性が考えられる。

他の事例を見ると、長禄二、三年（一四五八、五九）頃に集中している傾向が見られ、この時期に身延門流の僧によって活発に諫暁活動が展開された様子が窺える。特に身延山久遠寺十一世行学院日朝が長禄三年に行った二度の諫暁活動は、同年に師の一乗坊日出が入滅しており、この悲報を受けての行動であったのかもしれない。54の日顕申状の末には「私云、此日顕之目安朝師御作云云」[20]との注記があり、この注記によれば本申状も日朝が作成したものとされている。年月日を欠くため提出の時期を知ることはできないが、日朝自身諫暁活動に力を注いでいたことが看取できる。また、12の日向申状中に「重所テレ申也」[21]、47の日迅申状中に「重言上」[22]との記述が見られる。これがどの言上を指しているのかは不明ではあるが、この記述から、右に挙げた以外にも日向・日迅によって諫暁活動が行われていた可能性も指摘できよう。

日蓮門下が諫暁活動を行う際に提出する申状には、日蓮の『立正安国論』を副進することが通例であったことは既に述べた。ただ身延門流による諫暁活動の場合、申状そのものは多数確認できるものの、『立正安国論』を副進する旨が申状に明記されているものは11の日向申状一点のみであって、その他の申状にはその記述が認められない。しかし諸師の申状本文には、世の中に邪法が蔓延しているために善神が国を擁護することを放棄し、その結果災難が興起するという、いわゆる神天上法門が共通して説かれている。そして国家安泰のために、早く謗法を禁じて正法に帰依せよと主張されている。すなわち身延門流諸師の申状は、実際に『立正安国論』が副進されなくとも、申状の内容自体に『立正安国論』の精神を読み取ることができ、この形式が代々受け継がれていったことが窺えるのである。

二、日什門流

次に、日什門流による諫暁活動について検討したい。表一二を見ると、日什門流の事例は一三度確認することができる。それらを以下に挙げる。

26	日什（妙満寺開山）	永徳元年（一三八一）六月二十三日	日什御奏聞記録
27	日什（妙満寺開山）	永徳二年（一三八二）	門徒古事
28	日什（妙満寺開山）	永徳二年（一三八二）	門徒古事
29	日什（妙満寺開山）	永徳二年（一三八二）	門徒古事
30	日什（妙満寺開山）	永徳三年（一三八三）	門徒古事
31	日什（妙満寺開山）	至徳元年（一三八四）	門徒古事
33	日什（妙満寺開山）	明徳二年（一三九一）三月七日	門徒古事
34	日仁・日実	応永五年（一三九八）六月五日	門徒古事

35	日実	応永六年（一三九九）七月二十三日	門徒古事
36	日実	応永七年（一四〇〇）	門徒古事
37	日仁・日実	応永十年（一四〇三）四月三十日～五月一日	門徒古事
38	日運	応永十二年（一四〇五）五月二十一日	門徒古事
39	日仁・日運	応永十九年（一四一二）五月二十一日	門徒古事

日什とその門弟の諫暁活動については、すでに窪田哲城氏が詳細な検討を行っており、大きな成果を上げている。[23]

右に挙げた日什門流の諫暁活動の事蹟は、すべて大輔阿闍梨日穆『日什御奏聞記録』（略称『日穆記』）と刑部卿阿闍梨日運『門徒古事』（略称『日運記』）という日什門下が著した二つの記録によって伝えられるもので、日什門下が上申した申状は、残念ながら写本さえも伝来していない。しかし、『日什御奏聞記録』と『門徒古事』には日什とその門弟による国家諫暁の始終が事細かに記録されており、申状だけでは知り得ることのできない諫暁時の具体的な経緯を今に伝えるものとして、極めて貴重な史料である。また、両書が右記の諫暁活動にほど近い時期に著された中世文書（『日什御奏聞記録』＝永徳元年・一三八一年、『門徒古事』＝応永三十二年・一四二五年）であることが、その史料的価値をさらに高めている。

さて、門祖の玄妙阿闍梨日什（一三一四―一三九二）は、『門徒古事』によれば「先ツ三和尚富士山ノ大石寺日興ノ余流日目日尊次ニ日尹ト申人ニ初メ御同心候テ」[24]とあり、はじめ日興門流日尊の弟子日尹（日印）に同心したことが伝えられる。

その後、康暦二年（一三七九）三月二十三日には『真間帰伏状』[25]を記し、学匠を求めて日興門流を離れ、中山門流真間弘法寺に帰入することを宣言している。そして、日什は時の弘法寺貫首日宗の請を受けて間もなく同寺学頭となり、三年間ほど中山・真間両寺僧衆の教学指導の任にあたった。中山門流に帰伏した日什はこの頃から諫暁活動を志し、永徳元年に第一回目(26)、永徳二年に第二回目(29)、永徳三年に第三回目(30)の上洛を企てると共に、公武両権力に対して立て続けに諫暁活動を展開した。特に永徳元年は日蓮の百回忌にあたり、この節目の年を機に宗祖への報恩謝徳の意のもとに、遺命を果たすべく諫暁活動を志したものと推察される。

ところで、これらの日什の諫暁活動に関して、久遠成院日親の『伝灯抄』は「第二度ノ目安マデハ中山本妙寺日尊ノ代ト被㆓書レ進セ㆒タリケルガ、何トカ思ハレケン第三度目ノ訴状ヨリ日尊代ト云文字ヲ略シテ自訴ノ分ニ令ム㆓披露セ㆒」(26)と記し、また合掌阿闍梨日受『本迹自鏡編』も「始テ対㆓面スルノ殿下ニ㆒之時ニ曰ク下総中山ノ僧日什ト」(27)と伝えている。つまり、永徳二年の第二回目の上洛までは中山門徒としての立場のもとに諫暁活動を実行していたようである。(28)しかし、日什は諫暁活動を行うための費用をめぐって中山日尊との間に確執が生じたようであり、その結果、第三回目の上洛の際には「関東鎌倉埋橋本興寺住ノ二位ノ僧都日什ト中法華宗之僧ニテ候」(29)と、自身が建立した本興寺の住僧との立場を表明して諫暁活動を敢行している。これ以後日什は中山門流からも離れて自門を形成し、独自路線を歩んでいくこととなる。

かくして日什は永徳元年に初度の奏聞(26)を果たすが、対面した関白二条師嗣(一説には前関白二条良基)はその法門に深く感嘆し、その結果、日什は同年七月六日に後円融天皇より洛中弘法の綸旨と二位権少僧都の宣旨を下賜されたと伝えられる。その綸旨が左記である。

洛中弘法事

御奏聞之処被レ二聞食一訖ヌ早ク営ミ二道場ヲ一可レ弘二一乗円頓之教法一旨勅免所レ候也専シ二一宗之勤行ヲ一宜奉レ祈二宝祚延長四海安全一者

天気如シレ此仍執達如レ件

永徳元年七月六日　　　左小弁在判

二位僧都玄妙御坊(30)

さらに日什は、永徳二年に再び二条師嗣（あるいは前関白二条良基）に対して行った奏聞(29)の時にも、「洛中ニ一宇ヲ構テ御弘通候ハヾ、主上モ予モ自然トト可レ奉レ帰シ」(31)と、再び奏聞を賞賛されている。これにより、日什は翌永徳三年（一三八三）に天王寺屋通妙から寄進された屋敷地に小庵を構えて京都布教の拠点とした。これが京都妙満寺の濫觴である。ここに、日什による諫暁活動の成果の一例を見ることができる。

このような相次ぐ日什の奏聞を受けて、関白は次第に法華を信奉するようになったようである。『門徒古事』によれば、永徳三年の奏聞(30)の際に「関白殿大聖人之御自筆ノ本尊ヲイタヾキ題目御唱候テ、余ハ法華宗也ト被レ仰」(32)れたそうである。すなわち、関白が法華信仰を明言し、日蓮自筆の曼荼羅本尊を仰ぎ尊び、題目を唱えたという情景を伝えている。ここでいう日蓮自筆の曼荼羅本尊とは、日什が本奏聞の際に持参して掲げたものであろうか。関白の信仰表明に対し、日什は「法華宗御帰伏候ハヾ天下ヲ御成敗候テ、十宗八宗ヲケヅリ落シ、一同ニ純円ノ法華ノ信心トン不二成給ハシ一不レ可二本意ニ叶一候云云」(33)と述べ、関白の御力によって天下一同に純円の法華信仰が弘まるように図っていただきたい、それこそが我が本意であると強く要請した。しかし、当時は室町幕府が政治の実権を掌握していたため、関白は国を動かす程の権力を有しておらず、日什の要請は受け入れられなかった。この時関白自身が「予天下ノカ、シ（案山子）也」[34]と卑下しているが、このことは当時の状勢を如実に物語っていよう。

この後、日什は明徳二年（一三九一）三月七日に室町幕府三代将軍足利義満に庭中し、宗義を訴えた（33）。この時、義満は日什の主張を道理にかなうものであると評価したものの、諸宗を捨てて法華一宗のみを信仰することは不可能であるとして、「将追奏セン時ハ侍所ニ申付ケ可レ為ニ罪過ニ」[35]と、再び諫暁を行えば刑に処することを申し付け、日什の諫暁は不調に終わった。これが日什による諫暁活動の最後の事例である。日什の諫暁活動の事蹟は表一二に挙げた中世日蓮門下の中で最多の七度を数え、極めて目覚ましいものがあった。

なお、『日什御奏聞記録』によれば、日什は26の奏聞に際して提出する申状の草案を洛中一の儒学者・関の勢式部入道に見せ、様式について指南を受けたという[36]。これは申状の作成段階の様子を伝える稀有な記録であると共に、日什の諫暁活動に対する入念さが看取できる。

明徳三年（一三九二）二月二十八日、日什は七九歳をもって入滅するが、日什入滅後もその門弟らによって度々諫暁活動が行われており、その事例は六度（34・35・36・37・38・39）確認することができる。その中でも特に注目すべきは、日什の七回忌の年にあたる応永五年（一三九八）六月五日に日仁・日実が足利義満に対して行った34の諫暁である。義満は明徳二年（一三九一）の日什の諫暁の際に再び言上することを禁じていたが、日仁らはそれに反して諫暁を強行したのである。これに義満は怒り、日仁らを捕らえた上で法華を捨てて念仏を唱えよと求め、頭から熱湯をかけたり足の骨を砕いたりの種々の拷問を加えた[37]。ところが、日仁らはこれに耐えて主義主張を曲げることがなかったので、義満はついに釈放を許可し、日仁らは満身創痍になりながらもついに釈放されるに至った。これがいわゆる応永法難と称されるものである。この応永法難は、日蓮門下の諫暁活動実行に伴う危険性を如実に物語っている。しかし34の結果を受けて、日什門下は諫暁活動を躊躇するどころか大いに発奮し、さらに続けて五度も諫暁活動を展開している様子が窺える。

既に述べたように、日什門流諸師によって提出された申状そのものは伝来しないものの、『日什御奏聞記録』と『門徒古事』という二つの記録によって諫暁活動の具体的な方法やその後の公権力の反応など、当時の経緯が詳らかに伝えられている。このような面から、当時の日蓮門下における諫暁活動の動向を探る上で、これら二つの史料の存在意義は極めて大きい。日什とその門弟が日蓮の本意を達成すべく、命を失うリスクをも顧みず諫暁活動を繰り返した不惜身命の精神を、ここにはっきりと読み取ることができる。

三、中山門流

身延門流、日什門流に次ぐ中山門流では、七度の諫暁活動の事例が確認できる。それらを以下に挙げる。

4	日頂（六老僧）	正応四年（一二九一）三月	申状
6	日高（中山二世）	正安四年（一三〇二）三月	申状
16	日祐（中山三世）・日樹（真間三世）	建武元年（一三三四）八月三日	申状
21	日祐（中山三世）	暦応三年（一三四〇）十月三十日	一期所修善根記録

22　日祐（中山三世）　暦応四年（一三四一）三月七日　一期所修善根記録
45　日親（本法寺開山）　永享十一年（一四三九）五月六日　埴谷抄
49　日眼　享徳二年（一四五三）『概説』による

中山門流の場合、正応四年（一二九一）の日頂・正安四年（一三〇二）の日高のように、比較的早い段階から諫暁活動が行われていたことがわかる。特に4の申状は、日頂が真間弘法寺を拠点として活躍していた時期に作成されたものであり、下総教団の主力として門流の先陣を切って諫暁を果たしている。日頂と共に下総教団の中心的存在であった富木日常には諫暁活動の痕跡を見出すことはできないものの、その日常の弟子日高と孫弟子日祐は諫暁活動を行っており、中山門流最初期の段階では諫暁活動が継続して展開されていた様子が知られる。特に中山法華経寺三世大輔公日祐には16・21・22と三度の諫暁活動の事蹟が伝わっており、諫暁活動に対する積極的な姿勢が窺える。

日祐の第一回目の諫暁活動は、建武元年（一三三四）八月三日に敢行した16の法門訴訟である。この時の申状は、日祐と同門流の真間弘法寺三世日樹が連名で作成しており、両者で奏聞に臨んでいる。[38] 当時は鎌倉幕府が崩壊し、京都で天皇を中心とした建武の新政が開始されて間もない頃であり、かつ妙顕寺が勅願寺の公許を得てから約四ヵ月後のことであった。このような時代の転換期を迎えて、日祐と日樹は諫暁活動を企図したのである。しかしこの申状提出の結果、日祐・日樹は検非違使別当万里小路藤房の館で捕らえられて壱岐守に預けられたものの、二日後の八月五日には赦免となった。日祐らが短期間で赦免となった理由について『日蓮教団全史（上）』は、後醍醐天皇による新政が開始されたこの年の六月に護良親王と足利尊氏の対立が表面化し、七月には九州北部に乱が起こるなど、再び世の中が騒然となっていたために、千葉氏の斡旋によって日祐の赦免が円滑に進んだものと推測している。(39)なお、身延山久遠寺三世日進もこの頃公家への奏聞（15）を果たしている。

『一期所修善根記録』によれば、日祐は暦応三年（一三四〇）に第二回目（21）、暦応四年（一三四一）に第三回目（22）の諫暁活動を室町幕府初代将軍足利尊氏に対して行っている。(40)しかし、これらの諫暁に対する幕府の反応はなく、その理由を中尾堯氏は、北畠親房をはじめとする南朝側の圧力が激しく、幕府も日祐の諫暁に関わっている余裕はなかったのであろうと述べている。(41)日蓮教団の諫暁活動は、この頃すでに公武から勅願寺・祈禱所として公認されている妙顕寺の挙状・申状を帯びていなければ受け付けないという状況が発生していた。日祐が果たして妙顕寺の許可を得ていたかは定かではないが、このような公武の姿勢に日祐の諫暁もまた抹殺された可能性も考えられる。

ところで、4日頂申状・6日高申状・16日祐日樹申状を見ると、もしこの度の諫暁活動による主張に不審を抱くようであれば、公場において他宗徒と宗義の対決をした上で法の邪正を選択せよとの要請が述べられている。これは、諸師の申状に度々見られる「天台大師者、於陳王正殿破十師之僻見、此伝教大師者、於桓武御前、挫六宗之邪義」(42)（16日祐日樹申状）という先師先代の例に基づく要請である。他宗僧との公場対決を要請する文は、他門流では日興門流3日興申状に、身延門流11 12日向申状・42 51日学申状・47日迅申状・48日出申状に見ることができる。これらの申状では仏法流布の先例に従い、公場対決という手段を用いてでも正法法華経帰依の必要性を権力者に納得させようという強気の姿勢と覚悟が窺える。特に中山門流では日頂・日高・日祐と、門流初期の段階から継続してこの要請を申状に記している点は注目される。

その後、京都本法寺開山久遠成院日親（一四〇七―一四八八）によって45の諫暁が実行されるが、日祐の最後の諫暁活動から数えて約一〇〇年もの間、中山法華経寺歴世による諫暁活動の事例を確認することはできない。日親はその著『折伏正義抄』に「天下ヲ諫メテ身命ヲ捨ン事久シカルマジ」[43]と記しており、中山門流において諫暁活動が行われない現状を打破すべく、不惜身命の覚悟で諫暁活動を実行しなければならないとの使命感を持っていた。その覚悟のもとに日親は永享十一年（一四三九）五月六日、室町幕府六代将軍足利義教に対して45の諫暁を敢行したのである。だがこの諫暁は義教に受け入れられず、逆に「重而不ㇾ可㆓言上㆒、若押て言上之時者堅可ㇾ有㆓御罪過㆒」[44]と、再度の諫暁を強く禁じられた。しかし日親はこれに屈せず、三代将軍足利義満の三十三回忌にあたる永享十二年（一四四〇）五月六日に再び諫暁実行を企図した。日親は二度目の諫暁に向けて、日蓮の諫暁書である『立正安国論』にならい、自身の諫暁書として『立正治国論』を提出しようとその執筆に取りかかった。日親はその時の心境を『埴谷抄』に「身命をハ捨るといふとも法理をハ可㆓残置㆒所存にて立正治国といへる一巻の書を製作」[45]すると綴っており、日親の諫暁に対する並ならぬ決意が窺えよう。

ところが、日親のこの行動は事前に幕府に伝わり、同年二月六日に日親は捕らえられ禁獄されてしまう。禁獄中、日親は激しい拷問を加えられたようで、竹串を陰茎に突き刺される、熱した鍋を頭に被せられる、舌を切られる等の刑に処せられたことが京都本法寺二十世日匠『日親上人徳行記』[46]に記されている。これが、日親が後世「なべかむり日親」と称される所以である。この、身の毛も弥立つような拷問を耐え抜いた日親はついに釈放を許され、以後さらなる伝道弘通の日々を送るのである。

日親に対するこれらの迫害は、先述した日什門下に加えられた迫害同様に、日蓮門下の諫暁活動に対する公権力の反応を伝えるものとして刮目すべき記録である。

小結

以上、中世日蓮門下における諫暁活動の展開を概観してきた。考察の結果、日蓮滅後に各門流諸師が時代の変遷に同調しながら、公武両権力に対する諫暁活動を積極的に展開していく様子を再確認することができた。

その中でも特に日興門流・身延門流・日什門流・中山門流等に数多くの諫暁活動の事例を見ることができ、日蓮の宗教行動を継承し、諫暁活動を実行すべきとの認識が門流の枠を超えて共通して存在していたことが窺える。だがその一方で、教団初期から存続する浜門流・比企谷門流の活動はほとんど見ることができない。この理由を示す確実な史料は見当たらないが、日昭・日朗を中心とする鎌倉日蓮教団は、日蓮入滅後に幕府から教団存続が危ぶまれるほどの圧力をかけられた苦い経験があり、諫暁活動を行うことによって再び権力者の怒りを買うことを恐れ、活動を躊躇せざるを得なかったのかもしれない。

各門流諸師は諫暁活動を行う度に申状を作成して副進書と共に権力者に提出し、謗法信仰を改めて正法に帰依することを求めた。日蓮門下によるこれらの諫暁活動は必ずしも大きな成果に結びついたわけではなく、むしろ結果的に権力者の反感を買い、時には日什門下や日親のように極めて厳しい対応を受けたケースもあった。

しかしそのような危険性が容易に想定されるにも関わらず、日蓮門下は祖意を継承する立場から諫暁活動を脈々と受け継いで実行し、諫暁活動が日蓮教団における代表的な教化活動の一つとして定番化していったのである。その背景には、日蓮の『立正安国論』上呈に始まる三度の諫暁があった。日蓮門下の諫暁活動は、まさに『立正安国論』の精神のもとに、宗祖の宗教活動の追体験をするべく展開されたものであるといえよう。

註

(1) 高木豊「日蓮と日蓮宗教団の形成」（中村元、笠原一男、金岡秀友監修・編集『アジア仏教史　日本編Ⅴ　鎌倉仏教3』、佼成出版社、一九七二年）。のちに同『中世日蓮教団史攷』に再録。
(2) 宮崎英修「江戸中期における諫暁活動」（『棲神』四八号、身延山短期大学学会、一九七五年）。のちに同『日蓮教団史研究』に再録。
(3) 渡辺宝陽『日蓮宗信行論の研究』（平楽寺書店、一九七六年）。
(4) 『日蓮宗事典』一二四一～一二三六頁。
(5) 『日蓮宗事典』巻末。
(6) 日本歴史学会編『概説古文書学　古代・中世編』（吉川弘文館、一九八三年）一五四頁。
(7) 佐藤進一『［新版］古文書学入門』（法政大学出版局、二〇〇三年）一六頁。
(8) 『日目上人』巻頭写真および三七七頁。
(9) 高木豊『中世日蓮教団史攷』一一一頁。
(10) 元徳二年（一三三〇）二月二十四日書写の日興曼荼羅本尊授与書「為悲母一周忌書写如件、公家奏聞代官丸大進房日助授与之」（『興本』二八頁）等。
(11) 『龍華秘書』（『宗全』一九巻一三四頁）。
(12) 【図説】日蓮聖人と法華の至宝』三巻一三三頁、『妙顕寺文書一』一六七頁、『龍華秘書』（『宗全』一九巻一三五頁）。
(13) 『龍華秘書』（『宗全』一九巻一五六頁）。
(14) 『龍華秘書』（『宗全』一九巻一三六頁）。
(15) 『宗全』一巻二六五頁、同一九巻三八頁。
(16) 『宗全』五巻八頁。
(17) 渡辺宝陽『日蓮宗信行論の研究』一三六頁。
(18) 都守基一「『立正安国論』の再確認」（『身延山大学東洋文化研究所所報』一六号、身延山大学東洋文化研究所、二〇一二年）

四六頁。
(19) 都守基一「『立正安国論』の再確認」（『身延山大学東洋文化研究所所報』一六号）五八頁。
(20) 都守基一「『立正安国論』の再確認」（『身延山大学東洋文化研究所所報』一六号）五四頁。
(21) 都守基一「『立正安国論』の再確認」（『身延山大学東洋文化研究所所報』一六号）四七頁。
(22) 都守基一「『立正安国論』の再確認」（『身延山大学東洋文化研究所所報』一六号）五四頁。
(23) 窪田哲城『日什と弟子達―顕本法華殉教史―』（山喜房佛書林、一九七八年）、同『日什聖人伝』（山喜房佛書林、一九九〇年）、同『増補　日什と弟子達―什門殉教史―』（山喜房佛書林、二〇〇二年）。
(24)『宗全』五巻三八頁。
(25)『宗全』五巻三頁。
(26)『宗全』一八巻五四頁。
(27)『宗全』六巻（山喜房佛書林　一九六一年）六頁。
(28)『日什御奏聞記録』によれば、日什は第一回目の奏聞26の時、「下総国府中妙法寺住僧」（『宗全』五巻九頁）と名乗って奏聞したと記録される。また、日什が奏聞を終えて帰途についた時の記事にも「下総国妙法寺下着」（『宗全』五巻三六頁）と記されている。したがって、当時真間弘法寺が妙法寺とも称されていたか、あるいは日什が妙法寺という別の寺に居住していたか、両様の可能性が想定される。窪田哲城『顕本法華宗史料』二巻（法華ジャーナル、一九八三年）八六頁では、『日什御奏聞記録』の同箇所を「妙法寺＝真間弘法寺の前名」と解説している。なお、元禄四年（一六九一）の石井玄隆『開山日什上人名相記』（東金市本松寺所蔵本）によれば、『日什御奏聞記録』の同箇所を「ある記にいわく、府中妙法寺と答えたまうは、中山本妙寺のことという」と解説しており、妙法寺が中山本妙寺を指す可能性も指摘されている。小松正学「石井玄隆纂述『開山日什上人名相記』（『石井記』）復刻」（『妙塔学報』一一号、顕本法華宗教学研究所、二〇一四年）七三頁。
(29)『門徒古事』（『宗全』五巻四三頁）。
(30) 窪田哲城『顕本法華宗史料』一巻（法華ジャーナル、一九八三年）七五頁。
(31)『門徒古事』（『宗全』五巻四二頁）。

(32)『門徒古事』(『宗全』五巻四二頁)。
(33)『門徒古事』(『宗全』五巻四二頁)。
(34)『門徒古事』(『宗全』五巻四二頁)。
(35)『門徒古事』(『宗全』五巻四八頁)。
(36)『宗全』五巻三七頁。
(37)『門徒古事』(『宗全』五巻八四頁以下)。
(38)『一期所修善根記録』(『宗全』一巻四四七頁)に「真間同道」とあり。
(39)『日蓮教団全史(上)』一六七頁。
(40)『一期所修善根記録』(『宗全』一巻四四七頁)。
(41)中尾堯『日蓮宗の成立と展開―中山法華経寺を中心として―』(吉川弘文館、一九七三年)一二八頁。
(42)中尾堯編『中山法華経寺史料』四四頁。
(43)山口照子監修『日親上人全集』(日親上人第五百遠忌報恩奉行会、一九八五年)二四五頁。
(44)『埴谷抄』(『日蓮教学研究所紀要』一号「史料紹介」、立正大学日蓮教学研究所、一九七四年)四頁、本法寺文書編纂会編『本法寺文書一』(大塚巧藝社、一九八七年)一二二頁。
(45)『埴谷抄』(『日蓮教学研究所紀要』一号「史料紹介」)四頁、『本法寺文書一』一二三頁。
(46)『日親上人全集』六五頁以下。

第二節　日興在世中における日興門流の諫暁活動

第一項　日興在世中の諫暁活動

前節では、日興門流における諫暁活動の展開を探るための前段階として、中世日蓮教団が国家権力者に対する諫暁活動をどのように展開したのか、その全体像について概観した。その考察を踏まえ、本節以降は日興門流の諫暁活動について検討していく。

日興門流諸師の申状については、すでに『宗全』二巻・『富要』八巻・『日蓮正宗歴代法主全書』一巻・『日興上人』・『日目上人』・『興門資料』[2]および自治体史等に釈文が収録されており、周知のものとなっている。しかし、日興門流の諫暁活動に関する先行研究は、『富士日興上人詳伝』・『日興上人』・『日目上人』等に見られるものの、それらはあくまで断片的なものであり、中世日興門下の諫暁活動について全体的かつ総合的に検討を行った研究は、管見の限り見出すことはできない。そのような現状の課題を踏まえ、本節では特に日興在世中の諫暁活動に着目したい。日興は正慶二年（一三三三）に八八歳をもって入滅するが、正慶二年といえば鎌倉幕府が滅亡した年でもある。したがって、日興が生きた時代はそのすべてが鎌倉時代であり、ここでの考察は、言い換えれば鎌倉時代における日興門流の諫暁活動ということになろう。日興在世中の諫暁活動は、その後世代を超えて受け継がれていく日興門流による諫暁活動の原点に位置するものであり、門流の諫暁活動展開の基盤を成していることは論を俟たない。既に述べた通り、日蓮は在世中に鎌倉幕府に対して三度諫暁を行った。身命を惜しまず諫暁を繰り返した日蓮の果敢な姿を、直弟子の一人として最も近くで見てきた日興らがその遺志を受け継ぎ、日蓮滅後如何にして諫暁活動を継承・展開したのか、この問いを明らかにすることが本節の中心課題である。

まず前節で提示した、中世日蓮教団における諫暁活動の事例一覧である表一―二の中から、日興在世中における日興とその門弟の諫暁活動の事例をピックアップし、以下に挙げる。なお、《　》内の数字は表一―二の収録番号を表している。

①《3》日興　正応二年（一二八九）正月
　　　中状　↓　武家　【副進】立正安国論・文永八年中状
②《9》日順　嘉暦二年（一三二七）八月二十五日
　　　中状　↓　公家か　【副進】なし
③《10》日興　嘉暦二年（一三二七）八月
　　　中状　↓　公家　【副進】立正安国論・三時弘経図等
④《13》日興　元徳二年（一三三〇）三月
　　　中状　↓　武家　【副進】立正安国論・文永五年中状・同八年中状・所造書籍等

右記の通り、日興在世中には四度の諫暁活動の事例を確認することができる。その内訳は、日興が三度、重須談所二代学頭の三位阿闍梨日順が一度であり、そのすべてが申状の写本の存在によって知ることができる。

日興の諫暁活動については、『御伝土代』に「大聖人御滅八五十二年之間公家関東奏聞了テ」(3)とあり、日蓮滅後から日興自身の入滅に至る五二年の間に、公武への諫暁活動を展開したことが伝えられる。その諫暁活動の事蹟を伝える日興申状の初見は①の正応二年（一二八九）正月状であるが、その申状の冒頭に「日蓮聖人弟子日興重テ申」(4)と、末には「重テ言上如レ件」(5)との記述が見られる。この記述によれば、日興が正応二年以前にすでに諫暁を行っていた可能性が考えられる。もちろん日蓮による諫暁を受けて日興が「重テ申」と記したことも想定されようが、これに関連して、天文十四年（一五四五）の保田妙本寺十四世日我『申状見聞私』には、以下のような記述を見ることができる。

御一代御天奏及二五六度一申状何有レ之可レ見レ後、文底五人所破抄の如し、此四申状は嘉暦二年十一月十七日の奏聞也四度目の奏状也、興上本懐殊に依レ有二御許容一日中是読申也、正和二年七月日書たる本有レ之、元徳二年申状ハ目上天奏時雖レ被二副進一於二樽井一御円寂間無二奏聞一歟（中略）此外数通申状有レ之可二見合一也、弘安八年状正応二年状同三年状嘉暦二年状等也(6)

この記述によれば、日興は在世中に五、六度諫暁活動を行ったとし、日興の申状として右に挙げた三通の他に弘安八年（一二八五）状・正応三年（一二九〇）状・正和二年（一三一三）七月状がかつて存在したことを伝えている。したがって堀日亨氏が指摘するように、(7)正応二年正月状①に記された「日興重テ申」の文は、『申状見聞私』が挙げる弘安八年状の提出を受けての記述であろうか。弘安八年といえば、鎌倉日蓮教団が幕府から敵国降伏・天下安全を願う祈禱を命じられ、もし祈禱を拒めば鎌倉日蓮教団を一掃すると脅された事件が起こった年でもあった。この時鎌倉日蓮教団を率いていた六老僧の日昭・日朗は、教団護持のためにやむなく祈禱を行い、申状を提出して陳弁諫暁している（表一二の1・2）。これが日蓮門下における諫暁活動の初見であるが、『申状見聞私』が伝える日興の弘安八年の申状が存在していたのであれば、日昭・日朗と同様に日興もまた弘安八年の時点で諫暁を行っていたということになる。

なお、右に引用した『申状見聞私』中の「此ノ四ノ申状は嘉暦二年十一月十七日の奏聞也四度目の奏状也」との文によれば、日興が嘉暦二年十一月十七日に諫暁活動を行ったことを伝えている。しかし、日興の嘉暦二年における諫暁活動の事蹟は、八月に提出された③の申状しか伝来しておらず、現時点では十一月十七日の事蹟を見出すことはできない。この点について堀氏は、日我の誤記ではないかと推測している。(8)

また④の元徳二年三月状について、『宗全』二巻に収録される本申状の頭注には「元徳等七字一本作㆓正和二年七月㆒続集作㆓正安元年九月日㆒今依㆓諫国書㆒」との記述が見られる。(9) これによれば、④の元徳二年三月状と同系統の正和二年七月状、正安元年（一二九九）九月状の二通が他に存在したことが読み取れる。さらに京都要法寺に所蔵される同寺十三世日辰写本、(10) そして山梨常在寺所蔵の某写本には、(11) 共に徳治三年（一三〇八）九月の年月日を見ることができる。この日辰写本と常在寺蔵写本は④の元徳二年三月状とほぼ同文であり、同系統の写本であろう。この内、特に『宗全』二巻の頭注に挙げられる正和二年七月状は、保田日我の『申状見聞私』にもその存在が記されているため、実際に存在した可能性はより高いと思われる。これらのほぼ同文でありながら異なる年月日を有する申状が確認できるということは、日興が先に提出した申状の内容をそのまま踏襲して書き写し、それを後の諫暁活動の際に提出する申状と成していた可能性が考えられるのである。

これらの諸記録を整理すると、日興申状は『興全』等に挙げられる①の正応二年（一二八九）正月状・③の嘉暦二年（一三二七）八月状・④の元徳二年（一三三〇）三月状の三通の他に、弘安八年（一二八五）状・正応三年（一二九〇）状・正安元年（一二九九）九月状・徳治三年（一三〇八）九月状・正和二年（一三一三）七月状の五通が作成された可能性が想定されるのである。なお『日興上人』では、この内正安元年九月状を挙げずに嘉暦二年十一月状というものを挙げている。[12] 嘉暦二年十一月状とは、堀氏が日我の誤記かと指摘した『申状見聞私』の「此ノ四ノ申状は嘉暦二年十一月十七日の奏聞也四度目の奏状也」との記述を真と受け取った結果だと容易に想像がつくが、正安元年九月状を挙げていないのは単なる見落としであろうか。

これらの申状が実際に日興によって作成され権力者に提出されていたとすると、日興の諌暁活動の事例は八度を数え、鎌倉時代における日蓮門下の中で際立って多い諌暁活動の実績を残したことになる。また①③④の諌暁活動の事例だけを見ると、①と③④の間が約四〇年も開いているが、右に挙げた八度の事例をもって見ると時代的な偏りも比較的少なくなり、日興在世中を通して諌暁活動が展開されているといえる。『御伝土代』に「大聖人御滅ハ五十二年之間公家関東奏聞了テ」[13]と、敢えて五十二年と記されるのは、このような日興の諌暁活動の実績を受けての表現であったとも考えられる。これらの事蹟から、日興が諌暁活動に強い意欲を持って臨んでいた様子の断面が窺えよう。

第二項　申状について

一、書式と内容

上記の如く、日興在世中における諫暁活動の事例を伝える史料として、日興申状三通と日順申状一通が確認されている。ここではその書式と内容について検討してみよう。まずは以下にその申状四通の全文を挙げる。なお、傍線は筆者によるものである。

①日興『申状』　正応二年（一二八九）正月

日蓮聖人弟子日興重申。

請【1】早破却真言・念仏・禅・律等邪法興行僧徒被崇敬妙法蓮華経首題、資天下泰平・国土安穏異国降伏祈状。

副進

一巻　立正安国論　文応元年勘之

一巻　文永八年申状

件条先度具言上畢。而于今不達早聴之間重所申也。先師聖人積雪行於床頭潤欲教源乾、懸蛍幌於窓前挑欲法燈滅、稽古雖浅偏抑是淹。爰勘見諸経説相、妙法蓮華経首題者一乗之肝要、諸仏之本懐也。

以之為正法。真言・念仏・禅・律等者爾前之権説、専背聖旨也。以之為邪法也。【2】世及澆季而捨離正法、人帰悪心而賞翫邪法。因茲守護善神避国、怨敵之悪鬼得便、異賊襲来攻国、疫病充満成災。国土之衰弊人民之滅亡当斯時矣。嗚呼悲哉、国者依邪法之興行忽欲亡、人者依悪心熾盛将逢難。【3】聖人独歎而明夜思而渉日。鑑此瑞相為国土安全去文応年中作立正安国論雖備上覧、不相待御裁断聖人入滅已。今見国体併符合彼勘文。争不被賞之哉。勁松彰歳寒忠臣見国危。【4】仍遺弟等且為散先師鬱憤、且為遂仏法興隆重所経上裁也。是為法為国雖申之、為身為利不申之。凡先代以来弘法華之類、未流布題目。期法滅之時故也。而日蓮聖人為仏使、受生於末世弘正法、寄思於求法悟円意。【5】尤崇敬正法者、離散仏神帰来守護国土可禦妖孽。抑伝教大師所弘法華者猶以迹門也。先師聖人所弘法華者併以本門也。浅深炳焉也。採択之処用捨宜為顕然。【6】所詮被召合邪法興行僧徒遂問答、被糺明法之邪正、破却邪法被崇敬正法者、彼異賊滅亡此国土興復耳。仍而重言上如件。

正応二年正月　日(14)

②『日淳授日順申状土代案』　嘉暦二年（一三二七）八月二十五日

中定土代案

相当明王聖主御代、不不（衍）択貴賤蒙御免許、直致庭中之由承及候之間、駿河国富士山居住仕候　【1】日蓮聖人弟子日興房代官　依仏法事申上候、

釈尊説法之内一代五時之間、立前後弁権実、前四十余年説教以号方便、後八ヶ年法花以称真実事、私新儀候、

源如来金言候、所謂序分無量義経、四十余年未顕真実、正宗妙経正直捨方便、但説無上道説、諸仏本懐此経極、衆生皆成無異論事候、既如我昔所願、今者已満足云ヘトモ、尚憐愍未来衆機、故分世於三時付法於四依大士給候、

【2】先正法千年之内解脱堅固五百年、迦葉・阿難・尚那和修・優婆毱多等諸聖者以小乗度衆生、禅定堅固五百年、龍樹・天親・馬鳴・提婆等大論師破小弘大、付法次第不違仏説釣鎖相連如此候、

【3】次像法代薬王菩薩受仏勅、陳代天台大師再誕、自後漢明帝至陳朝七代五百余年御帰依仏法異見雖多、不過南三北七十師所立教部、前後・頓漸・権実・大小・麁妙・寛狭・進否一々難破之、天台円宗被弘通了、本朝卅代欽明天王御宇仏法始渡、桓武御宇伝教大師出世代々御帰依六宗号謗法剋、七大寺一同蜂起 智顗之諂狂・最澄過去誰信之嘲候之間、六宗御帰依甚深之上者伝教所立法花実儀隠没 徒送年序候、雖然伝教大師以不退心弥仏法之邪正必可依国土理乱之由被陳申候、兼日言即符合 東夷並頭、北蛮来朝之刻、皇帝驚思食 災天起諸門御訪之時、弘世・国道両臣依折伝教所立法花実儀南都六宗謗法之由具奏達之間、皇帝行幸 延暦廿一年正月十九日於高雄寺六宗龍象十四人誓出、伝教大師与宗論之時、四十余年説教皆是法花哢引方便之条理非顕然之間、同廿九日六宗一同捧怱状云、三論・法相久年諍早乗妙円船得渡彼岸云云、既諸宗法花帰伏之上者皇帝以伝教御崇敬異他候、国中災難忽留候之条世以所知候、以上薬王菩薩後身 和漢両朝天台・伝教再誕、像法之時法花迹門弘通給次第如此候、

【4】今入末法上行菩薩出現可流布法花本門之由経文解釈明鏡候、所謂宝塔三ヶ諫暁・勧持二万勅答・涌出召出大士・神力結要付属、只此事候、随而薬王品後五（百）才中広宣流布於閻浮提無令断絶説、伝教大師正像稍過已末法太有近、法花一乗機今正是其時等釈候、既法花弘通高祖 末法太有近、法花一乗機今正是其時等釈給事、本門

流布指候ハスヤ、又上行菩薩出世釈語代則像終末始、尋地則唐東羯西、尋人則闘諍之時、経云、猶多怨嫉況滅度後、此言良所以哉治定釈、日蓮聖人出世候ハスハ、誰人上行菩薩定候ヘキ、今入末法雖及二百余年候、念仏・真言・禅・律等下剋上邪法国中充満、像法稍過候、迹門等盛御帰依之間、自界叛逆之災、東夷西戎之難、動蜂起候、此偏世間事候ハス、依仏法夭怪候、所詮時節到来上者、【5】任神力品付嘱、上行菩薩再誕日蓮聖人為国師、并法花本門経王以日域并一閻浮提広宣流布候、四方衆国仕我国朝廷、百王御願者与天壌無窮由令言上候、

【6】但如此申上候共、今非預御裁許、如伝教奏聞先規申処符合否、為向後言上候、

【7】抑号日像・日寿一両之異類、称法花宗、洛中経廻之由承及候、彼等都先師所立迷惑スルノミニモ候ハス、還失法花宗体大狂惑族候由、年来日興房専所破申候、全以宗同名法異体御混乱不可有之由同以申上候、

御本云、奏聞八月廿五日也、日順在判

嘉暦二年八月中旬之比奏聞之由企也、

私云、以重須御本書写之、

日要上人在御判

直授日杲

伝授日淳（花押）(15)

③日興『申状』　嘉暦二年（一三二七）八月

日蓮聖人弟子駿河国富士山住日興誠惶誠恐庭中言上。

【1】請殊蒙天恩且任三時弘経次第且依後五百歳金言永停止爾前迹門被尊敬法華本門子細状。

副進

一巻　立正安国論【2】（文応元年勘文并三時弘経図等）

右謹検案内、仏法者依王法之崇重而増威、王法者依仏法之擁護闘基。是以大覚世尊鑒未来時機分世於三時付法於四依以来、正法千年之内、【3】迦葉・阿難等聖者先弘小略大、龍樹・天親等論師次破小立大。【4】像法千年之間、異域則陳隋両主之明時、智者破十師之邪義、本朝亦桓武天皇之聖代、伝教改六宗之僻論。【5】今入末法者、上行出世之境、本門流布之時也。正像已過。何以爾前迹門強可有御帰依哉。料知讒佞隔叡聞邪義妨正法。如来得道之昔尚有魔障。何況末代哉。然而聖主御宇之今也。時機已又至。弘通期幾日。就中天台伝教者当像法之時而演説、日蓮聖人迎末法之代而恢弘。彼者薬王之後身、此者上行之再誕矣。経文所載解釈炳焉者也。凡一代教迹之濫觴為説法華之中道也。三国伝持之流布盍先真実之本門哉。若貴瓦礫棄珠玉捧燭影哢日光者、只趁風俗之迷妄似謗世尊之化導歟。華中有優曇木中有栴檀。凡慮難覃併任冥鑑。偏嗜尭舜之道不立楊墨之門焉。今適逢聖代、早達下情将驚上聴。【6】望請天裁且被察仏意且被施皇徳、速退爾前迹門之邪教、被弘法華本門之妙理者、海内静謐天下泰平矣。日興誠惶誠恐謹言。

嘉暦二年八月　日(16)

④日興『申状』　元徳二年（一三三〇）三月

日蓮聖人弟子日興重言上。
欲【1】早対治爾前迹門謗法被立法華本門正法者、可為天下泰平国土安穏事。

副進　先師之申状等

一巻　立正安国論　文応元年勘文

一通　文永五年申状

一通　同八年申状

一巻　所造書籍等

右度度具言上畢。抑【2】対治謗法弘通正法者、治国秘術聖代佳例也。【3】所謂漢土則隋皇帝天台大師破十師之邪義治乱国、倭国亦桓武天皇伝教大師止六宗之謗法退異賊。凡付内付外捨悪持善者如来之金言明王之善政也。爰近代天地之災難国土之衰乱逐年強盛也。然者当世御帰依仏法為世為人無益事誰可論之哉。凡伝教大師像法所弘之法華迹門也。【4】日蓮聖人末法弘通之法華本門也。是則如来付属之次第也。大師解釈明証也。為仏法為王法早被尋聞食急可有御沙汰者歟。【5】所詮入末法不建法華本門之間、国土災難随日増長、自他叛逆逐年蜂起。是等子細具先師所造之安国論并書籍等所勘申皆以令符合。【6】然者早対治爾前迹門之謗法被立法華本門之正法者、可為天下泰平国土安全。仍為世為法重而言上如件。

元徳二年三月　日　　日興在判(17)

申状は、下位の者が上位に向かって差し出す上申文書であり、その様式は公式様文書における解状の様式を踏襲しているものが多いとされる。(18)すなわち、冒頭に「何某申何々事」「何某請何々状」等という申状の要旨を示す事書に始まり、副進書、本文、そして日付という構成になっており、宛所は書かれない。これが当時の日蓮門下の申状に共通して見られる基本的な様式である。

①③④の日興申状を見ると、その書き出しには「日蓮聖人弟子日興」「日蓮聖人ノ弟子駿河国富士山住日興」「日蓮聖人ノ弟子日興」とあり、日興は日蓮の弟子という立場を明確に示した上で諫暁活動を行っていることがわかる。これに関して、日興は永仁六年（一二九八）の『弟子分帳』において、他の五老僧が日蓮の弟子であるにも関わらず天台の弟子と名乗って申状を提出していることを嘆いている心境を記している。

聖人御弟子六人中五人者一同改二聖人御姓名一号二天台弟子一。爰欲レ被レ破二却住坊一之刻行二天台宗一而致二御祈禱一之由、各々依レ捧二申状一免二破却難一了。具見二彼状文一(19)

日興を除く五老僧の申状の冒頭箇所を見てみると、日昭申状は「天台沙門日昭謹言上」(20)、日朗申状は「天台沙門日朗謹言上」(21)、日向申状は「日蓮聖人遺弟日向申」(22)「日蓮聖人弟子僧日向申」(23)、日頂申状は「天台法華宗沙門日頂謹言上」(24)と記されている。つまり、日昭・日朗・日頂の三師が天台沙門と名乗って申状を作成していることが確認できる。ただし、日向に関しては申状に天台の弟子と名乗ってはいないが、日向と日興は日蓮滅後身延にて波木井実長の教導を巡って対立し、その結果日興が身延を離山するに至っている。また申状が伝来していない日持については『弟子分帳』に「松野甲斐公日持者日興最初弟子也（中略）聖人御滅後背二白蓮一五人一同天台門徒也ト ナノレリ」(25)とあり、元来日興の弟子であったが日蓮滅後に日興の元を離れ、他の五老僧と同じく天台門徒と名乗ったとされている。おそらくこれらのことを総合的に見て、日興は「聖人御弟子六人中五人者一同改二聖人御姓名一号二天台弟子一」と表記したのであろう。

この背景には既に述べた通り、弘安七、八年（一二八四、八五）頃の幕府による鎌倉日蓮教団に対する国家安穏の祈禱の強要があった。鎌倉の日昭・日朗は教団護持のためにやむなく祈禱の巻数を捧げ、鎌倉教団破却の危難を免れたのである。しかし日興は、当世末法において妙法五字を弘めるべき本化上行自覚を明らかにした日蓮の弟子であるにも関わらず、なぜ迹化の人師である天台の弟子と名乗るのかということに遺憾の念を抱き、それが先の『弟子分帳』の文となって表出したと考えられる。この日興の非難に対する日昭・日朗らの釈明については、現在確認されていない。

ただし、日興は日昭・日朗が天台沙門と号して申状を提出した当初からこのような批判的態度を表明していたかというと、必ずしもそうではない。この点について高木豊氏は次のように述べている。

日興は、後年に五人のとった態度を激しく非難するが、当時はやむを得ずとうけとったのではないか。それは、この事件のころの日興書状は、かえって、鎌倉の動静についての気づかいを述べているからであるし、既述のように、この事件のあとと思われるころ、身延に登った日向の学頭職を委任しているからで、もし、後年のような非難を当時抱いたとすれば、その一人である日向への学頭職委任のような重用はあり得なかったと考えられるからである。(26)

高木氏が推測するように、日昭・日朗らが申状に天台沙門と号して祈禱の精誠を尽くしたのは、当時の情勢からして致し方ないことであり、日昭・日朗らも鎌倉日蓮教団の護持に必死だったことであろう。その状況を日興も当然理解していたはずである。それが後年になって、他の五老僧全員が天台宗に傾倒するような行動を起こしたことに失意し、日興の不満も徐々に募り、結果的に永仁六年の『弟子分帳』における五老僧に対する非難表明へとつながっていったものと思われるのである。具体的にいつの時期から日興が五老僧に対して不満を感じ始めていたのか特定することは困難であるが、日興は日昭・日朗と同じく幕府に提出した①の正応二年（一二八九）正月の申状には「日蓮聖人弟子日興」と名乗っており、「天台」とは記していない。したがって表面には表れなくとも、正応二年の頃には既に日昭・日朗が天台沙門と号したことについて、内心不服の意を抱き始めていたのではないだろうか。

しかしながら、日興が非難したこのような署名は、その後の諫暁活動において必ずしも見られるものではない。日蓮門下の申状を見ると、日興門流諸師は日興に倣い、ほぼすべての申状において日蓮弟子または日興弟子と記している。他門流諸師の申状においても、永仁元年（一二九三）の日弁訴状（表一二の5）は「日蓮聖人弟子日弁」(27)、正安四年（一三〇二）の中山日高申状（表一二の6）は「日蓮聖人遺弟日高」(28)、建武元年（一三三四）の身延日進申状（表一二の15）は「日蓮聖人遺跡並法門相伝日進」(29)、同年の中山日祐・真間日樹申状（表一二の16）は「日蓮聖人門弟日祐日樹」(30)と記している。また『日什御奏聞記録』によれば、諫暁活動の際の名乗りについて日什は「日蓮沙門ト書カ正義ニテ可㆑有候」(31)と述べ、日蓮の弟子と名乗るべきであると主張している。すなわち、日蓮門下全体を通して申状には日蓮弟子等と記すのが通例だったようで、このことからも日昭・日朗らが申状に天台沙門と号したことは国家権力の影響を受けた、極めて特殊なケースであったことがわかる。

なお、これに関連して中山日祐『立正安国論私見聞』には次のような記述も見られる。

> 於御門弟㆒者公方ノ申状已下日蓮上人門弟書トキ名乗事尤可然㆒歟。先々宿老御中公方ノ申状ニ天台沙門書ト下ヘルヲ於一門弟ノ内ニ㆒難破在之㆒。難モ一往尓然也。雖然㆒大聖人御書写ノ上ハ一偏ノ難モ無其理㆒歟。(32)

日祐は先師が申状に天台沙門と署名したことに対する非難について、申状には日蓮の弟子と名乗るのが当然の倣い

し、法華本門の教法を広宣流布すれば、国家安泰となるであろうと主張している（【4】【5】）。しかし【6】の文で、本奏聞は裁可を仰ぐために行うのではなく、この度の主張が符合するか否か、今後のために言上するものであるとしており、また【7】にあるように、帝都弘通する日像・日寿の名を挙げ、「失二法花ノ宗体ヲ一大狂惑ノ族」と日興が痛烈に批判していることを記している。このように②の日順申状は、諫暁書である申状に教団内の混乱を述べており、その点他の日蓮門下の申状とは大きく性格が異なっている。②はあくまでも土代とされることから、実際にこの内容で申状が清書されたのかどうか、今それを証する史料を欠くため定かではない。内容についてもさらなる検討が必要であろう。

また後述するが、日順は嘉暦二年八月に日興の代官として奏聞を果たしたと考えられている。日興には次に見る③の嘉暦二年八月状が伝来し、また②はその奥書から嘉暦二年八月二十五日の奏聞の際の申状とされている。したがって、日順が代官を務めた嘉暦二年の奏聞では、③の日興申状と②の日順申状の両方を持参して提出したのであろうか。ただし、②の奥書に記される日付はすべて他筆と考えられるため、奥書の信憑性によっては②の申状が嘉暦二年の奏聞とは無関係である可能性も否定できない。

③の日興申状は、本文中に「天恩」「天裁」等の文言が見られることから、公家宛の申状と考えられる。本申状では、まず事書に三時弘経の次第に示される通り、爾前迹門を停止して法華本門の教法を尊崇すべきとの要請が記される（【1】）。本文では、仏法は国家の帰依によってその威力を増し、国家は仏法の擁護によってその基盤をなすとの一文に始まり（【2】）、続けて正法・像法・末法の三時における具体的な仏法流布の次第を挙げ（【3】【4】【5】）、当世末法は法華本門流布の時であるとする。そして事書同様に、速やかに爾前迹門の邪教を対治し、末法相応の法華本

門の妙理を信仰するとの勅裁を求め、これによって国土安穏・天下泰平となるであろうとの主張をもって結んでいる（【6】）。過去に日興が作成した武家宛申状の①と比べ、③では善神捨国思想を見出すことはできず、三時における仏法流布の次第を主題として申状が作成されている。

最後に、武家宛と考えられる④の日興申状では、③と同様に爾前迹門の謗法を対治して法華本門の正法を建立せよとの旨の要求がまず記される（【1】）。本文では、謗法を対治して正法を弘通することは国を統治する秘術であり、かつ優れた天子が治めた時代の良き前例であると述べ（【2】）、続けて像法において天台・伝教が弘通したのは法華迹門であることに対し（【3】）、末法において日蓮が弘通したのは法華本門であることが述べられる（【4】）。そして、末法において国土の災難や自他の叛逆が頻発するのは法華本門の教法を信仰していないからであり、これは先師日蓮が『立正安国論』等の書籍に勘え申した内容に合致すると述べ（【5】）、早く爾前迹門の謗法を対治して法華本門の正法に帰することが、天下泰平・国土安全を達成する手段であるとの文をもって書き止めている（【6】）。

このように、申状毎に表記の相違、また諫暁先によって内容に相違が認められるものの、主に天下泰平国土安穏実現のために爾前迹門の謗法を対治して末法相応の法華経本門の教法を信奉することを要請する内容が、ほぼ共通して記されている。すなわち、末法意識の必要性とそれに相応する正法たる法華経への帰依の絶対性を説いており、日興らはこの旨を権力者から裁可を得るための根本主張としたことが窺える。

二、副進書

次に、申状に添えて提出された副進書について触れたい。前節で述べた通り、中世日蓮門下が諫暁活動の際に用いた申状の多くには、『立正安国論』をはじめとする先師の諫暁書等を副進書として添えて提出する旨が記載されており、副進書を付することが申状提出における一つの形式となっていた。日順申状に関しては副進書の添付は見られないが、日興申状にはいくつかの副進書を確認することができる。それらの内、先に挙げた三通の日興申状すべてに共通して副進されているのが、『立正安国論』である。日蓮は『立正安国論』に「天下泰平国土安穏君臣所レ楽土民所レ思也。夫国依レ法而昌法因レ人而貴。国亡人滅仏誰可レ崇。法誰可レ信哉」[33]と記して、国土安穏のために国家の帰依の重要性を説き、権力者に対して邪法停止と正法たる法華経への帰依を強く求めた。日興もまた諫暁活動を敢行するにおよび権力者に第一に求めたものは、邪法停止と正法建立であった。つまり、日興が申状に『立正安国論』を必ず副進した理由は、日蓮の遺志を受け継いで立正安国の理想実現を目指すという自身の立場を明確化すると共に、『立正安国論』の主張を今一度権力者に知らしめ、用意した自身の申状の内容を強調させるためであったと推考される。このような理由から、『立正安国論』の副進が通例化したものと考えられるのである。

次に、日興は①の正応二年（一二八九）正月状に「文永八年申状」を、④の元徳二年（一三三〇）三月状に「文永五年申状」と「同八年申状」を副進している。この文永五年申状と文永八年申状について、日我『申状見聞私』には次のような記述が見られる。

文永五年ノ申状

一此ノ御申状ノ縁由ハ文応元年安国論ノ勘文ノ九年後、文永五年ニ四方賊来ノ牒状有ルレ之間、重テ勘文符合ノ旨ヲ驚シ御申シある也、是レハ王位へ天奏状にあらず鎌倉殿への目安也[34]

文永八年御申状

一此ノ御状モ目安也、天庭ノ奏聞にあらず、両度雖レ訴ヘ玉フト無ニ許容キ一間、安国論ヲ挙ゲ玉フ時此ノ状副文也[35]

この記述によれば、文永五年申状とは同年（一二六八）閏正月の蒙古の使節来朝により『立正安国論』に予言した他国侵逼難が現実化しつつあることを受け、日蓮が再び執権への内奏を求めて八月二十一日に宿屋入道最信に送った『宿屋入道許御状』[36]を指すとされる。また文永八年申状とは、同年（一二七一）九月十二日、執権に次ぐ立場にあった鎌倉幕府侍所所司平左衛門尉頼綱に対して日蓮が再び『立正安国論』を進覧するべくそれに添えた書状の『一昨日御書』[37]を指すとされる。『申状見聞私』では、この比定のもとに『宿屋入道許御状』と『一昨日御書』について解説を加えている。また、京都要法寺十三世日辰が永禄元年（一五五八）十一月六日に重須で書写した諸先師申状の中には、「御申状」として右の二遺文も含まれており、[38]このことも文永五年申状＝『宿屋入道許御状』、文永八年申状＝『一昨日御書』であることを裏付けていよう。

この両遺文は、いわば日蓮が『立正安国論』を上呈した際の副進書であり、かつ内容から諫暁書としての性格を帯びた書状であるといえる。これを日蓮は武家に宛てて差し出した。この前例を元に、日興は武家に対する諫暁①④を敢行するに際し、これらの日蓮遺文を『立正安国論』と共に申状に付したのである。したがって、『立正安国論』における主義主張をより具現化し、過去に日蓮が幕府に対して果たした諫暁を再度武家に回想させる意味合いをもって、日興はこれらの日蓮遺文を自身の申状に改めて副進したものと考えられる。この事実からも、日興が師である日蓮の諫暁活動に倣って行動していること、そして日興の諫暁が日蓮の諫暁に連なるものであるという態度を明確に表明している様子が窺える。初期日蓮門下の諫暁活動において、申状に『立正安国論』以外の日蓮遺文を副進したのは日興のみであり、日興の諫暁活動における特徴の一つといえよう。

また、公家に対して提出された③の嘉暦二年（一三二七）八月状には「一巻　立正安国論　文応元年勘文并三時弘経図」を副進すると記されている。ここに見える「三時弘経図」と類似するもので、日興門下の申状に付された副進書には「三時弘経次第」との書名も見ることができるが、この両書は同一のものと見てよいであろう。この文書について、康正二年（一四五六）の成立と推定されている大石寺九世日有『連陽房雑雑聞書』には、「三時弘経ノ面ヲ遊ハシテ御聞セ有ケル只紙三枚御書ニテ御入候、奥ノ御書キ止ニハ孝経ノ詩ヲ遊ハシ候[39]」と解説されている。

日興にはこの日有の記述と合致する『三時弘経次第』という文書が伝来している。以下にその全文を挙げる。

○日興『三時弘経次第』（大石寺所蔵写本）

一　仏法流布之次第。

一　正法千年　流布　小乗　権大乗

一　像法千年　流布　法華迹門

一　末法万年　流布　法華本門

一　今入テ二末法ニ一立テテ二法華本門ヲ一可キレ治ム二国土ヲ一次第。

桓武天皇伝教大師共為迹化付属師檀破爾前立迹門利益像法護持国土図之。

迹門寺
比叡山　始成釈迦仏
像法

- 付属弟子　薬王菩薩　伝教大師
- 垂迹神　天照太神　八幡大菩薩　桓武天皇

→ 迹化垂迹師檀

今日蓮房共為本化垂迹師檀破迹門立本門利益末法可治国土図之。

本門寺
富士山　久成釈迦仏
末法

- 付属弟子　上行菩薩　日蓮聖人
- 垂迹神　天照太神　八幡大菩薩　当御代

→ 本化垂迹師檀

天照太神勅曰、
葦原ノ千五百秋之瑞穂国、是吾子孫可王之地也。宜爾就而治焉。行矣。宝祚之隆当与天壌無窮。文。
孝経云、
先王行正直之徳則四方之衆国皆順従法則也。(40)

この日興著と伝えられる『三時弘経次第』は真筆は伝来しておらず、某による写本が現在大石寺に所蔵されている。『日蓮正宗歴代法主全書』によれば、本書の系年を嘉暦二年（一三二七）頃と推定している。[41] これは恐らく③の嘉暦二年八月状の中に、初めてその書名を確認できることによるものかと思われる。

日興自身の真筆本が現存していないため、史料的な信憑性には若干欠けるものの、その写本によれば本書は天皇に対する教化の次第が説かれるものであることがわかる。冒頭に正像末の三時における仏法流布の次第を示した上で、時・弘通・教主・付属の相違を図示して台当異目を明確に示し、末法において流布すべき教法は法華本門であると述べている。そして、像法において桓武天皇が迹仏の化導を受けた伝教大師に帰依したことに対し、「今日蓮房共為二本化垂迹師檀一破二迹門一立二本門一利二益末法一可レ治二国土一図レ之」と、末法において時の天皇は本仏の化導を受けた日蓮に帰依し、国土統治のために本化垂迹の師檀となるべきことが説示されている。さらに続けて『日本書記』の文と『孝経』の文を引用し、書き止めている。したがって、日興は特に公家に対する奏聞の際には先代の事例を挙げ、日蓮が説いた末法相応の正法法華経への帰依の必要性をよりわかりやすく示す目的をもって、『三時弘経次第』を副進書として用いたと考えられる。『三時弘経次第』は、その後日興の門弟らも各自の申状に度々付しており、文永五年申状・文永八年申状の副進同様に日興門流の諫暁活動における特色の一つとして注目されよう。

このように、日興は申状の内容同様、諫暁活動を行う対象に応じて『立正安国論』以外の副進書を変更している事実を確認することができる。当然諫暁活動によって成果を得るためには、権力者に対して当方の主張を如何に伝え、如何に領解を得るかが肝心であり、そのためにより有効な手段を採用しようとする日興の姿勢がこれらの事実から見えてくる。

第三項　代官派遣による諫暁活動

日興による諫暁活動は、毎回日興自身が権力者のもとに赴いて実行したわけではなく、時には日興が弟子を自身の代官として諫暁活動に向かわせたケースがあった。その事実は次の［1］～［5］の史料によって知ることができる。なお、傍線は筆者によるものである。

［1］日興曼荼羅本尊授与書　正応三年（一二九〇）十月八日

僧日仙授与之日仙百貫房者賜聖人異名也、日興上奏代也(42)

［2］『日淳授日順申状土代案』　嘉暦二年（一三二七）八月二十五日

日蓮聖人弟子日興房代官トシテ依仏法事申上候（中略）

御本云、奏聞八月廿五日也、日順在判

嘉暦二年八月中旬之比奏聞之由企也(43)

［3］日興『日興覚書』　嘉暦二年九月十八日

当聖主御宇奏聞嘉暦二年八月二十二日、以二延遠師一右入二目録一。於二記録所一被ル二庭中セ一雖レ不ト二巨細上聞セ一、志ノ之所謹テ抽二下情ヲ一畢。奏聞代官使者阿闍梨日代為メニ二向後ノ一記録如シレ件ノ。

嘉暦二年九月十八日

日興判(44)

［4］日興曼荼羅本尊授与書　元徳二年（一三三〇）二月二十四日

為悲母一周忌書写如件、公家奏聞代官丸大進房日助授与之(45)

［5］日興曼荼羅本尊授与書　元徳三年（一三三一）二月十五日

奏聞御代式部阿闍梨日妙武家三度公家一度(46)

これらの史料によれば、日興の代理で諫暁活動を果たしたことが伝えられるのは摂津公日仙（［1］）・三位阿闍梨日順（［2］）・蔵人阿闍梨日代（［3］）・大進公日助（［4］）・式部阿闍梨日妙（［5］）の五名である。日興の代官としての諫暁活動であるから、当然日興の申状を持参したものと推察される。そうであれば、先述の諸記録によって存在したことが伝えられる日興申状八通の中に、これらの代官が諫暁活動の際に持参して提出したものが含まれている可能性が考えられる。代官派遣による諫暁活動の記録と日興申状との関連性を探ってみよう。

まず、史料の系年が比較的近いものとして、［1］の日仙への曼荼羅本尊授与（正応三年十月八日）と①の正応二年正月の申状、または日我の『申状見聞私』に記される正応三年の申状が挙げられる。高木氏によれば、日興の正応二年正月状を日仙が師に代わり提出したと推測しているが、(47)その場合、日仙が代官を務めてから日仙に代官遂行を讃える曼荼羅本尊が授与されるまでに約一年十ヵ月も経過していることになり、少々不自然に感じられる。曼荼羅本尊授与の目的が諫暁活動の功を讃えるためだけのものであるならば、諫暁活動は自門にとって重要な教化活動でありかつ特別な功名であるから、日興も代官派遣からそう遠くない時期に曼荼羅本尊を書写して授与するのではないだろうか。

そう考えると、日仙が日興の代官として正応二年正月状を幕府に提出し、それを讃えて［1］の曼荼羅本尊を授与されたと考えるのは難しいのではなかろうか。また、もう一つの正応三年状に関しては現存していないため、現時点ではどちらの申状も日仙が日興の代官を務めた時に持参した申状であるという結論には至らない。しかし、年次的に見れば、［1］に対応する申状はどちらかと言えば正応三年状のほうが可能性は高いと思われる。

同様に、［5］の日妙への曼荼羅本尊授与（元徳三年二月十五日）と元徳二年三月状も比較的系年は近寄ってはいるものの、この場合も代官派遣から曼荼羅本尊授与に至るまでに約一年も経過しており、両者の間に相対性を見出すことは難しい。ただし、［5］には元徳三年時点での日妙の武家へ四度、公家へ一度の諫暁活動の実績が記されているので、あるいは元徳二年状の提出がこれらの日妙の実績の中に含まれている可能性もあろう。

また日興には、③の嘉暦二年（一三二七）八月の申状があるが、［2］の『日淳授日順申状土代案』には「日蓮聖人弟子日興房代官トシテ依仏法事申上候（中略）御本云、奏聞八月廿五日也、日順在判、嘉暦二年八月中旬之比奏聞之由企也」とある。さらに日順『日順阿闍梨血脈』には「嘉暦第一ノ暮秋凌ニハ二嶮難一遂二本尊紛失使節ノ一同号二年八月捨ニハ二身命一致二禁裏最初奏聞ノ一」(48)とあって、これらを勘案すると日順が嘉暦二年八月二十五日に日興の代官として公家への奏聞を果たしたということになり、日興の③嘉暦二年八月状との関連が予想される。この件について、富谷日震氏は『本宗史綱』において、嘉暦二年八月二十五日に日順が日興の代官として申状を携行して奏聞を遂げたとし、それに相応するものとして次の同年十一月二十日の後醍醐天皇『勅宣』を挙げている。(49)

被綸言□覆無外載無棄明君至徳也済不レ洩利不飽仏陀慈悲也、黙則自欽明疇泪当帝今漢家将来之仏法権実尽義利生玉玲々本朝弘通之竜象顕密論理日赫々、王臣之尊崇年旧貴賤之帰依日新矣、爰ニ爾前迹門者正像過時法華本門者末法流布時機相応之的旨日蓮聖人弟子白蓮房日興之訴状太以所驚叡聞也、雖為前代未聞之事而経釈明鏡宛有所信用愚狐疑氷執不解誠文仍為君為仏為世為人弘正法行正理宜俟帰宗之時刻浴詔勅之後□者依天気執達如件

嘉暦二年丁卯十一月二十日

奉　左少弁俊基

謹上　日野中納言殿(50)

この後醍醐天皇の勅宣は、現在保田妙本寺に写本が所蔵されている。宛所の日野中納言とは、後醍醐天皇の側近で正中元年（一三二四）に企てた正中の変の失敗によって佐渡に配流された公卿、日野資朝であろう。日野資朝は、この勅宣を賜った時は佐渡に配流中で、後醍醐天皇が元弘元年（一三三一）に企てた元弘の乱を受けて、佐渡にて斬罪に処せられている。今日佐渡の阿仏房妙宣寺には、日野資朝の墓所と共に元徳三年（一三三一）五月に日野資朝が父母追福を念じて書写した『細字法華経』が安置されており、(51)佐渡における資朝の法華信仰の一端が垣間見える。日野資朝の法華信仰が特に深まったのは、君主後醍醐天皇の勅宣発給によるところが大きかったのではなかろうか。この勅宣が下賜される六年前の元亨元年（一三二一）十一月八日には、妙顕寺日像が後醍醐天皇より京都弘通を許可されている。そのような日蓮教団の宗旨容認の流れの中で、日興門流の主張もまた後醍醐天皇より認められ、勅宣の下賜へとつながったものと見られるのである。現在写本しか伝来していないという問題も残るが、この勅宣が事実を伝えているのであれば、少なくとも今回の奏聞の主旨が公家に受け入れられたということが言えよう。

しかしここで問題となるのは、日興筆とされる［3］『日興覚書』の記述である。本書には、嘉暦二年八月二十二日に日代が日興の代官として公家に奏聞を果たした旨が記されており、この時期の日順・日代による代官遂行の事実関

係に疑問点が浮上する。それは、嘉暦二年の日順と日代による代官遂行は共に公家に対して行われたものと見られるが、これらの史料が示す通り解釈すれば、日興が八月二十二日に日代を代官として派遣したその三日後に、日興は再び日順を代官として公家のもとに派遣したことになる。これらの諸記録の通り、実際に日順・日代両師が立て続けに公家へ奏聞したことも考えられなくもないが、あまりにも直後過ぎるように思う。ましてや直後のことならば、同門内のことであるから両者の奏聞に何らかの関連性が想定され、今挙げた史料の中に互いの奏聞に関する記述が見られてもよさそうであるが、それも見られないことは不自然と見ざるを得ない。ただ、注意すべき点は『日興覚書』には日興の真筆が伝わらず、また本書が記された嘉暦二年九月十八日という日付は、古来真偽問題が論じられるいわゆる日代宛八通遺状の内の一通が記された日と同じ年月日であって、内容もその遺状と同様、日代の高名のために記されたものとの性格を有しているといえる。堀氏は本書を正文書としてみるべきと推測しているが、(52)『日興覚書』自体の信憑性に問題がある可能性は否定できず、史料的扱いに注意が必要である。したがって、『日興覚書』に見える日代の嘉暦二年八月二十二日の奏聞については疑義が残るため、史料的に見れば同年八月の奏聞は、日順中状や『日順阿闍梨血脈』が伝えるように、日順が日興の代官として実際に行ったと捉えるべきであろう。

既に前章でも述べたが、日興は日蓮が独自の法華経観を開顕した曼荼羅本尊を日蓮の悟りの根幹として捉え、生涯に三〇〇幅以上の曼荼羅本尊を書写し、度々門弟に授与している。日興の代官を務めた弟子に対しても、諫暁活動という重大な教化活動を果たしたその功業を讃えるべく、［1］［4］［5］のようにその旨を加筆した曼荼羅本尊を授与しているのである。また、暦応二年（一三三九）には日興の弟子日道がその弟子日行に対して、代官として諫暁活動を果たしたことを讃える曼荼羅本尊を授与しており、代官を務めた弟子へ曼荼羅本尊を授与するという行為が、日興滅後、弟子の間でも行われていたことが確認できる。このような代官の功績を讃えての曼荼羅本尊授与は他門流の間では確認することができず、日興門流の諫暁活動における特徴の一つに位置づけることができよう。

また、日興書状に『与大衆御中書』[53]というものがある。本書は前欠であるが、その内容から公家奏聞に関する具体的な指示・心得を記したものと考えられる。本書に示される指示をいくつか挙げると、出仕した時の儀式は常の礼法を守ること。言葉は礼儀正しく振る舞い、法門の義は強い気持ちで述べること。他宗僧との問答を求められても、一往の返事をした上で興味がないように振る舞うこと。今回の奏聞を公家へ進達するようこちらから進言すること、などである。本書状は『御伝土代』に記される、正安元年（一二九九）に日目が京都六波羅探題にて道智房（十宗房）と法論を行った際の指示とする見方もある。[54]日興のこの指示が、自門の諫暁活動を通して共通する訓令であったとは言い切れないが、当然他の弟子が日興の代官となって諫暁活動を行う際にも類似の指示・心得が種々申し付けられたことであろう。『与大衆御中書』は、当時の諫暁活動前後における日興と弟子とのやりとりの一端を窺い知ることのできる史料として、貴重なものである。

小　結

以上、本節では日興在世中における日興門流の諫暁活動の実態について検討した。本節のまとめとして、次の点を指摘したい。

第一に、日興自身に数多くの諫暁活動の事例が伝えられることである。それは今日確認することのできる申状三通の他に、不鮮明ながら諫暁活動の事例を五度も確認することができるのであって、鎌倉時代における日蓮門下の中で、日興は頻繁に諫暁活動を実行した直弟の一人と見ることができる。

第二に、日興在世中に作成された申状は現在日興申状三通と日順申状土代一通が写本で伝来しており、そこには主に爾前迹門に立脚する謗法を対治して、速やかに法華経本門の教法を信奉せよとの要請がほぼ共通して記されていることである。この要請こそが、日興らの諫暁活動における根本的主張であった。そして、その主張を公権力によりわかりやすく伝え、より確実に裁可を得るために、諫暁活動の対象に応じて申状の内容を変えたり、また副進書を変更したりする様子が窺える。その一方で、これらの諫暁活動は日蓮の遺弟として、宗祖が目指した立正安国の理想実現を改めて目指すという立場は何ら変わるところがなかった。

第三に、時には日興の弟子らが日興の代官として、権力者の元に派遣されて諫暁活動を行ったケースがあったことである。そして日興門流における諫暁活動の特色の一つとして、日興は代官を務めた弟子の功名を讃え、諫暁達成の記念として曼荼羅本尊を授与していた事実も確認することができる。

これらの日興らによる諫暁活動の事例は、その後の門下による諫暁活動の基盤となったことは言うまでもない。日興らの諫暁活動における精神と手段は門弟に継承されながら、これ以降日興門流の諫暁活動はさらなる展開を見せていくのである。

註

（1）正本堂建立記念出版委員会編『日蓮正宗歴代法主全書』一巻（大石寺、一九七二年）。

(2) 髙橋粛道編著『興門資料』(妙道寺事務所、二〇一〇年)。
(3)『宗全』二巻二五一頁。
(4)『興全』三一八頁、『宗全』二巻九五頁。
(5)『興全』三二〇頁、『宗全』二巻九六頁。
(6)『富要』四巻一一三頁。
(7) 堀日亨『富士日興上人詳伝』三五〇頁。
(8) 堀日亨『富士日興上人詳伝』三五六頁。
(9)『宗全』二巻一〇〇頁頭注。
(10) 日蓮宗全書『日蓮上人伝記集』七〇〇頁。
(11) 荻野三七彦・柴辻俊六編『新編甲州古文書』三巻(角川書店、一九七〇年)二一頁『日興上人言上書写(一)』。
(12)『日興上人』一三一頁。
(13)『宗全』二巻二五一頁。
(14)『興全』三一八頁、『宗全』二巻九五頁。
(15)『千葉県の歴史』資料編　中世3　県内文書2　三四三頁。
(16)『興全』三二一頁、『宗全』二巻九七頁。
(17)『興全』三二三頁、『宗全』二巻九九頁。
(18) 国史大辞典編集委員会編『国史大辞典』五巻(吉川弘文館、一九八五年)九二頁「解状」の項、同一三巻七九三頁「申状」の項。
(19)『興全』一二二頁、『宗全』二巻一一二頁。
(20)『宗全』一巻七頁。
(21)『宗全』一巻二一頁。
(22)『宗全』一巻三六頁。

(23) 都守基一「『立正安国論』の再確認」(『身延山大学東洋文化研究所所報』一六号) 四七頁。
(24) 『宗全』一巻四〇頁。
(25) 『興全』一二二頁、『宗全』二巻一一二頁。
(26) 高木豊『中世日蓮教団史攷』一〇二頁。
(27) 『宗全』一巻八八頁。
(28) 中尾堯編『中山法華経寺史料』二八頁。
(29) 都守基一「『立正安国論』の再確認」(『身延山大学東洋文化研究所所報』一六号) 四八頁。
(30) 中尾堯編『中山法華経寺史料』四三頁。
(31) 『宗全』五巻三六頁。
(32) 都守基一「中山日祐著『立正安国論私見聞』の一考察」(『日蓮仏教研究』二号、常円寺日蓮仏教研究所、二〇〇八年) 五三頁。ここでは山梨県昌福寺所蔵写本の翻刻による。
(33) 『定遺』二二〇頁。
(34) 『富要』四巻一一五頁。
(35) 『富要』四巻一二〇頁。
(36) 『定遺』四二四頁。
(37) 『定遺』五〇一頁。
(38) 日蓮宗全書『日蓮上人伝記集』六九四・六九五頁。
(39) 『日蓮正宗歴代法主全書』一巻三八三頁。
(40) 『興全』二八六頁、『宗全』二巻五二頁。
(41) 『日蓮正宗歴代法主全書』一巻四二頁。
(42) 『興本』五頁。
(43) 『千葉県の歴史』資料編　中世3　県内文書2　三四三頁。

(44)『興全』三三五頁、『宗全』二巻一四〇頁。なお、『宗全』二巻では『与日代書』という書名で収録されている。
(45)『興本』二八頁。
(46)『興本』二九頁。
(47)高木豊『中世日蓮教団史攷』一六一頁。
(48)『宗全』二巻三三六頁。
(49)富谷日震『本宗史綱』八三頁。
(50)富谷日震『本宗史綱』八四頁。なお、『千葉県の歴史』資料編　中世3　県内文書2　三一五頁所収の同勅宣には、「本文書は研究の余地がある」と注記されている。
(51)本間守拙『日蓮の佐渡越後』五〇～五九頁。
(52)堀日亨『富士日興上人詳伝』三四八頁。
(53)『興全』二一八頁、『宗全』二巻一九一頁。
(54)『日興上人日目上人正伝』三四三頁。

第三節　日興滅後における日興門流の諫暁活動

第一項　日興滅後の諫暁活動

次に、日興滅後における門弟の諫暁活動の展開について検討してみたい。前節で考察した日興らの諫暁活動が、日興滅後にその門弟らによってどのように受け継がれ、どのように展開していくのか、その動向を明らかにすることが本節の中心課題である。

まず、第一節で提示した表一二の中から、日興滅後に日興門流諸師が行った諫暁活動の事例を抜粋し、以下に挙げる。なお、《》内の数字は表一二の収録番号を示している。

①《14》日目　元弘三年（一三三三）十一月
　中状　↓　公家　【副進】立正安国論・先師日興上人申状（元徳二年）・三時弘経次第

②《17》日道　延元元年（一三三六）二月
　中状　↓　公家　【副進】立正安国論・先師日興上人申状案・日目上人申状案・三時弘経次第

③《18》日尊　暦応元年（一三三八）十一月
　申状　↓　公家　【副進】立正安国論

④《19》日妙　暦応二年（一三三九）十月二十五日
　申状　↓　公家【副進】立正安国論・先師日興上人申状案・日目申状案・三時弘経次第

⑤《20》日代・日善・日助　暦応三年（一三四〇）八月
　申状　↓　公家【副進】立正安国論・三時弘経図並和漢両朝弘通次第及先師書釈要句

⑥《23》日行　暦応五年（一三四二）三月
　申状　↓　公家【副進】立正安国論・祖師日興上人申状案・日目上人申状案・日道上人申状案・三時弘経次第

⑦《24》日郷　康永四年（一三四五）三月
　申状　↓　公家【副進】なし

⑧《25》日郷　貞和五年（一三四九）
　↓　公家【副進】不明　※『申状見聞私』の記述による

⑨《32》日伝　至徳二年（一三八五）三月
　申状　↓　武家【副進】先師日郷上人申状の案

⑩《43》日有　永享四年（一四三二）三月
　申状　↓　公家【副進】立正安国論・日興上人申状案・日目上人申状案・日道上人申状案・日行上人申状案・三時弘経次第

⑪《59》日教・日耀　文明元年（一四六九）か

諫状　↓　武家　【副進】応時得益集

⑫《60》日要　明応八年（一四九九）三月

申状　↓　公家　【副進】先師日目上人の申状

⑬《62》日我・日侃　元亀四年（一五七三）九月

申状　↓　武家か　【副進】立正安国論・文永五年諫諍の状・同八年重陳の状・代々先師の申状（四通）・血脈師資相承の次第

以上、日興滅後の中世において日興門流諸師が果たした諫暁活動の事例は一三度確認することができ、その内一二度の事例において申状等の諫暁書が伝来している。この内、①～⑧の八度の諫暁活動は、元弘三年（一三三三）～貞和五年（一三四九）に至る一六年間の内に行われており、右に挙げた日興門流諸師の諫暁活動の過半数がこの期間に集中している傾向が見られる。しかもそのすべてが公家に対して行われたものであることがわかる。

上述した通り、日興が入滅した正慶二年（一三三三）には鎌倉幕府が崩壊し、京都にて天皇主権の政治、いわゆる建武の新政が開始された。建武三年（一三三六）には足利尊氏が上洛して室町幕府を開き、時代は南朝・北朝が両立する南北朝時代へと突入していく。これによって、公武両権力の中心地はまぎれもなく京都となったのである。

この頃、いち早く京都弘通を志して上洛していた肥後阿闍梨日像は、後醍醐天皇から元亨元年（一三二一）に京都弘通の勅許を、また建武元年（一三三四）に妙顕寺を勅願寺と定める綸旨を賜り、中央政権である公家から日蓮教団が公認されるという、大きな成果を成し遂げた。このような日像の活躍は他の日蓮門下にとって大いに刺激となり、日興門流においてもこれを機に妙顕寺同様の公許を得ようという気運が高揚し、公家への諫暁活動を行うべく次々と京都へ赴いたものと思われる。政治権力の京都移行と日像の京都での活躍が、この時期における日興門流の公家に対する諫暁活動を促した主な外的要因として挙げることができる。

また、日興は嘉暦二年（一三二七）八月に公家宛の申状を作成しており、かつ日興が弟子を自身の代官となして公家へ奏聞させた事実も確認できることから、[1]日興自身政権が京都へ移行する以前から公家奏聞の志を抱いていたことは確実であろう。したがって、そのような日興の行動を間近で見、薫陶を受けてきた弟子らにとって、日興の遺志である公家奏聞を継承して果たしたいという思いも当然あったのではないだろうか。この点を内的要因として挙げることができよう。

この日興滅後一六年間に行われた諫暁活動八度に携わった日興門下は七名を数える。つまり、この時期に特定の弟子が幾度も行ったのではなく、多くの弟子が諫暁活動に関わっていることがわかる。日興滅後、門弟らが分出して各地に布教拠点を構えたことは周知のところであるが、これらの諫暁活動は、全体的に見て諫暁者が自身の布教地で基盤を築きつつある時期に行われている傾向に見て取れる。すなわちこの時期の諫暁活動は、師である日興に連なって諫暁活動を果たすと共に、それによって自身の布教拠点の地位確立を果たそうという志のもとに行われたものと見られ、その意識が門流内に共有されていたことを物語っている。さらにその志を、門弟諸師がこの時期に相次いで実行に移したという事実は刮目すべきことであり、当時の日興門流において諫暁活動に対する意気込みは相当なものであったと考えられる。

また、日興門流諸師による右記の諫暁活動は、先師の年回忌にあたる年に行われているケースが多々見られる。今それらを挙げると、④の日妙申状（暦応二年＝日興・日目の七回忌）、⑦の日郷申状（康永四年＝日興・日目の十三回忌）、⑧の日郷の奏聞（貞和五年＝日興・日目の十七回忌）、⑩の日有申状（永享四年＝日興・日目の百回忌）が該当する。これらについては、先師の年回忌を意識し、その報恩追善のために諫暁活動を実行したものと考えるのが妥当であろう。この他にも直接的には年回忌にあたってはいないものの、日興が入滅した数ヵ月後に作成された①の日目申状や、師である日道が入滅した翌年に提出した⑥の日行申状も見ることができる。これらもまた先師に対する報恩追善の意味合いを有すると共に、おそらく亡き師の跡を受け継いで弘法者として積極的に弘通活動を展開するという決意表明の意味合いもあったと想定される。

第二項　申状の書式と副進書の継承

日興門流諸師の申状には、先師日興の申状の書式を踏襲して作成していると思われる箇所をいくつか見出すことができる。

まず一つめは、申状の事書に記される諫暁者の名乗りに関する表記である。前述した通り、日興は自己の申状に「日蓮聖人弟子日興」等と記し、日蓮の弟子という立場を明確に示して申状を提出した。その一方で、日昭・日朗をはじめとする他の五老僧が天台の弟子と名乗って権力者に申状を提出したことを日興は憤り、それに対する強い非難が『弟子分帳』に記されている。日興滅後、その門弟によって作成された申状を通覧すると、すべての申状において「日蓮聖人弟子○○」（①②③④⑥⑦⑨⑩⑪⑫⑬）または「日興遺弟○○」（⑤）と記されており、諫暁者が日蓮門下であるという自身の立場を明示している。他門流でも、南北朝時代以降は「日蓮聖人弟子○○」等と記すのが一般的であったようだが、特に日興在世中からの日興門下においては、日興が『弟子分帳』に露わにした他の五老僧に対する批判を目や耳にしたであろうし、日興から申状の作成方法についても直接指導を受けたことであろう。そのような面から、特に日興在世中からの門弟申状①〜⑦に関しては、日興の指南を直接受けての表記であった可能性が考えられるのである。

二つめは、日蓮門下が諫暁活動において権力者に共通して求めた「謗法を対治して正法に帰せよ」との主意に関する表記である。この主意中の「正法」の表記について、他門流諸師の申状を確認すると、六老僧日昭・中山日高・中山日祐は「妙法蓮華経簡要」[2]、六老僧日朗は「妙法蓮華経ノ五字」[3]、六老僧日向・日弁は「妙法蓮華経ノ首題」[4]、身延日進は「平等大会ノ妙法」「法華ノ正法」[5]等と記している。申状毎に多少表現が異なるものの、どれも正法＝法華経という意味で表記している。これに対し日興門流諸師の申状では、「法華本門ノ正法」（②④⑤⑥⑦⑨⑩⑫⑬）、「法華本門ノ妙法蓮華経」（③）、「法華本門之首題」（⑪）と表記されており、正法＝法華経本門とする表現を一貫して採用している。つまり、日興門流における諫暁活動では単に法華経への帰依を求めるだけではなく、その中でも特に末法相応の法華経本門の教法への帰依でなければならないことを強調している様子が窺える。日興が書き記した申状には、すでに「法華本門」との文言が使用されているが、門弟らもまたその日興申状に倣って「法華本門」の文言を用い、それが踏襲されていったのであろう。この表記は日興門流諸師の申状のみに見ることができるものであり、日興門流の諫暁活動における特徴の一つということができよう。門弟各々の申状における特徴については後述したい。

次に、副進書の継承についてである。日興門流諸師の申状に添えられる副進書は、『立正安国論』・「先師申状」・『三時弘経次第』の三種類が目立つ。『立正安国論』については上述したように、日蓮教団における諫暁活動展開の発端ともいうべき諫暁書であるから、日蓮門下の多くが申状と共に提出した最も代表的な副進書である。日興門流においても『立正安国論』の副進は顕著で、日興滅後の諫暁活動一三度中八度（①②③④⑤⑥⑩⑬）において提出されている。それ「先師申状」の副進については、日興滅後の諫暁活動中八度（①②④⑥⑨⑩⑫⑬）において見ることができる。それは日目が元弘三年（一三三三）の奏聞の際に「先師日興上人申状」を副進したのを皮切りに、それ以降の門弟らもまた「日目上人申状案」「日道上人申状案」をはじめとする既に提出された先師申状を相次いで副進するようになり、後世の諫暁活動になるにつれて、自ずと付される先師申状は種類が増していく。先師申状の添付は、日興門流が過去に行った諫暁活動を改めて思い起こさせ、その系譜に連なって自らも諫暁活動を実行するのであると権力者に訴え、申状の説得力を増幅させる目的があったと想定される。先師の申状を副進するという形式は、日蓮教団の中でも日興門流においてのみ見ることができる慣習である。

そして『三時弘経次第』については前節で考察した通り、正像末の三時における仏法流布の次第を図示したものである。日興は本書を公家への奏聞の際に申状の副進書として提出している。日興滅後では、六度の諫暁活動（①②④⑤⑥⑩）において『三時弘経次第』または『三時弘経図』の副進が確認でき、そのすべてが公家に対する奏聞である。したがって、日興が公家奏聞の際に申状の主張をよりわかりやすく伝えるために取り入れた『三時弘経次第』の副進を、その門弟らも継承して度々副進しているのであり、日興門流において『三時弘経次第』が申状に添える具書の一つとして定番化した様子が窺える。

なお、日興が武家に対する諫暁時の申状に副進した『宿屋入道許御状』と見られる文永五年申状と『一昨日御書』

と見られる文永八年申状は、日興入滅以降の門弟申状にしばらく付されることはなく、その名が見えるのは⑬の元亀四年（一五七三）九月の保田日我・日侃連名による申状まで下ることになる。その理由は、日興滅後の諌暁活動が公家中心に展開されたためであると考えられる。『立正安国論』と「先師申状」の副進は公武関係なくなされ、また『三時弘経次第』の副進は必ず公家への奏聞の際の申状に副進されている。ところが文永五年申状・文永八年申状の二書は必ず武家への諌暁の際の申状に副進されており、門弟らもまた日興の行動に倣い、公家奏聞時には副進書として用いなかったものと思われる。

以上のことから、かつて日興が諌暁活動の対象に応じて副進書を変更したように、その門弟らも日興同様に対象に応じて副進書を意図的に変更していたと考えられる。日興在世中には、申状の提出に関して日興からの教示があったであろうし、その中で副進書の選択についても当然指南されたであろう。仮にそのような教示がなかったとしても、日興の行動を門弟が継承し、結果的に公武に応じてそれ相応の副進書を添えることが副進書における決まり事と化していたことはまず間違いない。

第三項　門弟別にみた諌暁活動

これ以降、日興滅後の門弟による諌暁活動のより具体的な動向と特色を探るべく、各門弟毎に申状の全文を挙げた上で諌暁活動の事例を検討していきたい。なお、ここでは日興の直弟子・孫弟子によって日興滅後一六年の間に集中的に展開された①～⑧の諌暁活動を考察対象とする。

一、卿阿闍梨日目

①日目『申状』　元弘三年（一三三三）十一月

日蓮聖人弟子日目誠惶誠恐謹言

請殊蒙【1】天恩、且任一代説教前後、且准三時弘経次第、退治正像所弘爾前迹門謗法、被崇末法当季妙法蓮華経正法状。

副進

一巻　立正安国論　祖師日蓮聖人文応元年勘文。

一通　先師日興上人申状　元徳二年。

一通　三時弘経次第。

右謹検案内、一代説教独釈尊遺訓也。取捨宜任仏意。三時弘経即如来告勅也。進退全非人力。抑建立一万余ヶ寺塔、恒例講経不致陵夷。崇三千余社壇、如在礼奠無令怠懈。雖然顕教密教護持不叶、而国土災難随日増長、大法秘法祈禱無験、自他反逆逐年強盛。神慮不測仏意難思。倩傾微管聊披経経、仏滅【2】後二千余年間、正像末三時流通程、迦葉龍樹天台伝教所残秘法有三。所謂法華本門本尊与戒壇与妙法蓮華経五字也。被信敬之者致天下安全鎮国中逆徒。此条如来金言分明也。大師解釈炳焉。就中、我朝是神州也。神者不受非礼。三界皆仏国也。仏則誡謗法。然則【3】退治爾前迹門謗法仏慶神慶。被立法華本門正法一人栄国栄。望請殊蒙二天恩一被レ棄二捐諸宗悪法一、被レ崇二敬一乗妙典一、金言不レ愆妙法唱閻浮不レ絶、玉体無レ恙宝祚境天地無レ彊。【4】日目為レ遂二先師地望一令レ達二後日天奏一。誠惶誠恐謹言。

元弘三年十一月　日　　　　　　日目（花押）(6)

日興滅後における諫暁活動の事例が最も早く確認できる門弟は大石寺三世日目であり、右に挙げた元弘三年（一三三三）十一月の申状が現存している。前述した通り、申状はその史料的性格から自筆本が伝来するものはほとんどない中、この日目申状は自筆本が現在保田妙本寺に所蔵されている。(7) 保田妙本寺所蔵の日目申状には日目の花押が記されているため、提出する申状の案文として作成されたものと思われる。この日目申状は、当時の日蓮門下における申状の内容や様式を直接今に伝える貴重な史料であるといえよう。

本申状は、正慶二年（一三三三）二月の日興入滅から九ヵ月後、日目が日興の遺志を受け継いで天皇に奏聞するため上洛した際に持参したものと考えられる。日目申状の内容は、まず釈尊一代説教の前後、三時弘経の次第に沿って、正法・像法相応の爾前迹門の謗法を対治して、当世末法相応の正法・妙法蓮華経を信仰すべしとの旨が事書に述べられる（【1】）。そして正像の二時を経て末法に至り、迦葉・龍樹・天台・伝教の説き残した秘法として本門の本尊・本門の戒壇・本門の題目のいわゆる三大秘法を掲げ、これを信敬することで天下安全・国土安穏が訪れるとする（【2】）。続けて、爾前迹門の謗法を対治すれば諸仏諸尊は大いに悦び、法華本門の正法を建立すれば国民も国家も大いに栄えるであろう、そのために諸宗の悪法をいち早く破棄し、正法たる法華経を信奉せよとの主張が述べられる（【3】）。そして、先師である日蓮と日興の遺志を果たすために奏聞を行うのであるという日目の決意を示して、申状を書き止めている（【4】）。

日目申状の最大の特徴は、末法相応の正法として三大秘法が開示されている点である。日興門流諸師の申状においては正法＝法華本門と主張されることは既に述べたが、日目申状ではその法華本門の教法をさらに具体化し、三大秘法をもって示しているのである。権力者に対し三大秘法への帰依を要請する文は、わずかにこの日目申状と⑩日有申状のみに確認できるものであって、日興の申状中にも見られない。ここに、日目申状の独自性の一端を垣間見ることができる。

また日精『富士門家中見聞』には、この度の日目の奏聞に関して、次のような記述が見られる。

　日目上人正慶二癸酉十一月の初メに富士を御立あつて奏聞の為に御上洛なり、若シ帝都に於て御尋もやあらんとて大聖人の御自筆本尊十八幅、其ノ中万年救護の本尊並に日目授与の本尊時光授与の本尊天王鎮守の神ヒ等あり(8)

この記述によれば、日目が奏聞に向かう際、万年救護本尊や日目授与本尊をはじめとする日蓮曼荼羅本尊を一八幅も携行したことを伝えている。これは公家に対して法門を申し上げる際に掲げて本尊とするため、また要求に応じて日蓮曼荼羅本尊を披露して、日蓮独自の法華経観を端的に指し示すための持参であったと想定される。先述した通り、『門徒古事』に「関白殿大聖人之御自筆ノ本尊ヲイタヾキ題目御唱候テ、余ハ法華宗也ト被レ仰シカバ」(9)とあり、日什門流の門祖日什の奏聞の際にも、その場に日蓮自筆の曼荼羅本尊が掲げられていた様子が伝えられる。ただし、『富士門家中見聞』は近世成立の伝記本であり、実際に日目が奏聞のために日蓮曼荼羅本尊を持参したかどうかは即断できないが、曼荼羅本尊が日蓮の法華経本門に立脚した世界観を端的に文字化したものであるから、短時間で手際よく進めなければならない諫暁時の一手段として掲示した可能性は十分考えられよう。日興門流諸師が諫暁活動の際に曼荼羅本尊を持参し掲出したという記録は他には見当たらないが、仮にこの『富士門家中見聞』の記述が事実であるならば、副進書をはじめとする門弟申状の書式・内容にも多々共通点が見られることから、日目以外にも諫暁活動の際に曼荼羅本尊を持参した門弟がいたことも自然と想定され、さらには申状・副進書の他に曼荼羅本尊を携行することが諫暁活動における一つの形式的手段であった可能性までも生じてこよう。

ところで、現在伝来している日目申状は右に挙げた元弘三年状ただ一通のみであるが、日目の諫暁活動については以下の二文書に次のような記述が見られる。

○日眼『五人所破鈔見聞』

日目上人四十二度ノ天奏に依テ(10)

○日教『五段荒量』

殊には日目上人は四十二度の御天奏(11)

すなわち、日目は生涯に四二度も諫暁活動を実行したと伝えているのである。しかし、これらの史料に記される日目による四二度の諫暁活動全体を把握することのできる史料はなく、果たして日目が四二度も諫暁活動を展開したのかどうかでさえも不透明である。おそらく、四二度というのは実数ではなく、後人による誇張した数であろう。ただし、日興が日目に授与した曼荼羅本尊の中には、日目の諫暁活動の事実を伝える授与書を確認することができる。以下にそれらの曼荼羅本尊に加筆される日興授与書を挙げる。なお、〈〉内の数字は『興本』所収の曼荼羅本尊番号を表している。

〈3〉正応元年（一二八八）八月十七日
上奏新田卿阿日目授与之一中一弟子、日道相伝之[12]

〈216〉元亨四年（一三二四）十二月二十九日
最前上奏之仁卿阿闍梨日目[13]

〈282〉正慶元年（一三三二）十一月三日
最前上奏仁新田卿阿闍梨日目授与之、一中一弟子也[14]

これらの授与書から、右の曼荼羅本尊三幅が日目の諌暁活動に関連して授与されていることが読み取れ、日興在世中における日目の諌暁活動の一端を窺い知ることができる。またそれは〈3〉の授与書から、正応元年（一二八八）時点ですでに行われていたことがわかる。この〈3〉の日興曼荼羅本尊は、日興の門弟による諌暁活動の事蹟を伝える初見史料であり、日興門下の中で日目が最初に諌暁活動を行った弟子であると考えられる。このことは〈216〉〈282〉の授与書に、日興が日目を「最前上奏」の人と称していることからも裏付けられよう。ちなみに「最前」の語意に関しては、「最も先」と「先ほど」の二種類の解釈が存在する。[15]日興が諌暁活動実行の功績を讃えて授与した曼荼羅本尊の授与書に「最前」との語句を使用しているのは、日目に対してのみである。その点を考慮すると、この場合は「最も先」に諌暁活動を行った弟子という意味で付されたと解釈するのが妥当であると考えられる。

　また正応元年は、日蓮七回忌の年にあたっている。先述したように、日興門流諸師が先師の年回忌に際して諫暁活動を行っているケースが多数確認できることから、日興が〈3〉を授与する要因となった日目の諫暁活動は、日蓮の七回忌を期して正応元年に行われた可能性が高いのではないかと推察される。そして日目に授与された右の三幅は、授与書にわざわざ諫暁活動を果たした旨を記し、なおかつ曼荼羅本尊毎の書写年月日が離れている。このことを考慮すると、これらの日興曼荼羅本尊は、日目が諫暁活動を実行して日興のもとに帰着した際にその都度一幅ずつ授与されたのではなかろうか。四二度と伝えられる日目の諫暁活動のほんの一部に過ぎないが、日目申状が存在する元弘三年の奏聞上洛と合わせて四度、日目の諫暁活動の記録を確認できることになる。ただし〈3〉と〈282〉については、『興本』正誤表によれば〈3〉の注記に「〈282〉と同本尊か」と説明されており、この二幅が同じ曼荼羅本尊である可能性も指摘されている。[16] この点については今後さらに検討を要する。

二、弁阿闍梨日道

②日道『申状』　延元元年（一三三六）二月

【1】

日蓮聖人弟子日興遺弟日道誠惶誠恐謹言。

請下殊蒙二天恩一対二治爾前迹門謗法一、被レ立二法華本門正法一、天下泰平国土安穏上之状。

副進

一巻　立正安国論　先師日蓮聖人文応元年勘文。

一通　先師日興上人申状案。
一通　日目上人申状案。
一　三時弘経次第。

右遮那覚王之済度衆生也、捨権教説実教、日蓮聖人之弘通一乗也、破謗法立正法。謹検故実、釈迦善逝演説本懐、則設四十余年之善巧、日蓮聖人之利益末世也。則依後五百歳明文也。凡一代施化赴機情而判権実、三時弘経随仏意而分本迹。誠是従浅至深捨権入実者歟。是以陳朝聖主捨【2】累葉崇敬之邪法帰法華真実正法、延暦天子改六宗七寺慢幢立一乗四明寺塔也。天台智者弘説超過之大法普退四海夷賊、伝教大師用諸経中王之妙文鎮祈一天安全。是則以仏法守王法之根源以王法弘仏法之濫觴也。経曰正法治国邪法乱国云云。抑知未萌六正之聖人也。蓋了法華諸仏之御使也。然【3】先師日蓮聖人者生智妙悟深究法華淵底、天真独朗玄鑑未萌災孽矣。如経文上行菩薩後身遣使還告薩埵也。【4】若然所弘法門寧非塔中伝付秘要末法適時大法乎。然則早棄捐権迹浅近謗法、被信敬本地甚深妙法、自他怨敵自摧滅、上下黎民遊快楽而已。仍為世為法誠惶誠恐謹言。

延元元年二月　日道(17)

日道申状は『宗全』二巻に二通収録されている。その一通は、右に挙げた延元元年（一三三六）二月の日付で作成された申状である。その内容や副進書から、公家に対する奏聞を企てた時のものと判断される。

『上代事典』によれば、本申状の「延元」は南朝年号であり、同元年は南北朝の角逐激しく、暮れの十二月には後醍醐天皇が吉野に遷幸して、いわゆる南北朝時代が開始していることに触れ、日道出身の奥州新田氏は当時南朝方にあり、それが延元年号の使用につながっているのかも知れないとの見解を示している。(18)つまり日道は、公武による権力闘争が勢いを増す中、鎌倉時代が終焉を迎え、新たな時代への転換期に突入していたこの時期を国家諫暁を果たす好機として捉え、延元への改元を機に朝廷への奏聞を志したものと想定される。また建武元年（一三三四）四月には、後醍醐天皇から妙顕寺を勅願寺となす綸旨を賜っており、このことも日道の奏聞敢行の意志を強く刺激したことであろう。

本申状の内容について、まず事書の冒頭に「日蓮聖人弟子日興遺弟日道」と、はじめて日興の弟子という表現が使用されている（【1】）。そして、像法において天台大師・伝教大師の化導に君主が帰依したよき先例を挙げ、これが仏法によって国家が守護され、国家によって仏法が弘められる濫觴であるとする（【2】）。先師日蓮は、末法の世に法華経を弘めるべき使命を付嘱された仏使上行菩薩の生まれ変わりであるとした上で（【3】）、現在弘まるところの仏法は末法適時の教法ではないから、種々の災難を振り払うためには、早く権迹浅近の謗法を破棄して本地甚深の正法を信敬せよ、と述べられている（【4】）。内容および『三時弘経次第』の副進からわかるように、日道申状では主旨として時に相応する仏法帰依の必要性が説示されている。

もう一通は、応永十年（一四〇三）九月二十二日の日付を有する申状である。日道は暦応四年（一三四一）に入滅しているので、応永十年は日道滅後六二年にあたる。本申状について、『宗全』二巻には「延元元年申状と殆ど同一にして末段及び二三の文字異あるのみ。或は前文を少しく修正して後年更に上申せるものか否か」(19)との指摘がなされている。また『上代事典』によれば、『宗全』二巻に収録される本申状は、大石寺所蔵『御伝土代』の奥に続けて記されているものを翻刻したものと想定し、さらに本申状と②延元元年状の字句の異なりが非常に少ないことから、本申状を延元元年状の草案本と位置づけている。[20] 前述した通り、『御伝土代』の筆者については、池田令道氏が従来の日道説を覆して大石寺六世日時とする説を提示している。[21] この応永十年状はその『御伝土代』の奥に記されるものと想定されているが、池田氏によれば、その『御伝土代』に続けて記される応永十年状もまた日時の筆と判断している。したがってこれらを勘合すれば、『宗全』二巻が収録した応永十年状は日時写本ということになろう。

ただし、ここで問題となるのは、『宗全』二巻が本申状の識語として記載する「于時応永十年癸未九月二十二日」の扱いについてである。そもそも『御伝土代』とその奥に続けて収録される日道申状は、大石寺二十世日典の代に巻子本に装幀し直されて現在に至るが、元々は冊子本の形態であった。池田氏の論考に口絵として掲載される当該箇所の写真図版[22]を見ると、本申状の末三行が丁表に記され、その左に恐らく七、八行は書ける程の広いスペースが空いているにも関わらず、「于時応永十年癸未九月二十二日」の識語は丁裏に記されている。つまり、「于時応永十年癸未九月二十二日」が本申状書写の年月日であるならば、丁表の末三行に続けて記されるのが自然であろうが、あえて空白を残し改丁した上で丁裏に記されることを考慮すると、識語と本申状は無関係なものと考えるのが妥当かと思われる。したがって、池田氏や『統合システム』所収『上代事典』が位置づけているように、「于時応永十年癸未九月二十二日」は『御伝土代』自体を作成した時の識語であって、日道申状が書写された年月日ではないと考えられるのである。以上のことから、本申状をもって応永十年九月に諫暁活動が行われたと判断することはできない。

また、日道が暦応二年（一三三九）六月十五日に書写した曼荼羅本尊には「奥州加賀野卿阿闍梨日行授与之、上奏代日行日道弟子一中一也」[23]との授与書が見られる。この授与書によれば、暦応二年以前に日行が日道の代官として諫暁活動を行った事実を知ることができ、当曼荼羅本尊は代官の任務を遂行した日行の功績を讃え、日道が認めて授与したものと判断される。かつて日興が、自身の代官となり諫暁活動を果たした弟子に対して曼荼羅本尊を書写して授与したが、日道もまた師の行為に倣い、代官を務めた弟子に曼荼羅本尊の授与を行ったのである。日興の直弟子・孫弟子が認めた曼荼羅本尊で、このような授与書が確認できるものはただこの一幅のみであるが、この曼荼羅本尊の存在から、日興滅後においても弟子による代官遂行の事実と、それを讃えての曼荼羅本尊授与が行われていたことが確認できる。

三、大夫阿闍梨日尊

③日尊『申状』　暦応元年（一三三八）十一月

日蓮聖人門弟日尊、誠惶誠恐謹言。
請下殊蒙二鴻慈一、被レ破二却爾前迹門謗法一、被レ興二行法華本門妙法蓮華経之五字一、改二貴賤妄論一、退中華夷災難上状。

副進

一巻　立正安国論　文応元年先師日蓮勘文。

【1】右仏法者、依二王臣之帰敬一威光増長、王法者、依二仏法之擁護一治国吏民云云。抑釈迦一代之説教、正像末之三時、五箇五百歳之間、有二流布次第一。於二爾前迹門一者、已過レ時訖。至二今時一者、更不レ可レ有二仏法一。而諸宗学者不レ

知此旨。所以者何。仏閣如稲麻、僧侶如竹葦。雖祈之行之、敢無其効験。弥四海讎敵浪高、倍国土衰弊風繁。【2】嗚呼悲哉、国依有邪法興行、天下令擾乱、仍衆人堕悪。世乱、則聖哲馳鶩不叶規。国収則庸夫高枕有余矣。国土衰乱、人民滅亡、先規更無比類。争無驚御沙汰。早廻叡慮速欲棄置謗法。彼太公入殷国依西伯之礼、張良量秦朝也感漢王之誠矣。皆当于時得賞。而当世御帰依之仏法、為世為人無其益之条顕然也。所詮不如自致彼万祈、留此一凶。【3】経曰、仏法付王臣可弘。更非所及僧衆力、故政道乱則諸天作瞋、仏法乱則仏使出世文。他国且置之。於倭国者、有四箇聖人、雖諌申之不被許容之。剰見処流罪。直縄枉木所憎也。正務姦人所愁也。是其謂歟。【4】爰如来滅度之後、後五百歳中之御使、召出上行等四菩薩、為末法利益、弘通寿量長遠妙法蓮華経五字、可済度一切衆生現当二世之由、付属之。仍日蓮聖人受生於末世、粗令触此名題、貴賤猥成邪論、緇素頻令怨嫉之間、終不達早聴、空歳霜畢。所謂威音王仏像法之不軽菩薩者、当杖木瓦石之難、今釈尊滅後、於末法中、涌出菩薩令弘通正法者、可有三類強敵之由経文分明也。如来現在、猶多怨嫉、況滅度後云云。倩思此等説相、先師聖人一一相応此文。然者上行菩薩再誕、誰成疑乎。夫知未萌者、六正之聖臣也。弘法華者、諸仏之使者也。【5】随而見当世之風体、捨正仰邪之故、上梵釈二天、下堅牢地神、極大小守護善神等、不嘗無二無三之法味、失勢力成瞋恚、無国土之加護。仍三災七難並起、四海不静。併依謗法御帰依者也。内外典倶以所被定置、悉令符合者哉。【6】然者早被棄捐爾前迹門之謗法、被崇敬法華本門之正法者、諸災退散、国土興復而已。然則仲尼施化於万民、聿彰鳳毛五字之徳化。釈尊説法於衆生、盍信麟角一実之妙法。今日尊稟師命、争不悲天下乱悪哉。且顧仏法中怨之難、雖勤九牛之一毛未奏達。年齢已逮鳩杖、難期二旦暮一之間、泣捧二短状一。是更不レ存レ私、只併為レ世、為レ君、為二一切衆生一也。仍日尊誠惶誠恐謹白。

暦応元年十一月[24]

元弘三年（一三三三）十一月の日目による奏聞上洛の際、日尊と日郷は共に日目に随従したことが伝えられている[25]。随従者の一人であった日尊には、その五年後の暦応元年（一三三八）十一月の日付を有する申状が伝わっており、日目滅後再び諫暁活動を行ったことが知られる。

本申状の大凡の内容は以下の通りである。まず、そもそも仏法は国家の帰依を得て利益が増幅し、国家は仏法の擁護によって治国が達成される。その仏法には正像末の三時・五箇五百歳の流布の次第があって、今時は既に正法像法を過ぎて末法に突入していると説く（【1】）。それにも関わらず、今の国家は末法不相応の邪法が蔓延しているために乱れているのであって、信仰する法が国家にとって無利益なことは明白であるとする（【2】【3】）。末法の世には、釈尊に代わって法華経の要法を弘通することを付嘱された本化上行等四菩薩が出現するとされるが、日蓮はまさに上行菩薩の再誕であり、そのことは経文に明白であって疑いの余地はない。しかし、上行菩薩の再誕である日蓮の諫言は結局裁可を得るには及ばなかった（【4】）。現在の世の中を顧みると、正法を捨てて邪法に帰するが故に、国を守護する善神は国を離れ、本来の役目である国土守護を放棄してしまっている。そのため三災七難が多発するのであると述べる（【5】）。したがって、一刻も早く爾前迹門の謗法を破棄して法華本門の正法を信奉せよ、そうすれば諸災は退散し国土復興なるであろうと主張する（【6】）。

この日尊申状は、謗法対治・正法建立という根幹の主張は他の諸師と同一であるが、申状全体の構成・文章表現は他の諸師の申状と比べると、かなり日尊の独自性に富んだものとなっている。特に、正像末三時における仏法流布の次第を述べる文と、日興や他門流諸師の申状に見られた善神捨国思想を述べる文をどちらも申状に採用している点や、経証を多々挙げている点は特徴的であり、それ故に自ずと長文になっている。また、他の諸師の多くが公家に申状を提出する際に『三時弘経次第』を副進しているのに対し、日尊は『三時弘経次第』を副進した形跡が見られない。このこともまた、日尊申状が他の申状と比べて若干性格が異なっていることを物語っている。

京都住本寺開基日大『尊師実録』には「自二雲州播州一暦応元年戊寅四月十一日御京着　同二年己卯四月十三日上行院移住御在生七ヶ年云云」[26]との記述があり、元弘三年の奏聞後、日尊は出雲・播磨の伝道に務め、その後暦応元年（一三三八）四月十一日に再び京都に入ったことが伝えられる。この記述に従えば、日尊は再び上洛してから七ヵ月後の暦応元年十一月に申状提出を企てたことになる。ただし、『宗全』二巻収録の本申状に「暦応元年十一月」との系年が記されていること、及び「正本京都要法寺に在り」との記述があることについて、堀日亨氏は以下のような疑義を呈している。

この尊師の国諫については、日蓮宗宗学全書本には、この「暦応元年」の日付があり。また「編者云」として「正本京都要法寺に在り」としてあるが、本全書の過半は予の手になれども、この分は手をつけたことがなく、現在同山の目録にもまったくなく、祖師伝にも家中抄にも紀年月はない。いわんや同山の学僧より一般の人が、尊師の筆跡は模刻本尊の脇書の字態と、鳥辺山の碑字とのほかには、まったく尊師の筆蹟を偲ぶことが不可能として、予が発表した富久成寺の「大夫日尊」とある御書の写真を、大いに珍重したことがあった。また予も再々同山の霊宝を拝閲したるも尊師の真書どころでなく、日辰祖師伝以上の古写本すら見ることができなかった。[27]

つまり、『宗全』二巻に記載される「暦応元年十一月」との系年の典拠を見出すことができず、また「正本京都要法寺に在り」との文自体にも疑義を呈している。さらに堀氏は『日宗年表』の建武元年の項目に「春日尊先師の遺命を奉じ奏聞天皇之を嘉賞し二位法印に叙し洛中止住の地を賜ふ（六角油ノ小路）」[28]との記述に触れ、日尊の奏聞は後醍醐天皇に対するものであって、それは暦応元年より遡る可能性も示唆している。[29]しかし、日尊の諫暁活動に関する史料は誠に乏しく、堀氏の指摘を明確にする根拠を見出すことは難しい現状にある。

四、式部阿闍梨日妙

④日妙『申状』　暦応二年（一三三九）十月二十五日

日蓮聖人弟子日興遺弟等謹言上。

欲下早任二如来出世化儀一依二聖代明時佳例一被レ棄二捐爾前迹門謗法一被レ信二仰法華本門正法一者令レ致二国土静謐一護持

子細事。

副進

一巻　立正安国論　文応元年日蓮聖人勘文。

一通　先師日興上人申状案。

一通　日目申状案。

一通　三時弘経次第。

右釈尊説教者捨二四十余年権法一用二但八年実教一、随而分二時機於三時一付二教法於四依一。所謂【1】正法千年月氏龍樹天親等、破二唯小乗一立二権大乗一、像法千年漢土則陳隋両主明時、天台大師破二十師邪義一弘二迹門一。本朝又桓武天皇聖代、伝教大師破二失六宗之謗法一、退二異賊一治二乱国一。今入二末法一者迹門機縁時過、本門弘通其時也。而念仏真言禅律等邪法以外蜂起之間、【2】日蓮聖人為二上行菩薩後身一任二如来金言一、不レバ被レ対二治彼悪法等一者七難并起、異賊可二競来一之由、専二経説一、引二和漢両朝証跡一勘レ文、再往雖レ献二諷諫一無二信用一之間成二関東朝敵一滅亡訖。重又一統之御宇雖レ捧二同篇奏状一無二勅裁一之間弥依二悪法御帰依一故於二洛外一御崩御。是則云二如来金言一云二日蓮聖人勘文一悉以符合。誰不レ信レ之乎。爰当時御政道返二淳素一之旨令二風聞一之間、【3】自二駿河国富士山一日興遺弟等令二上洛一所二諫申一也。早被レ却二爾前迹門諸宗一被レ立二法華本門如来肝要妙法蓮華経五字一者、可レ為二国家福祚之大本、華夷和楽洪基一。仍恐恐粗言上如レ件。

暦応二年十月二十五日　　　　日妙判(30)

日興のあと、本門寺二世を継承した日妙の申状は、日興・日目の七回忌の年にあたる暦応二年（一三三九）十月二十五日のものが確認できる。日興は元徳三年（一三三一）二月十五日に「奏聞御代式部阿闍梨日妙武家三度公家一度」(31)との授与書を有する曼荼羅本尊を日妙に授与しており、この授与書から日妙は元徳三年以前に日興の代官として武家へ四度、公家へ一度、計五度の諫暁活動を果たしたことが伝えられている。したがって、日興門流初期の門弟の中でも日目と並び、諫暁活動を頻繁に実行した弟子であることが知られる。日妙はこのような代官を務めた経験を生かし、日興滅後に至っても諫暁活動を実行したのであろう。

本申状の要旨は、まず正像二時における天台・伝教の教導とそれに対する君主帰依の例を挙げ、今末法に至りて迹門弘通の時は過ぎ、本門弘通の時であると説く（【1】）。次に、日蓮が鎌倉幕府に対して『立正安国論』を上呈して諫暁したものの、その勘文は肯定されず、結局幕府は朝廷と対立し滅亡した。その後、京都で建武の親政が開始された頃に再び奏聞したが、それも勅裁を得ることはできず、天皇もまた洛外にて崩御するに至った。これらの権力者の結末は、釈尊の金言および『立正安国論』の主張に悉く合致するものであると述べている（【2】）。このように、日蓮以来自門の諫暁活動による要請が権力者に容認されていない現状が記されている。【2】の傍線中、「重又一統之御宇雖レ捧ト二同篇奏状ヲ一」の文が指しているものは、元弘三年の日目申状に関わる奏聞であろうか。日妙が日目申状を副進しているのは、この文と連動させるためであった可能性が考えられる。また「於二洛外ニ一御崩御」の文は、建武三年（一三三六）十二月に後醍醐天皇が吉野に遷幸したことを指しているものと思われる。このような日蓮以来続く諫暁活動の主張と政治権力の顛末の関係を述べた上で、国家安全のために早く爾前迹門の諸宗を破却し、法華本門の妙法蓮華経を信仰するべきと主張している（【3】）。日妙申状には「自二駿河国富士山一日興遺弟等令二上洛一」と、日興遺弟の所在地として駿河国富士山との具体的名称が始めて開示されていることも注目される。

この日妙申状の提出について、富谷日震氏によれば、日妙自身が上洛して奏聞を行ったとの見解を示している。(32) これに関連して、暦応二年（一三三九）十二月四日の日妙書状『玉野大夫阿闍梨御房へ状』の冒頭には、次のような記述が見られる。

日興上人御門跡為メニ二奏聞ノ一令シメ二上洛セ一候之便宜ニ、御札委細承リ候(33)

『上代事典』によれば、本書状を「申状上呈のために日妙が代官僧を上洛させた際に、日尊から送られた書状に対する返状」と解説しており、(34)日妙申状は代官による提出であったと述べている。このように、富谷氏の見解と『上代事典』の解説に相違が見られる。『玉野大夫阿闍梨御房へ状』に記される「奏聞」が、暦応二年十月二十五日の日妙申状による奏聞を指すかどうかが争点となるが、申状と書状の年月日が一ヵ月強程しか離れていないことから、両史料の内容が連関するものである可能性は高いであろう。また当時、日妙が二世として本門寺を管領していたことも勘案すると、『上代事典』が指摘するように日妙申状は代官を遣わせて公家に提出したものと考えられる。

五、蔵人阿闍梨日代

⑤日代『申状』　暦応三年（一三四〇）八月

【1】駿河国富士山隠侶日興遺弟日善日代日助等誠惶誠恐謹言。欲早被経奏聞、且任釈尊出世化儀、並聖代明時佳規、且依祖師日蓮聖人素意、対治爾前迹門謗法被立法華本門正法、令致国家静謐護持子細事。

副進

一巻　立正安国論　日蓮聖人勘文文応元年。

一巻　三時弘経図　並和漢両朝弘通次第及先師書釈要句。

右釈迦文仏者、説一代調機根於十二分経焉、顕妙法経王於二門約弘通於四大菩薩矣。随而分時機於三時、附教法於四依。【2】以来正法千年之間、迦葉阿難者弘小乗、龍樹天親者立大乗。像法千年之中、漢土則陳隋二代明時、天台智者破十師之邪義於法華迹門、一天芺安四海静謐。本朝桓武天皇聖代、伝教大師退六宗権法一、以弘二天台円宗一四夷請レ降、万民歓娯。入二末法一者迹門機縁時既過、本門弘通今其時也。而念仏真言禅律等盛レ世之間、【3】日蓮聖人為二法華本門行者上行菩薩再誕一、専開二経説一、引二倭漢両朝証跡一、為レ国為レ君、不レ被レ対二治彼邪法一者、国亡民費、兵革競起、異賊襲来、善神止レ擁、邪鬼可レ成二忿怒一之由、勤認二勘文一、多年雖レ献二直諫一、理途猶塞愁眉無レ開。天下之擾乱、関東之滅亡、職而由レ茲。【4】後醍醐院御宇、建武一統之時、重又雖レ捧二同篇之奏状一、皐鶴声徒疲、蒼天聴不レ達。将然翠華遂出二礼儀之郷一、叡心久苦。無智之俗不レ弁二仏法之邪正一、不レ調二衆生機根一間、難レ致二国家之泰平一。是則以二【5】仏法一護二王法一、以二王法一扶二仏法一故也。測知仏法体、王法影也。【6】爰富士山者閻浮無双之名山、日域第一之神峯。而幸逢二聖主治国、武将崇法之世一、早以二法華本門之極説一、被レ弘二吾国第一之霊峰一者、可レ為二国家福祚之大本、華夷華洛之洪基一矣。誠惶誠恐謹言。

暦応三年八月　日　　　　日代判(35)

日妙が公家に申状を提出した翌年の暦応三年（一三四〇）八月には、後に西山本門寺を開創する日代が申状を作成し、日善・日助と共に諫暁活動を行っている。当年は日代重須退出の六年後、また西山本門寺創建の三年前にあたり、この頃の日代は一時的に大石寺塔中藤木坊に寄住していたとされる。そのような一時的な寄住僧としての立場にある中での諫暁活動であったためか、日代は本申状に自らの立場を「隠侶」と記している。

この申状に名を連ねた三師は同じ由比家の出身とされ、所伝では日善の弟が日代、日代の甥が日助と伝えられている。建武元年（一三三四）正月七日に行われた方便品読不の論争の際、その問答内容を記録した日睿『日仙日代問答』によれば、この三師は重須大衆として問答に参加したことが伝えられ、(36)三師が血縁関係はもとより教学面においても近密な関係にあったことが窺える。

本申状の内容は、事書に「駿河国富士山隠侶日興遺弟日善日代日助等」と、まず三師合同の諫暁活動である旨を述べ（【1】）、謗法を破して法華本門の正法を建立すべきとの主題要求が記される。本文では、正法像法における仏法流布の先例を挙げ、今時は既に末法に至り法華本門弘通の時であると説く（【2】）。日蓮はその法華本門の教法を弘通する行者・上行菩薩の再誕であり、邪法の充満するこの国の行く末を危惧して『立正安国論』を献じて諫暁したものの、裁可を得ることは叶わなかった（【3】）。また後醍醐帝建武一統の時に再び『立正安国論』の旨を奏聞したが、これも明瞭な勅許を得るには至らなかったと述べられる（【4】）。本来仏法は国家を守り、国家は仏法流布を扶ける、仏法と国家はいわば表裏一体の関係にあるとする（【5】）。そして、富士山こそ閻浮無双の名山、日域第一の神峰であるとし、早く法華本門の極説を日本第一の霊峰である富士山を中心に流布せられ、国家安泰を祈る基盤となされよと要請している（【6】）。本申状には、【6】の傍線中に「富士山者閻浮無双之名山、日域第一之神峯（中略）早以クテ二法華本門之極説ヲ一、被レハレ弘メ二吾国第一之霊峰ニ一者」とあるように、富士山を日本第一の霊峰として崇敬する文が確認できる。これは自門である日興門流の優位性を述べているものであるが、このような表記は他の日興門流諸師の申状には見ることはできない。日代らの申状独特の表現であり、特色の一つといえよう。

ところで、日妙の申状と日代らの申状には、文章表記にいくつかの類似箇所が見られ、さらには両申状にしか見られない表記も確認できる。その箇所を以下に挙げる。

【類似箇所】

日妙の申状　「任セ二如来出世ノ化儀ニ一依リ二聖代明時ノ佳例ニ一」
日代らの申状　「任二釈尊出世ノ化儀一、並ニ聖代明時ノ佳規ニ一」

日妙の申状　「重又一統之御宇雖レ捧ト二同篇奏状ヲ一」
日代らの申状　「建武一統之時、重テ又雖レ捧クト二同篇之奏状ヲ一」

【両申状にしか見られない表記箇所】

日妙の申状　「引キ二和漢両朝ノ証跡ヲ一」
日代らの申状　「引キ二倭漢両朝ノ証跡ヲ一」

これら一部の表記の共通点だけでなく、両申状は内容的にも酷似しており、偶然の一致とは言い難い。これらの点から考え得ることは、この二通の申状が作成される際、日妙と日代が同じ手本を用いた可能性があること、あるいは先に作成された日妙申状を日代が参照して自身の申状を作成した可能性があることであり、両申状の関連性が想定される。この関連性が明確になれば、申状の作成段階における継承の一端が明らかになるのだが、申状自体の史料的性格としてほぼ写本の形態でしか伝来していない点を考慮すると断定はできず、あくまで推測の域を出ない。一応の可能性としてここに提示しておき、今後さらに検討を要する。

六、宮内卿日行

⑥日行『申状』暦応五年（一三四二）三月

日蓮聖人弟子日興遺弟等、謹言上。
欲下早任二如来出世化儀一、依二聖代明時佳例一、棄二捐爾前迹門謗法一信二仰　法華本門正法一、令丙致二四海静謐一成乙
衆国安寧甲子細事。
副進。

一巻、立正安国論　文応元年日蓮聖人勘文。
一通、祖師日興上人申状案。
一通、先師日目上人申状案。
一通、日道上人申状案。
一、三時弘経次第。

右、八万四千聖教不レ出二五時説教一、五千七千経巻不レ勝二八軸妙文一。此則釈尊一代五十年説法之間、立二前後一弁二権実一。所以先四十二年説先判権教也。後八年法華後判実教也。而諸宗輩附二権捨一レ実、依二前忘一レ後、執二小破一レ大。未レ得二仏法淵底一者也。由レ何成三現当二世利益一乎。経云、正法治国邪法乱国　矣。世上若不二静謐一者、御帰依仏法豈非二邪法一耶。是法住法位世間相常住　矣。若又於レ有二四夷乱一者、寧可レ謂二正法崇敬之国一乎。由愛敬悪人治

罰善人故星宿及風雨皆不以時行矣。被愛敬謗法悪人被治罰正法行者之条、何疑之乎。【2】凡捨悪持善、破権立実之旨、如来化儀次第也。大士弘経先蹤也。又則聖代明時佳例也。最可被糺明之耶。於是正像末之三時之間、有四依大士弘通次第。所謂【3】正法千年之古、月氏先迦葉・阿難等大羅漢雖弘小乗、後龍樹・天親等大論師破小乗弘通権大乗。像法千年間、漢土則始後漢以来、雖崇敬南三北七十師諸宗、陳隋両帝御宇南岳・天台出世、破失七十代五百年御帰依仏法而弘法華迹門、治乱国度衆生。倭国亦自欽明天皇以来二百余年二十代之間、南都七大寺雖被崇諸宗、五十代桓武天皇御宇伝教大師、破失諸宗謗法叡山被崇敬天台法華宗、退夷敵難治乱国。是又【4】末法今上行菩薩出世、法華会上之砌、虚空会時自教主釈尊親承多宝塔中付属、法華本門肝要妙法蓮華経五字並本門大曼荼羅与戒壇、今時可弘通時剋也。所謂日蓮聖人是也。而諸宗族非只不信、剰成誹謗悪口之間、【5】引和漢証跡録勘文、仰明時聖談雖捧奏状、于今無御信用条難堪次第也。所詮、【6】被停止諸宗謗法、被崇敬当機益物法華本門正法者、四海夷敵傾頭合掌、一朝庶民順従法則。此乃為身不言之、為国為君為世為法、恐恐言上、如件。

暦応五年三月　　　日行(37)

大石寺五世に連ねられる日行には、暦応五年（一三四二）三月の日付を有する申状が伝来しており、この年に公家へ本申状を提出したものと考えられる。日行は本申状に『立正安国論』・『三時弘経次第』・先師申状三通、計五点もの副進書を付しており、公家に対して代々継続的に訴えている事実を明確に打ち出そうとする意図が読み取れる。

本申状の概要は以下の通りである。まず、釈尊一代五〇年の説法で、先の四二年間に説かれた諸経は権教すなわち真実の法へ導くための仮の教えであり、後の八年の間に説かれた法華経は実教すなわち真実の教えであるとする、いわゆる開権顕実の法門の提示から始まる。そして、他宗の僧侶は権教を信奉し実教を破棄する、仏法の淵底を知らぬ者であると位置づける（【1】）。権を破して実を立てることは、釈尊が衆生を導くための方法であり、また先代国主のよき先例にも明らかであるとして（【2】）、正像二時における仏法流布と君主帰依の先例を明示している（【3】）。末法においては、釈尊より法華本門の肝要たる三大秘法の弘通を付嘱された上行菩薩が出現し、その使命を果たすとされる。それがまさに日蓮その人であると述べる（【4】）。日蓮は世の中の乱れを案じ、勘文を認めて時の君主に上呈するも、結局その主張は受け入れられるには至らなかった（【5】）。以上のことから、速やかに諸宗の謗法を停止して、当世末法の人々に利益を与えてくれる法華本門の正法を信仰するべきである。そうすれば国家安泰となるであろう、と説かれている（【6】）。

ところで、大石寺九世日有の仰せを聴聞筆記した『有師物語聴聞抄佳跡』には、日行の奏聞について以下のような記述が見られる。

> 一、第廿五段　本書又云　天奏の儀式公界にては先づ袈裟を脱(イ)て同宿にもたせて両のひざをつきて申状をばのつと音に読むべきなり、されば日行上人の暦応年中の御天奏の時、白砂にひざまづき御申状を読給しかば、紫宸殿の御簾の内に帝王御迁(ススミ)有(リ)て、揣々と日行を御覧じけるが少し打ちそばむき給ひける程に、日行上人是如何なる御気色なる覧と在りければ、奏者御袈裟を脱ぎ給へと有りける程に、其時白砂の上に扇を開き其上に袈裟を置(イ)て御申状を遊しければ、又打向ひ給(イ)て聞(カ)せ給ひけるとなり、是も我は九善の位にて而(モ)高き所に御座す、又出家は十善の位にて白砂にあれば其恐れかと覚(ユ)と云云[38]

この記述によれば奏聞を行う際の手順として、まず袈裟を脱いで随身に持たせ、地面に跪いた上で申状を読み上げるべきである、とする。続けて「日行上人の暦応年中の御天奏」、すなわち右に挙げた日行が暦応五年三月に申状提出を企てた奏聞の際の様子について触れ、先の手順に則して申状を読み上げる日行の姿が記されている。しかし、仏教者としての立場から権力者に対して奏聞を行うにも関わらず、なぜ僧侶の正装ともいうべき袈裟を外した上で申状を読み上げるのか、些か疑問に感じる。権力者の面前では致し方ないことであったのかもしれないが、もっとも『有師物語聴聞抄佳跡』は寛正三年（一四六二）七月十一日以降に成立した文書であり、日行の奏聞からは一二〇年も後に作成されたものである。したがって、内容的に事実を伝えているかどうかは即断し難いが、このような諫暁活動当日における具体的な様子を伝える史料は非常に乏しく、そういった面から貴重な史料であるといえよう。

七、宰相阿闍梨日郷

⑦日郷『申状』康永四年（一三四五）三月

日蓮聖人遺弟日郷誠惶誠恐謹言。

請乙[1]且任二釈尊出世之本懐一、且准二曩聖護法之先蹤一、正像二千歳去、末法一万年来、早被下対二治爾前迹門謗法一、建中立法華本門正法上、天下静謐海内安全甲状。

右謹校二案内一、法自不レ弘必依二君子之感一。国独不レ治、定憑二仏陀之応一。然則[2]永平明帝移二捨邪帰正之徳風於震旦一、延暦聖主耀二廃権立実之威光於日域一。夫世尊之化儀、在世滅後雖レ異、捨劣得勝惟同。故捨二四十余年之方便一、演二開示悟入知見一、廃二三千塵劫之権迹一、顕二如来秘密遠本一。分二滅後於正像末之三時一、補二付属於小権迹本四依一。【3】爾来正法千年也、初迦葉阿難等之尊者、弘二単小乗一、後龍樹、天親等之論師、宣二権大乗一。像法千年也、先摩騰竺蘭等之比丘、談二爾前方便教一、次天台伝教等之大師、説二法華迹門理一。正像之後、爾前迹門者隠二化度利生方便一、末世之初、法華本門者顕二広宣流布之誠諦一。是則去レ浅就レ深故也。

【4】先師日蓮聖人者、弘二妙法蓮華経一、示二本門秘要之道一、造二立正安国論一、専二末法和平之理一。雖レ然凡聖不弁人、邪正無レ撰。乱二大覚世尊之鳳詔一、而崇二時節相違之権迹一、背二妙法経王之鴻恩一、而抛二機縁順熟之実本一。誠破仏破法之大本、亡家亡国之先兆也。就中不レ対二治念仏真言禅宗等謗法一者、可レ興二起飢饉疫癘兵革等災難一焉。【5】自二高祖日蓮一已来、至二于祖師日興日目一、奏二公家一不レ被二許容一、訴二武家一被レ処二罪科一。【6】然後元弘時武威破、建武年帝徳滅。良知正法治レ国、謗法乱レ国者也。伝聞与二覆車一同レ軌者傾、与二亡国一同レ事者滅。若爾先難既明、後災可レ恐耳。且為レ脱二仏法中怨之誡一、且為レ顕二仁義諫諍之礼一、粗述二下情一、将レ驚二上聞一。【7】望請　速対二治爾前迹門一、被レ建二立法華本門一者、天下靡二羲農之風一、地上沢二唐虞之雨一矣。

康永四年三月　日　　　駿河国富士山隠侶日郷誠惶誠恐謹言(39)

元弘三年（一三三三）の日目奏聞の際、日尊と共に随従したことが伝えられる保田妙本寺開山の日郷には、康永四年（一三四五）三月の申状が伝わっている。

本申状の概略は以下の通りである。まず事書に、正像二時は過ぎ去り、今時は既に末法時であるから、早く謗法を対治して法華本門の正法を建立せよとの主旨が述べられる（【1】）。続けて、他の申状に度々見られたように、正像二時における仏法流布と先帝の帰依の先例を挙げ、末法に至っては法華本門の教法が流布する旨が説かれている（【2】【3】）。師である日蓮はかつて、末法の和平を願い『立正安国論』を認めて幕府に上呈した（【4】）。しかし日蓮以来、日興・日目に至る先師が公武に対して度々諫暁活動を展開したものの、その主張は受容されるには至らず、逆に刑に処せられることもあった（【5】）。その後、これらの主張を容認しなかった鎌倉幕府は滅亡し、後醍醐天皇は追われて吉野に遷幸した。正法の信仰こそがまさに国家を治め、謗法が国を混乱させることは明らかである（【6】）。以上のことから、改めて速やかに爾前迹門の謗法を破棄して、法華本門の正法に帰依することを求めるのである。そうすれば必ず天下安全国土安穏が達成されるであろう、と主張している（【7】）。申状中、【5】の傍線部に「自二高祖日蓮一已来、至二于祖師日興日目一、奏二公家一不レ被二許容一、訴二武家一被レ処二罪科一」と、先師による諫暁活動の結果が述べられている。他の日興門流諸師の申状にも諫暁活動の結果に関する記述は見られるが、それらは比較的簡略な文体であり、日郷申状にはより具体的な公武の対応が記されているのが特徴である。先師の諫暁活動が公武に受容されなかったことが、門弟らをさらなる諫暁活動へと突き動かす原動力となったのであろう。

この申状の他にも、日郷の諫暁活動に関連する史料を数点見出すことができる。それらを以下に挙げる。

《1》宮崎定善寺開山日睿『日睿類集記』

日睿此御法門日郷上人相続貞和元　三　七日午時（京都七条坊門御奏聞之時）相伝。(40)

《2》保田妙本寺十四世日我『申状見聞私』

此申状仁王九十八代光明院御宇康永四年三月十四日薩摩阿闍梨日叡一人大裏御供也、時執成上杉伊豆守殿也

当于時管領也（中略）初天奏時御供薩摩阿闍梨日叡一人也、貞和五年奏聞時太輔阿闍梨日賢御供也、依之
京都案内故自身有天奏也(41)

《3》宮崎妙円寺日穏『日睿縁起』

貞和元年乙酉二月七日（中略）同九日、日郷上人為奏聞立富士御上洛。日睿壱人供奉給。同年三月十四日京都寺社管領〔申状見聞上杉〕村上椙伊豆守御奏聞被進覧給。（中略）又貞和五年己丑日郷上人有御在京可有奏聞。其次霜月十五日京都ニテ日目上人御仏事云云。日睿自筑紫在上洛被仰下。日郷無相違在上洛被遂奏聞(42)

《4》光明天皇『綸旨』

検教法流布之次第、録捨劣得勝之諫牒、被備万機照照之上聞、盍恤一心冥々之下情乎、然則為仏法、為王法、
弥励積功累徳之修行、須期緇素貴賤之帰依之由、
天気所候也、仍執達如件、
康永四年乙酉三月十五日　頭左中弁宗光奉
日郷上人御房(43)

《1》《2》《3》の記述をまとめると、日郷は康永四年（＝貞和元年、一三四五）二月七日に日興十三回忌の仏事を富士で行った後、九日に薩摩阿闍梨日睿を従えて富士を出発、上洛して同年三月十四日に上杉伊豆守を介して申状を進覧したとされる。この上杉伊豆守とは、はじめ足利尊氏に従い室町幕府成立後はその弟足利直義を支持した、宅間

上杉家の祖である武将上杉重能のことである。この時、上杉重能に提出したのが右に挙げた日郷申状であろう。その結果、光明天皇から翌十五日に《4》の綸旨を賜ったとされる。[44]よって、本奏聞は北朝に対して行われたことになる。天皇から綸旨を下賜されこの度の主張が認められたのであるから、本奏聞は日興門流にとって一定の成果を得たことになろう。ところが、その後の日郷と公家との関係については現時点では不明である。なお光明天皇は、奏聞から三年後の貞和四年（一三四八）には子・崇光天皇に譲位し、院政を行うようになる。これが日郷の第一回目の諫暁活動である。

また日郷は、第一回目の奏聞から四年後の貞和五年（一三四九）に第二回目の諫暁活動を果たしたことが、《2》《3》の史料に記されている。この時の随伴役は日睿と大輔阿闍梨日賢であった。貞和五年は、北朝に崇光天皇が即位した一年後であり、新たな天皇の即位を契機として、再び奏聞を志したのであろう。さらにこれらの史料には、同年十一月十五日に師日目の十七回忌の仏事を京都にて営んだ旨も記されている。

日郷の二度にわたる奏聞は、共に日興と日目の年回忌に当たる年（第一回目＝日興・日目十三回忌、第二回目＝日興・日目十七回忌）に行われており、このことが奏聞の敢行を決意させた最も大きな要因ではないかと考えられる。

なお、日郷申状には、他の日蓮門下諸師の申状に通例的に副進された『立正安国論』の副進を見ることができない。それは日郷の後、保田妙本寺を継承する日伝（日賢）の申状（⑨）も同様であり、日郷申状だけを副進するに留まっており、日興門流初期の門弟の中で異彩を放っている。何故日郷とその弟子が『立正安国論』を申状に副進しなかったのであろうか。意図的に副進しなかったのか、あるいは環境的に『立正安国論』の写本を用意し得なかったのか、現時点では明確な結論を得るには至っていない。また、日行や日郷による諫暁活動が行われた頃は、前述した通り、妙顕寺の許可を得た諫暁活動でなければ公武共に受け入れないという状況が発生していた。それにも関わらず、その後日興門流が諫暁活動を行った事蹟が確認でき、しかも日郷に至っては天皇より綸旨を賜ったとも伝えられている。日郷らは妙顕寺の挙状・申状を得た上で、奏聞を行ったのであろうか。その背景については未だ不透明である。これらは今後の課題としたい。

小　結

以上、本節では、日興滅後の日興門流諸師による諫暁活動の事例について、検討を進めてきた。その結果、門弟らによる諫暁活動の継承と展開の一端を窺うことができた。

日興の門弟らによる諫暁活動は、日興入滅直後から早々に開始され、また時代の移り変わりや政権移行の影響を大いに受けつつも、日興滅後一六年頃までに集中的に展開した。そして諫暁活動の際に提出する申状の内容や副進書は、門弟各々が先師日興の申状提出に倣いながら踏襲し、そこに各師の個性を交えて少しずつ形態を変え、独自の申状を作り上げている様子が窺える。

これらの門弟申状にほぼ共通して説かれる項目は、主に次の三項目が挙げられよう。

（1）正像二時における先聖の仏法流布と先帝の仏法帰依の例
（2）当世末法における法華本門の正法帰依の必要性
（3）国家安泰のために、速やかに爾前迹門の謗法を破棄し、法華本門の正法を信奉することの要請日興門流諸師は諫暁活動によって、国土安穏達成のため経文に説かれる仏法流布の次第に符合する信仰を権力者に求め、しかもその信仰すべき正法は特に法華本門の教法とする。このような本勝迹劣義の明示こそ、日興門流の諫暁活動における最たる特色といえよう。日興門流諸師がこれほどにまで再三諫暁活動を展開した背景には、末法において法華経を弘通する使命を託された上行菩薩の再誕である日蓮、そしてその法脈に連なる先師日興に引き続き、我もその系譜に連なる門弟であるとの自負心と使命感が存していることが、門弟申状から読み取ることができる。

しかし現存する諸史料から見れば、日興門流における諫暁活動は、前述した通り日興滅後十数年間は活発に実行されたものの、その後は次第に減少したようである。この点について、堀氏は以下のように言及している。

乱世に在りては其主権の所すら判然せず悪吏間を距て容易に願書の受理すら行はれず、此を以て公家武家共に其目途を成すまでには巨額の資材を以て運動し必死の覚悟を以つて猛進せざるべからず、（中略）自門にして日郷日要の如く準備に大苦労を為して所得少く、況や戦国時代は上下自他共に疲弊の極に達し国諫の大望よりも大金を費して不入の訴訟に成功せざるべからず[45]

つまり堀氏は当時の状況について、世の中が乱れ国の主権の在所が判然とせず、戦国時代に至ってはその状況はさらに悪化し、金銭的にも負担の大きい国家諫暁よりも寺門護持にシフトせざるを得ない状況であったとの見解を示している。堀氏が指摘するように、このような社会情勢が日興門流の諫暁活動を減縮させる要因の一つになったと考えられる。

日興門流の諫暁活動では、結果的に妙顕寺日像の勅願寺公許のような目覚ましい成果を得るには至らなかったものの、数々の事例から日興の門弟の諫暁活動に対する強い意志を看取することができる。そしてこれらの諫暁活動の史実は、国主教化が日興門流の教化活動における大きな目標の一つであったことを如実に物語っており、それはまた日興門流のみならず、日蓮門下全体における目標でもあったと見ることができよう。

註

(1) 前節参照。
(2)『宗全』一巻七頁、中尾堯編『中山法華経寺史料』二八・四三頁。
(3)『宗全』一巻二一頁。
(4)『宗全』一巻三六・八八頁。
(5) 都守基一「『立正安国論』の再確認」(『身延山大学東洋文化研究所所報』一六号) 四八頁。
(6)『日目上人』三七七頁、『宗全』二巻二〇一頁。
(7)『日目上人』巻頭写真。
(8)『富要』五巻一九一頁。
(9)『宗全』五巻四二頁。
(10)『宗全』二巻五一八頁。筆者日眼については下条妙蓮寺五世日眼説・西山本門寺八世日眼説が存在する。宮崎英修『日蓮教団史研究』(初出は一九八〇年) 一六〇頁によれば、宮崎氏は妙蓮寺日眼説を否定している。
(11)『富要』二巻 (富士宗学要集刊行会、一九六一年) 二九六頁。
(12)『興本』正誤表六頁。
(13)『興本』二八六頁。
(14)『興本』三六二頁。
(15)『日本国語大辞典』八巻五七七頁「最前」の項。
(16)『興本』正誤表六頁。また『興本』五頁によれば、〈3〉は大石寺所蔵とされる曼荼羅本尊で、注記に「典拠は妙道日霑『大石寺明細誌』（明治二十年五月十日記）」とある。
(17)『宗全』二巻二五九頁。
(18)『上代事典』四七一頁。
(19)『宗全』二巻二六二頁。
(20)『上代事典』四七一頁。
(21)池田令道「大石寺蔵『御伝土代』の作者について」（『興風』一六号）。
(22)池田令道「大石寺蔵『御伝土代』の作者について」（『興風』一六号）四三五頁。
(23)『上代事典』三六八頁。
(24)『宗全』二巻二八九頁。
(25)日辰『祖師伝』（『富要』五巻三二頁）。なお、本乗寺日会『大石寺久遠寺問答事』（『上代事典』二三三頁）によれば、日目の奏聞上洛の際の大石寺留守居役は日郷が務めたと記している。
(26)『宗全』二巻四一一頁。
(27)堀日亨『富士日興上人詳伝』五一七頁。
(28)富谷日震編『日宗年表』復刻版（本山要法寺、一九八五年）四八頁。
(29)堀日亨『富士日興上人詳伝』五一八頁。
(30)『宗全』二巻二六七頁。
(31)『興本』二九頁。
(32)富谷日震『本宗史綱』九四頁。
(33)『宗全』二巻二六九頁。
(34)『上代事典』四八八頁。
(35)『宗全』二巻二三〇頁。
(36)『宗全』二巻四四五頁。

(37)『統合システム』二〇一五年度版所収「日行申状」、『上代事典』三六九頁。
(38)『富要』一巻二二五頁。
(39)『宗全』二巻二七八頁。
(40)大谷吾道「日睿筆「類集記」について」(『興風』一八号)三九〇頁。
(41)『富要』四巻九八頁。
(42)『上代事典』三四五頁。『上代事典』によれば、本書には二本の内容を異にする写本がそれぞれ保田妙本寺と宮崎定善寺に所蔵(計四本の写本が現存)されており、その内、定善寺蔵日承本と妙本寺蔵日元文久本(以上二本を①)が同内容、妙本寺蔵日祐本と定善寺蔵日元文政本(以上二本を②)が同内容とされる。①と②については、①の方がより信頼できる史料であることが指摘されているため、ここでは『上代事典』所収の①の文を引用した。
(43)『千葉県の歴史』資料編　中世3　県内文書2　四八五頁。
(44)この時の様子を『日蓮正宗富士年表』八六頁は「保田日郷　天奏により光明院より綸旨並びに嵯峨帝宸翰の法華経十巻を拝領す」と記載している。
(45)『富要』八巻三二八頁。

第四章　日興と弟子檀越の交流

はじめに

上述したように、日興門流の門祖日興が書き記した自筆文書は、最新の研究成果によれば曼荼羅本尊三〇八幅、著述・記録・書状類一一五点、日蓮遺文の写本三二点と数多くの存在が認められており、この数量は他の日蓮直弟子をはるかに凌駕している。(1)これらの日興文書は、上代日蓮教団の動向を今に伝えるだけに留まらず、鎌倉時代における生活状況や当時の文化・風習など、多種多様な歴史的情報を知り得ることができる、極めて有益な史料群であると言えよう。

しかしその一方で、日興文書に関する研究は、未だ解明するには至らない多くの課題を抱えているのも事実である。例を挙げるならば、日興文書の系年について、現在確認されている著述・記録・書状類一一五点の内、執筆年月日が判明しているもの、あるいは推定されているものはわずか二五点のみで、現時点では約八割の著述・記録・書状類の執筆年月日が不明と言わざるを得ない。またそれらの内容についても、日興文書に現れる弟子檀越の事蹟を含め今一つ判然としないものや、他の文書との関連性を見出せず、単独的状態に留まっている史料も散在している。このような点から、日興文書はその文献的価値は高いものの、依然として研究の余地を多く残す史料とも言えるのである。

そこで本章では、日興文書研究の一視点として、従来あまり取り上げられることのなかった二つの問題に着目したい。その一つは、日興とその門弟の往来についてである。ここでは、日興門流初期の動向の中で如何なる人の行き来があって、それが自門の発展とどのように結び付いていったのかを探ってみたい。そしてもう一つは、日興と弟子檀越間における物品の授受についてである。ここでは布施や供養品のやりとりを通して、日興門流初期における日興と弟子檀越の関わり方の一端を検討したい。どちらの問題も先行する研究は乏しいが、当時の具体的行動の一側面を伝えるものとして、初期日興門流全体の展開に直結する重要な課題と位置づけられるものである。

これらの教団内部における行動・交流に関するテーマを基軸に、本章では初期日興門流における日興と弟子檀越の動向について、多角的に考察していきたい

註

（1）本書序章第一節註（5）参照。

第一節　日興と弟子檀越の往来

日興には文書群とも呼べるほど大量の自筆文書が伝来しており、それが日蓮の直弟中における特長の一つであることは既に述べた通りである。とりわけ著述・書状類が一〇〇点以上も伝来していることは誠に貴重で、これらの存在によって日興とその周辺における当時の情報伝達の様相やその具体的内容を直接窺い知ることができるのである。

ところで、日興文書やその門弟文書を通覧すると、人の往来に関する記述が多々散見されることに気付く。日興と弟子檀越が書状を介して連絡を取り合う際には、両者の間を情報伝達のために人が往復したであろうし、また教団が新たに教域を拡張するに至った地域には、それ以前に僧侶や檀越による当地での布教活動があったことは当然予想される。したがって往来の記述は、そのような当時の人々の交流や、日興門流における具体的な活動状況を紐解く上での有力な手掛かりの一つとなり得よう。

日蓮門下の往来に関する先行研究としては、高森大乗氏が「日蓮遺文にみる門弟の往来」において、日蓮遺文に見られる門弟と書簡の往来に着目して考察を加え、初期日蓮教団の動向と実態について詳細に論じている。(1) また、継命新聞社刊『日興上人』・『日目上人』には、日興門下の往来に関連する解説がなされている。(2) このような先行研究を参照しつつ、本節では日興文書および日興直弟文書に見られる日興門下の往来の記述に着目したい。そして往来の記述から、日興在世中、特に日興が身延を離れ富士に活動の拠点を移して以降、日興門流内で如何なる目的の往来が行われ、その往来が当時の生活や布教活動と如何に結びつき、門流の教線拡張へとつながっていったのかについて、関連史料を精査しつつ検討考察してみたい。

なお、日興の直弟日目は、日興入滅の九ヵ月後に病によって急逝するが、日目文書の中にはその九ヵ月の間に記されたものが一部ある。本節では、日目入滅が日興入滅から間もないことから、日興滅後に記された日目文書もまた考察対象に含めて検討していくこととする。

第一項　日興在世中における弟子檀越の分布

往来に関する考察を行うに先立ち、まずは各地にどれだけの日興門下が点在していたのか、その数を把握しておきたい。日興門下とその広がりに関する先行研究としては、まず高木豊「日興とその門弟」[3]が挙げられる。この中で高木氏は、日興『弟子分帳』の記述や日興曼荼羅本尊の授与書・書写年月日等に重点を置いて分析し、地域別に日興門下の動向を述べ、日興門流の原初的状態について総合的かつ体系的な考察を行っている。その後発表された山上弘道「日興上人御本尊脇書について」[4]では、日興曼荼羅本尊の授与書に見える日興門下を地域別に整理した上で、被授与者個々の事蹟についてより詳細な分析を試みている。これらの先学による研究業績を踏まえつつ、ここでは高木氏・山上氏が考察対象とした『弟子分帳』と日興曼荼羅本尊授与書に他の日興門流関連の文書・記録等を加え、それらの中から改めて日興在世中の弟子檀越と判断される人物を抽出し、その総数を所在地別に掲出した。それが表一三である。地図中、灰色で表示した箇所が、日興の弟子檀越の在住が確認できる国である。なお、弟子檀越の中には時期によって移住している者や、同一人物と確定できずにやむなく別人として扱った場合がある。そのため、実際の弟子檀越の

	僧侶	檀越	僧俗不明	計
①駿河	25	74	1	100
②陸奥	9	50	2	61
③甲斐	25	22	0	47
④佐渡	3	13	0	16
⑤武蔵	2	5	0	7
⑥相模	2	4	0	6
⑦下野	2	3	0	5
⑧伊豆	1	2	0	3
⑨越後	1	1	0	2
⑩常陸	0	2	0	2
⑪遠江	0	2	0	2
⑫紀伊	0	2	0	2
⑬讃岐	0	0	2	2
⑭近江	0	1	0	1
⑮京都方面	0	1	0	1
⑯美作	0	1	0	1
⑰不明	17	32	10	59
計	87	215	15	317

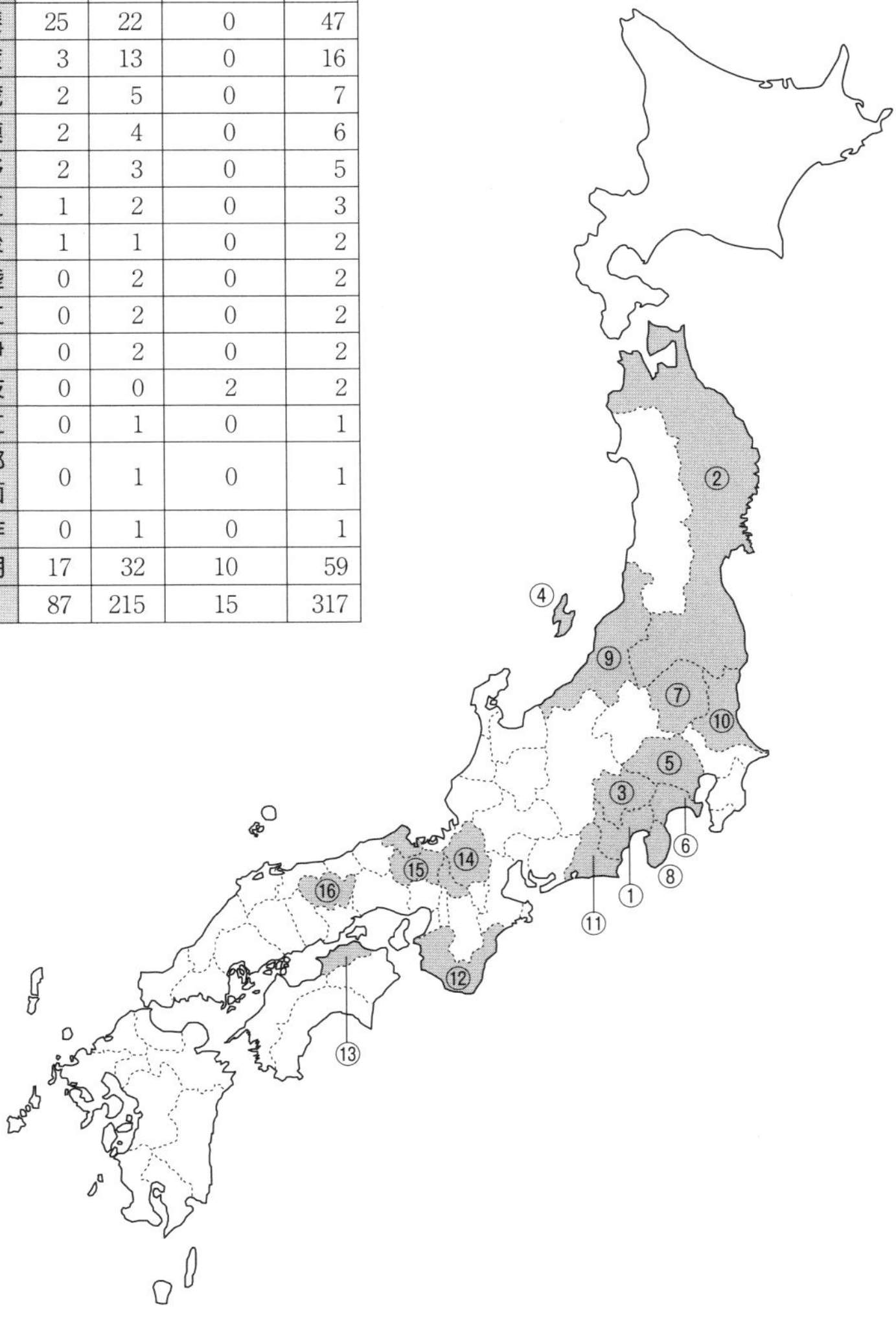

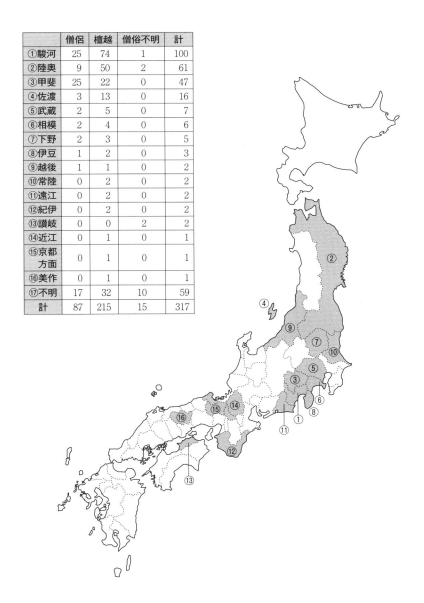

【表一三】日興在世中における弟子檀越の分布

数は表に示した数値よりも多少の増減が見込まれる。したがって表一三内の数値は、あくまで概数であることを注記しておきたい。

鎌倉期における日蓮教団は、日蓮滅後関東を中心に展開し、また肥後阿闍梨日像によって早くから西国京都にもその教線が広げられた。さらに、中山門流日厳が正和二年（一三一三）より九州に弘通し、小城光勝寺建立へとつながる九州布教の基礎を築いたことや、中老僧の一人とされる一乗阿闍梨日門の陸奥弘通による大仙寺（現・仙台孝勝寺）の建立などが伝えられるように、関東から遠く離れた地にも早くから日蓮門下による布教が展開されている。このような教団発展の中で、日興門流もまた着実に自門の教線を伸張させている。表一三を見てわかる通り、日興門流の二大拠点たる大石寺・北山本門寺が所在する駿河を中心に多数の弟子檀越を獲得しており、またその在地は東は東北地方陸奥、西は四国地方讃岐に至るまで広域に及んでいることが看取できる。特に、駿河から遠く離れた陸奥や佐渡に多数の弟子檀越の存在が確認できることは特徴的である。

なお、既に触れた通り、福岡県浮羽郡水縄村石垣観音寺に「駿河国富士山日興上人、華、一周忌御忌景三月七日也、元弘四年二月二十日沙弥蓮性敬白」との銘文を有する日興供養塔がかつて存在したことが指摘されていて[5]、日興在世中、九州地方に既に蓮性という弟子檀越が居住していた可能性が考えられる。しかし、蓮性がこの当時九州に常住していたかどうかは断定できず、確実な史料では正和二年（一三一三）四月八日書写の日興曼荼羅本尊に「常陸国行形大□経二郎入道蓮性者伊豆国河野三郎□□□□悲母第三年書写之」[6]とあって、常陸国の住人と明記されているので、ここでは蓮性を常陸の住人と判断した。

日興は在世中に三〇〇幅超の曼荼羅本尊を書写し、その多くを弟子檀越に授与したことは既に第二章で述べたが、

表一三に示した弟子檀越の大半は、その日興曼荼羅本尊に記された授与書によって知ることができるものである。この事実もまた、日興曼荼羅本尊の史料的価値の高さを物語っている。日興の弟子檀越が各地に所在しているということは、それらの在地と日興がいる駿河との間、または弟子檀越それぞれの在地間を中心に日興門下による往来があったことが当然予想されよう。

第二項　日興と弟子檀越の往来

周知の通り、鎌倉時代には第三者による通信機関として鎌倉飛脚・六波羅飛脚と呼ばれる飛脚が存在していた。しかし、これらはあくまでも公用便であり、江戸時代に見られる町飛脚のような、一般民衆が利用できる通信機関は未だ整備されていない時代であった。したがって、当時の一般民衆における文書の伝達方法は、専ら使者に託して相手に届けていたものと考えられる。極端に言えば、少なくとも存在する書状の数だけ人の往来があったと想定されるのである。本考察を進める上で、このような時代的背景をまず前提としなければならない。

日興文書が多数存在しているということは、すなわち日興門流において少なくともその文書を伝達するために、かなりの往来があったことを物語っている。そのすべての往来の様相を明らかにすることは困難だが、以下、往来の記述を目的別に分類した上で、検討してみよう。

一、使者派遣による往来

ここでは、日興およびその門弟のもとから使者が派遣された際の往来と、その時の周辺の状況について考察したい。まずは日興とその門弟の文書中に見える、使者派遣による往来を示す記述を以下に挙げる。

①日興書状『与了性御房書』（年未詳）九月九日
〔端書〕いを（魚）もとり（鳥）もやまい（病）のものにハたひ候ていのち（命）いけて仏法ひろめ給へし。

民部殿の事、其後おほつかなく思奉候。かつさ（上総）房あまり足をやみ候間いか（伊賀）をまつまいらせ候し。かつさ房ハなにさまにつけてもそれにをかせ給てつかハせ給へく候歟(7)

②日目書状『与了性房書』（年未詳）九月九日
昨日伊賀房をまいらせ候しかとも、かんひやうのために上総房も用にや候とてまいらせ候。をきてかん病せさせさせ給へし(8)

③日興書状『与曽祢鬼房書』（年未詳）八月二十八日
其後御いたハり（労）いかやう（如何様）にわたらせ給候らん。うけ給ハりに人をまいらせ候(9)

④日興書状『与了性御房書』（年未詳）八月二十七日
〔端書〕はるかに入御候ハぬ間おほつかなさ（覚束無）に人をまいらせ候。
御いたハしけの事承候ハ如何。ふるの白米二升・こふわかめひと（一）進候(10)

⑤日目書状『与菊田の四郎兵衛殿書』（年未詳）十月二十五日
をくにて御らん候しさいしやうのあさり、いたわりかをこり候て大事に候ほとに、さハくのゆへまかり候。二七日はかりハ候ハんすらん。それうに候らん法花衆たちにさうしせさせ給候へく候(11)

⑥日興書状『与了性御房書』　徳治二年（一三〇七）七月十二日
坊主のほり給候了（中略）返々入道か沙汰の二問状よく〱御覧候へし。敵方より又子細候ハ、定被二棄置一候者歟。刃傷損物承伏ハ訴陳状に明白也。所詮法花衆たるによて令二損物一云云(12)

⑦日興書状『与了性御房書』（年未詳）三月二十五日
平三郎入道ハいま二三日のほとにまいるへきにて候。かた〱の訴訟人等事、さて御わたり候へハいつれも〱きこしめすへく候。入道の下向時御文くハしく(詳)みまいらせ候ぬ。鎌倉中の災難事なを〱しるし給てみまいらすへく候(13)

⑧日興書状『ひゑとりの御返事』（年未詳）六月十三日
公私御物沙汰急速に御さハくり候て可レ有二下向一候。兼又弥三郎ハ無力之由申也。三郎入道をまいらせ候。よく〱仰含られ候て近守・弥三郎等其外器量仁等をつけて奉行所へ可レ被レ出候歟(14)

⑨日興書状『与民部公御房書』（年未詳）七月二十七日
此訴訟人等于今不二行返一之間今一度為二言上一罷上候(15)

⑩日興書状『災難御返事』（年月日未詳）
災難事承候了。三郎入道いま二三日程に罷立へく候(16)

⑪日興書状『曽祢殿御返事』（年未詳）正月十七日
なによりハ市王殿の御うは(乳母)他界御事中はかり候ハす。明日こそ人をもまいらせて御とふらひ申候ハめ(17)

⑫日興書状『了性御房御返事』正和四年（一三一五）七月十日
生瓜はなちてハ見候ハす候。返々一くいし候了。御使者見候に候(18)

⑬日興書状『曽祢殿御返事』（年未詳）八月二十日
夕方童部を給てまいらせ候へく候(19)

以上、日興書状一一通、日目書状二通、計一三通に使者派遣に関連する記述が見られる。これらの記述を通覧すると、日興らが使者を派遣する目的として、主に二つのケースを見出すことができる。

まず一つには、病に関する派遣であり、それが記される史料は①〜⑤である。病に関する記述は日蓮遺文中にも度々見られるところであり、日蓮は仏教者としての立場と使命感から、病の弟子檀越に対して種々の対処法を教示した。現代ほど医療技術が発達していない鎌倉時代では、今日以上に一つの病が死に直結するリスクが高かったことは想像に難くない。そのような時代の中で、やむなく病にかかった弟子檀越に対する日興らの対応の一端が①〜⑤の記述に垣間見ることができる。

①日興書状『与了性御房書』と②日目書状『与了性房書』は同日付であり、なおかつ書状の内容が近似していることから、同じ案件について記された書状と判断されている。(20)両書状は日興本六人の一人了性房日乗に宛てた書状で、日乗の元にいる日乗の弟子民部公日盛が病にかかり、その看病のために日興と日目が上総房と伊賀房（日世）を使者

として派遣する旨が記されている。①によると、使者二名の内、上総房は当時足を病んでいたため、まず伊賀房を先に派遣したと記されている。上総房の事蹟は未詳だが、伊賀房日世については日目の弟子とされ、日目書状『大石寺坊主事』の「伊賀房ハ武蔵房の謗法を申候処、彼坊焼失する間、伊賀之所以とて武蔵房、伊賀房、性善共追出候間、大石寺にハ人なく候[21]」との記述から、大石寺に住坊を持っていた僧のようである。したがって、この度の派遣は直接的には大石寺を管領する日目によってなされたものと推察される。

③日興書状『与曽祢鬼房書』では、曽祢氏の稚児と想定される鬼房[22]が患い、その具合を窺うために日興が使者を派遣している。稚児の病であったから、日興も一際心配したことであろう。その様子が③から窺える。④日興書状『与了性御房書』では、日乗が病にかかったとの報告を受けたため、日興が使者を派遣すると共に、早期快復を願って供養品を届けている。これと同様のケースが日興書状『大弐公御房御返事』で、「きちひかんきやう候ま丶進候。甘草ハ人にこひ（請）て候へハこれはかり候とてたひ（給）て候をそへ（添）てまいらせ候[23]」と見え、病の治療のために日興が種々の薬草を調達して門弟のもとに送付している様子が確認できる。①②③の場合も文面には現れないものの、病気平癒のために供養品を使者に託して届けた場合があったことは大いに想定されよう。

また⑤日目書状『与菊田の四郎兵衛殿書』は、病に関連した使者の派遣を伝える書状ではないが、陸奥にいた宰相阿闍梨日郷が発病し、「さハくのゆ」へ病気療養の為に二週間程滞在するので、その世話を常陸国菊田庄に住む檀越四郎兵衛らに日目が依頼している内容である。したがってこの時の状況は、陸奥から日郷あるいはその関係者が発病の旨を日目に報告し、その後日目が日郷に成り代わりその旨を四郎兵衛に申し送ったものと考えられる。

ちなみに、「さハくのゆ」とは旧菊田庄、現在の福島県いわき市常磐湯本町三函に所在する常磐湯本温泉を指すと考えられており、[24]『角川日本地名大辞典』等によれば「三箱湯」「三函湯」等と称されたと解説されている。[25]時代は少々下るが、天正年間頃のものと推定される年未詳十一月八日の田村顕康書状に「抑三箱へ為御湯治、御出張之由」[26]とあり、また寛文年間成立と推定される葛山為篤『磐城風土記』に「温泉味淡鹹家以レ筧引レ之能治二諸瘡一」[27]と見え、三箱湯はこの時代においても湯治場として名を馳せた名湯であったことがわかる。この近辺に四郎兵衛をはじめとする法華衆が居住していたので、日目は地理的関係から四郎兵衛らに日郷の世話を依頼したのである。また菊田庄は陸奥と常陸の国境として、奥州三関の一つ「勿来関」が設置された地域であり、交通の要所としての役割を担った場所でもあったとされる。[28]後述するが、日目や陸奥の弟子檀越らは富士と陸奥とを度々往復していたようであり、四郎兵衛をはじめ常陸在住の檀越は、日目らの陸奥下向の途次、菊田庄を訪れた際に教化されたものと推測されている。[29]

これら①～⑤の記述から、日興・日目が患った弟子檀越の病状を案じ、病人のもとへ看病のために使者を派遣したり物品を届けるなど、日興らの配慮の一端を垣間見ることができる。また、日興は①に「いを（魚）もとり（鳥）もやまい（病）のものにハたひ候ていのち（命）いけて仏法ひろめ給へし」と記し、日乗に対して病人には栄養補給のために魚肉も鳥肉も食させよと指南している。かつて日蓮は『守護国家論』に「唯持（ツ）二法華経（ヲ）一為（ト）二持戒一」[30]と述べ、末法無戒の立場から妙法五字の受持即持戒を説いた。[31]日興も師である日蓮と同様の立場に立ち、法華経弘通者としてその受持すべき妙法五字の広宣流布のためには、まずはこの世に生き続けることが最優先であるとの認識を有していたことが窺える。①～⑤に見える日興らの病人に対する懇ろなる対応の背景には、このような認識があったものと考えられる。

次に、二つ目のケースは訴訟事に関する派遣であり、⑥～⑩がそれに該当する。これらの書状は、徳治二年（一三〇七）七月十二日の日興書状『与了性御房書』（⑥）を本拠として、日興門下周辺で勃発した「徳治二年の法難」と称される法難によって起こった訴訟関連の史料と見られている。徳治二年の法難については次章で論じるので、詳細はここでは割愛するが、⑥〜⑩で日興から派遣された使者は、⑥の坊主（＝日目）、⑦日興書状『与了性御房書』の平三郎入道、⑧日興書状『ひゑとりの御返事』・⑩日興書状『災難御返事』の三郎入道の三名が確認できる。また⑥・⑦・⑨日興書状『与民部公御房書』の宛所は、鎌倉での活躍が伝えられる日乗と日盛であるため、この時の使者もまた鎌倉へ派遣されたものと考えられる。

平三郎入道と三郎入道については詳細な事蹟は不明だが、大黒喜道氏によれば同人である可能性を指摘している。(32)訴訟関係の書状にその名が見られ、訴訟に関与している様子が窺えることから、少なくとも訴訟に関する知識を有した人物であったことが想定される。また日目は日乗と日盛の師で、なおかつ権力者への諫暁活動や他宗僧との問答経験が伝えられる日興門下であるから、訴訟の場での貴重な戦力となり得る日目を日興は派遣したのであろう。

このように、訴訟事に際して日興は、訴訟関連の知識人や大石寺管領を任せるほどの高僧である日目を鎌倉の日乗・日盛の元へと派遣し、訴訟対応の助勢にあたらせた。そして⑥に見られるように、日興もまた訴訟に関する具体的な指示を出すと共に、訴訟の進行状況把握にも努めていた様子が読み取れる。その背景には、弘安二年（一二七九）に日興門下周辺で勃発した熱原法難の悪夢が脳裏をよぎったものと推察され、同様の惨劇を招かぬようにと、日興は先導者としての立場から訴訟事に対して極めて慎重な対応を取ろうとしたものと考えられる。

また、史料的にはごく少数だが、今挙げた以外の目的による使者の派遣も確認できる。⑪日興書状『曽祢殿御返事』では市王殿の乳母が他界し、その弔いのために日興より使者が遣わされている。⑫日興書状『了性御房御返事』では、日乗が日興のもとへ供養品を届けるため使者を派遣した様子が窺える。そして、その供養品を日興が食べている姿を使者に見られてしまったという、何とも微笑ましい情景が描写されている。⑬日興書状『曽祢殿御返事』では、日興が童部を曽祢殿のもとへ使いに出す旨が記されている。

これらの内、特に⑫に見えるような物品伝達のための使者派遣に関連して、高森大乗氏によれば、日蓮に対して布施や供養がなされる場合、門弟側から派遣された使者が施主の供養品を届ける形態が大部分であったと指摘している。(33) 日興やその門弟の文書中にも物品の授受に関する記述が多々散見されるが、日興在世中における物品のやりとりについても、基本的には⑫のように使者が物品の運搬役を務めて届けたものと類推される。またそれは物品のみならず、当然書状伝達の場合に関しても同様のことが言えるであろう。

二、布教活動に関する往来

次に、布教活動に関連した往来について検討したい。布教活動に関する往来を伝える記述は、以下の①〜⑪の日興書状一通、日目書状一〇通に見ることができる。

①日目書状『与民部日盛書』（年未詳）五月三十日

自奥州帰候て、次年五月にて候しか是も奥より上て次年五月までに候(34)

②日目書状『進上伊与公御房書』（年未詳）十月二十八日

先度奥州へ罷下て候し時承候了(35)

③日目書状『与民部阿闍梨御房書』延慶二年（一三〇九）十月二十二日

奥人らをしへて、はこね山こし給へく候(36)

④日目書状『与民部阿闍梨御房書』正慶元年（一三三二）十月二十五日

一、奥人上て候ハ、小杉殿に一結たてまつりて（中略）

一、義科ヨク〱読シタヽメテ、二三月と下てこれにて若御房達、児とも可有談義候(37)

⑤日目書状『柳目殿御消息』（年月日未詳）

十月奥より人ハ上て候(38)

⑥日興書状『佐渡国法花講衆御返事』元亨三年（一三二三）六月二十二日

さいしやうとの（宰相殿）ゝ御事しきふのきミ（式部公）のほんしやく（本迹）のほうもん（法門）を申をきこしめいて御かう（講）一とうにならせ給たるやうにきゝ候しあひた(39)

⑦日目書状『与宰相阿闍梨御房書』（年未詳）五月二日

委細承海路之間無殊事云云。抑安房国者聖人御生国（中略）相構々法門強可被立候(40)

⑧日目書状『与宰相阿闍梨御房書』（年月日未詳）

明年ハ春より十月まていて可有談義候(41)

⑨日目書状『与宰相阿闍梨御房書』（年未詳）十月二十五日

此十月ハ随分相侍候処不被参候。無心本候。明春者自常陸湯直可有来臨候(42)

⑩日目書状『大石寺坊主事』（年未詳）三月十四日

大石寺にハ人なく候。（中略）越中房たつねてさうせちもちてきて一二ヶ月坊主せよと候へ。（中略）柳目の泉房をもさうせちもちてこよと申つかハして候也[43]

⑪日目書状『与宰相阿闍梨御房書』（年未詳）十月十四日

何事よりも是に法師一人も候ハす候て、ときするものなく候。年越にかまへて〱わたらせ給候へ。（中略）渡海おほつかなく候て皆ハ不遣候[44]

まず、日興門下と陸奥国在住の檀越の往来について見てみたい。日興門流における陸奥布教の先駆けとなったのは、日興が永仁六年（一二九八）に重須に移住した後の大石寺を継承した日目である。周知の通り、日目は弘安六年（一二八三）以降、自身の血縁である新田氏の本貫地陸奥に赴いて布教を展開し、陸奥教化の拠点とすべく本源寺・上行寺・妙教寺・妙円寺のいわゆる「奥四箇寺」と呼ばれる寺院の基礎を築いたことが伝えられる。高木豊氏によれば、日興門流の教線が広域に亘っている要因の一つとして、教化活動が血縁・族縁関係を通して行われたことにあると述べているが、[45]日目の陸奥布教は高木氏が指摘する代表的な事例といえよう。その結果、先の表一三に示したように、遠国陸奥において新田氏を中心に六一名もの弟子檀越を獲得し得たのである。

①日目書状『与民部日盛書』、②日目書状『進上伊与公御房書』の文面からは、それ以前に日目が陸奥へ赴いていたことを読み取ることができ、ここに見える日目の下向もまた陸奥布教の一環であったかと推測される。日目は嘉暦二年（一三二七）十一月には、甥の弁阿闍梨日道に宛てて『譲状』を記して陸奥と伊豆の所領を譲渡し、さらに上新田坊の講師職を委任している。[46]その後の陸奥布教は、日目に代わり日道が中心的役割を担うこととなった。したがって、

①②の書状は執筆年未詳であるが、嘉暦二年以前のものである可能性が考えられる。なお、一の⑤『与菊田の四郎兵衛殿書』に「をくにて御らん候しさいしやうのあさり」との記述が見え、目的は定かではないものの、日郷にも陸奥に赴いた一時期があったことが窺える。

日興門下の陸奥下向とは逆に、陸奥の檀越もまた富士登詣を行っていたようである。③日目書状『与民部阿闍梨御房書』では、日目が日盛に陸奥の檀越（日興は「奥人」と称している）を連れて箱根山を越えて富士に来るようにと指示し、④日目書状『与民部阿闍梨御房書』からは、近々奥人が鎌倉の日盛の元を訪れる様子が窺え、⑤日目書状『柳目殿御消息』には、十月に奥人が富士に赴く旨が記されている。これらの書状の日付と内容を勘案すると、奥人が富士登詣を行うのは十月末頃で、かつ定期的に行われていたものと想定される。この点について坂井法曄氏は、毎年十月頃になると奥州の檀越が大石寺を目指して出発し、中継点に存在した鎌倉の日盛の住坊を経由して富士へ向かうのが通例になっていたとし、さらに他の日目書状に見える供養品のほとんどが奥州の檀越からのものであることから判断して、当時の大石寺の経済面は実質的に奥州法華信徒によって支えられていたとの見解を示している。(47) 奥人による富士登詣は、血族新田氏をはじめ多数の弟子檀越を入信させた日目らによる陸奥教化の大きな成果の一つであり、陸奥教化が結果的に富士登詣という信仰的活動を生み出すに至ったのである。ただし、奥人による富士登詣がなぜ十月であったのかは、現時点では不明と言わざるを得ない。十月といえば十三日の日蓮の忌日が想起されるが、ここで挙げた書状の日付は忌日より後の十月下旬であって、そのための登詣とも考えにくい。しかし、坂井氏が指摘するように奥人の富士登詣が毎年の慣例行事と化していたのであれば、これらの書状の日付のみで即断することもまた早計であろう。今後さらに検討を要する。

また、富士に登詣した奥人は大石寺のみならず、当然その足で重須の日興の元にも赴いたものと考えられる。したがって、十月の日付で書写し、なおかつ陸奥の檀越に授与した日興の曼荼羅本尊は現在六幅確認できるが、[48] これらは富士登詣した陸奥の檀越が、重須の日興の元を訪れた際に直接授与されたのではなかろうか。

なお、日目や奥人らが陸奥と富士とを往復する際に通行した道程については、『日目上人』が二つのルートを推測提示している。そのルートは、

Ａ　富士↓東海道（とうかいどう）↓鎌倉↓房総↓東海道（とうかいどう）↓常陸国府↓東海道（あずまかいどう）↓奥州多賀国府

Ｂ　富士↓東海道（とうかいどう）↓鎌倉↓鎌倉街道中之道↓下野国府↓東山道↓奥州多賀国府

の二つである。[49] 次頁に『日目上人』提示の地図を転載したので参照されたい。同書によればＡルートを通る場合、現在の東京湾と霞ヶ浦では海路を利用したとしている。後述するが、⑦⑪の日目書状『与宰相阿闍梨御房書』には「海路」「渡海」の文字が見え、Ａルートとの関連が予想される。

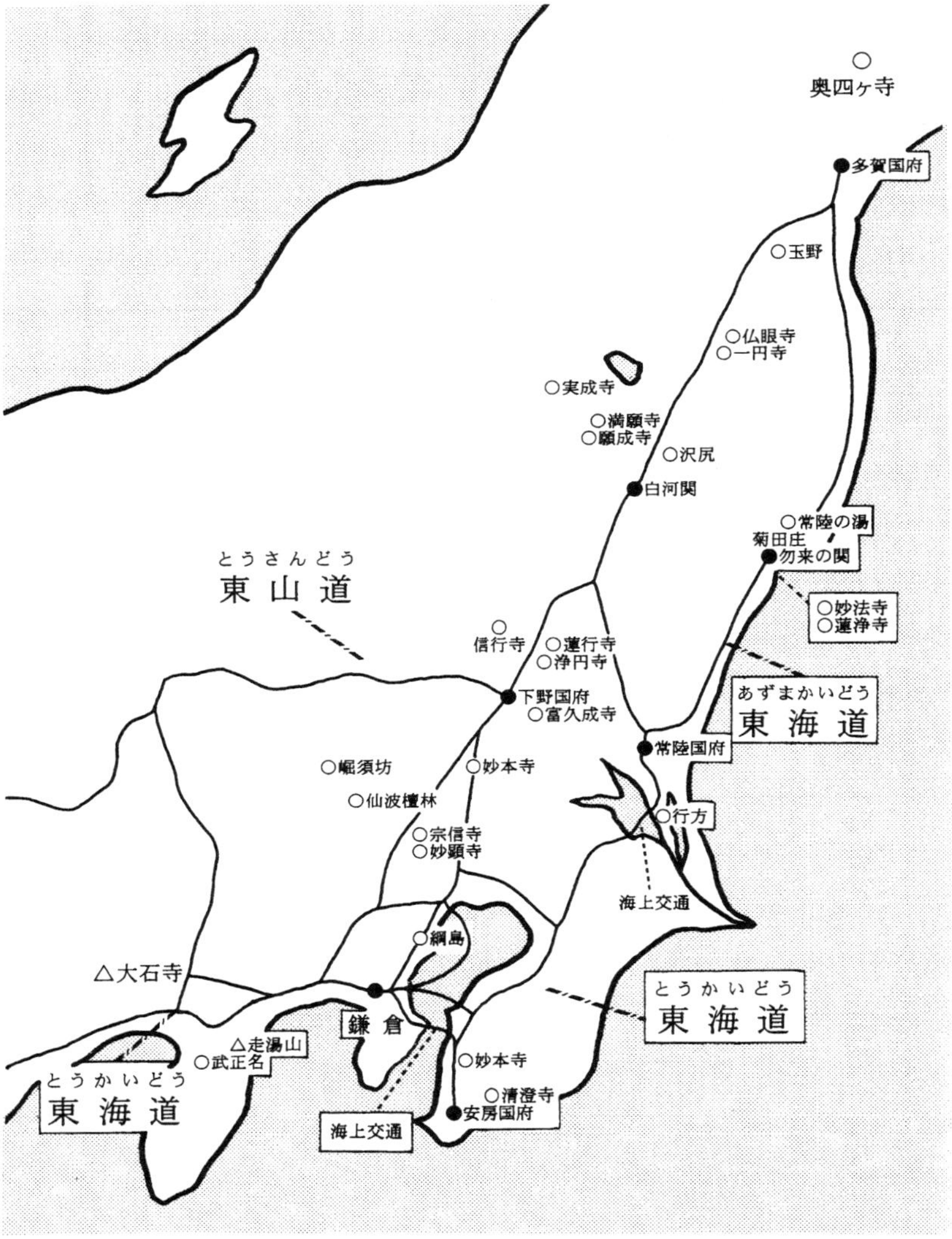

【図】日目とその門弟の歩いた道（推定）
（『日目上人』103頁より転載）

次に、日興門流における佐渡教化についてである。[50] 日興門流では日興が⑥の書状『佐渡国法花講衆御返事』を佐渡の法華講衆に宛てて送っていることから、この頃佐渡にはすでに講衆と呼べるほど多くの弟子檀越が存在したことが想定される。事実、表一三に示した通り、佐渡には少なくとも一六名の弟子檀越の存在が確認でき、これらの人々が法華講衆と呼ばれる集団の一部をなしていたのであろう。そして、この内一五名に対して日興は曼荼羅本尊を授与している。[51] 日蓮の佐渡流罪をきっかけに佐渡に土台が築かれた法華信仰は、日蓮滅後日興門流によって継続的に布教が展開され、島民の間により浸透していった。結果的に多数の弟子檀越を獲得していることが、それを物語っている。

⑥には「宰相殿」と「式部公」の名が見え、この両師が佐渡国法華講衆の教化に関与していた様子が見受けられる。日興門下の宰相殿と式部公には、後に保田妙本寺を開創する宰相阿闍梨日郷と、北山本門寺二世を継承する式部阿闍梨日妙がおり、本書状における宰相殿・式部公もこの両師を指すと推測されているが、[52] 現時点では確実な根拠はつかめていない。しかし、法華講衆と呼ばれる集団を形成し、少なくとも一五名もの弟子檀越が日興から曼荼羅本尊を授与されている事実から見て、佐渡の弟子檀越は非常に熱心な法華信仰を持っていたことであろう。法華信仰が根付き、信徒集団が形成された背景にはやはり、佐渡に常住するしないは別にしても、指導的立場を担った僧侶が身近に存在していたと思う。よって、日興直弟クラスの日郷や日妙、または佐渡出身の弟子で後に日興から北陸道七箇国の弘通を委ねられたとされる如寂房日満等[53]が、時期や期間は不明ながらも日興から派遣されてその役に当たったことは、可能性として十分あり得るのではないだろうか。そう考えると、⑥に見える宰相殿・式部公はやはり日郷・日妙であった可能性が高いと思われる。

さらに佐渡在住の弟子で、日興から延慶三年（一三一〇）六月十三日に「佐渡国住侶大和房日昇者寂日房弟子也」[54]

との授与書を有する曼荼羅本尊を授与された大和房日性（昇）は、その授与書から本六人の寂日房日華の弟子であることがわかる。高木氏は、日郷・日妙の佐渡派遣と日華の弟子日性の佐渡在住の事実から考えて、日華自身にも佐渡教化の一時期があったのではないかと推測している。[55]日華・日郷・日妙が佐渡教化にあたっていたとすると、どのような理由からこの三師が佐渡布教の役に選ばれたかは定かではないが、日郷が越後出身で佐渡と比較的近い地域に地縁があることや、日華と日妙が師弟関係にあることなどが、日興から佐渡教化を任ぜられる要因の一つであったのかもしれない。

日郷に関しては、佐渡の他にも安房に赴いて布教を展開したことが確認できる。⑦日目書状『与宰相阿闍梨御房書』は、日目が日郷に対して日蓮の出生地安房における布教を激励している書状である。書状中、「海路」の語が見え、当時安房への往来には海路を利用していたようである。同様に⑪日目書状『与宰相阿闍梨御房書』にも「渡海」の文字が見えるが、前述したように一の⑤『与菊田の四郎兵衛殿書』に「をくにて御らん候しさいしやうのあさり」とあって、日郷が陸奥に在住した時期があったことも想定されている。したがって、先に挙げた『日目上人』提示の富士〜陸奥間の道程二ルートの内、片方の経路では海路が二箇所あり、また日郷には佐渡へ派遣された時期も考えられることから、⑪が日郷の安房在住時のことを述べているとは一概には言い切れない。⑪では日郷の元へ人を派遣するが、渡海は危険であるから大勢は派遣できないと記されており、日目が少人数ながらも使者を遣わしている。渡海の危険性を把握していても、安房へは海を渡るルートを利用していることから、当時安房へは海を渡るルートが利便性に優れ、度々利用されていたことが推考される。

また④⑧⑨⑩⑪の日目書状は、日目が弟子に対して大石寺登山を依頼する様子が記されるものである。この内④『与民部阿闍梨御房書』と⑧『与宰相阿闍梨御房書』には、学問研鑽に関する登山依頼が見られる。④では、日目が日盛に「二三月と下てこれにて若御房達、児とも可有談義候」と、大石寺に来て若手に談義するよう依頼している。日盛については、日興書状『与民部殿書』に「御学門体如何。相構ていとなませ給へし。民部殿の御事ハ了性御房の御さハくり候あひた」[56]と記されており、鎌倉の日乗の元で学問に励む日盛を日興が気にかけている様子が見受けられる。④の書状が記された正慶元年（一三三二）には日盛は四五歳と壮年期であって、年齢的にも若手僧侶に学問を教える立場にあったことがわかる。同様に⑧では、日目が日郷に対して春から十月にかけて大石寺で談義をするよう依頼している。④⑧両書状の記述から、日盛・日郷両師が門弟育成の一端に携わっていた様子が窺える。日盛の拠点は鎌倉で、日郷は安房等に布教していたことから、日目からの依頼があればその都度大石寺まで赴いたのであろう。『日目上人』は④⑧等の記述から、大石寺では毎年春から十月頃までを一つの期間として勉学に励んでおり、この期間は若手育成のために設けられたものであると指摘している。[57]また⑨『与宰相阿闍梨御房書』にも「明春者自常陸湯直可有来臨候」と、日目が日郷の春からの登山を期待していることから、これもまた学問のための登山依頼であろうか。

学問の内容については、④では日盛に「義科ヨク〳〵読シタ、メテ」談義をするように、とある。よって、ここでは「義科」すなわち天台教学における研鑽論究を要する重要な科目について談義が行われたと考えられる。他の例を挙げれば、同じ④に日目が「今年モ四月ヨリ九月廿日比マテ無闕日御書談候了」[58]と述べて日蓮遺文の談義を行っているし、重須談所二代学頭三位阿闍梨日順は『表白』に「講シ二八軸ノ妙典ヲ一」[59]とあって、法華経の講義を行っていたことがわかる。重須談所における講述内容については、丹治智義氏の論考に述べられているので、そちらを参看されたい。[60]

さらに日興には、図式で法華最勝を示した『法門要文』や諸宗の教判等を収録した『諸宗要文』等の著述があり、これらも門弟教育の場で使用されていた可能性が考えられる。これらのことから、日興在世中には日蓮遺文をはじめ法華経や仏教学全般に渡る学問が行われていたようであり、その様子の一端を垣間見ることができる。ただし、当時の学問研鑽の具体的様相については不明点が多く、今後さらなる検討を要する。

⑩『大石寺坊主事』、⑪『与宰相阿闍梨御房書』には、大石寺のほうで人手不足に陥ったため、日目が弟子に登山を要請する記述が見える。特に⑩では、越中房に一、二ヵ月大石寺に来て「坊主」を勤めるよう指示している。この「坊主」については、⑩の文脈から判断して当時日目が大石寺にいながら越中房に坊主を勤めよと依頼している点、そして五月晦日の日盛書状に「自リ二明日一御堂の番にて候、十五日までは可二勤ク仕ス一候之間」[61]と、日盛が六月一日から十五日まで「御堂の番」すなわち御影堂の番を勤めている点を考慮して、「坊主」＝御影堂の番であったと推測されている。[62]

ここでは、門弟の各地における教化活動や陸奥の弟子檀越による富士登詣など、日興門下の布教活動に関連する具体的な人の移動の形跡を確認してきた。ここで挙げた①〜⑪の史料の内、そのほとんどが日目書状であって、日目自身陸奥へ度々下向すると共に、弟子檀越に対しても往来を求める指示を度々出していることがわかる。これらの史料から、日興の重須移住後の大石寺を管領する僧として、日目が門流内で指揮をとる様子を看取することができる。

三、諫暁活動に関する往来

日興や門弟の文書の中には、権力者に対して奏聞諫暁を行ったとする記録を見ることができ、当然ながらその際にも日興門下の往来があったものと考えられる。なお、初期日興門流の諫暁活動の展開については既に第三章で論じたところであるから、具体的内容についてはここでは割愛する。
さて、日興在世中の諫暁活動に関する史料として、以下の一一点が挙げられる。

①日興曼荼羅本尊授与書　正応元年（一二八八）八月十七日
上奏新田卿阿日目授与之一中一弟子、日道相伝之(63)

②日興『申状』　正応二年（一二八九）正月(64)

③日興曼荼羅本尊授与書　正応三年（一二九〇）十月八日
僧日仙授与之　日仙百貫房者賜聖人異名也、日興上奏代也(65)

④日興曼荼羅本尊授与書　元亨四年（一三二四）十二月二十九日
最前上奏之仁卿阿闍梨日目(66)

⑤日順『申定土代案』　嘉暦二年（一三二七）八月二十五日
日蓮聖人弟子日興房代官（トシテ）依仏法事申上候(67)

⑥日興『申状』　嘉暦二年（一三二七）八月(68)

⑦日興曼荼羅本尊授与書　元徳二年（一三三〇）二月二十四日
為悲母一周忌書写如件、公家奏聞代官丸大進房日助授与之(69)

⑧日興『申状』　元徳二年（一三三〇）三月(70)

⑨日興曼荼羅本尊授与書　元徳三年（一三三一）二月十五日

奏聞御代式部阿闍梨日妙武家三度公家一度(71)

⑩日興曼荼羅本尊授与書　正慶元年（一三三二）十一月三日

最前上奏仁新田卿阿闍梨日目授与之、一中一弟子也(72)

⑪日目『申状案』　元弘三年（一三三三）十一月(73)

日興在世中の諫暁活動は、日興門流だけでなく他門流においても活発に行われており、日蓮門下諸師による申状や訴状を確認することができることは既に述べた通りである。その中でも日興の申状は三通（②⑥⑧）と最も多く、日興自身諫暁活動に対して強い意欲を保持していたことが窺える。今挙げた申状の内容や⑦⑨の日興曼荼羅本尊授与書の記述から、日興在世中の諫暁活動は公家・武家の両権力に対して行われたことが読み取れる。当時幕府は鎌倉に、朝廷は京都に所在していたから、単純に考えれば奏聞諫暁の際には諫暁者が鎌倉や京都まで赴いたことが想定される。

しかし、これらの史料からは単に諫暁先が公家または武家ということしか読み取れず、将軍や天皇に直接奏聞諫暁したのか、あるいは代理人に対してであったのか、さらには実際に鎌倉や京都まで赴いたのかなど、諫暁活動時の具体的な状況を伝える史料が極めて乏しいため、即断することはできない。ただ日目の⑪の申状提出に関しては、日辰『祖師伝』に「日目は七十四才正慶二癸酉十一月十五日美濃国垂井に於て御入滅なり」(74)と記されていて、日目自身が奏聞のために直接上洛を試みたことが伝えられている。日興門流の諫暁活動時における具体的な行動については未詳な点が多いが、ともあれ諫暁活動を行うために、少なくとも日興門下が諸所を往来したことは間違いない。

またこれらの史料を見ると、諫暁活動を行った日興門下として、日目（①④⑩⑪）・日仙（③）・日順（⑤）・日助

⑦・日妙⑨の五名が確認できる。この内日仙・日順・日助・日妙の四名には「上奏代」や「奏聞御代」等と記されていて、日興の代官として派遣されて諫暁活動を行ったことがわかる。日目については①④⑩いずれの史料にも日興の代官とは記されておらず、日目自身の志による諫暁活動であったと考えられる。日目は『御伝土代』によれば、弘安五年（一二八二）に伊勢法印と、永仁七年（一二九九）に十宗房と問答を行ったとされ[75]、また一つ一つの詳細な状況は不明ながらも、日目が生涯四二度に渡り奏聞諫暁を行ったと伝える史料もある[76]。したがって、日目は対外的な問答に長けており、かつ日興から大石寺管理を委ねられた高弟でもあることから日興の信頼も一際厚く、日目の諫暁活動は代理としての立場ではなく日目自身に委ねていたのであろう。

これらの史料から、日興門下が諫暁活動実行のために公家・武家の元へと往来していたことが看取できる。

第三項　日興門流と他門流間における往来

この他、日興門流に関連する往来として、他門流僧による往来が挙げられる。日興門流と他門流間における往来については、二つの事例が確認できる。それは六老僧日頂の富士移住と、同日朗の富士訪問である。

日頂は元々駿河国富士郡重須郷出身で、日蓮滅後、下総国真間弘法寺を拠点に布教を展開した。その後義父の富木常忍との間に不和が生じ、弘法寺を退出して重須に移り、当地で没したことが伝えられるが[77]、日頂の重須移住時期については諸説あって現状では判然としない。しかし、建武三年（一三三六）九月十五日執筆の三位日順『日順阿闍梨血脈』の巻尾には

南無久遠実成釈迦如来上行菩薩—後身日蓮聖人—本門所伝導師日興上人—日頂上人—日澄—日順・大妙(78)

との血脈次第が記されている。つまり、師日蓮から称賛されるほど優れた学力の持ち主であった日頂は、重須移住後もその才能を遺憾無く発揮したようで、この系譜から重須における日頂の位置づけを窺うことができる。

次に、日朗の富士訪問に関する史料として、次の①～④が挙げられる。

①日順『摧邪立正抄』　貞和六年（一三五〇）三月中旬

彼等之祖師日朗上人ハ帰二伏シテ富山ニ一両度下向ス(79)

②日眼『五人所破鈔見聞』　康暦二年（一三八〇）六月四日

日朗ハ大聖人御入滅已後二十九年目ニ日興上人御同心有テ、初テ大聖ノ御影ヲ拝ミ御在生ノ時ヲ謂ヒ悲歎シ玉フト也(80)

③日時『御伝土代』　応永十年（一四〇三）九月二十三日

日朗上人ハ去正中ノコロ（頃）富士山入御アリ日興上人ト御一同アリ(81)

④日教か『六人立義破立私　下』（年月日未詳）

日朗聖人ハ御遷化以後三十六年ニ当年日興重須御座ノ時有リ二御参リ一奉レ拝シ二御影ヲ一(82)

日朗の富士訪問の時期については、②日眼『五人所破鈔見聞』では日蓮滅後二九年＝延慶三年（一三一〇）、③日時『御伝土代』では正中年間（一三二四～一三二五）頃、④日教か『六人立義破立私　下』では日蓮滅後三六年＝文保元年（一三一七）と記している。しかし、日朗入滅は元応二年（一三二〇）であるから、少なくとも③の記述は誤りである。③について『日蓮教団全史（上）』では、日興が身延を離山し永仁六年（一二九八）に『弟子分帳』を記して鎌倉諸師等に憤懣の情を示したこの頃は、日興の対立意識が強かった時分であって、この時期に日朗が和解のため下向したと見て、正中は正安（一二九九～一三〇一）の誤記かと推測している。[83] 一方『上代事典』では、理由は不明ながらも正和（一三一二～一三一七）の誤記かと推測している。[84] また①日順『摧邪立正抄』には「両度」とあり、日朗が二度日興の元を訪れたと記している。しかし、「両度」と記すのは①のみであり、『日蓮教団全史（上）』はこれを誇張した記述だとして否定しているが、[85] ②③④に記される日朗下向の時期はすべて異なっており、また②④の下向時期に七年も差があることから、日朗が日興の元を二度訪問した可能性も現時点では否定しきれない。

日朗の富士訪問の目的について、①には「帰二伏シテ富山ニ一」、②には「日興上人御同心有テ」、③には「日興上人ト御一同アリ」とあって、この度の日朗の訪問によって日朗が日興に帰伏したと伝えている。これに対し『日蓮教団全史（上）』では、前述した通り日朗は日興との和解を志して下向したと推測しており、日朗の日興帰伏もまた誇張した記述であると判断している。[86] 日興在世中の史料の中に日朗帰伏を伝える記録が見当たらないことや、日朗自身の鎌倉における事蹟を考慮すると、日朗が日興の元を訪ねたことは事実であったとしても、日朗が日興に帰伏したという説に関しては妥当性に欠ける。

小結

以上、日興在世中における日興とその門弟の往来という視点から、日興門流初期の動向について考察を進めてきた。先述した通り、本考察で取り上げた往来は実際に行われた往来のほんの一部に過ぎないが、考察の結論として次の点を指摘したい。

まず第一に、日興在世中には、門弟が各地に赴いて布教活動を展開していた点である。それは日目の陸奥下向に代表されるように、血縁・族縁関係者の居住地という縁による教化活動や、日華・日郷・日妙らによる佐渡布教の可能性、そして日郷による安房教化などが挙げられる。また、早くから公権力への諫暁活動を展開し、時には日興の代官として門弟らが京都や鎌倉まで往来したと想定されることも注目すべき事柄であり、日興門下が布教活動のために富士と各地との間を度々往復していた事実を確認することができる。

第二に、そのような各地における布教によって日興門流の教域は着実に伸張し、日興の居住した富士から遠く離れた陸奥や佐渡にも多数の信徒を獲得した。そして、次第に陸奥の檀越による大石寺登詣が開始され、それによって大石寺の経済面が支えられたように、地方における布教が実を結んで檀越による一つの慣習化した信仰活動を生み出し、それが僧院生活を送る僧侶の支えの一部となっていた点である。

そして第三に、本考察を通して、日興による往来を確認することができなかった点である。それは、大石寺を管領しつつも各地を往来した日目の行動とは正反対で、重須移住後の日興が諸所へ赴いたことを示す史料を見出すことはできない。日興は永仁六年（一二九八）に自らの布教拠点を上野から重須へと移して以降、門弟の教育機関として重須談所を開設した。そして先述したように、現在確認できるだけでも三〇八幅の曼荼羅本尊の書写と三二点を数える写本遺文の作成を行った。これらを勘案して推測するに、日興は重須に移住した後は、門弟の指導育成と日蓮が図顕した法華経の世界観である曼荼羅本尊の書写、そして日蓮遺文の集成等に専念したいという意志を当初から抱いていたのではないだろうか。師の日蓮は身延入山後はほとんど身延の地を離れずに余生を過ごしたが、その様子を日興は弟子として日蓮の傍で見てきたわけである。自門を率いる立場となり、日興もまた師の生涯に倣い、移住後は重須に止住して法華本門の思想を末代に弘め遺すための門下教育に専念したいという宿意があったのではないかと思うのである。日興が大石寺から本門寺へ移住したのは日蓮が身延に入山した時と同じ五三歳のことであることや、日興もまた直弟六人を選定していることが、まさにそのことを物語っているのではなかろうか。

したがって、日興の往来に関する足跡が確認できないのは、単に史料不足によるものではなく、当地に留まって布教と教育に専念しようとする日興自身の意志によるものであったと考える。

註

(1)坂輪宣敬博士古稀記念論文集『仏教文化の諸相』(山喜房佛書林、二〇〇八年)。
(2)『日興上人』第七章「鎌倉末期の日興上人とその門弟」、『日目上人』第四章「各地の門弟」。
(3)高木豊『中世日蓮教団史攷』、初出は一九七九年。
(4)『興風』一一号。
(5)『史蹟名勝天然紀念物調査報告書』一二輯四七頁、川添昭二「九州日蓮教団の展開」(影山堯雄編『中世法華仏教の展開』)五一二頁。また山上弘道「日興上人御本尊脇書について」(『興風』一一号)二九頁によれば、観音寺日興供養塔は現在行方不明とされている。
(6)『興本』一六頁。
(7)『興全』一六六頁、『宗全』二巻一五六頁。
(8)『日目上人』三八〇頁、『宗全』二巻二二一頁。
(9)『興全』一九二頁、『宗全』二巻一六四頁。
(10)『興全』一八一頁、『宗全』二巻一五三頁。
(11)『日目上人』三九〇頁、『宗全』二巻二一八頁。なお『統合システム』二〇一五年度版収録の本書状では、「をくにて御らん候し」の箇所を「をくにて御くしん候し」と訂正して収録している。
(12)『興全』一六九頁、『宗全』二巻一五八頁。
(13)『興全』一七六頁、『宗全』二巻一五七頁。
(14)『興全』二二八頁、『宗全』二巻一九六頁。
(15)『興全』一八六頁、『宗全』二巻一六六頁。
(16)『興全』二三九頁。
(17)『興全』二〇〇頁、『宗全』二巻一八〇頁。
(18)『興全』一七〇頁、『宗全』二巻一六〇頁。
(19)『興全』二〇四頁、『宗全』二巻一八四頁。
(20)『上代事典』六〇八頁。
(21)『日目上人』三九一頁、『宗全』二巻二二三頁。
(22)『上代事典』二二三頁。これに対し堀日亨『富士日興上人詳伝』七八五頁は「鬼房大弐公の日寿」と記し、鬼房を讃岐本門寺三世日寿に比定している。
(23)『興全』一九一頁。
(24)『日目上人』二二三頁。なお、堀日亨『富士日興上人詳伝』五三八頁によれば、堀氏は「さハくのゆ」を日蓮遺文『波木井殿御報』に見える「ひたち（常陸）のゆ（湯）」（『定遺』一九二四頁）と同一であると断定している。これに対し宮崎英修「波木井殿御報「常陸の湯」について」（『大崎学報』一二五・一二六号、立正大学仏教学会、一九七一年）一四一頁では、堀氏の説を否定している。なお、宮崎氏の論考は後に同『日蓮聖人研究』（山喜房佛書林、二〇一一年）に再録されている。

(25) 角川日本地名大辞典編纂委員会編『角川日本地名大辞典　7福島県』（角川書店、一九八一年）三九四頁、平凡社地方資料センター編『日本歴史地名大系第七巻　福島県の地名』（平凡社、一九九三年）一三一頁。

(26) 福島県編『福島県史』七巻　資料編2　古代・中世史料（福島県、一九六六年）八七三頁。

(27) 国書刊行会編『続々群書類従』第八（続群書類従完成会、一九七〇年）九一六頁。

(28) 『角川日本地名大辞典　7福島県』六一四頁。

(29) 堀日亨『富士日興上人詳伝』五三八頁。

(30) 『定遺』九五頁。

(31) 立正大学日蓮教学研究所編『日蓮聖人遺文辞典（教学篇）』（身延山久遠寺、二〇〇三年）一三五頁。

(32) 大黒喜道「『日興上人全集』正篇編纂補遺」（『興風』一一号、興風談所、一九九七年）三一五頁。

(33) 高森大乗「日蓮の情報網と連絡網―門弟と書簡の往来を分析する―」（『印度学仏教学研究』四九巻一号、日本印度学仏教学会、二〇〇〇年）二三八頁。

(34) 『日目上人』三八六頁、『宗全』二巻二二〇頁。

(35) 『日目上人』三七八頁、『宗全』二巻二〇四頁。

(36) 『日目上人』三八二頁、『宗全』二巻二一二頁。

(37) 『日目上人』三八三頁、『宗全』二巻二一五頁。

(38) 『日目上人』三九四頁、『宗全』二巻二二七頁。

(39) 『興全』二二〇頁、『宗全』二巻一七七頁。坂井法曄「日興写本をめぐる諸問題について」（『興風』二一号）二六八頁によれば、坂井氏は本書を日興の代筆もしくは写本と推測している。

(40) 『日目上人』三八七頁、『宗全』二巻二〇八頁。

(41)『日目上人』三八九頁、『宗全』二巻二二四頁。
(42)『日目上人』三八八頁、『宗全』二巻二〇九頁。
(43)『日目上人』三九一頁、『宗全』二巻二二三頁。
(44)『日目上人』三八八頁、『宗全』二巻二〇七頁。
(45)高木豊『中世日蓮教団史攷』一六三頁。
(46)日目『譲状』（『日目上人』三七八頁）。
(47)坂井法曄「道郷論争と大石寺東坊地の係争」（『興風』一三号）一〇七頁。
(48)『興本』収録の日興曼荼羅本尊〈6〉〈19〉〈43〉〈195〉〈251〉〈252〉の六幅。
(49)『日目上人』一〇二～一〇五頁。
(50)榎木境道氏は、上代における佐渡の法華信徒はすべてが日興の教化に預かる信徒のみで、他の五老僧門流の教化は及んでいなかったと断定している。しかし『本化別頭仏祖統紀』によれば、鎌倉時代、他門流では朗門の九鳳に挙げられる妙音阿闍梨日行（一二六七―一三三〇）が、晩年佐渡へ巡拝して日朗山本光寺を建立したことを伝えている。榎木境道『富士門流の歴史　重須篇』（妙教編集室、二〇〇七年）八七頁。日蓮宗全書『本化別頭仏祖統紀』一八九頁。
(51)本書第二章参照。
(52)『上代事典』五七九頁。
(53)日興『定補師弟并別当職事』（『興全』一三三頁、『宗全』二巻一四二頁）。ただし、本書については筆致や年号の書き方等に問題点が指摘されている（『上代事典』六二三頁）。
(54)『興本』一四頁。
(55)高木豊『中世日蓮教団史攷』一五六頁。
(56)『興全』一八四頁、『宗全』二巻一六七頁。
(57)『日目上人』九五頁。
(58)『日目上人』三八四頁、『宗全』二巻二一六頁。

(59)『宗全』二巻三一四頁。
(60)丹治智義「重須談所の教育史的考察」(高木豊・冠賢一編『日蓮とその教団』)二八一頁以降。
(61)『宗全』二巻五〇二頁。なお本書状は『日目上人』三八七頁では『与又五郎殿書』と改題されている。
(62)『日目上人』二三一〜二三二頁。
(63)『興本』正誤表六頁。
(64)『興全』三一八頁、『宗全』二巻九五頁。
(65)『興本』五頁。
(66)『興本』二四頁。
(67)『千葉県の歴史』資料編　中世3　県内文書2　三四三頁。
(68)『興全』三二一頁、『宗全』二巻九七頁。
(69)『興本』二八頁。
(70)『興全』三二三頁、『宗全』二巻九九頁。
(71)『興本』二九頁。
(72)『興本』三〇頁。
(73)『日目上人』三七七頁、『宗全』二巻二〇一頁。
(74)『富要』五巻三二頁。また日精『富士門家中見聞』にも「日目上人正慶二癸酉十一月の初メに富士を御立あつて奏聞の為に御上洛なり」(同一九一頁)とある。
(75)『宗全』二巻二五七〜二五八頁。
(76)日眼『五人所破鈔見聞』(『宗全』二巻五一八頁)、日精『富士門家中見聞』(『富要』五巻一八五頁)。
(77)日蓮宗全書『本化別頭仏祖統記』二二六頁。なお、日頂が重須へ赴いた時期については、影山堯雄編『新編日蓮宗年表』四八頁では弘法寺十世日感『真間山濫觴記』(『日蓮教学研究所紀要』一〇号「史料紹介」)の記述から、正安二年(一三〇〇)の出来事とする一方、日精『富士門家中見聞』(『富要』五巻一六九頁)や六牙院日潮『本化別頭仏祖統記』(日蓮宗全書『本化別頭仏祖統記』二三六頁）では、乾元元年（一三〇二）に位置付けている。また中尾堯『日蓮宗の成立と展開』八九・九五頁は、日頂の重須移住の明確な時期については触れていないものの、日頂の弘法寺追放は正応五年（一二九二）から永仁二年（一二九四）の間頃の出来事とする説を提示している。

(78)『宗全』二巻三三八頁。
(79)『宗全』二巻三六三頁。
(80)『宗全』二巻五一七頁。
(81)『宗全』二巻二五二頁。
(82)『富士学林教科書　研究教学書』四巻（富士学林、一九七〇年）七〇四頁。
(83)『日蓮教団全史（上）』九〇頁。
(84)『上代事典』五四三頁。
(85)『日蓮教団全史（上）』九〇頁。
(86)『日蓮教団全史（上）』九〇頁。

第二節　日興門流における物品の授受

日興文書における注目すべき事柄としてもう一つ挙げられるのが、布施・供養品等の物品のやりとりに関する記述が多数見られることである。日蓮の遺文中にも数多くの物品名が散見され、日蓮と弟子檀越との間で度々物品の授受が行われていたことは周知のところであるが、一〇〇通近く伝来している日興書状の中で物品授受が記されるものは六七通を数え、そこに記される品目数は一一三種類にものぼる。

これらの物品は、年中行事・仏事の際の供物であったり、弟子檀越から日興への供養の品が大半であるが、中には日興から弟子檀越への贈与品も見受けられ、物品授受が日興門流内で相互的に行われていた様子が窺える。盛本昌広氏によれば、中世社会においては物品の贈答行為は日常的に行われ、当時の人々の生活はこのような贈答品への依存度が極めて高かったことが指摘されている。(1) すなわち、物品授受の事蹟が多数記録される日興文書は、当時の日興と弟子檀越との関係性を伝えるだけでなく、日蓮遺文同様鎌倉期における日興とその周辺の生活状況や文化の一端を物語る有益な文献史料として位置づけられよう。しかし、今日まで日興文書に見られる種々の物品に着目した研究は非常に乏しく、未だ検討の余地が多く残されている課題の一つと言える。

このような現状を踏まえ、本節では日興書状に記される物品授受の事蹟に着目したい。そして、贈与者と物品との関係や年中行事・仏事における物品授受等の視点から、日興在世中の生活状況や文化・儀礼の一端を探ると共に、日興門流内で互いにどのような生活的サポートがなされ、それが宗教活動とどのように結びついていたのか、その具体的様相について考察してみたい。

第一項　日興書状にみえる物品の数々

中村錬敬氏はその著『日蓮聖人と諸人供養』において、日蓮遺文にみえる物品を種類別に一七項目に分類し、物品個々に関する考察を行っている。(2)また坂井法曄氏は「重須本門寺と大石寺」において、日興書状にみえる物品研究の第一作業として、それらの全品目を列挙して提示している。(3)これらの先行研究を元にして、ここではまず日興書状に見られる物品を種類別に分類し、整理する作業を行った。それが次の表一四である。分類方法については、すでに中村氏が『日蓮聖人と諸人供養』において日蓮遺文にみられる物品を一七項目に分類していることから、その区分を基準として行った。

なお、表一四に列挙した各物品名下の【】内には物品の出典を示した。数字は『興全』の収録頁数、感は坂井法曄「日興書状『曽祢殿御返事』の系年について」(『日蓮大聖人御書システム』〈http://www5f.biglobe.ne.jp/~gosyosys/〉所収コラム「平成二十一年十月」)に紹介される和歌山市感応寺所蔵の新出日興書状『曽祢殿御返事』、護は寺尾英智「新出の白蓮日興書状」(常円寺日蓮仏教研究所刊『日蓮仏教研究』二号)に紹介される京都市護国寺所蔵の新出日興書状『曽祢殿御返事』、光は坂井法曄「日興門流の成立と展開」(『シリーズ日蓮3　日蓮教団の成立と展開』)に紹介される岡宮光長寺所蔵の新出日興書状を表している。

【表一四】日興書状にみえる物品一覧

①衣料品（一種類）
・かたひら（帷子）【223、236】

②銭貨（二種類）
・用途【156、161、166、182、193、223、225、226、227、237、247】
・さうせち（相折・相節）【感】

③糧饟品（七種類）
・米【203、211、226、236、360】
・白米【161、165、173、181、188、194、215、224、225、227】
・わせやきこめ（早生焼米）【229】
・おこし米（興米）【188】
・能米【感】
・むき（麦か）【232】
・粟【202】

④餅類（三種類）
・もちゐ（餅飯）【161】
・くさのもちい（草の餅飯）【227】
・ちまき（粽）【172、227、235】

⑤酒（四種類）
・御酒【155、158、165、172、188、190、196、205、215、217、224、225、230、232、233、235、236、250】
・清酒【160、161、227】
・濁酒【160、227】
・こす（御酒か）【194、214】

⑥調味料（四種類）
・みそ（味噌）【227、236】
・しほ（塩）【227】

・ぬか（糠）【251】
・かす（粕）【236】

⑦**菜蔬類（三五種類）**

・瓜【191、201、252、光】
・熟瓜【155、170】
・ひさく（瓢・夕顔）【173、203、250】
・牛房【165、203、227】
・はしかみ（薑）【187、198、202、203、感、光】
・わさひ（山葵）【188、227】
・たかんな（竹子・筍）【233、240】
・しのへ（篠芽）【227】
・せり（芹）【196】
・ふうき（蕗か）【227】
・かふら（蕪）【165、188、189】
・ねき（葱）【213】
・たら（たらの芽）【227】
・わらひ（蕨）【227】
・つくし【171、227】
・あさみ（薊か）【227】
・まめ（豆）【227】
・ささけ（大角豆）【236、光】
・手ささけ（手大角豆か）【173】
・わせささけ（早生大角豆）【191】
・芋【161、165、198、227、251、感】
・わせいも（早生芋）【213】
・山のいも（山芋）【227、233】
・ふるのいものくき（芋茎）【213】
・芋殻【209】
・この芋【161】
・新芋【光】
・ぬかこ（零余子・やまのいものこ）【175、186】
・根芋【173、250、360、光】
・ところ（野老）【227】

・くすのこ（葛粉）【161、227】
・えひね（海老根）【161、227】
・きのこ【227】
・しいたけ【161、185、186】
・大根【感】

⑧藻類（一〇種類）
・河苔【161、186】
・あまのり（甘海苔）【227】
・かちめ（搗布）【165、227】
・こふ（昆布）【181】
・わかめ【181】
・とさかのり（鶏冠海苔）【188】
・みる（海松）【188】
・かいさう（海藻か）【224】
・ひしき（ひじき）【227】
・あをのり【188】

⑨果実類（一〇種類）
・わせもも（早生桃）【214】
・柑子【206】
・ありのミ（梨）【249】
・くしかき（串柿）【211】
・かふち（橙）【206】
・くるみ【189】
・くり（栗）【227】
・わせくり（早生栗）【229】
・あをくり（青栗か）【249】
・ひさいくり【188】

⑩副食物（六種類）
・うちたうふ（打豆腐・宇治豆腐か）【165】
・すりたうふ（摺豆腐・すり流し豆腐か）【165、188】
・こたうふ【161】
・納豆【165】

・にまめ（煮豆）【227】
・香物【177】

⑪甘味類（なし）

⑫文房具（四種類）
・筆【161、188、244】
・墨【188】
・紙【161】
・すくし（宿紙か）【189】

⑬薬餌品（六種類）
・きちひ（橘皮）【191】
・ほしはしかみ（干し薑・かんきょう）【185、191】
・甘草【191】
・せんこ（前胡）【227】
・ひゑとりのくすり【228、感か】
・薬【光】

⑭馬（一種類）
・御神馬【182】

⑮土地（一種類）
・田【159】

⑯調度・什具類（四種類）
・飯桶【161】
・はし（箸）【227】
・おしき（折敷）【189、227】
・にとうき（煮陶器か）【189】

⑰その他（七種類）
・竹すたれ（竹すだれ）【217】
・たたみのへりのぬの（畳のへりの布）【247】

・すみ（炭）【207、217、241】
・わらくさ（藁草か）【251】
・きくの花（菊の花）【171】
・はかせ（はかし、佩刀か）【護】
・青葉【感】

⑱品種不明（八種類）

・具足【171、194、200、215、224、230】
・富士郡の珍物【197】
・御手作の一桶【195】
・さかな（肴か）【205、233】
・大王【188】
・いものさす【227】
・奥州送物【234】
・御盆料【231】

以上、品種不明なものも見られるが日興書状にみえる物品は一一三種類確認でき、それらを中村氏の提示した分類を基準として一八項目に分類した。

右の表一四に示したように、②銭貨、③糧饟品、⑤酒の授受が特に頻繁に見られ、また分類毎の品目数では⑦菜蔬類が三五種類と最も多く確認することができる。これら日興書状に見られる物品の品目と日蓮遺文に見られる品目とを比較してみると、その種類に大差は認められず、また銭貨・糧饟品・酒の授受の回数も共通して多く見られる。しかし、日興書状では日蓮遺文に比べ、加工食品である副食物の種類が多く見られる点や、『上代事典』に指摘されるように、追善供養のための土地すなわち孝養田の献上がみられる点は特徴的である。(4)

こうした物品に関しては、金沢文庫所蔵の中世文書に見られる名称・言語について考究した関靖氏の名著『中世名語の研究』[5]があり、筆者も関氏の研究から大いに示唆を得た。日興書状にみえる物品の中には個々の詳細が不明なものも存在するが、その点に関しては別の機会に検討することにし、本節では物品授受を通した日興と弟子檀越の関わり合い方等を中心に考察していきたい。

第二項　贈与者別にみた物品の授受

次に、これらの物品授受と贈与者・被贈与者との関係について検討したい。日興書状にみえる物品授受の記録を贈与者別にまとめたものが、次の表一五である。表一五の前半は日興から弟子檀越への物品贈与、後半は弟子檀越から日興への物品贈与をまとめている。

なお、日興から弟子檀越への物品贈与が記される日興書状は一三通確認できるが、その内被贈与者が特定できない書状が一通ある。また、弟子檀越から日興への物品贈与が記される日興書状は五九通確認できるが、その内贈与者が特定できない書状は二一通ある（内、表一五㊿『御しゆ御返事』は、文脈から二名の贈与者の存在が想定され、一名はいよ尼と判明するものの、もう一名は不明）。表一五には、原則として物品の贈与者と被贈与者が判明している日興書状に限って収録することとし、日興から弟子檀越への物品贈与が記される書状一二通と、弟子檀越から日興への物品贈与が記される書状三九通（㊿『御しゆ御返事』含む）の、計五一通に記載される物品の授受を示した。また表一五「物品」項の（　）内は、授受された物品の量を表している。

【表一五】贈与者別にみた物品授受一覧

贈与者	↓	被贈与者	No.	物品	日興文書名	年月日	出典
日興	↓	了性房日乗	①	白米（二升）・昆布・わかめ（一）	与了性御房書	八月二十七日	興一八一
			②	用途（百文）	与了性御房書	九月九日	興一六六
			③	零余子（一紙袋）	与了性御房書	九月二十六日	興一七五
	↓	民部公日盛	④	しいたけ（一紙袋）・干し薑（一紙袋）	民部公御房御返事	二月十八日	興一八五
			⑤	薑（十把）	与民部公御房書	七月二十六日	興一八七
			⑥	やまのいものこ（一紙袋）・しいたけ（五連）・河苔（一帖）	与民部公御房書	七月二十七日	興一八六
	↓	大弐公	⑦	橘皮・干し薑・甘草	大弐公御房御返事	六月二十九日	興一九一
	↓	美濃公	⑧	蕪（五）・くるみ（二十）・すくし（三）・折敷（二束）・にとうき（三束）	美濃公御返事	十二月二十九日	興一八八
	↓	新発御房	⑨	粽（一束）	了性御房御返事	五月四日	興一七二
	↓	鬼房殿	⑩	あをくり（二升）・ありのミ（二十）	鬼房殿御消息		興二四九
	↓	そねのすけ	⑪	柑子（百）・かふち（十五）	与そねのすけ書	十月七日	興二〇六
	↓	曽祢殿	⑫	ひえとり□□・さうせち・能米（三升）	曽祢殿御返事	嘉元二年（一三〇四）九月十六日	感
日目	↓	日興	⑬	清酒（大瓶二）・白米（一斗）・餅飯・芋（莫大）・この芋（一籠）・葛粉・しいたけ・河苔（八帖）・こたうふ・海老根・用途（一結）・紙・筆・飯桶（一）	行僧御返事(6)	四月二十四日	興一六一
			⑭	御酒（一具）・白米（三升）・牛房（一把）・蕪・芋（五升）・搗布（五把）・うちたうふ（一はち）・すりたうふ・納豆	新田阿闍梨御房御返事	一月十二日	興一六五
			⑮	清酒・濁酒	西坊主御返事	一月十四日	興一六〇
			⑯	御酒（一具）・熟瓜（二籠二十五）	西御坊御返事	七月七日	興一五五
			⑰	田（一段）	西坊主御返事	八月十日	興一五九

			⑱	御酒	卿僧御返事	十二月二十九日	興一五八
了性房日乗	↓	日興	⑲	熟瓜（十五大小）	了性御房御返事	正和四年（一三一五）七月十日	興一七〇
			⑳	白米（二升）・瓢・根芋・手大角豆（莫大）	了性御房御返事	文保二年（一三一八）七月十三日	興一七三
			㉑	つくし・菊の花	了性僧御返事	一月二日	興一七一
			㉒	御酒・粽	了性御房御返事	五月四日	興一七二
			㉓	香物	了性御房御返事	六月八日	興一七七
日妙	↓	日興	㉔	御酒（一具）	式部殿御返事	九月六日	興一九〇
日道	↓	日興	㉕	用途（三貫文）・御神馬（一疋）	弁阿闍梨御返事		興一八二
大弐公	↓	日興	㉖	瓜（一）・早生大角豆（三束）	大弐公御房御返事	六月二十九日	興一九一
新田刑部公	↓	日興	㉗	用途か（二筋）	新田刑部公御房御返事	五月三日	興一九三
美濃公	↓	日興	㉘	御酒（一瓶）・白米（七升）・おこし米・山葵・蕪・ひさいくり・鶏冠海苔・海松・あをのり・すりたうふ・筆（二十管）・墨（五連）・大王	美濃公御返事	十二月二十九日	興一八八
曽祢殿	↓	日興	㉙	芋殻	曽祢殿御返事	嘉元三年（一三〇五）閏十二月十四日	興二〇九
			㉚	具足	曽祢殿御返事	一月十七日	興二〇〇
			㉛	瓜（一籠十五）	曽祢殿御返事	七月二十四日	興二〇一
			㉜	粟（一束）・薑（一つ）	曽祢殿御返事	八月二日	興二〇二
			㉝	御手作の一桶	曽祢殿御返事	八月四日	興一九五
			㉞	米（二升）・夕顔（三）・薑・牛房（一束）	曽祢殿御返事	嘉元二年（一三〇四）八月十七日	興二〇三
			㉟	富士郡の珍物	曽祢殿御返事	八月二十七日	興一九七
			㊱	芋（一桶）・薑（一丸）	曽祢殿御返事	九月一日	興一九八

	㊲	御酒・さかな	曽祢殿御返事	九月十二日	興二〇五
	㊳	炭（一駄）	曽祢殿御返事	十二月十三日	興二〇七
	㊴	御酒（初穂）・芹	曽祢殿御返事	十二月二十三日	興一九六
	㊵	芋・はしかみ・青葉・大根	曽祢殿御返事	嘉元二年（一三〇四）九月十六日	感
	㊶	はかせ	曽祢殿御返事	九月二十九日	護
南条殿 ↓ 日興	㊷	御酒（大瓶一）・白米（一斗）・具足	南条殿御返事	七月十三日	興二一五
さへの四郎 ↓ 日興	㊸	御酒・炭（一太）・竹すだれ（一）	与さへの四郎書	十二月二十四日	興二一七
にし殿 ↓ 日興	㊹	こす（大瓶一）・白米（一斗）・具足	にし殿御返事	七月十三日	興一九四
ぬくま殿 ↓ 日興	㊺	こす（莫大）・早生桃（一）	ぬくま殿御返事	六月十三日	興二一四
	㊻	葱（三把）・早生芋（一籠）・ふるのいものくき（十連）	ぬくま殿御返事	七月十九日	興二一三
六郎入道 ↓ 日興	㊼	米（紙袋一）・串柿（五連）	六郎入道殿御返事	十二月二十八日	興二一一
新田殿御方 ↓ 日興	㊽	用途（莫大）	坊主御返事	永仁六年（一二九八）十二月六日	興一五六
妙性尼御前 ↓ 日興	㊾	用途（むしろ料として二筋、薬料として三筋）・畳のへりの布（一きれ）	妙性尼御前御返事	正和三年（一三一四）八月二十一日	興二四七
いよ尼 ↓ 日興	㊿	帷子（一）	御しゆ御返事	六月八日	興二三六
由比殿 ↓ 日興	51	米（二）・根芋（一升）	与由比氏書		興三六〇

※「出典」項中の略称は左記の通りである。

興＝『興全』

感＝和歌山市感応寺所蔵の新出日興書状『曽祢殿御返事』

護＝京都市護国寺所蔵の新出日興書状『曽祢殿御返事』

一、日興から弟子檀越への物品贈与

まず表一五の前半部分、日興から弟子檀越への物品贈与について検討してみよう。日興から弟子檀越への物品贈与が記される書状は一二通確認でき、物品贈与を受けた弟子檀越は僧侶五名檀越三名の計八名である。日興からの物品贈与が記される日興書状（①〜⑫）の中には、日興が弟子檀越に対して送った物品と共に、その時の弟子檀越側の状況を示す記述を見出せるものが八通確認できる。それらを以下に列記する。

【日興→了性房日乗】

①日興書状『与了性御房書』（年未詳）八月二十七日
　御いたハしけの事承候ハ如何(7)

②日興書状『与了性御房書』（年未詳）九月九日
　民部殿の事、其後おほつかなく思奉候（中略）ようとう（用途）候ハすハくたりうち候ハめ(8)

③日興書状『与了性御房書』（年未詳）九月二十六日
　其後民部殿御労如何委細可二示給一候(9)

【日興→民部公日盛】

④日興書状『民部公御房御返事』（年未詳）二月十八日
　なによりもかまくら（鎌倉）中の大怪おとろきおほえ候(10)

⑤日興書状『与民部公御房書』（年未詳）七月二十六日

さては鎌倉中災難事承候了(11)

⑥日興書状『与民部公御房書』（年未詳）七月二十七日

京都院中災難事もたいなく（勿体無）おほえ候。さては坊主御労之由承候ハ僧都御房御事にて候歟(12)

【日興→大弐公】

⑦日興書状『大弐公御房御返事』（年未詳）六月二十九日

きひちかんきやう候まゝ進候。甘草ハ人にこひ（請）て候へハこれはかり候とてたひ（給）て候をそへ（添）てまいらせ候。

御労本覆由承て悦て候へハさやうに又おとらせをハしまして候覧御事もんたいなく覚候(13)

【日興→鬼房殿】

⑩日興書状『鬼房殿御消息』（年月日未詳）

鬼房殿のつれ〳〵おもひやりまいらせて候へともおさない人のなくさみになり候ぬへきもの候ハて不□(14)

日興の本弟子、いわゆる本六人の一人に挙げられる了性房日乗に宛てられた日興書状①〜③からは、その日乗の弟子民部公日盛や日乗本人が患い、その具合を心配する日興の様子が窺える。民部公日盛に宛てた書状④〜⑥には病に関する記述は見られないが、日盛は若年の頃、鎌倉の師日乗の元で勉学に励んでいた。その様子を日興は年月日未詳の書状『与民部殿書』に「御学門体如何(15)」と、また⑥の書状『与民部公御房書』に「御学問候覧に紙なとをもまいらせす候事無㆓心本㆒候(16)」などと記し、しばしば気にかけていたようである。④⑤はその日盛がちょうど鎌倉で勉学中の書状であろうか、鎌倉で起こった「大怪」や「災難事」を日興に報告していることが読み取れる。一方、⑥では鎌倉ではなく京都における災難事を日盛が日興に報告したことがわかる。

また大弐公に宛てた書状⑦では、病に臥した大弐公のために日興が薬草を送っているし、さらに鬼房殿宛書状⑩では、幼い鬼房殿の退屈な気持ちが少しでも紛れるようにと、日興が果物を送ったことが記されている。日興の稚児に対する配慮が窺える。

これらの日興から弟子檀越へと贈与された物品の種類を見てみると、銭貨（用途）、糧饟品（白米）、餅類（粽）、菜蔬類（零余子・しいたけ・薑・蕪）、藻類（昆布・わかめ・河苔）、果実類（くるみ・あをくり・ありのミ・柑子・かふち）、文房具（すくし）、薬餌品（橘皮・干し薑・甘草）、調度・什具類（折敷・にとうき）と、種類が比較的多岐に渡っており、これらをすべて日興自身が調達したものとは考えにくいように思われる。桜井英治氏によれば、中世においては手元に届いた贈与品をそのまま別人への贈与に充てることが一般的に行われ、いわゆる贈与品の流用が当時の物品の供給ルートの一つとして存在したことが指摘されている。[17] おそらく日興の場合も例外ではなく、別の弟子檀越からの贈与品を流用したケースもあったと考えられる。言うまでもなく日興は門流内の指導的立場であり、かつ拠点寺院に居住しており、最も物品の贈与がある環境に身を置いていることから、なおさら有り得よう。もしそうであれば、日興だけに限らず他の弟子檀越からの贈与品の場合もまた同様に、流用品であった可能性も想定できる。

日興からの物品贈与は、弟子檀越側の現状改善を願い、激励の意をこめて送った事例が多く見られ、ここに日興の弟子檀越に対する配慮の一端を見ることができる。

二、弟子檀越から日興への物品贈与

次に、弟子檀越から日興への物品贈与が記される日興書状は三九通確認でき、日興への物品贈与を行った弟子檀越は僧侶七名檀越一〇名の計一七名見出すことができる。

その内僧侶では、日興が永仁六年（一二九八）に上野から重須へ移住した後、大石寺の管理を委任された日目に注目したい。今述べた通り、日目は日興門流の中心寺院の一つである大石寺の管領役を任せられた日興の高弟の一人だが、その日目から日興への物品贈与は頻回だったようで、六通の日興書状（⑬〜⑱）に日目からの贈与の事蹟が記されている。

日目からの物品贈与における特徴の一つは、年中行事・仏事に際した供物の贈与が多い点である。表一五に収録した日目宛日興書状六通（⑬〜⑱）の内、五通（⑮以外）にみえる物品贈与がそれに該当し、年中行事・仏事のための物品贈与に対する日目の積極的な姿勢が窺える。なお、年中行事・仏事と物品授受の関係については後ほど検討したい。

また、日目は日興の元へ米や野菜などの農作物を届けているが、これに関連する記述を以下に挙げる。

［1］民部公日盛書状『与又五郎殿書』（年未詳）五月晦日

又満園の作物等、皆草深くしげ（茂）り候の間、指しはてて候、二文字、はじかみ、きたね、なす（茄子）、ひる（蒜）、[五]ようのものは草はと[り]て候えども、よのもの（余物）は、さのみかなわず候(18)

[2]　日興書状『西御坊御返事』（表一五の⑯）（年未詳）七月七日

御手作の熟瓜二籠（二十五）（中略）聖人御影の御宝前に申上まいらせ候了(19)

[3]　新田頼綱『譲状』　正和元年（一三一二）十一月十一日

卿殿（日目）のて（手）□（つ）□（く）□（り）の田壱段(20)

[4]　日目書状『与大進公御房書』　元亨元年（一三二一）八月十日

手作の田一反令進上候也(21)

[5]　日目書状『奥人御消息』（年月日未詳）

日本国にふき候ハぬ風、上野・重須上方はかりにふきて、田ハ一も無候。麦は損候了(22)

[1]『与又五郎殿書』は、日盛が大石寺で日目の留守居を務めていた時の書状であり、本書状の記述から、大石寺周辺の畑にて二文字（韮）・薑・きたね・茄子・蒜をはじめとする種々の農作物が栽培されている様子が窺える。[2]『西御坊御返事』では、西御坊＝日目が手作の瓜を日興の元へと届けており、本書状はその贈与に対する礼状である。[3]『譲状』・[4]『与大進公御房書』の記述からは、日目自身が稲作を行っていたことが読み取れる。また[5]『奥人御消息』では、日目自身の作物かどうかは判然としないものの、日目の周辺で麦の栽培も行われていたことがわかる。

身延山久遠寺三世日進の説法の覚書とされる『日進聖人仰之趣』には、身延山における日蓮と老僧達の日常生活に関する記述が見られる。その中には

（第七）一、聖人（ノ）物作（ハ）講坊（ノ）アトニ田（ノ）広サ円（クシテ）タ、ミ四五帖シキ代（ニシテ）波木井殿ヨリ苗ヲ百把御コイアレハ無相違二百

把マイリタリ　其ノ苗ヲ老僧連ヲサウトメニ〆ウタヲウタエナト、らレ仰テウエサセ給ヒケル也

（第九）一、聖人マメ麦アハ時随ニ老僧達ニアテ、石上ノ二三本四五本ツヽ植サセ給ヒケル也(23)

とあり、本史料は日蓮在世中に身延山ですでに耕作が行われていたことを伝えている。現存の『日進聖人仰之趣』は天文二年（一五三三）の写本であることから、これらの記事がどれほどの信憑性を有しているのか定かではないが、[1]~[5]の記述から、少なくとも日興在世中に大石寺周辺の田畑において、日目をはじめとする弟子達によって積極的に耕作が行われていたことは確実である。ここで収穫された農作物は、当然大石寺住僧の食膳にものぼったことであろう。また、今挙げた農作物の中で実際に日興の元へ届けられたことが確認できるものは[2]にみえる熟瓜のみであるが、収穫された他の農作物もまた供養品として日興の元へ、また他の弟子檀越の元へと届けられたものもあったことが推察されよう。(24)

この他にも表一五の⑬を見ると、日目は日興の元へと筆や紙等の文房具類を届けていることがわかる。次に挙げた[6]~[8]の書状には、文房具の授受に関する記述を確認することができる。

[6] 日目書状『与民部公御房書』（年未詳）十二月二十一日

扇三本給候ぬ（中略）又了性御房墨筆たしかに候（中略）あふき（扇）たんし（檀）ていのもの、かい（紙）てたひ候へと申て候しかとも、はやかハせ給て候ハ、、たひ候へく候(25)

[7] 日興書状『与民部公御房書』（表一五の⑥）（年未詳）七月二十七日

御学問候覧に紙なとをもまいらせす候事無二心本一候(26)

［8］日興書状『つぼねの御消息』（年月日未詳）

上品のふて（筆）十管給候て聖人の御見参ニ入まいらせ候ぬ。此程大事の聖教をかゝせ候つるに井中にてハすへてよきふて（筆）にあひ候ハぬに返々悦入候〳〵(27)

［6］の日目書状『与民部公御房書』によれば、日盛と日乗から日目の元へ扇・墨・筆が届けられ、さらに日目が扇・檀紙等の購入を日盛に依頼している様子が見受けられる。また、［7］『与民部公御房書』・［8］『つぼねの御消息』の日興書状二通の記述からは、日興周辺の生活環境においては紙や良質の筆を入手しにくい状況にあることが窺え、日興が某より良質の筆を届けられたことを大いに喜んでいる。

ここで注目しなければならないことは、［6］の書状に登場する日乗と日盛についてである。既に述べたように、日乗の活動拠点は主に鎌倉であり、その日乗の元で弟子の日盛は学問や布教活動に励んでいたことが諸文献に散見される。(28)上野や重須近辺では手軽に文房具が入手しづらい環境にあったようであるから、日目は［6］にあるように、商業都市鎌倉に居住する日乗・日盛らに文房具の買い物を依頼したのであろう。したがって、当時の文房具の入手経路として、代理人が鎌倉で購入したケースが見られることから、日目が日興の元へと届けた筆や紙は、主に日乗や日盛が鎌倉で購入して届けた依頼品であった可能性は十分考えられよう。日興は確認できるだけでも三〇〇幅以上の曼荼羅本尊を書写しており、それらの中には縦一〇〇cmを超す大幅なものも多数見られる。また、日興は日蓮遺文の書写にも積極的に取り組んでおり、多数の日興写本が伝来している。この事実だけでも、当時かなりの量の料紙を必要としたのである。これらの多くもまた、鎌倉で入手したのではなかろうか。

一方、檀越では曽祢殿による物品贈与が頻回であり、その事蹟が記される曽祢殿宛日興書状は一三通（表一五㉙～㊶）を数える。日興は永仁六年（一二九八）以降、自身の活動拠点を上野から重須へと移すが、㉙㉞㊵の書状の年月日がそれ以降であることから、日興の重須移住後における曽祢殿との交流が確認できる。曽祢殿の具体的な名前は不明だが、元徳三年（一三三一）十一月十八日の南条時光『譲状』に「大行さし（差）あい（合）のあいだ（間）、まへ（前）をばそ（曽）ね（根）どの（殿）にか丶（書）せて候[29]」とあること、そして正和五年（一三一六）三月十六日の同『置状』に「だい（代）くわん（官）そ（曽）ね（根）のすけ（亮）[30]」とあることから、曽祢殿とは南条時光との親交があった人物で、かつ時光の代官を務めている「そねのすけ」と同人である可能性が高いとされている。[31]曽祢殿が日興から送られた書状は現在一六通確認されており、この数は日興の檀越の中では最も多い。日興と曽祢殿が非常に親密な関係にあったことが窺える。

曽祢氏は本来甲斐国東八代郡曽祢を本領とする一族であるが、㉟『曽祢殿御返事』に見られるように「富士郡の珍物」を日興に届けている点や、年未詳八月二十日の日興書状『曽祢殿御返事』に「夕方童部を給てまいらせ候へく候[32]」とあり、日興が夕刻に曽祢殿のもとへ童を派遣している点などから推測して、曽祢殿は重須近隣に居住していたのではないかと考えられている。[33]

曽祢殿からの物品贈与は表一五記載の曽祢殿宛書状一三通の内、過半数の七通（㉙㉛㉜㉝㊱㊴㊶）において、年中行事や仏事とは無関係な時期に行われている。そこに記される贈与は、いわゆる日常的な供養であったと推測される。また曽祢殿からの贈与品は、一度の贈与における品数が比較的少ない。このように、少量の供養品を度々贈与している事実から、曽祢殿はすでに推測されているように、重須近隣の住人であった可能性が高く、日興に対して普段から米や野菜をはじめとする供養の品々を届け、日興の重須での生活を支えた檀越の一人であったと考えられるのである。

第三項　年中行事・仏事における物品の授受

次に、物品の授受が行われるタイミング、特に年中行事や仏事との関係性について検討してみたい。日興書状に見える年中行事・仏事[34]に際して行われた物品（供物）授受の記事をまとめたものが、以下の表一六である。表の前半が年中行事に関する物品贈与、後半が仏事に関する物品贈与である。

【表一六】年中行事・仏事別にみた物品授受一覧

行事・仏事	贈与者	↓	被贈与者	No.	物品	日興文書名	年月日	出典
【行事】 元旦	日目	↓	日興	①	御酒	卿僧御返事	十二月二十九日	興一五八
	美濃公	↓	日興	②	御酒（一瓶）・白米（七升）・蕪・山葵・鶏冠海苔・海松・あをのり・すりたうふ・筆（二十管）・墨（五連）・大王	美濃公御返事	十二月二十九日	興一八八
	日興	↓	美濃公	③	蕪（五）・くるみ（二十）・すくし（三）・折敷（二束）・にとうき（三束）			
	某	↓	日興	④	芋（一駄）・糠（一駄）・わらくさ（二駄）	わらくさ二駄御消息	十二月二十六日	興二五一
				⑤	米・用途（一貫文）	用途一貫文御返事	十二月二十八日	興二二六

端午節句	日乗	↓	日興	⑥	御酒・粽	了性御房御返事	五月四日	興一七二
	日興	↓	新発御房	⑦	粽（一束）			
	某	↓	日興	⑧	御酒・竹子・山芋・さかな	よき御酒御返事	五月五日	興二三三
				⑨	御酒・粽	御節供御返事	五月五日	興二三五
七夕節句	日目	↓	日興	⑩	御酒（一具）・熟瓜（二籠二十五）	西御坊御返事	七月七日	興一五五
	某	↓	日興	⑪	御酒（一具）・麦（数多）	七月七日の御返事	七月六日	興二三二
盂蘭盆	日乗	↓	日興	⑫	白米（二升）・瓢・根芋・手大角豆（莫大）	了性御房御返事	文保二年（一三一八）七月十三日	興一七三
	日興	↓	某	⑬	用途（一筋）	かたびら御返事	元応二年（一三二〇）七月九日	興二一三
	にし殿	↓	日興	⑭	こす（大瓶一）・白米（一斗）	にし殿御返事	七月十三日	興一九四
	南条殿	↓	日興	⑮	御酒（大瓶一）・白米（一斗）	南条殿御返事	七月十三日	興二一五
	由比殿	↓	日興	⑯	米（二）・根芋（一升）	与由比氏書		興三六〇
	某	↓	日興	⑰	御盆料	御ぼんれう御返事	七月十三日	興二三一
				⑱	用途（三百文）	ぼんの御返事	七月十四日	興二三七
秋季彼岸	曽祢殿	↓	日興	⑲	富士郡の珍物	曽祢殿御返事	八月二十七日	興一九七
【仏事】日蓮月命日	日目	↓	日興	⑳	御酒（一具）・白米（三升）・牛房（一把）・蕪・芋（五升）・搗布（五把）・うちたうふ（一はち）・すりたうふ・納豆	新田阿闍梨御房御返事	一月十二日	興一六五
	曽祢殿	↓	日興	㉑	御酒・さかな	曽祢殿御返事	九月十二日	興二〇五
				㉒	炭（一駄）	曽祢殿御返事	十二月十三日	興二〇七
二七日忌	曽祢殿	↓	日興	㉓	米（二升）・夕顔（三）・薑・牛房（一束）	曽祢殿御返事	嘉元二年（一三〇四）八月十七日	興二〇三

三七日忌	日妙	→	日興	㉔	御酒（一具）	式部殿御返事	九月六日	興一九〇
六七日忌	曽祢殿	→	日興	㉕	芋・はしかみ・青葉・大根	曽祢殿御返事	嘉元二年（一三〇四）九月十六日	感
十三回忌	日目	→	日興	㉖	清酒（大瓶一）・白米（一斗）・餅飯・芋（莫大）・この芋（一籠）・葛粉・しいたけ・河苔（八帖）・こたうふ・海老根・用途（一結）・筆・紙・飯桶（一）	行僧御返事	四月二十四日	興一六一
	某	→	日興	㉗	清酒（瓶子一具）・濁酒（大瓶一）・白米（一駄）・草の餅飯・たら・つくし・わらび・ひじき・ふうき・牛房・篠芽・山葵・芋（一俵）・山の芋・葛粉・野老・きのこ・豆・煮豆・栗・甘海苔・搗布・粽（三把）・あさみ・海老根・味噌・塩・前胡・用途（三貫文）・折敷・箸・いものさす	白米一駄御返事	三月七日	興一二七
故人供養（回忌等不明）	日興	→	某	㉘	瓜（一個）・はしかみ・根芋・薬（二紙袋）・新芋（一個）・ささけ（少々）	日興書状		光
	日乗	→	日興	㉙	つくし・菊の花	了性僧御返事	一月二日	興一七一
	日目	→	日興	㉚	田（一段）	西坊主御返事	八月十日	興一五九
	曽祢殿	→	日興	㉛	具足	曽祢殿御返事	一月十七日	興二〇〇
	さへの四郎	→	日興	㉜	御酒・炭（一太）・竹すだれ（一）	与さへの四郎書	十二月二十四日	興二一七
	某	→	日興	㉝	御酒（大瓶一）・白米（二斗）・海藻	白米二斗御返事	一月七日	興二二四
				㉞	御酒か（大瓶一）・白米（一斗）・用途（一筋）	白米一斗御返事	一月七日	興二二五
				㉟	御酒・具足（色々）	御酒御返事	二月二十八日	興二三〇

※光＝岡宮光長寺所蔵の新出日興書状

右の表一六に示した通り、年中行事・仏事に際した物品授受の様子が記される日興書状は三三通確認することができる。これらの日興書状の内、年中行事に際した物品授受が記されるものは一七通であり、そこに見える年中行事は元旦、端午節句、七夕節句、盆、秋季彼岸の五行事が確認できる。

年中行事に関しては、日興・弟子檀越の両方からの物品の贈与が見られる。年中行事と物品の関係で特徴的なものとしては、端午節句における粽の贈与（⑥⑦⑨）が挙げられる。日本において端午節句に粽を食する習慣は、文献上、平安時代の宇多天皇の頃から見られることが指摘されている。[35] また、『窪尼御前御返事』にも「粽五把・笋十本・千日ひとつ、給了（ヒンヌ）」[36] とあって、端午節句に際した粽の贈与は日蓮遺文の中にも見ることができる。⑥⑦⑨の記述から、当時日興の周囲でも端午節句に粽を食する習慣が一般的に取り入れられていたことがわかる。

一方、仏事に際した物品授受が記される日興書状は一六通確認することができる。これらの書状によれば、仏事に関する物品授受はそのほとんどが弟子檀越からの贈与であり、日興が他者へと贈与した事蹟は現時点では㉘の一例のみしか確認することができない。また仏事の種類については、二七日忌、三七日忌、六七日忌、十三回忌、そして日蓮の月命日に際しての供物の授受が確認できる。既に述べた通り、この他にも日興曼荼羅本尊の授与書や書写年月日から、春季彼岸や五七日忌、百箇日忌、一周忌、三回忌、七回忌、三十三回忌等の忌日が見出され、[37] 日興在世中においてはいわゆる「十三仏事」が執り行われていたことが窺える。

日興在世中における仏事の展開に関して松村壽巖氏は、日蓮在世中の「十仏事」から「十三仏事」へと回忌数の増加が見られることについて触れ、日蓮滅後の教団が在地への定着を果たしていく上で、経済的一面からも死者追善の行儀を取り入れていかざるを得なかったと推察している。[38] こうした年中行事や仏事は、日興らの宗教活動における行事として定着すると共に、定期的に物品授受が発生する一つの場面でもあった。そこで日興らの元へ届けられた物品は、最終的には日興とその門弟らの生活の中で使用されたことであろう。表一六からわかるように、年中行事や仏事に多数の物品が供えられている事実から、年中行事や仏事に際する物品授受が結果的に日興らの日常生活の支えとなったことは間違いないであろう。このような側面が、教団内における年中行事と仏事営為の定着化と発展を促したと考えられる。

ところで、七回忌仏事と三十三回忌仏事の初見史料について少々述べておきたい。かつて圭室諦成氏は「葬式法要の発生とその社会経済史的考察」において年忌仏事の初見について触れ、七回忌は貞治三年（一三六四）、三十三回忌は元弘二年（一三三二）に見られることを提示した。(39)その後、高木豊氏が「日興とその門弟」において、元亨二年（一三二二）六月十五日に書写された「聖人御弟子蓮持尼七年」との授与書を有する日興曼荼羅本尊（『興本』〈190〉）と、延慶三年（一三一〇）七月十三日に書写された「民部房外祖父為三十三年也」との授与書を有する日興曼荼羅本尊（『興本』〈101〉）を挙げ、両曼荼羅本尊に記される授与書が七回忌と三十三回忌の初見史料として圭室氏の見解を遡るものであることを指摘した。(40)そして近時、望月友善氏が「鎌倉時代の忌日供養塔婆について（下）」(41)において、埼玉県北埼玉郡（現在は市町村合併により加須市）の真言宗智山派西円寺に在する「右志者為慈父聖霊往生極楽／弘安十一年二月彼岸第六番／右志者為悲母聖霊第七年也」との銘文を有する板碑と、(42)兵庫県加西市の曹洞宗西福寺に在する「右志者相当三十三年忌辰／（中略）嘉元三年十二月十六日　孝子　敬白」との銘文を有する板碑(43)の存在を紹介している。この両板碑は、弘安十一年（一二八八）における七回忌と、嘉元三年（一三〇五）における三十三回忌の存在を伝えるものであり、高木氏の説を年次的にさらに遡る史料として、望月氏の研究成果は注目すべきものである。

さて、表一六を通覧すると、これらの年中行事・仏事における供物には酒と糧饟品が非常に多く見受けられることに気付く。表一四に挙げたように、酒の授受の記述は日興書状中二五箇所に見られるが、その内一九箇所が年中行事または仏事の際の供物である。同様に、糧饟品では二〇箇所中一三箇所（白米に限れば一〇箇所中九箇所）がそれに該当する。したがって、酒や米は当時最も代表的な供物として度々使用されていたものと考えられる。特に米に関しては、先の関氏の研究によれば金沢文庫所蔵の中世文書中にも仏事に係る記載が多いことが指摘されているし、また神仏に供える米という意味で「供米」という言葉も使用されている。[44]もちろん今挙げた箇所ばかりでなく、先述した日興曼荼羅本尊の授与書等にみられる年中行事・仏事の際にも同様に、弟子檀越から日興のもとへ酒や米をはじめとする種々の供物が届けられたことであろう。

こうした年中行事や仏事における弟子檀越からの供物は日蓮の御影前に供えられ、僧侶によって法要が営まれていたことが、次の(1)~(4)の史料から看取できる。さらには法要を勤めた僧侶に対して振る舞う僧膳に関する記述を(5)(6)に見ることができる。

(1)日興書状『美濃公御返事』（表一六②③）（年未詳）十二月二十九日
恒時聖人の御節料、筆二十管・墨五連御宝前に備見参候了[45]

(2)日興書状『用途一貫文御返事』（表一六⑤）（年未詳）十二月二十八日
正月朔日大衆重栖御影供を仕候程[46]

(3)日興書状『にし殿御返事』（表一六⑭）（年未詳）七月十三日

ほんれう（盆料）の御ために、こすたいへい（御酒大瓶）一・はくまい（白米）一と（斗）・さい〳〵の御くそく（具足）、をそれ入て給候ぬ。心をいたして大しうら（衆等）御きやう（経）よみまいらすへく候[47]

(4)日興書状『南条殿御返事』（表一六⑮）（年未詳）七月十三日

ほんの（盆）御ためにきうたち（公達）みな御よりあい候ていとなませ（営）給候よし、ほとけしやう（仏聖）人の御けんさん（見参）に申しあけまいらせ候ぬ[48]

(5)日興書状『式部殿御返事』（表一六㉔）（年未詳）九月六日

故寂日房三七日仏事御酒一具みまいらせ候ぬ。これにハ如レ形僧饍をこそしまいらせ候へ[49]

(6)日興書状『白米二斗御返事』（表一六㉝）（年未詳）正月七日

八箇日故こせん（御前）の御ための御そうせんれう（僧膳料）白米二斗・御す（酒）大へい一・御くそく（具足）御ふミ（文）のことく給ハリ候て（中略）ことさらハかいさうハいまたことし（今年）ハめつらしく候にありかたく候[50]

(1)『美濃公御返事』によれば、日興は美濃公からの供物である筆二十管と墨五連を仏前に供え、供物献納の旨を御宝前に報告したと記している。他の日興書状、例えば年未詳七月七日の『西御坊御返事』にも「聖人御影の御宝前に申上まいらせ候了」[51]と、(1)と類似した表記が見られる。このような表記は、弟子檀越からの物品贈与が記される日興書状五九通中三九通、約七割の書状で確認できるものである。このことから、年中行事や仏事の際の供物に限らず、日常的な物品贈与の場合でも、日興は物品が贈与される度にそれを御宝前に供え、読経等をもって日蓮の御影に報告するのが常であったと考えられる。そして日興は物品贈与に対する感謝の念を込めて、その旨を礼状に度々書き綴ったのであろう。日興のこのような行動は、供養品を届けた檀越に対して日蓮が書状に「此御心は法華経の御宝前に申シ上ケて候(52)」等と記したことと近似しており、供養品贈与に対する師の行動と礼儀を日興もまた踏襲したものと推察される。

年中行事に際しては、法要が営まれたことを示す記述も見られる。(2)『用途一貫文御返事』では、元旦に「大衆重栖御影供を仕」ったそうであり、(3)『にし殿御返事』には「大しうら(衆等)御きやう(経)よみまいらすへく候」、(4)『南条殿御返事』には「きうたち(公達)みな御よりあい候ていとなま(営)せ給候よし」とあって、盂蘭盆に法要が営まれた様子が窺える。(4)の場合は、文脈から南条氏のもとでの法要であったと想定される。ただし、他の年中行事、すなわち端午節句や七夕節句の際に法要が営まれたかどうかについては記述がなく、現時点では不明と言わざるを得ない。先述した通り、日興は弟子檀越から物品が贈与される度に御宝前に供え、その旨を日蓮の御影に報告していたものと推察されることから、このような法要の際も当然御宝前に供物が供えられたことであろう。

また(5)『式部殿御返事』には「これにハ如レ形僧饍をこそしまいらせ候へ」とあり、仏事に際して僧膳を用意する様子が窺え、当時法要に出仕した僧には膳が振る舞われていたものと考えられる。ここでの僧膳が具体的にどのような献立であったかは定かではないが、鎌倉時代における食文化は、武家は一般的に粗食中心の簡素な食風をとっており、また禅宗寺院においては菜蔬類を中心とした精進料理が大いに発達した時代でもあった。(53)その一端として、『中世台所事情』には、中世寺院における食膳に関する解説がなされている。すなわち、称名寺では祈禱や供養が行われると夜に粥が出され、明けると酒宴が催されたといい、仏事の際には味噌水や粥、造営等の作事には味噌・塩・和布・汁菜を用いた味噌水が用意されたようである。特別な仏事の場合、例えば円覚寺の夢窓疎石の三十三回忌には冷麺・饅頭・

打麺、百回忌では五十味粥・素麺・豆腐・こんにゃく・生姜・昆布・椎茸・大根・冷汁等が使われ、同時期の関西の律宗寺院叡福寺の『月行事日記』にも、大豆と大根入りの味噌水に、餅・清酒・開大豆・牛房等が食されていたことを挙げている。[54] さらに中村錬敬氏は身延山における日蓮の食膳について、一日二食で、白粥・固粥・芋粥と菜蔬を塩で味をつけたものと、嘗めものとしての味噌、折にふれて茸や芹などの汁物、山菜のおひたし位で、寒い時には酒も召されたと推察している。[55] これらの時代性・他所における実例・日興書状に見える物品等を勘案すると、当時の日興門流における僧膳も菜蔬類を中心とした、いわゆる精進料理に類似した形式の膳だったのであろう。もっとも(6)『白米二斗御返事』には、僧膳料との名目で白米・酒・海藻の名が挙げられているが、これらは僧膳料、つまり費用としての贈与であるから断定はできないものの、これらの品目が僧膳の一部として使用された可能性もあり得るだろう。

このように、日興とその門弟によって年中行事や仏事が営まれ、それに伴って種々の供物が御宝前に供えられたことを確認してきた。このことはすでに日蓮在世中から見られたことであるが、高木豊氏によれば、これらの年中行事や仏事の営為が日興の段階において一層広がりを見せたことが、日興と弟子檀越とを結びつける要因の一つとなり、ひいては教団の定着化を進行させたと指摘している。[56] 先述した通り、年中行事・仏事の際に供えられた供物もまた、日興とその門弟の食や生活を支える貴重な供養となったのであろう。

小　結

以上、日興書状に見える物品授受という視座から、日興と弟子檀越との交流および生活状況について考察した。弟子檀越から日興への物品贈与は、日常的に種々の物が日興の元へと届けられ、日興もまたそれらの弟子檀越に対して激励の意を込めて物品を送っている様子が看取できる。また、当時日興門流内において様々な年中行事・仏事が営まれ、それに伴って様々な供物が日興らの元へ届けられており、物品供養と行事・仏事が密接に関係していることが窺える。

日興は弟子檀越からの物品が手元に届くと、その物品を日蓮の御影前に供えて日蓮に報告するという行動を常日頃とっていたようであり、その旨を礼状に認めて弟子檀越に送っている。これらの日興と弟子檀越とのやりとりから、物品を贈与してくれた弟子檀越への感謝の意と共に、日興の師に対する随順の念を読み取ることができる。本考察を通して、日興やその門弟が僧侶としての生活を送る中で、多くの人々と相互扶助の関係にあった事実を確認することができ、日興門流周辺における当時の具体的な人間関係の一端を垣間見ることができた。

繰り返すことになるが、中世社会は贈答行為が頻繁に行われた時代であった。今回考察対象とした日興書状に見える物品授受の事蹟はあくまでも氷山の一角であって、日興在世中における物品授受は、実際にはより頻回であったと想定される。このような度重なる物品授受が、日興と弟子檀越の生活に大きく寄与したであろうことは想像に難くない。また高木氏が指摘するように、物品授受を通して日興と弟子檀越が結びつきをより一層深め、門流内の親密性と連帯性の向上につながったものと考えられよう。

なお、本考察では物品個々についての詳細な検討を行うことができなかった。その点は今後の課題としたい。

註

（1）盛本昌広『日本中世の贈与と負担』（校倉書房、一九九七年）五一頁、同『贈答と宴会の中世』（吉川弘文館、二〇〇八年）二一六頁。
（2）中村錬敬『日蓮聖人と諸人供養』（平楽寺書店、一九七二年）。
（3）坂井法曄「重須本門寺と大石寺」（『興風』一一号）一二八～一三一頁。
（4）『上代事典』五八九頁。
（5）関靖『中世名語の研究—金沢文庫古文書書状篇を通じて—（金沢文庫古文書付録一）』（金沢文庫、一九五九年）。
（6）本書状については『興全』一六一頁、『宗全』二巻一四八頁ともに宛所を「卿僧」と判読し、それ故『卿僧御返事』との名称が付けられている。近時坂井法曄氏より、本書状を実見した結果「卿僧」とは読めず「行僧」と読むべきであるとの教示を頂いた。よって本書状の名称も『行僧御返事』とした。
（7）『興全』一八一頁、『宗全』二巻一五三頁。
（8）『興全』一六六頁、『宗全』二巻一五六頁。
（9）『興全』一七五頁、『宗全』二巻一五六頁。
（10）『興全』一八五頁、『宗全』二巻一六六頁。
（11）『興全』一八七頁、『宗全』二巻一九八頁。
（12）『興全』一八六頁、『宗全』二巻一六六頁。
（13）『興全』一九一頁。
（14）『興全』二四九頁。
（15）『興全』一八四頁、『宗全』二巻一六七頁。
（16）『興全』一八六頁、『宗全』二巻一六六頁。
（17）桜井英治「日本中世の贈与について」（『思想』八八七号、岩波書店、一九九八年）一六頁。
（18）『日目上人』一九八頁、『宗全』二巻五〇一頁。

(19)『興全』一五五頁、『宗全』二巻一五〇頁。
(20)『富要』八巻二一頁。
(21)『日目上人』三八九頁。
(22)『日目上人』三九四頁、『宗全』二巻二三六頁。
(23) 室住一妙「新発見の聖伝資料」(『棲神』二一号、祖山学院同窓会文学部、一九三六年) 四～五頁、同『純粋宗学を求めて―室住一妙遺稿集―』(山喜房佛書林、一九八七年) 三三二頁。なお、引用した室住氏の翻刻に関しては『日蓮仏教研究』二号(常円寺日蓮仏教研究所、二〇〇八年) 二六七頁で都守基一氏が一部誤植を訂正しているので、本書においても都守氏の訂正を反映させた。
(24) この点に関しては、『日目上人』九二頁にも指摘されている。
(25)『日目上人』三八五頁、『宗全』二巻二一〇頁。
(26)『興全』一八六頁、『宗全』二巻一六六頁。
(27)『興全』二四四頁、『宗全』二巻二〇〇頁。
(28) 日乗の鎌倉在住を示す史料としては、日興『弟子分帳』に「鎌倉住人了性房日乗者日興第一弟子也」(『興全』一二一頁)、日興書状『与了性御房書』に「鎌倉中の災難事なをくしるし給てみまいらすへく候」(『興全』一七六頁) 等がある。さらに徳治二年(一三〇七) 七月十二日の日興書状『与了性御房書』等に散見される鎌倉日興門下に加えられたとされる法難について、日興が当法難に関する裁判の対応を日乗に指示していることも挙げられる。また日盛に関しては、日興書状『与民部殿書』「御学門体如何。相構ていとなませ給へし。民部殿の御事ハ了性御房の御さハくり候あひた」(『興全』一八四頁)、日興書状『与民部公御房書』「鎌倉中災難事承候了。猶々聞食事者可仰候」(『興全』一八七頁) 等が挙げられる。
(29)『富要』八巻二八頁。
(30)『富要』八巻二五頁。
(31)『上代事典』二二三頁。
(32)『興全』二〇四頁、『宗全』二巻一八四頁。

(33)『上代事典』二二三頁。
(34)表一六に挙げた中の盂蘭盆と秋季彼岸については仏教行事の一つでもあるが、加藤友康・高埜利彦・長沢利明・山田邦明編『年中行事大辞典』(吉川弘文館、二〇〇九年)五四三頁「年中行事」の項目には「原則として一年ごとに、一定の日にくり返される一連の行事」との解説がされている。そこで本書ではこの解説に従い、盂蘭盆・秋季彼岸の二行事を年中行事として扱うこととした。
(35)山中裕『平安朝の年中行事』(塙書房、一九八八年)二〇五頁によれば、端午節句に粽を食した記録の初見として『師光年中行事』引用の『宇多天皇御記』の「五月五日五色粽」の文を挙げている。
(36)『定遺』一五〇二頁。
(37)本書第二章参照。
(38)松村壽巌『日蓮宗儀礼史の研究』(平楽寺書店、二〇〇一年)一四頁。
(39)圭室諦成「葬式法要の発生とその社会経済史的考察」(日本宗教史研究会編『日本宗教史研究』、隆章閣、一九三三年)一九六頁。
(40)高木豊「日興とその門弟」(川添昭二・高木豊・藤井学・渡辺宝陽編『研究年報　日蓮とその教団』四集、のちに『中世日蓮教団史攷』に再録)五〇頁。
(41)望月友善「鎌倉時代の忌日供養塔婆について(下)」(歴史考古学研究会研究部編『歴史考古学』二七号、歴史考古学研究会、一九九〇年)五頁。
(42)『歴史考古学』二二号「石造品銘文集(一)」一三五頁。
(43)『歴史考古学』二四号「石造品銘文集(二)」六九頁。
(44)関靖『中世名語の研究—金沢文庫古文書書状篇を通じて—(金沢文庫古文書付録一)』八七・九〇頁。
(45)『興全』一八八頁、『宗全』二巻一六八頁。
(46)『興全』二二六頁、『宗全』二巻一九五頁。
(47)『興全』一九四頁、『宗全』二巻一五一頁。

(48)『興全』二一五頁、『宗全』二巻一七六頁。
(49)『興全』一九〇頁、『宗全』二巻一六三頁。
(50)『興全』二二四頁、『宗全』二巻一九四頁。
(51)『興全』一五五頁、『宗全』二巻一五〇頁。
(52)『兵衛志殿女房御返事』(『定遺』一七一一頁)。
(53)河鰭実英「中世人の生活―衣・食・住・行事・甲冑―」(『国文学　解釈と教材の研究』七巻一一号、学燈社、一九六二年)一三六頁、渡辺実『日本食生活史』(吉川弘文館、二〇〇七年)一一四頁～一三四頁、江原絢子・石川尚子・東四柳祥子『日本食物史』(吉川弘文館、二〇〇九年)八六～九一頁。
(54)神奈川県立金沢文庫テーマ展図録『中世台所事情―中世の街・鎌倉―』(神奈川県立金沢文庫、一九九一年)一〇～一一頁。
(55)中村錬敬『日蓮聖人と諸人供養』六〇頁。
(56)高木豊『中世日蓮教団史攷』一四一頁。

第五章　日興門流史における諸課題

はじめに

前章でも述べた通り、日興門流に関する研究は今日に至るまで様々な研究者・研究機関によって着実に進められているものの、未だ解明するには至っていない問題点が山積している。その中には、日興門流史に深く関わるような、極めて重大な事柄であるにも関わらず、それに関する史料が欠乏していたり、史料と史料の関連性が不透明であったりなどの理由から、今一つその全容を明らかにすることができていない課題も存在している。

その例を挙げると、まず一つには、日興から書状を送られた「六郎入道」という檀越に関する課題が挙げられる。この六郎入道に関しては、従来波木井実長と同一人物である可能性が指摘されているものの、それを確定づける根拠が見当たらないまま現在に至っている。仮に六郎入道＝波木井実長であるならば、六郎入道宛日興書状は日興と波木井実長の関係性を伝える史料として注目されよう。

そしてもう一つ、徳治二年（一三〇七）頃に日興門流周辺において、法難と思われる事件が起きた形跡が見られることが挙げられる。これは、日興門下が法華衆であることを理由に迫害を加えられたとされるもので、当時の法華信奉者に対する不信奉者の接触の一端が窺えるものであるが、その全容は不明のままである。

これらの事柄は、日興門流史のみならず日蓮教団史全体にも影響を及ぼす可能性を有する問題であり、特に全容解明が待たれる重要な課題である。

また逆に、研究の進展によって新たに生まれた課題もある。それは初期日興門流における日蓮遺文の書写の事蹟についてである。日興門流では、日興をはじめその門下に多くの日蓮遺文写本が伝来していることは周知のところである。しかし近年、新出写本の報告や書写者の比定に関する新たな見解が数多く提示されており、日興門流諸師の写本数は従来の通説から大きく変動している現状にある。このような先学による多くの指摘を踏まえ、初期日興門流における日蓮遺文書写の様相について書写の事蹟を改めて整理し、再考すべきであると考えるのである。

そこで本章では、右に挙げた初期日興門流史に関する三つの課題を取り上げて、改めて検討を試みたい。本考察によって、これらの課題に関する研究が一歩でも前進し、初期日興門流史がさらに解明されることを期待したい。

第一節　日興書状にみえる「六郎入道」について

『興全』には、「六郎入道」という檀越に宛てた執筆年不明の日興書状が三通収録されている。この三通の書状の受取人である六郎入道について、宮崎英修『波木井南部氏事蹟考』[1]、『興全』[2]、『上代事典』等によれば、甲斐国波木井郷の領主で日蓮の身延入山の際に外護の任にあたった、波木井南部氏の祖とされる波木井実長（以下「実長」と略記）に比定する可能性が指摘されている。その一例として、以下に『上代事典』所収の六郎入道の解説を挙げる。

日興消息「六郎入道殿御返事」（『興全』二一〇頁）、同「六郎入道殿御返事」（同二一一頁）、同「与六郎入道殿書」（同二一二頁）の三通を賜っている。六郎入道といえば南部六郎入道＝波木井実長が連想されるが、可能性は高いものの、両者を同人と確定できる材料はない[3]。

このように諸書において、六郎入道が実長に比定される最も大きな根拠として考えられるのは、永仁六年（一二九八）の日興『弟子分帳』に「甲斐国南部六郎入道日興第一弟子也。仍所㆓申与㆒如㆑件」[4]と記され、日興が実長を「南部六郎入道」と称して日蓮曼荼羅本尊を申し与えていることであろう。また鈴木一成氏は、日蓮門下の中で六郎入道と称される者は日蓮書状『上野尼御前御返事』に見える松野六郎左衛門入道[5]、『弟子分帳』に見える南部六郎入道と高橋六郎兵衛入道[6]の三名のみであると指摘している[7]。これらの点を勘案して、日興書状に見える六郎入道を実長に比定する説が浮上したものと考えられる。

この六郎入道が実際に実長と同人であるならば、実長は永仁五年（一二九七）九月二十五日に七六歳で逝去したことが伝えられるので、日興の六郎入道宛書状三通は当然それ以前の書状となり、日興と実長との関係性を伝える貴重な文献史料として高く位置づけられよう。しかし、前掲『上代事典』の解説に示される通り、六郎入道＝実長説は可能性は高いもののあくまで推定に留まり、現時点では両者を積極的に同人と確定できる材料はないとされている。このような理由から、本件については従来あまり深く検討されてこなかったようであり、関連する先行研究もほとんど見出すことはできない。

そこで本節では、実長宛の可能性を有するという重要な意義をもつ六郎入道宛日興書状三通に着目したい。そして、各書状の内容や系年を再検討し、果たして六郎入道＝実長であるのか、それとも別人であるのか、その可能性について改めて考察してみたい。

なお、六郎入道宛日興書状三通は、同一の六郎入道が三通の書状を賜ったのではなく、別々の六郎入道がそれぞれ日興から書状を賜った可能性も少なからず想定される。しかし、現在確認されている日興書状の中で、宛所の人名表記が同一であるにも関わらず、それが別々の人物に宛てた書状であることが判明するものは見出すことができない。この前例に従い、本考察では同一の六郎入道が日興から書状を三通賜ったものとの前提に立って、考察を進めたいと思う。

第一項　日興と波木井実長の関係について

本題に入るに先立ち、まずは日興と実長との関係性について確認しておきたい。上述した通り、『弟子分帳』には

「甲斐国南部六郎入道日興第一弟子也。仍所二申与一如レ件」とあり、日興が実長に対して日蓮曼荼羅本尊を申し与えると共に、両者が師弟関係にあったことを伝えている。日蓮滅後、日蓮の三回忌を待たずして墓所輪番制が頓挫すると、日興は地頭実長らの許可を得て身延住山を開始した。この頃の様子を実長は、弘安八年（一二八五）正月四日の書状『与白蓮阿闍梨御房書』に「御わたり候事、こしやう人の、御わたり候とこそ、思まいらせ候へ」(8)、年次不明二月十九日の書状『与白蓮阿闍梨御房書』に「わたらせ給候ことは、ひとへに、しやう人のわたらせ給候と思まいらせ候に候」(9)と述べ、日興の身延住山をまるで亡き日蓮が登山されたかと思うほどであるとの喜びを表明している。

ところが日興の身延住山後、良好であった日興と実長の関係に大きな転機が訪れる。それは正応元年（一二八八）十二月十六日の日興書状『原殿御返事』に記されるように、後に身延に登った学頭日向の教導によって、実長がいわゆる「三箇の謗法」を犯したことである。これを受けて日興は、実長に日向の教導を捨てて初発心の師である自分に付き従うよう改心を求めたが、最終的に実長は「我は民部阿闍梨を師匠にしたる也」(10)と日向師事を宣言したようであり、これが契機となって正応二年（一二八九）正月、日興は身延を離れて富士へと布教拠点を移すこととなった。

しかし日興は『原殿御返事』に、実長が犯した謗法行為について「此事共は入道殿の御失にては渡らせ玉ひ候はす。偏に諂曲したる法師の過にて候へ」(11)と述べており、その原因はあくまでも日向の邪義にあるとして、実長をかばう様子が窺える。さらに「又君達は何れも正義も御存知候へは悦入候。殊更御渡候へは入道殿不宜に落はてさせ給候はしと覚候へ」(12)とも述べ、本書状の受取人である実長の子息らが正法を保持しているのであるから、君達が父である実長にその法を説き続ければ、実長の信仰も悪い方向には進まないであろうと教示し、日興が今もなお実長の改心を期待していることが看取できる。

一方、『原殿御返事』が記された約一ヵ月後、正応二年（一二八九）正月二十一日付と推定される実長書状[13]『与越前公御房書』には、実長の日興に対する心情が綴られている。本書状の宛所である越前公については、『弟子分帳』に「甲斐国波木井住越前房者日興弟子也。仍所㆓申与㆒如㆑件」[14]と記される、波木井郷在住の日興の弟子越前房と想定される。本書状は末尾に「以テ㆓此趣ヲ㆒可ク㆑有ル㆓披露㆒候」[15]とあることから、実長が書状の読み上げを越前公に依頼した、いわゆる披露状であることがわかる。越前公が読み上げる相手は当然師の日興であり、書状の内容もまた日興に宛てたものとなる。本書状において実長は「イマダミノブサワ（身延沢）ニワタラセヲハシマシ候御事恐悦無㆑極候、仏法ハンジヤウ（繁盛）ノ御事ウタガイ（疑）ナク候ハン事シヤウガイ（生涯）ノヨロコビタルベク候、今ハ万事タノミイリ（頼入）マイラセ候也」[16]と述べ、日興がこの頃まだ身延に滞在していることを大変喜んでいる様子が窺える。

これらのことから、三箇の謗法を発端に日興と実長との間で種々のやりとりがあったものの、日興の批判の対象はあくまでも実長を教導した日向に対するものであり、実長が日向を師とすることを公言した後も、実長は日興の身延滞在を随喜していることから、日興と実長の関係がこじれていた様子を見出すことはできない。それはやはり、日興が実長の改心を期待し続けていたことが大きな要因であると思われる。

しかし、実長には六月五日の日付をもつ『与伯耆阿闍梨御房書』という書状がある。本書状については、日精『富士門家中見聞』に「悪口の状」[17]と評されるように、従来その内容は日興に対する実長の悪口が書かれた決別の書状として解釈されてきた。そのため本書状は、先の『原殿御返事』や『与越前公御房書』より後の、正応二年六月五日のものと推定されて扱われてきた。その解釈の一例として、以下に『日蓮教団全史（上）』の記述を挙げる。

日興離山ののち、日向は身延の住持となり経営・教化に任じたが、日興はなおも実長やその一門に対し教誡を加えようとしている。しかし翌正応二年六月五日、実長は日興に書状を送り「日円は故聖人の御弟子にて候也、申せば老僧たちもおなじ同朋にてこそわたら給候に、無道に師匠の御墓を捨てまいらせて、失なき日円を御不審候はんは、いかで仏意にもあひ叶はせ給候べき」と反撃するに至って両者は完全に音信をたったようである[18]

このように本書状は、実長が日興を非難した書状として位置づけられ、それゆえ本書状をもって日興と実長の関係は完全に決裂したと理解され、この解釈が通説として定着していったのである。

この『与伯耆阿闍梨御房書』を決別の書状として正応二年のものと推定する説に対し、新たな見解を提示したのが池田令道氏である。池田氏は「無年号文書・波木井日円状の系年について」[19]において本書状の内容を再検討し、実長の花押の相貌が正応二年のものとは考えにくいことや、従来日興に対する非難とされてきた文言がそもそも日興ではなく鎌倉の老僧達に対するものであること等を検証し、本書状を弘安七年（一二八四）十月十八日の日興書状『美作房御返事』と関係性のあるものと判断して、その系年を弘安七年と推定している。つまり、本書状は日興の身延離山後のものではなく、身延離山とは無関係な時期のものとするのであり、首肯できる見解である。この池田氏の見解に依拠すると、身延離山関係の史料は正応元年十二月～同二年正月の『原殿御返事』と『与越前公御房書』の書状二通が最後となることから、日興と実長の関係は決裂をもって終わったとする通説についても、現存の文献からは日興と実長との間にそのような絶望的関係を見出すことはできないということになる。

この両者の関係性が大いに関わってくるのが、『弟子分帳』の記述である。本目録には、日興が日蓮曼荼羅本尊を申し与えた弟子檀越の名の下に、違背した者についてはその旨が注記されている。つまり、ここに記される違背者は、『弟子分帳』が記された永仁六年（一二九八）時点での違背者ということになる。

前述した通り、実長もまた本目録に「甲斐国南部六郎入道日興第一弟子也」と記されて名を連ねているが、本目録では実長が日興に違背した旨は記されておらず、逆に日興の第一弟子として賞賛されている。実長は『弟子分帳』が記される前年の永仁五年（一二九七）に逝去したことが伝えられるため、本目録内の実長に関する記述は、日興の実長に対する最終的な評価であると言えよう。先の『与伯耆阿闍梨御房書』を決別状とする通説を史実と仮定して、『弟子分帳』の記述へとつながる過程を考えてみると、日興と実長の関係が完全にこじれ、身延離山したにも関わらず、その後も日興は実長の改心を一方的に期待し続けていたために、『弟子分帳』においても実長を特別扱いしてまで違背の旨を記さなかったということになろう。つまり、この場合の両者の友好関係は、図示すれば「日興→実長」ということになる。

一方、池田氏の見解を史実と仮定して考えると、実長は日向を師とすることを公言したものの、日興はあくまでもその非は日向にあると捉えていたため、それによって日興と実長の関係がこじれたわけではなく、日興は実長がいずれ改心することを期待していた。つまり、日興自身が実長を違背者と認識していなかったから、『弟子分帳』にも実長違背の旨が記されなかったと考えられるのである。したがって、この場合の両者の友好関係は、「日興⇄実長」となる。実長が日興に違背したにも関わらず、それを特別扱いしてまで本目録に違背の旨を記さなかったのであれば、他の五老僧が天台弟子と号した行動を例外なく批判していることとも不整合となる。

よって、これまでの考察から総合的に判断すれば、池田氏が指摘するように日興と実長の間に完全なる決裂状態は見出せず、それが『弟子分帳』の記述に反映されていると考えるほうが妥当ではないかと思うのである。

ところで、日興はなぜ日向師事を断言した実長を違背者として認識しなかったのであろうか。ここで改めて『原殿

御返事』に見られる実長の日向師事表明に関する記述を見てみると、

我（実長）は民部阿闍梨を師匠にしたる也と仰の由承候し間、さては法華経の御信心逆に成候ぬ。日蓮聖人の御法門は、三界衆生のためには釈迦如来こそ初発心の本師にておはしまし候を捨て、阿弥陀仏をニ奉レ憑よて、五逆罪の人と成て無間地獄に可レ堕也と申法門にて候はすや。以レ何聖人信仰し進たりとは可レ知候。日興か波木井の上下の御為には初発心の御師にて候事は、二代三代の末は不レ知、未た上にも下にも誰か可ニ御忘候一とこそ存候へ(20)

と記されている。すなわち日興は、実長にとって初発心の師である自分を捨てることは日蓮の法門に違う義であり、無間地獄に堕ちる行為であると明確に非難している。日興は『弟子分帳』に違背者を一々書き留め、他の五老僧の行動を例外なく批判するほど厳格な人物であったにも関わらず、明らかに師に背いた実長を違背者として扱わなかったことに違和感を感じずにはいられない。もちろん実長が波木井郷の領主であることや、日興が実長の改心を期待していたことを考慮すれば有り得なくはないが、これらは堕獄の法門とまで非難した初発心の師を捨てる行為を打ち消すほどの理由になるのだろうか。残念ながら、現時点ではこの問いに対する明確な解答を持ち合わせていないが、そもそも『原殿御返事』は真蹟が現存せず、京都要法寺十三世日辰写本が最古の写本として伝来する文書である。『原殿御返事』は今挙げた問題点や史料的価値も含め、今後さらに検討していかねばならない文献の一つであろう。

以上、日興と実長の関係性について確認してきた。この観点から六郎入道宛日興書状を見てみれば、旧来両者の関係が悪化したと考えられてきた日興の身延離山後においても関係が悪化した痕跡は現存史料の中に認めることはできず、日興が実長に対して書状を送ることは何ら問題なかったと思われる。したがって、日興が三通の書状を送った六郎入道が実長である可能性については、この段階では否定できない。

第二項　六郎入道宛日興書状の内容検討

次に、本節の考察対象である六郎入道宛日興書状三通それぞれに記される内容について検討を試みたい。以下、書状三通の全文を掲げた上で考察を進めていく。

【1】日興書状『六郎入道殿御返事』[21]（年未詳）正月十三日

（前欠）□□候へく候。へいけ（平家）の□さんもん（山門）□□しうにてきたい（敵対）候て御こしに□たち候しかは三ねんのうちに□□しやうの入道ほろひ候き。□まりにほくゑ（法華）にあたをなし候てつゐにかゝるせうしひきいた（引出）し候ぬ。しやくもん（迹門）にはこれよりこそしんたい（進退）すへく候へ。ふけ（武家）のはからひとしててきたい（敵対）候事しミ〳〵とおほえ候。これらの事もしやう（聖）人のほくゑにあまりあた（怨）をなしていやし（賤）み候つるかなりつるすゑ（末）にて候也。恐々謹言。

正月十三日　　白蓮（花押）

謹上　六郎入道殿御返事

【2】日興書状『六郎入道殿御返事』[22]（年未詳）十二月二十八日

こめ（米）のかミ（紙）ふくろ（袋）一・くしかき（串柿）五れん（連）しろしめして候やうにいつれもこれにてハめつらしさ申はかりなきものにて候。めい〳〵に給候事おそれ申ハかりなく候。なを〳〵御せけん（世間）こそおもひやり（思遣）まいらせて候にすゝ（種々）にあつかり候事しやう（聖）人の御ほうせん（宝前）に申上まいらせて候。恐々謹言。

十二月二十八日　　白蓮（花押）

謹上　六郎入道殿御返事

【3】日興書状『与六郎入道殿書』[23]（年未詳）八月十一日

さゑもん二郎につけての御ことつけ、よろこひてうけ給候ぬ。さしたる事候はぬほとに、つねにも申さす候。御いたわりこそ返々なけき給て候へ。十月はいらせ給へきよしうけ給候へは、よろつけさんの時申うけ給へく候。

恐々謹言。

八月十一日　　白蓮（花押）

謹上　六郎入道殿

【1】【2】の『六郎入道殿御返事』は、現在下条妙蓮寺に所蔵されており、【3】の『与六郎入道殿書』は大石寺に所蔵される書状である。この内【1】と【2】に関しては、書状の図版が『興全』に収録されており、[24]その筆致を確認することができる。今のところ、これらの書状を日興筆とすることに異論は提出されていない。三通とも書状という史料的性格から執筆年次は記されておらず、月日のみしか知ることはできない。

【1】『六郎入道殿御返事』は前欠であり、かつ所々判読不能な箇所があって、全体的な趣旨を把握することは困難である。現存している部分から内容を窺ってみると、まず「へいけの□さんもん□□しうにてきたい候て御こしに□たち候しかは三ねんのうちに□□しやうの入道ほろひ候き」との記述が見られる。『日興上人』によれば、これに関連

する記述として、弘安三年（一二八〇）の日蓮遺文『盂蘭盆御書』の次の文を挙げている。

　心をごり身あがり、結句は神仏をあなづりて神人と諸僧を手ににぎらむとせしほどに、山僧と七寺との諸僧のかたきとなりて、結句は去治承四年十二月二十二日に七寺の内ノ東大寺・興福寺の両寺を焼キはらいてありしかば、其大重罪入道の身にかゝりて、かへるとし養和元年潤二月四日、身はすみ（炭）のごとく血は火のごとく、すみのをこれるがやうにて、結句は炎身より出テあつちじに（熱死）に死にき[25]

　これは平清盛の事蹟について、日蓮が述べた箇所である。清盛は治承三年（一一七九）に院政を停止して単独政権を樹立して以降、始め比叡山と手を組んでいた。ところが、右の記述にあるように、次第に比叡山や七大寺との間に軋轢が生じ、それが発展して治承四年（一一八〇）十二月二十二日に東大寺・興福寺の両寺を焼き払った。清盛はその翌年、養和元年（一一八一）閏二月四日に熱病によって死去するが、日蓮は清盛の死去について、諸寺破却の大重罪が身にふりかかった結末であると述べている。

『日興上人』では、先に引用した【1】の文はこの清盛の結末を述べたものと推測している。[26]日興はこれに続けて「□まりにほくゑ（法華）にあたをなし候てつゐにかゝるせうしひきいたし（引出）候ぬ」と記し、清盛は比叡山の法華経迹門の教えに敵対したために、死という結果を引き出したのであるとする。そして、このような清盛の事蹟を例証として、「これらの事もしやう（聖）人のほくゑにあまりあた（怨）をなしていやしみ（賤）候つるかなりつるすゑ（末）にて候也」と述べて書状は終わっている。この末文について『日興上人』は、日蓮に恨みを抱き賤しんで滅亡した人物、平左衛門尉頼綱のことを指して述べた文ではないかと推定し、さらに平頼綱が正応六年（一二九三）四月二十二日に死去していることから、本書状を頼綱死去直後、すなわち日興身延離山の五年後頃のものと位置づけ、日興は身延離山後も実長と音信を続けていたと

推測している。(27)

次に、【2】『六郎入道殿御返事』は十二月二十八日、すなわち年の暮れに発信された書状であり、日興は六郎入道から米の紙袋を一つ、串柿を五連届けられたことが読み取れる。おそらく新年を迎えるにあたり、御宝前に供える供物として送ったものであろう。本書状はその供物の贈与に対する礼状である。

日興は六郎入道から届けられた供物を「いつれもこれにてハめつらしさ申はかりなきものにて候」と、日興の居住地周辺ではなかなか手に入らないものであると述べている。前章で考察した通り、日興は弟子檀越から布施・供養品として米類を送られていることが日興書状の中に度々確認できるが、串柿の贈与が見られるのは本書状一例のみである。ちなみに串柿とは干し柿・枯露柿のことで、渋柿の皮をむいて串に刺し、天日に干して甘みを出したもののことである。(28)日興はこれらの供物の贈与に対し、「しやう人の御ほうせんに申上まいらせて候」と記し、日蓮の御影に六郎入道の厚志を報告した旨を述べている。このような文言は、物品贈与に対する日興の礼状の中にしばしば見られる書式である。

【3】『与六郎入道殿書』は【2】同様、短編の書状である。本書状には、六郎入道の関係者として「さゑもん二郎」という人物が登場する。本書状によれば、六郎入道がさゑもん二郎に対して日興への伝言を依頼したようで、その伝言をさゑもん二郎から受けた日興は「よろこひてうけ給候ぬ」と述べている。続けて、この頃は日興周辺では特に報告するような変わった状況はなかったが、「御いたわりこそ返々なけき給て候へ」とあって、六郎入道が病気を患ったとの報告を受け、日興が心配している様子が窺える。そして、十月には六郎入道が日興のもとを訪問する予定であり、その際に種々話をしましょうとの一文をもって、本書状を締めくくっている。『上代事典』では、さゑもん二郎は『弟

子分帳』で日興から日蓮曼荼羅本尊を申し与えられている南部六郎次郎（実長の次男）かと想定している。[29]

これらの書状の記述から、受取人である六郎入道を特定するためのポイントを整理すると、次の六点が挙げられよう。

①日興が六郎入道に対し、平氏の事蹟と法華経の教義との関連性を述べていること（【1】）
②六郎入道が日興のもとに、米の紙袋と串柿を供物として届けていること（【2】）
③六郎入道からの供物を日興は「しやう人（聖）の御ほうせん（宝前）」に供えていること（【2】）
④六郎入道の関係者にさゑもん二郎という人物がいること（【3】）
⑤十月頃に六郎入道が日興の元を訪れる予定であること（【3】）
⑥【1】【2】【3】の書状すべてで宛書を「謹上　六郎入道殿」と記していること

先行研究では六郎入道＝実長と推測されているが、もしそうであるならば、これらの記述が実長の事蹟と合致している必要がある。①～⑥の中で実長の事蹟と矛盾する点があるのかどうか、また別人の可能性があるのかどうか、その確認作業を行ってみたい。

まず①の、平清盛と想定される平氏が法華経の教義に反したために死去するに至った例証を挙げ、それと同様に日蓮の法華信仰に背いた人物の結末を日興が述べた点である。『尊卑分脈』によれば、実長は甲斐源氏を興した新羅三郎義光の曽孫加賀美二郎遠光の子で南部氏の祖である南部光行の子とされ、[30]甲斐源氏の末流にあたり、波木井南部氏の祖と伝えられる。実長からすれば平氏は敵対した氏族であるから、その棟梁たる清盛が没落したことを始めとして、書状に平氏の事蹟が記されることがあっても何ら不自然ではないと思われる。むしろ武士であれば、清盛の死去などは周知のことであったかもしれない。

また文脈から考えれば、日興が【1】の末文に「これらの事もしやう（聖）人のほくゐにあまりあた（怨）をなしていやし（賤）み候つるかなりつるすゑ（末）にて候也」と述べた対象を平左衛門尉頼綱に比定する『日興上人』の推測は、可能性が高いと思われる。ただし、【1】は前半部分を欠失しているため、現存部分の内容だけでは【1】を実長宛と断定することは難しい。少なくとも書状の宛所である六郎入道は、平氏の事蹟に関する知識と法華経の教義的理解を有した人物であったことは間違いないであろう。

次に②の、日興の元に六郎入道が米の紙袋と串柿を供物として届けている点である。米の紙袋とは、具体的にどのようなものだったのであろうか。他の日興書状にも、物品が紙袋に入れられて届けられたケースはいくつか確認できるが、(31) その場合「〇〇一紙袋」というように、物品の量を「一紙袋」という形で表記している。【2】では「こめ（米）のかミ（紙）ふくろ（袋）一」とあるように、「紙袋一」と表記しているので、果たして「一紙袋」と「紙袋一」を同義と解釈してよいものかどうか疑問が残る。したがって、ここでいう米の紙袋が単に紙袋に入った米なのか、あるいは別の種類のものなのか、現時点では定かではない。ただ米の贈与に関しては、日蓮遺文にも日興書状にも、様々な檀越から度々贈与されている様子が窺える。米は当時においても主食であったし、また仏事の際などに供える供物として代表的な物品の一つであったから、贈与する檀越も贈与される回数も自然と多くなったと想定される。よって、仮に米の紙袋＝紙袋に入った米ならば、実長が米を贈与しても何ら違和感はない。

柿に関しても、古来より日本全国で栽培され、今日では平核無（新潟県）・刀根柿（奈良県）・甲州百目（山梨県）・富士（愛媛県）など、串柿の元となる渋柿の品種も多数存在している。[32] したがって、串柿という品目からも贈与者を特定することは困難である。ただし前述した通り、日興の弟子檀越の中で日興に串柿を贈与したことが確認できるのは六郎入道ただ一人であるが、日蓮に対して串柿を送った檀越は、南条時光[33]・四条金吾（信濃からの供養）[34]・南条時光尼[35]の三名が確認できる。南条時光とその尼は日興と同じ駿河に居住する檀越であるから、串柿自体は日興の近くでも比較的手に入りやすい物であったと考えられる。それにも関わらず、日興が【2】に「いつれもこれにてハめつらしさ申はかりなきものにて候」と、なかなか手に入らないものであると述べているのは、環境的に駿河周辺の状況と矛盾している。単に当時日興の手元にはあまり届かない物であったか、あるいは六郎入道から供物が届けられたこの頃には、日興周辺ではこれらの物がなかなか手に入らない状況に変化していたのであろうか。

　次に③の、日興が供物を「しやう人（聖）の御ほうせん（宝前）」に供えている点についてである。日興は永仁六年（一二九八）、活動拠点を上野から重須へと移転するが、重須移住後に弟子檀越から受けた物品贈与に対する返礼状には度々「聖人御影の御宝前に申上まいらせ候了」[36]、「御影の御見参に申上まいらせ候了」[37]、「法華聖人の御宝前に申上まいらせ候了」[38]などと記されている。したがって、「しやう人（聖）の御ほうせん（宝前）」と記述される【2】の書状が記された時点の状況として、堂内に日蓮の御影が安置されていたものと考えられる。六郎入道＝実長であるならば、実長の没年が永仁五年（一二九七）のことであるから、日興の重須移住以前、すなわち身延在山中から上野在住中にかけて日蓮御影を祀る御堂のようなものがあったかどうかが争点となろう。

　日興が身延を離れる直前の正応元年（一二八八）十二月五日に波木井清長が認めた『誓状』には、

> おほせ（仰）の候御ほう（法）もん（門）を一ぶんもたがへ（違）まいらせ（進）候はゞ、ほん（本）ぞん（尊）ならび（並）に御しやう（聖）人の御（み）ゑい（影）のにくまれ（憎）を清長が身にあつく（厚）ふかく（深）かぶる（被）べく候[39]

との記述が見られる。すなわち、日興が身延に住山していた頃の堂内には、少なくとも曼荼羅本尊と日蓮の御影が安置されていたことが窺える。また、日順『日順雑集』に「聖人御在生ノ間ハ御堂無シ、御滅後ニ聖人御房ヲ御堂ニ日興上人ノ御計トシテ造玉フ、御影ヲ造ラセ玉フ事モ日興上人ノ御建立也」[40]、日大『尊師実録』に「弘安七年（中略）日興上人ニ対面、御影堂出仕云云」[41]とあり、これらの記録によれば弘安七年（一二八四）時点で身延に御影堂が建立されていたことを伝えている。

日興は身延を離山した後、上野で九ヵ年を過ごすこととなる。この上野期において、日蓮の御影が祀られている様子を知り得ることができる直接的な史料は見当たらない[42]。

高木豊氏は、日蓮の門弟が建立した寺院の成立について、次のように述べている。

> 廟所輪番がおこなわれなかったとはいえ、弟子たちはそれぞれ日蓮を追慕しているのであって、このことは、このころようやく創建されはじめた寺院において共通なことであった。いいかえれば、師日蓮を追慕想起するために、寺院が創建され、かつ維持されたのである。日蓮在世当時からの檀越と弟子の紐帯はまさしくこの日蓮への追慕であった。かかる傾向をあらわすものが、日蓮御影像の制作・造立である。（中略）弟子も檀越も、御影像を安置した御影堂において、在世時の師日蓮を偲び、御影像に対して追慕と想起のひとときをもち得たのである。この御影像―御影堂が日蓮教団の最も原初的な寺院形態であった。寺院の諸堂舎のなかで、最も早い建立はこの

御影堂であったと考えてよいであろう。(43)

このように高木氏は、日蓮入滅後、師を追慕する意識から門下によって早々に御影像と御影堂が造立された例証を挙げ、これが日蓮教団最初期の寺院形態であったとの見方を示している。既に述べた通り、日興が上野から重須に移住するに際し、重須にはまず御影堂が建立された。そこには当然日蓮の御影像が安置されていたので、先に引用したような「聖人御影の御宝前に申上まいらせ候了」という日興の発言へとつながってくるのである。

一方、大石寺における御影堂の存在については、坂井法曄氏によれば、年未詳三月十四日の日目書状『大石寺坊主事』に供養の品を「仏の見参」に入れたと記されることから、日目在世中に御影堂が存在したと推測している。(44) これより以前、日興が上野に居住している時期にすでに御影堂が存在したかどうかを知り得る確実な史料は見られないが、日蓮の廟所がある身延を断腸の思いで離れた日興にとって、師に対する追慕の念はこの頃特に強かったであろう。そう考えると九ヵ年の上野在住期においても、御影像か御影堂か、あるいは他の形の何物か定かではないにせよ、日蓮を追慕想起するための何らかの対象があって当然ではなかろうか。もしそうであるならば、日興が【2】に供物を「しやう（聖）人の御ほうせん（宝前）」に供えたと述べたことは、日興の身延期・上野期を通して決して矛盾する記述ではないと考えられる。

続いて④の、六郎入道の関係者にさゑもん二郎という人物がいる点についてである。前述したように、六郎入道を実長と仮定した場合、さゑもん二郎は『弟子分帳』で日興から日蓮曼荼羅本尊を申し与えられている南部六郎次郎（実長の次男）かと『上代事典』では想定している。

六郎入道に関しては、正和五年（一三一六）八月二十七日書写の日興曼荼羅本尊に「陸前国三村六郎入道円連、為慈父第十三年也」との授与書が見られ、三村六郎入道円連という檀越の存在が確認できる。しかし、この授与書は日興筆ではなく他筆の可能性が指摘されているため、(45)円連が日興在世中の檀越であるとは即断できない。また、円連自体の事蹟も不明であり、関係者にさゑもん二郎という人物がいるかどうかもわからない。この他、日興の檀越となった者の中で、関係性のある六郎入道とさゑもん二郎の両者を見出すことはできない。

ただし、一つ注目しておきたい史料がある。それは、嘉暦四年（一三二九）五月十三日に日興が書写した曼荼羅本尊内に加筆された「岩沢左衛門二郎貞行日目申与之」との日目授与書である。(46)これは、岩沢左衛門二郎貞行という檀越に日目が日興曼荼羅本尊を申し与えた旨を記したものであり、岩沢左衛門二郎貞行については陸奥国一迫柳目の住人と考えられている。菅野慈俊氏によれば、この岩沢左衛門二郎貞行は建武元年（一三三四）七月二十一日の南部家文書『北畠顕家国宣』(47)に武家方として見える八戸の工藤左衛門次郎と同人であり、さらに同年六月十二日と推定される同家文書『北畠顕家御教書』(48)に見える三戸新給人岩沢大炊六郎入道と同族と断定している。(49)つまり、陸奥に日目の弟子として岩沢左衛門二郎貞行という武士がおり、その同族に岩沢大炊六郎入道という人物がいたということになる。ただ、これらの人物の存在は確認できるものの、大炊六郎入道が左衛門二郎貞行と同じく日興の檀越であったかどうかを伝える史料は現時点では見つからない。しかし、日目が曼荼羅本尊を授与または申し与えた弟子檀越の大半が陸奥の人であり、(50)また高木氏が主張するように、日興の教化が血縁・族縁関係を通して行われていることを勘案すると、(51)左衛門二郎貞行と同族である大炊六郎入道もまた日興の檀越であった可能性は少なからず想定されるのではないだろうか。実長以外で日興から書状を賜った六郎入道として比定し得る人物の一人として、岩沢大炊六郎入道の存在をここに提示しておきたい。

次に⑤の、十月頃に六郎入道が日興の元を訪れる予定となっている点についてである。六郎入道を実長と仮定した場合、書状の文脈から考えて【3】は日興身延離山後の書状となる可能性が高い。その場合、十月に日興の元を訪れるということは、日蓮の命日の仏事に参加するため身延から富士へと下向するということであろうか。無論それ以外の目的があったのかもしれないが、現時点では実長の十月下向の目的を特定することは難しい。一方、六郎入道を実長ではない別人と仮定した場合、十月下向と言えば、陸奥の弟子檀越（＝奥人）が毎年十月頃に鎌倉の民部日盛の住坊を経由して定期的に富士登詣を行っていたことが想起される。[52] 果たして【3】に見える六郎入道の十月下向が、奥人による一連の富士登詣であるかどうかは即断できないが、奥人による富士登詣の事実を考慮すると、六郎入道が陸奥の檀越である可能性も浮上してくる。その場合、④で触れた岩沢大炊六郎入道もまた陸奥の人であって、この点は合致する。

最後に⑥に挙げた、【1】【2】【3】の書状すべてにおいて宛書を「謹上　六郎入道殿」と記している点である。日本では平安時代以降、書状（書札）をはじめ院宣・綸旨・令旨・御教書などの書札様文書を作成する際に守らなければならない、書札礼と呼ばれる儀礼と故実が規格化された。書札礼に関する記事は、まず平安時代末期に中山忠親が著した『貴嶺問答』[53]に初めて見られ、次いで守覚法親王『消息耳底秘抄』[54]に見ることができる。鎌倉時代に入ると『書札礼付故実』[55]や『弘安礼節』[56]が著され、書札礼に関する規定がまとめられた。例えば弘安八年（一二八五）十二月二十二日に撰定された『弘安礼節』には、大臣・大納言・中納言・参議等それぞれの在任者が、他の官職に就く相手に書札を出す際に遵守すべき公家の書札礼が収録されている。

『弘安礼節』によれば、書状を奉る場合、上位者に対しては直接本人には宛てず家司に宛て、宛書に「進上」という厚礼の上所を用い、同位者に対しては直接本人に宛てて上所に「謹上」を用い、下位者に対しては上所は書かないとされている。[57] ただし、このような書札礼は専ら公家の書札様文書における規定であって、一般民衆における書状の書礼まで規定したものではなかったが、日興在世中にこのような書札礼が存在していたことは事実である。

そこで改めて日興書状を通覧してみると、日興から書状を送られた弟子檀越の内、日興が上所に「謹上」を用いた弟子檀越は日目[58]・日乗[59]・日道[60]・日盛[61]・新田刑部公[62]・六郎入道の六名が確認できる。これらの顔触れを見てわかる通り、六郎入道以外はすべて僧侶である。逆に日興が「進上」「謹上」を使用せず、上所を記さずに書状を出した弟子檀越は一四名確認することができ、その大半が檀越である。このことから、日興は書状の宛所に応じて、『弘安礼節』で規定されたような書札礼にある程度準じて書状を認めている様子が窺える。

したがって、日興が「謹上」との上所を用いて書状を送った六郎入道という人物は、少なくとも日興が日目・日乗らを始めとする弟子と同等の位に見ている檀越ということになろう。六郎入道＝実長であるならば、実長は『弟子分帳』で日興から本六人と並び「第一弟子」と称されていることから、日興が上所に「謹上」を使用することは自然なことと言える。また、上述の大炊六郎入道に比定した場合でも、給人という立場から謹上書が用いられても特に不自然ではなかろう。

以上、本項では六郎入道宛日興書状三通を内容面から検討し、これらの書状の受取人と推測される実長の事蹟と合致するかどうかの確認作業を行った。その結果、現時点では受取人を実長と断定し得る決定的な根拠を見出すことはできなかったが、逆に実長との推測を否定し得る決定的な矛盾点も得られなかった。しかし、特に④⑤の考察から、これらの受取人が実長ではない別の人物である可能性も不鮮明ながら見えてきた。次項では、さらに異なる視座から受取人の検討を試みたい。

第三項　六郎入道宛日興書状の年代検討

次に、六郎入道宛日興書状三通の執筆年次について検討したい。先述した通り、これらの日興書状にはどれも月日しか記されておらず、また文面からは書状の執筆年次を知ることはできない。このような書状における執筆年次を推定する場合、そこに記される花押の形態が有力な手掛かりの一つとなるであろう。

すでに日蓮遺文においても、花押の変化に着目して年代推定の指標とする研究がなされていることは周知の通りである。[63] 日興の場合、今日まで数多くの自筆文書が伝来しており、比較対照する史料が他の日蓮門下諸師よりも豊富に存在していることは利点と言える。このような観点から、本項では花押の相貌を視座として、六郎入道宛日興書状の執筆年次の検討を試みたい。

日興が記した花押の変遷に関する先行研究としては、山口範道『日蓮正宗史の基礎的研究』[64]と『興本』が挙げられる。山口氏の研究では、日興書状三五通に記される花押を臨写して一覧にまとめているが、その変遷に関する本格的な検討までは行っておらず、史料集的性格が強いものである。一方『興本』では、日興が書写した曼荼羅本尊に記される花押に着目し、年代による花押の変遷を1型～6型に分類している。[65]『興本』の研究は、日興花押に関する研究として、今日最も成果を挙げているものである。

『興本』に提示される1型～6型の花押の形態と年代は、左に挙げた表一七の通りである。

【表一七】花押分類型一覧（『興本』41頁より転載）

 (変形)				 (変形)			
6　型		5 型	4 型	3　型		2 型	1 型

1型・2型——弘安十年（一二八四）～永仁七年（一二九九）

3型——正安三年（一三〇一）～元亨三年（一三二三）

4型——元亨四年（一三二四）～正中二年（一三二五）

5型——正中二年（一三二五）～嘉暦二年（一三二七）

6型——嘉暦三年（一三二八）～正慶元年（一三三二）

日興における花押の筆順は、まず鍵手を書き、続けて楕円状に運筆し、その楕円形の内側で山状に何度か筆を走らせた後、楕円の右外へと円を描くようにして運筆するのが通常の形と見られる。表一七を見ると、中には2型または3型の変形型のように、もう一画斜線が追加されて記される場合や、4型・5型のように、鍵手部分の筆の入りが通常とは異なる場合も年代によって見受けられる。

ただし、ここで問題となるのは、表一七の『興本』による花押の分類はあくまでも曼荼羅本尊に記される花押を対象にして行ったものであって、本節における考察対象は書状であることから、そもそも史料自体の種類が異なるという点である。実際、日興は曼荼羅本尊に「日興（花押）」と署名しているのに対し、書状では「白蓮（花押）」と署名しているものが多く見られ、史料の種類によって相違点が見られる。したがって、曼荼羅本尊に記される花押と書状に記される花押とでは当然ながら相貌の変遷が異なる可能性があり、果たして表一七の分類に六郎入道宛日興書状に記される花押をそのまま当てはめて考察してよいものかどうかを、前提としてまず検討する必要があろう。

そこで、まずは『興本』に提示される日興曼荼羅本尊内花押分類型一覧とその年代分けが、日興書状に記される花押の場合にも適用することができるのかを確認する作業から始めたい。その上で、六郎入道宛日興書状の花押について検討してみよう。

日興書状の中で、執筆年次が判明している書状あるいは年次推定が提示されている書状に記される花押を、表一七の分類分けの年代に合わせて左に挙げた。なお、日興の名に仮託して作成された可能性のある書状に関しては、ここでは除外することとする。

（1）「1・2型」弘安十年（一二八四）～永仁七年（一二九九）の期間に該当する書状の花押

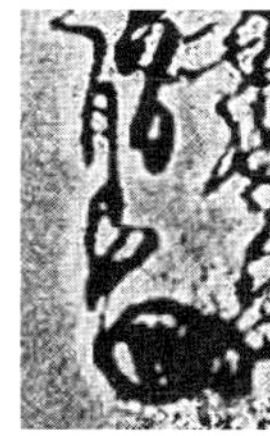

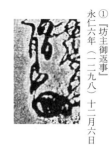

①『坊主御返事』[66]
永仁六年（一二九八）十二月六日

1型または2型の花押形態が見られる弘安十年（一二八四）から永仁七年（一二九九）までの一六年間に記されたとされる日興書状の花押は、右に示した①『坊主御返事』の一例のみ確認できる。あいにく図版が少々不鮮明で、花押の相貌をはっきりと確認することは困難である。

表一七を見ると、この時期における日興の花押の特徴は、楕円状に運筆した後に記す山の数が二つであり、かつその山が先に記した楕円形の外側上部に飛び出す程の筆勢で記される点であろう。①の花押を見ると、はっきりとは窺えないものの、楕円形の中に記される山は二つのように見える。しかし、その山の頭は楕円形の外側に飛び出してはおらず、少なくとも①の花押が1型または2型の特徴と完全に一致しているとは言い切れない。この一例だけでは一致・不一致を判断しかねるので、他の花押の相貌も見ていきたい。

（2）「3型」正安三年（一三〇一）～元亨三年（一三二三）の期間に該当する書状の花押

②『曾祢殿御返事』(67)
嘉元二年（一三〇四）九月十六日

③『与了性御房書』(68)
嘉元三年（一三〇五）十月二日

④『与了性御房書』(69)
徳治二年（一三〇七）七月十二日

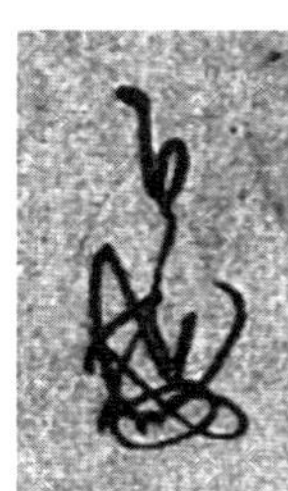

⑤『妙性尼御前御返事』(70)
正和三年（一三一四）八月二十一日

⑥『了性御房御返事』(71)
正和四年（一三一五）七月十日

⑦『了性御房御返事』(72)
文保二年（一三一八）七月十三日

⑧『かたびら御返事』(73)
元応二年（一三二〇）七月九日

⑨『西坊主御返事』(74)
元亨元年（一三二一）八月十日

次に、３型の花押形態が見られる正安三年（一三〇一）から元亨三年（一三二三）までの二三年間に記されたとされる日興書状の花押は、右に示した②～⑨の八例が確認できる。表一七によれば、この時期の日興花押は楕円状に運筆した後に記す山が三つであり、かつその山が楕円形の内側に収まるのが特徴と考えられる。またもう一画、斜線が追加して記される変形型もあるとされている。

③⑥など、若干図版が不鮮明なものもあるが、その３型と②～⑨の花押を比較すると、②③⑤⑥⑦⑧⑨の花押は３型とほぼ一致しているように見える。特に⑤⑥⑦⑧⑨の花押は相貌が近似している。年代的に見ると、②③⑤⑥⑦⑧⑨の執筆年の上限と下限は嘉元二年（一三〇四）と元亨元年（一三二一）であって、表一七に示した３型が対応する年代分けとも合致している。したがって、この期間に記された書状の花押は、ほぼ同形の傾向にあると言えよう。ただし④については、その他のものと比べて楕円形の内側の山がはっきりと記されておらず、省略されたような形で記されている。その点では他の花押と異なるように思われる。３型の相貌が見られる期間は二三年間と長期に渡るため、書状に記される花押の場合は、その期間内でも微妙に相貌が変化した可能性も想定される。

（３）　執筆年次は不明だが、文保二年（一三一八）以前のものと判断される書状の花押

また、書状の執筆年次は不明ながらも、受取人の寂年から書状の執筆年次をある程度絞ることができるものもある。次に挙げた⑩～⑯の七通の書状はすべて日興本六人の一人、了性房日乗に宛てた書状である。

⑩『了性僧御返事』[75]（一三一八以前）正月二日

⑪『与了性御房書』[76]（一三一八以前）三月二十五日

⑫『了性御房御返事』[77]（一三一八以前）五月四日

⑬『了性御房御返事』[78]（一三一八以前）六月八日

⑭『与了性御房書』[79]（一三一八以前）六月十三日

⑮『与了性御房書』[80]（一三一八以前）九月九日

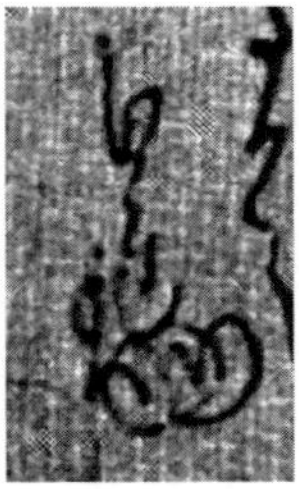

⑯『与了性御房書』[81]（一三一八以前）九月二十六日

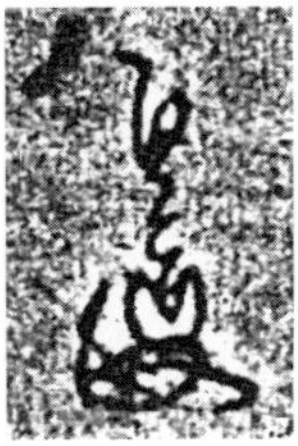

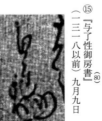

所伝によれば、日乗は文保二年（一三一八）に遷化したと伝えられている。したがって、日乗宛書状は少なくとも文保二年以前に執筆されたものということになる。日乗に宛てた日興書状は現在一四通確認されているが、その中で

日興の花押が確認できるものが⑩〜⑯である。文保二年以前の執筆ということは、花押の相貌は1型・2型・3型のいずれかの相貌で記されていると予想される。

1型・2型・3型と⑩〜⑯の花押の相貌を比較してみると、まず⑩『了性僧御返事』は楕円形の内側に記される山が二つのように見える。図版が不鮮明なため断定することはできないが、（1）①『坊主御返事』に比較的近い相貌ではないかと思われる。そうであれば、時期的には1型・2型の期間に記されたものとなろうか。次に⑫⑬⑮では、楕円形の中に記される山は三つ確認することができる。この内⑫⑮は、3型の特徴とほぼ一致した相貌であることがわかる。⑬に関しては、山が三つ記されて3型のように見えるが、若干山が楕円形の外側上部に飛び出しているように見え、1型・2型の特徴も有しているかのようにも見える。しかし、1型・2型の期間に書写された曼荼羅本尊を見ると、明らかに山が三つ記されているものは一例も確認することはできない。この点に立脚すれば、上部に飛び出した山は筆勢によるものと推測され、現存史料から言えば⑬の花押は3型に最も近い相貌と判断できる。それは（2）⑤『妙性尼御前御返事』にも同様のことが言えよう。また⑪⑭⑯の花押は、図版で見る限り楕円形の内側の山が省略されて書かれており、（2）④『与了性御房書』に見られる花押とも類似した相貌に見える。これらは、現時点では1型・2型・3型のいずれかの型に当てはまるとは言い切れない。あるいは書状の場合、曼荼羅本尊には現れない花押の変遷があり、その一例がこれらの花押なのかもしれない。

なお、ここまで1型〜3型に対応すると思われる日興書状の花押について見てきたが、4型〜6型の期間、すなわち元亨四年（一三二四）以降に執筆されたと確定できる日興書状は見出すことができないため、この期間における花押の比較照合は現時点では行うことができない。

以上、『興本』に提示される日興曼荼羅本尊内花押分類型一覧とその年代分けが、日興書状に記される花押の場合にも適用することができるのかを確認する作業を行ってきた。本作業で日興書状内の花押を一六例掲示し、検討を試みた。結論として、以下のことが言えよう。

まず④⑪⑭⑯の四例は、1型～3型のどの型にも合致しない相貌であると思われる。したがって、表一七の日興曼荼羅本尊花押の変遷の他にも、書状には新たな花押の変化が存在する可能性が考えられる。これらを除いた一二例中、1型・2型に属すると思われる①⑩の二例については、相貌の特徴が一致する箇所と一致しない箇所の両方を有しており、現時点では表一七の花押の変遷とこれらの書状の花押が、時期的に一致するかどうか断定することはできない。残りの②③⑤⑥⑦⑧⑨⑫⑬⑮の一〇例に関しては、書状の年次および相貌が3型とほぼ一致するものと判断することができる。したがって、『興本』が提示した曼荼羅本尊内花押の年代的分類分けの内、3型の期間、少なくとも嘉元二年（一三〇四）～元亨元年（一三二一）の期間には書状においても概ね曼荼羅本尊と類似した相貌を示していることが想定されよう。ただし先に述べた通り、史料上の制限から本作業で曼荼羅本尊の花押と照合し得たのは1型～3型の期間に当てはまる書状の花押のみであり、その結論は極めて限定的なものと言わざるを得ない。しかし、現時点で執筆年次が特定されていない他の日興書状を通覧すると、4型と同形の花押が記されているものもいくつか確認することができ、少なくとも日興の花押の変化が書状の場合でも4型へと展開していることがわかる。これらのことから、日興書状における具体的な花押の変遷についてはさらなる検討が必要だが、『興本』が指摘した曼荼羅本尊内花押の年代的分類分けと日興書状内の花押の変遷は、そう大きくは異ならないのではないかと推測される。

この検討をもとに、改めて六郎入道宛日興書状内に記される花押を見ていきたい。まず、六郎入道宛日興書状三通の内、図版によって花押が確認できるものは正月十三日の日付を有する【1】『六郎入道殿御返事』と十二月二十八日の日付を有する【2】『六郎入道殿御返事』の二通である。今、この二通に記される日興の花押を以下に掲示する。

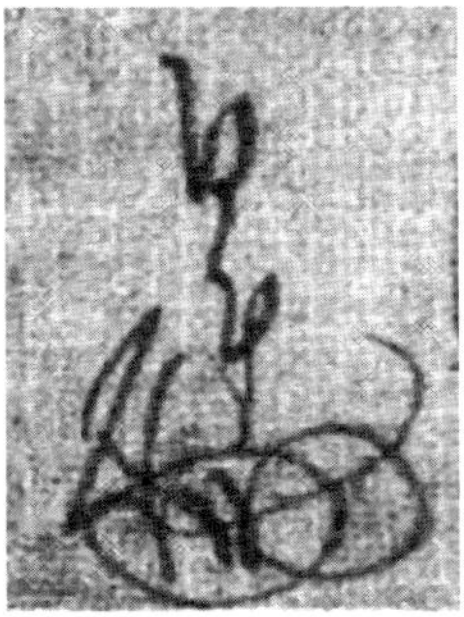

【1】『六郎入道殿御返事』(82)
（年未詳）正月十三日

【2】『六郎入道殿御返事』(83)
（年未詳）十二月二十八日

【1】の花押については、表一七の分類型で言えば、明らかに3型の相貌を示している。つまり、【1】は正安三年（一三〇一）から元亨三年（一三二三）までの期間に記された書状である可能性が高い。先の検討結果から言えば、その範囲はさらに縮小し、嘉元二年（一三〇四）～元亨元年（一三二一）のものということになろう。【1】の花押は、正和四年（一三一五）七月十日の⑥『了性御房御返事』や、元応二年（一三二〇）七月九日の⑧『かたびら御返事』の花押と特に相貌が近似していると思われる。

また【2】の花押については、図版が若干不鮮明で断定はできないが、楕円形の内側に山が二つ記されているように見える。この特徴から言えば1型・2型の相貌が近いように思われるが、前述した通り1型・2型の期間に記された花押については、曼荼羅本尊と書状とで一致していると断定するには至っていない。【2】の花押が1型・2型と同形であるならば、弘安十年（一二八四）から永仁七年（一二九九）までの期間に記された書状である可能性が高くなるが、現時点ではそれも言えないであろう。

これまでの検討を通して、【2】の花押からは現時点では執筆年次を推定することは難しいが、少なくとも【1】の花押からは正安三年（一三〇一）以降の書状である可能性が高いということがわかった。そうであるならば、前述したように、実長は永仁五年（一二九七）の逝去と伝えられることから、実長が【1】を受け取ることは不可能である。したがって、花押の相貌という点から考察すると、書状の受取人である六郎入道は実長ではない別の人物の可能性が大いに想定されるのである。

小　結

以上、本節では六郎入道宛日興書状三通に着目し、各書状の内容や花押の相貌の面から、果たして六郎入道＝実長であるのか、それとも別の人物であるのかについて検討を試みた。考察の結果、諸書において六郎入道＝実長と比定される従来の推測を支えるような決定的な根拠を、本考察においても見出すことができなかった。その一方で、総合的に勘案すれば、日興から書状を賜った六郎入道が実長ではない別人である可能性を大いに含んでいることを、新たに指摘することができた。

特に書状に見える花押の相貌から言えば、受取人の六郎入道が実長とはまず考えにくく、また各書状の内容と合致する部分を多く有している別の六郎入道として、陸奥に居住する武士で三戸新給人の岩沢大炊六郎入道の存在が新たに浮上した。本考察を通して、未だ根拠薄弱ながら岩沢大炊六郎入道が日興から書状を賜った六郎入道に比定し得る可能性が想定されるのである。ただし前述した通り、そもそも岩沢大炊六郎入道が日興の檀越であったことを示す直接的な史料はなく、また推定に留まった部分も多くあって、六郎入道＝岩沢大炊六郎入道とする新たな推論は提示できたものの、この人物比定に関しては現状多くの課題が残ったのも事実である。

日興と六郎入道の書状のやりとりは、日蓮の直弟子である日興の事蹟の一つであり、初期日蓮教団における動向の一端として、誠に重要な意義を有している。もしもこの六郎入道が実長であるならば、尚更である。今後、本考察を足掛かりとして、実長とする従来の説と岩沢大炊六郎入道を含んだ別人とする説の両方の可能性をさらに検討しなければならないであろう。

註

（1）宮崎英修『波木井南部氏事蹟考』（孔官堂出版部、一九五〇年）一三一頁。なお、本書は二〇一一年に山喜房佛書林より改版が刊行されている。
（2）『興全』二一一頁頭注。
（3）『統合システム』二〇一五年度版所収『上代事典』「六郎入道」の項。
（4）『興全』一二四頁、『宗全』二巻一一四頁。
（5）『定遺』一八九〇頁。
（6）『興全』一二五頁、『宗全』二巻一一四頁。
（7）鈴木一成「高橋入道と妙心尼」（『大崎学報』一〇一号）一一頁。

（8）『日蓮教団全史（上）』六九頁。
（9）『日蓮教団全史（上）』七一頁。
（10）『興全』三五五頁、『宗全』二巻一七三頁。
（11）『興全』三五五頁、『宗全』二巻一七三頁。
（12）『興全』三五六頁、『宗全』二巻一七四頁。
（13）『日蓮教団全史（上）』七七頁、『上代事典』六六九頁。
（14）『興全』一二四頁、『宗全』二巻一一三頁。
（15）『宗全』一巻一九八頁。
（16）『宗全』一巻一九八頁。なお、『日蓮教団全史（上）』七七頁では、本書状の内容を日興ではなく越前公に対するものとして扱っている。
（17）『富要』五巻一六〇頁。
（18）『日蓮教団全史（上）』七六頁。
（19）『興風』一一号。
（20）『興全』三五五頁、『宗全』二巻一七三頁。
（21）『興全』二一〇頁。
（22）『興全』二一一頁、『宗全』二巻一九三頁。
（23）『興全』二一二頁、『宗全』二巻一七六頁。
（24）『興全』五五八・五五九頁。
（25）『定遺』一七七四頁。
（26）『日興上人』一一〇頁。
（27）『日興上人』一一一頁。
（28）日本国語大辞典第二版編集委員会編『日本国語大辞典　第二版』四巻（小学館、二〇〇一年）八二五頁。

(29)『上代事典』六一〇頁。
(30)黒板勝美・国史大系編修会編『新訂増補国史大系』六〇巻上　尊卑分脈　第三篇（吉川弘文館、二〇〇五年）三三四頁。
(31)『与了性御房書』（『興全』一七五頁）、『民部公御房御返事』（『興全』一八五頁）等。
(32)平宏和・芦澤正和・梶浦一郎・竹内昌昭・中井博康編著代表『食品図鑑』（女子栄養大学出版部、二〇〇六年）二三六〜二三七頁。
(33)『上野殿御返事』（『定遺』一四五〇頁）、『上野殿御返事』（『定遺』一七二九頁）。
(34)『四条金吾殿御返事』（『定遺』一六〇〇頁）。
(35)『上野尼御前御返事』（『定遺』一八五七頁）。
(36)『西御坊御返事』（『興全』一五五頁、『宗全』二巻一五〇頁）。
(37)『西坊主御返事』（『興全』一五九頁、『宗全』二巻一五〇頁）。
(38)『了性御房御返事』（『興全』一七三頁、『宗全』二巻一六一頁）。
(39)『富要』八巻一〇頁。
(40)『宗全』二巻三八二頁。
(41)『宗全』二巻四一一頁。
(42)『富士門家中見聞』（『富要』五巻一五九頁）によれば、日興が身延離山に際し「板御本尊、生御影、其外御書物御骨等まで取り具して離山し」たと記述しており、堀日亨『富士日興上人詳伝』二一二頁はこの内「生御影」と「御骨」の持参については肯定している。また『上代事典』一九六頁でも、先に挙げた重須移住後の書状に散見される「聖人御影」「御影」等について、「宗祖の御影木像を指し、恐らく身延で造立され、それが日興上人身延離山と共に富士へ移されたものと推測される」と解説している。
(43)高木豊『日蓮とその門弟』二九七〜二九八頁。
(44)坂井法曄「重須本門寺と大石寺」（『興風』一一号）九六頁、『日目上人』二三一頁。
(45)山口範道『日蓮正宗史の基礎的研究』一八二頁、『統合システム』二〇一五年度版所収『上代事典』「円連」の項。

(46)『興本』三二六頁。
(47) 鷲尾順敬『南部家文書』(吉野朝史蹟調査会、一九三九年) 一四頁。
(48) 鷲尾順敬『南部家文書』一一頁。なお、本書では「岩崎大炊六郎入道」と表記しているが、菅野慈俊「断碑出土について」(和党編集室編『小倉山房遺稿集』) 一二七頁、同「建武元年新田孫五郎国宣執達状をめぐる奥法華衆の考察 (その二)」(『仙台郷土研究』二二巻二号、仙台郷土研究会、一九六二年) 六頁では、「岩沢大炊六郎入道」と表記している。また、『上代事典』六〇・六一頁では、前掲註 (47) の文書と本文書を「留守文書」と解説しているが、これは「南部家文書」の誤りであろう。
(49) 菅野慈俊「断碑出土について」(和党編集室編『小倉山房遺稿集』) 一二七頁、同「建武元年新田孫五郎国宣執達状をめぐる奥法華衆の考察 (その一)」(『仙台郷土研究』二二巻二号) 八頁。
(50) 本書第二章第三節参照。
(51) 高木豊『中世日蓮教団史攷』一六三頁。
(52) 本書第四章第一節参照。
(53) 塙保己一編『群書類従』九輯 (続群書類従完成会、一九八〇年訂正三版) 四三八頁。
(54)『群書類従』九輯五七八頁。
(55)『群書類従』九輯五九〇頁。
(56) 塙保己一編『群書類従』二七輯 (続群書類従完成会、一九八〇年訂正三版) 三六頁。
(57)『群書類従』二七輯三六頁、国史大辞典編集委員会編『国史大辞典』七巻 (吉川弘文館、一九八六年) 六九四頁、上島有「草名と自署・花押―書札礼と署名に関する一考察―」(日本古文書学会編『古文書研究』二四号、吉川弘文館、一九八五年)。
(58)『卿公御房御返事』(『興全』一六二頁、『宗全』二巻一四九頁)。
(59)『与了性御房書』(『興全』一六八頁、『宗全』二巻一五五頁)、『与了性御房書』(『興全』一六九頁、『宗全』二巻一五八頁)、『与了性御房書』(『興全』一七四頁、『宗全』二巻一六二頁)、『与了性御房書』(『興全』一七五頁、『宗全』二巻一五六頁)、『与了性御房書』(『興全』一七六頁、『宗全』二巻一五七頁)、『了性御房御返事』(『興全』一八〇頁、『宗全』二巻一五九頁)。
(60)『弁阿闍梨御返事』(『興全』一八二頁、『宗全』二巻一六二頁)。

(61)『民部公御房御返事』(『興全』一八三頁)、『写民部殿書』(『興全』一八四頁、『宗全』二巻一六七頁)、『民部公御房御返事』(『興全』一八五頁、『宗全』二巻一六六頁)、『写民部公御房書』(『興全』一八六頁、『宗全』二巻一六六頁)。
(62)『新田刑部公御房御返事』(『興全』一九三頁、『宗全』二巻一六四頁)。
(63)山川智応『日蓮聖人研究』二巻(新潮社、一九三一年)、鈴木一成「日蓮聖人の花押の変化について―遺文系年推定の資料として―」(『大崎学報』一〇〇号、立正大学仏教学会、一九五三年)。
(64)山口範道『日蓮正宗史の基礎的研究』二二七〜二二九頁。
(65)『興本』四一頁および三九〇頁以降。
(66)『興全』五一〇頁より転載。
(67)本書状は和歌山市感応寺所蔵の新出日興書状で、本図版は同寺調査を行った都守基一氏より提供いただいた。また坂井法曄「日興書状『曽祢殿御返事』の系年について」(『日蓮大聖人御書システム』〈http://www5f.biglobe.ne.jp/~gosyosys/〉所収コラム「平成二十一年十月」)にも、本書状花押部分の図版が掲載されている。
(68)『興全』五一七頁より転載。
(69)『興全』五一八頁より転載。
(70)『興全』五七九頁より転載。
(71)『興全』五一九頁より転載。
(72)山口範道『日蓮正宗史の基礎的研究』二二七頁より転載。本図版は山口氏による模写。
(73)『興全』五六六頁より転載。
(74)『興全』五一二頁より転載。
(75)『興全』五二〇頁より転載。
(76)『興全』五二四頁より転載。
(77)『興全』五二一頁より転載。
(78)『興全』五二五頁より転載。

(79)『興全』五二二頁より転載。
(80)『興全』五一六頁より転載。
(81)『興全』五二三頁より転載。
(82)『興全』五五八頁より転載。
(83)『興全』五五九頁より転載。

第二節　徳治二年の法難について

日蓮在世中に生じた法難の一つに、熱原法難がある。周知の通り、熱原法難は弘安二年（一二七九）に駿河を中心に活動していた日興とその門弟に対して加えられた信仰的弾圧事件であり、熱原滝泉寺院主代平左近入道行智らによって捏造された苅田狼藉事件をきっかけに百姓信徒二〇名が理不尽に捕らえられ、鎌倉へと連行された。日蓮は、熱原法難が政治権力の絡んだ宗教的弾圧事件であることから、被害が拡大することを懸念し、当法難を駿河一地域に限った弾圧ではなく教団全体に関わる重大な弾圧として捉えた。そして、駿河を中心に教導していた日興らを鎌倉に派遣して裁判の対応にあたらせると共に、日蓮もまた日興らに書状を送り、裁判の対応に関する指示を与えた。しかし、最終的には捕縛された二〇名の内三名が斬首され、残り一七名は禁獄されるという苛酷な処罰を受けるに至り、熱原法難は日蓮教団全体に多大な影響を及ぼした法難の一つとなった。

熱原法難という苦い経験の当事者となった日興とその門弟であったが、日蓮入滅後、日興門下の周辺において再び法難と思われる弾圧事件が惹起したようである。その本拠は、徳治二年（一三〇七）七月十二日に日興が了性房日乗に宛てて送った書状『与了性御房書』に見ることができる。本書状によれば、日興門下が法華衆徒であるからという理由で迫害を受けたようであり、それによって裁判沙汰となるような争いが勃発した様子が窺える。

この法難に関しては、すでに堀日亨『富士日興上人詳伝』や『日興上人』、『上代事典』等の諸文献[1]において「徳治二年の法難」と称されて考察されてはいるものの、史料的な制限から断片的な側面しか読み取ることができず、法難の全容解明には至っていないのが現状である。しかし、『与了性御房書』の記述から、当法難が信仰的弾圧事件としての性格を有していると想定されることから、日興にとっては少なからず先の熱原法難と重なって見えたであろう。そのような背景の中で、日興とその門弟が徳治二年の法難に対して如何に対応し、如何に乗り越えていったのかについては大変興味深い点であり、また日興門流史における諸課題の一つとして解明が待たれる重要な案件であると考える。
そこで本節では、先の『与了性御房書』を本拠とする「徳治二年の法難」と称される事件に着目し、当法難に関連する史料を改めて整理分析して、法難の動向と法難に対する日興門流の対応について考えてみることにする。

第一項　法難の本拠史料

前述したように、徳治二年の法難の本拠となる記述は、次の『与了性御房書』に見ることができる。

①日興書状『与了性御房書』　徳治二年（一三〇七）七月十二日

坊主のほり給候了。毎事あひさハくるへく候。民部殿へも指事候ハぬほとに申さす候。御労平愈之由承候へハ悦
入候。治部公もこれにて治候に候。返々入道か沙汰の二問状よく〳〵御覧候へし。敵方より又子細候ハ、定被二棄
置一候者歟。刃傷損物承伏ハ訴陳状に明白也。所詮法花衆たるによて令二損物一云云。上□□□方の傍例を□□〳〵
ひ□□給へく候歟。恐々謹言。

七月十二日　　白蓮（花押）

謹上　了性御房

「徳治二（以上三字他筆）」[2]

本書状は、日興が徳治二年（一三〇七）七月に本六人の一人に数えられる了性房日乗に宛てて送った書状である。末尾に見える「徳治二」の三字は他筆とされるが、『上代事典』によれば書状の到来年を日乗が書き加えたものと判断している。[3]

本書状には「刃傷損物承伏ハ訴陳状に明白也。所詮法花衆たるによて令二損物一云云」との記述が見られる。すなわち、法華衆徒であるという理由から「刃傷損物」、つまり刀で切られる・物を破壊されるといった被害を蒙ったとされており、この記述が徳治二年の法難が惹起したと判断される大本の箇所である。また「二問状」「訴陳状」等ともあり、日興門下が「刃傷損物」の被害を受けたことをめぐって、鎌倉で訴訟が起こされた様子が窺える。さらに本書状中に「入道か沙汰の二問状」とあることから、この「入道」が訴訟に関わる中心人物の一人であると考えられる。

鎌倉時代における訴訟手続きについては、元応～元亨年間成立と推定される幕府の訴訟手続解説書『沙汰未練書』[4]に詳しく解説されている。本書によれば、当時の訴訟はその対象によっておおよそ所務沙汰（所領の田畑に関する争い）・雑務沙汰（利銭・出挙・替銭・替米等に関する争い）・検断沙汰（謀反・強盗・刃傷等に関する争い）の三種に分類されている。したがって、所務沙汰と雑務沙汰は現在で言うところの民事訴訟、検断沙汰は刑事訴訟と言えよう。そして、各沙汰によって鎌倉幕府の管轄の訴訟機関が異なっており、所務沙汰は引付、雑務沙汰は問注所・政所、検断沙汰は侍所が担当していた。この度の徳治二年の法難による訴訟は、日興門下が受けた「刃傷損物」の被害を訴えた訴訟と考えられることから、検断沙汰ということになろう。

そして、当時の裁判の方法は「三問三答」の形式が採用されていた。すなわち、訴訟の訴人（原告）が訴状に具書（証拠書類）を添えて問注所に提出し、問注所は訴状を論人（被告）に開示して書面による陳弁を求める。これを受けて論人は反論を記した陳状を提出し、それが訴人へと渡される。この訴人と論人との文書によるやりとりを三回まで繰り返すことを三問三答という。[5] 文書による三問三答が終わると、訴人論人両者が引付（法廷）に出頭し、口頭で問答を行う。引付は三問三答および問答の経過を受けて判決草案を作成し、判決草案はさらに評定会議にかけられ、ここで多数決をもって最終判決が決せられた。これが大まかな当時の訴訟手続きであるが、訴人が三問三答の際に提出した第一回目の訴状を本解状・初問状、第二回目の訴状を二問状、第三回目の訴状を三問状と称した。[6] したがって、①の書状が記された時点では、少なくともこの度の訴訟が二問状提出の段階まで経過していることが看取できる。本文中「返々入道か沙汰の二問状よく〳〵御覧候へし。敵方より又子細候ハヽ、定被㆓棄置㆒候者歟」とあるように、日興が二問状提出に際して訴訟への対応の仕方を日乗に指示したのが、本書状の主な内容である。なお、後半部の「上□□方の傍例を□□〳〵ひ□□給へく候歟」の一文は判読不能箇所が多いが、おそらくこの部分も二問状提出に関する日興の指示かと思われる。

第二項　法難における門弟の動向　―日目・日乗・日盛を中心に―

前項で触れた①の書状には、書状の宛所である日乗の他に「坊主」または「民部殿」という門弟の名前が確認できる。日興は永仁六年（一二九八）以降、今まで居住した上野から重須へと活動拠点を移した。日興の重須移住後の大石寺は、これも本六人の一人に数えられる卿阿闍梨日目がその管理を委任された。日興はその日目に宛てた書状の中で日目を「西御坊」[7]「西坊主」[8]等と呼称している。この呼称は、日目が住持を任ぜられた大石寺が、重須の日興から見て西側に位置していることによるものであると考えられている。[9]また日興は日目に対し、単に「坊主」[10]と呼んでいる日興書状も見受けられる。①の書状には「坊主のほり給候了」とあり、日興が日乗に対して「坊主」が当法難に関する訴訟の舞台である鎌倉へ向かったことを伝えている。これらのことを勘案すると、日興の側から鎌倉へ向かう坊主として考えられるのは、日興から「坊主」と称された日目を指す可能性が高い。

また「民部殿」については、日乗の弟子民部公日盛を指すものと考えられる。後述するが、徳治二年の法難に関連すると思われる日興書状には日乗と日盛宛のものが多く、また①において日目が鎌倉へと上っている様子が伝えられることから、僧侶では日目・日乗・日盛の三師が徳治二年の法難の主な対応者として関与していたものと推察される。

ここで、日目・日乗・日盛の関係性を確認しておこう。この三師の関係性を示す史料として、以下の(1)〜(9)が挙げられる。

(1)日興曼荼羅本尊授与書　正安三年（一三〇一）十月十三日

奥州新田卿公弟子了性房日乗授与之[11]

(2)日興『日盛本尊相伝証文』　元徳四年（一三三二）二月十七日

自二日乗一弟子日盛相二伝之一[12]

(3)日目曼荼羅本尊授与書　元弘三年（一三三三）十月十三日

日目弟子大学民卩（ママ）阿闍梨日城授之(13)

(4)大石寺十四世日主『日目弟子事』（年月日未詳）

日乗　弟子其の数之多し（中略）日盛大学民部阿は日乗俗人の時の子息の故に(14)

(5)日興『弟子分帳』永仁六年（一二九八）

鎌倉住人了性房日乗(15)

(6)日興書状『与民部殿書』（年月日未詳）

御学門体如何。相構ていとなませ（営）給へし。民部公の御事は了性御房の御さハくり候あひたこれよりハ沙汰申さす候(16)

(7)日興書状『与民部公御房書』（年未詳）七月二十七日

御学門候覧に紙なとをもまいらせす候事無二心本一候(17)

(8)日興曼荼羅本尊授与書　嘉元二年（一三〇四）八月十五日

大学了性房日乗授与之(18)

(9)日目書状『与了性御房書』（年月日未詳）

大衆の方さまにも無別事之由申させ給へし(19)

まず(1)の日興曼荼羅本尊授与書によれば、日乗は日目の弟子とされる。日盛（城）については、(2)『日盛本尊相伝証文』では日乗の弟子とされる一方、(3)日目曼荼羅本尊授与書では日目の弟子と記されている。『新編相模国風土記稿』によれば「常在寺　本興山と号す、法華宗　駿州富士郡北山本門寺末　宗法の諸仏及日蓮、開山日乗　文保二年三月廿七日寂す、日蓮の法孫大学了性房と号す」[20]との記述があり、日乗は鎌倉に常在寺を開創し、文保二年（一三一八）三月二十七日に遷化したと伝えられている。この寂年の月日に関しては異論が提出されているが、[21]いずれにせよ(2)は日乗滅後の文書と想定されることから、日盛は始め日乗の弟子で、日乗滅後に日目の弟子となったものと想定される。また(4)『日目弟子事』の記述によれば、日盛は日乗が出家する前の子息として両者を親子と位置づけているが、この点については山上弘道氏が出生地等の視点から否定的な見解を示している。[22]

日乗は、(5)『弟子分帳』の記述にあるように鎌倉在住の僧侶であり、その日乗のもとで弟子の日盛が勉学に励んでいる様子が(6)『与民部殿書』と(7)『与民部公御房書』に窺える。また年未詳七月二十六日の日付を有する日興書状『与民部公御房書』には「鎌倉中災難事承候了。猶々聞食事者可仰候」[23]とあって、日興が日盛から鎌倉の災難事について報告を受けたことが記されている。この記述からも、日盛の鎌倉在住を窺うことができる。そして(3)と(8)の授与書が示すように、日乗・日盛共に「大学」と冠称されていることがわかる。大石寺四世に連ねられる弁阿闍梨日道には『大学阿闍梨御房』[24]と『大学殿御返事』[25]という書状があり、これらの宛所である「大学阿闍梨」「大学殿」は(3)と(8)の記述から、日乗または日盛である可能性が考えられる。日乗が大学と称されたことについて、堀日亨氏は次のように解説している。

かつて京洛に上り、漢書国文に長け学府に仕えしか、大学の名を得られた（中略）長児の民部公を携えて富士に上り、ともにその門に出家しなお大学の敬称を受けられた[26]

父子ともに「大学」の冠称あることより考えても、京都の大学寮の属官でありしことによるかと思う。例せば比企大学三郎等のごとし[27]

堀氏によれば、日乗は学問に長けた人物で、京都の大学寮の属官を務めたのではないかと推測しており、これにより日乗は大学と称されたとしている。日盛に関しては、日興晩年頃にあたる正慶元年（一三三二）十月二十五日の日目書状『与民部阿闍梨御房書』に「義科ヨク〳〵読シタ、メテ、一二三月と下てこれにて若御房達、児とも可有談義候[28]」とあって、日目から若輩の門下に対して勉学を教えるようにとの指示を受けており、門弟教育に携わる様子も見受けられる。日盛は若年の頃日乗のもとで弟子として学問に励み、後にその才能を発揮させたことにより、日盛もまた大学と称されたと見られる。これらのことから、徳治二年の法難に関する訴訟において日興から指示を受け、日乗と日盛が中心となって対応にあたったのは、両者が鎌倉に居住しているという地理的利点と、学解に優れ訴訟に対処する上での適任者であったことが要因かと推測される。

前述したように、①の書状には「坊主のほり給候了」とあって、日興が日乗らの元へ日目を派遣する様子が記されている。日目は、正応元年（一二八八）八月十七日書写の日興曼荼羅本尊に「上奏新田卿阿日目授与之一中一弟子[29]」との授与書が見られることから、正応元年以前における諫暁活動の事跡が知られる。また『御伝土代』の「永仁元七、大仏殿ノ陸奥守探題之時、十宗房ト問答アリ、号二西脇之道智房一云也[30]」との記述から、永仁七年（＝正安元年、一二九九）に道智房（十宗房）と問答を行ったことも伝えられている。日興は訴訟への対応に万全を期すために、日乗の師であり、かつ他者との対論経験が豊富な日目を鎌倉へ派遣したものと考えられる。

当時の日乗は、(4)や(9)『与了性御房書』の記述にあるように、多数の弟子檀越を抱えていたと見られる。日乗とその周辺の状況について『日目上人』によれば、鎌倉に「講」または「僧団」があり、日乗はその統率的役割を果たしていたのではないかと推察している。[31]⑷の「弟子其の数之多し」や⑼の「大衆の方さま」との記述が、鎌倉における日興門下を表しているのであれば、講や僧団の存在とそれらの統率的立場にある日乗の姿は、大いに想像できよう。既に述べたように、徳治二年の法難は法華衆徒に対する怨念によって引き起こされたと考えられる法難である。鎌倉の法華衆徒が講や僧団を形成するような大規模の集団であったならば、法難の規模や被害もおのずと拡大したことであろう。

第三項　法難の関連史料

『日興上人』によれば、徳治二年の法難の本拠とされる①の書状の他にも、日興書状の中に訴訟事あるいは法難に関する記述を有するものを見出せることが指摘されている。[32]それらは左に挙げた②〜⑧の七通である。

②日興書状『与了性御房書』（年未詳）三月二十五日

何事のわたらせ給候らん。平三郎入道ハいま二三日のほとにまいるへきにて候。かた〳〵(方々)の訴訟人等事、さて御わたり候へハいつれも〳〵きこしめすへく候。入道の下向時御文くハしく(詳)みまいらせ候ぬ。鎌倉中の災難事なを〳〵しるし給てみまいらすへく候。ゐ中にハ別の事当時まて候ハす。麦作□□しほいりて人民なけき申候へ。くハしくハ石河殿御物語わたらせ給へく候。恐々謹言。

三月二十五日　　　　　　　　　　　　白蓮（花押）

謹上　了性御房(33)

③日興書状『ひゐとりの御返事』（年未詳）六月十三日

〔追書〕ひゐとりのくすりかす（数）のことくみまいらせ候ぬ。とりの病一時になをり候ぬ。

ゐ中に別事候ハす候。公私御物沙汰急速に御さハくり候て可レ有二下向一候。兼又弥三郎ハ無力之由申也。三郎入道をまいらせ候。よく〳〵仰含られ候て近守・弥三郎等其外器量仁等をつけて奉行所へ可レ被レ出候歟。尼御前も御出候て彼仁等歎申之由仰給て候ハヽ、よく候なん。其旨ハそれにてちかひ申させ給へ。恐々謹言。

六月十三日　　　　　　　　　　　　白蓮（花押）

御返事(34)

④日興書状『了性御房御返事』（年未詳）六月二十一日

〔追書〕伊勢公上候ハすとも文わ来て候了。沙汰可レ有様を人に仰付て坊主はとく下られ候へし。

御ふミハみまいらせ候ぬ。さてはゐ中に別の事候ハす。御沙汰事御悦と承候へハ悦入候。なにさまに付てもとく（疾）御くたり候ハヽ、よろしかるへく候。法界に怪かましき事おほく候あひたとく御下候へかしとおほえ候。御状とく御したゝめ候ていますこしとく御下候へと思候也。石川殿の御状ニもとく道行へきやうに承候しか其後如何候覧。返々御沙汰をハ了性御房に仰付まいらせて坊主ハとく下給へかしと申合候。心へられ候へし。恐々謹言。

六月二十一日　　　　　伊与

了性御房(35)

⑤日興書状『了性御房御返事』（年未詳）六月二十九日

（前欠）三郎入道いのちのかく程仕候て、にはかの便宜にて候間、民部殿へも別に申さす候。恐々謹言。

六月二十九日　　　　白蓮（花押）

謹上　了性御房御返事(36)

⑥日興書状『与民部公御房書』（年未詳）七月二十六日

僧都御房御沙汰事も了性房これにをハしまし候時ハつねに承り候に此程ハおほつかなく（覚束無）おもひまいらせ候つるに御状にあつかり（預）候事為悦に候之由可レ令二申給一候。さては鎌倉中災難事承候了。猶々聞食事者可仰候。便宜よく候し間はしかみ（薑）十把まいらせ候。これハ御辺へわたくしにまいらせ候也。御やとにたふへく候。恐々謹言。

七月二十六日　　　　白蓮

民部公御房(37)

⑦日興書状『与民部公御房書』（年未詳）七月二十七日

京都院中災難事もたいなく（勿体無）おほえ候。さては坊主御労之由承候ハ僧都御房御事にて候歟。何様の子細候哉。又此訴訟人等于今不㆓行返㆒之間今一度為㆓言上㆒罷上候。自身のらうまい（粮米）をもち候し間とさんなん（土産）とをもまいらせす候。やまのいものこ一かみふくろ（紙袋）・しゐたけ五つらぬき（連）・かわのり一帖まいらせ候。御学門候覧に紙なとをもまいらせす候事無㆓心本㆒候。毎事期㆓後信㆒候。恐々謹言。

七月二十七日　白蓮

謹上　民部公御房(38)

⑧日興書状『災難御返事』（年月日未詳）

〔追書〕又とく（疾）御下向候へし。ゐ中世間もすさましく候。

災難事承候了。三郎入道いま二三日程に罷立へく候。かさい殿の御方の忩々も一七日歟二七日歟にハすき候ハし。さ中程ニ世間も忩々なる事も候。又いつをいつと勧農時にも越へく候。相構て起請文の事此にて御存知中様に訴陳明白上を起請文になされ候事無㆑術次第之由をいくたひも申てかなひ候ハすハ大方へ申させ御覧あるへく候。（後欠）(39)

以上の七通である。この内②④⑤の三通は日乗宛、⑥⑦の二通は日盛宛のものであり、両者が訴訟事に関わる状況にあることが窺える。迫害を原因として訴訟に発展した徳治二年の法難の状況から考えて、これらの史料が当法難解明の手掛かりになることは間違いないだろう。

ただし、これらの日興書状の関連性を探る上で、その障害となり得る二つの大きな問題点がある。一つは、書状の系年が不明な点である。そのため、各書状の系年検討を視野に入れながら内容の考察を進めていく必要がある。そしてもう一つは、これらの書状に見られる記述がすべて徳治二年の法難に関するものとは限らないという点である。徳治二年の法難の動向を探る上で、この二つの課題が存在していることを念頭に置きつつ、以下①の書状と②〜⑧の書状との関連性について検討していきたい。

一、「入道」と徳治二年の法難

まず①『与了性御房書』に「入道か沙汰の二問状」と記され、本訴訟の中心人物の一人と想定される「入道」について検討してみよう。

②『与了性御房書』には、日興が鎌倉の日乗の元へ「平三郎入道」という人物を使者として派遣している様子が記されている。また③『ひゑとりの御返事』と⑧『災難御返事』では、「三郎入道」という人物が某の元へと派遣されている。そして⑤『了性御房御返事』では、「三郎入道」が命危うき状況に陥っている様子を読み取ることができる。

今挙げた平三郎入道・三郎入道、そして①に見られる入道の三者が具体的にどの人物を指すのかは、徳治二年の法難の展開を紐解くための重要な問題と思われる。この点について大黒喜道氏は、平三郎入道と三郎入道を同人と見なし、さらに①に見える入道とも同人ではないかとの見方を示している。その根拠として、これらの入道が登場する②③⑤⑧の書状すべてにおいて徳治二年の法難に関係するような内容の記述が見られ、さらにこれらの入道が訴訟事に深く関与している様子も読み取れることを挙げている。[40] これらの書状では、平三郎入道と三郎入道は何らかの訴訟に対処するために派遣されたと見られることから、少なくとも訴訟に関する知識を有した人物であったと推測できる。これら三者の入道に関する史料は現時点では他には見当たらないが、どの書状においても訴訟あるいは法難と関わっているような様子が窺えるという共通点から、大黒氏が推測するように三者同一である可能性は比較的高いのではなかろうか。

②では、平三郎入道と本書状の受取人である日乗が何らかの訴訟に関与している様子が読み取れる。①に見える入道＝平三郎入道であるならば、本書状が徳治二年の法難に関係する書状の可能性が出てくる。ただしその場合、②の日付は三月二十五日と、法難の本拠史料①と比べて日付が四ヵ月程離れているため、②の内容は現時点では徳治二年の法難が発生する前の出来事なのか後の出来事なのかを判断することが困難である。

また③には、三郎入道をそちらへ向かわせたとの記述の他に、「器量仁（＝大きな物事をやり遂げる能力のある人）」とされる近守と弥三郎、[41]さらに尼御前の名前を挙げ、これらの人を伴って奉行所へ出向き、歎いている状況を申し出よとの日興の指示が記されている。このような内容から、③の書状は訴訟事の比較的初期の段階における書状ではないかと推測される。ただし堀日亨氏は、③の書状の内容は①を依拠とする徳治二年の法難とは別件のものであろうと判断している。[42]

⑤『了性御房御返事』では、この頃三郎入道が命危うい状況にあるとされる。『日興上人』によれば、①の書状に記される「刃傷損物」によって「三郎入道いのちのかく程」の被害を受けたとし、徳治二年の法難と⑤の書状とが直接関連するものであると位置づけている。[43]しかし⑤は、富士の日興が三郎入道の命危うき状況を鎌倉の日乗へと急いで伝えている書状であり、「刃傷損物」なる事件が鎌倉で発生したのであれば、⑤の状況はむしろ日乗から日興へと伝え

られるはずである。また本書状には、前欠ではあるものの法難に関する記述を見ることはできない。したがって、三郎入道の命危うき状況が徳治二年の法難の「刃傷損物」に起因するものであるとは一概には言い切れず、⑤の現存部分だけでは、現時点では当法難と⑤が関連するものであるかどうか断定するには至らないと考えられる。

⑧『災難御返事』には、「起請文の事此にて御存知申様に訴陳明白上を起請文になされ候事無レ術次第之由をいくたひも申てかなひ候ハすハ大方へ申させ御覧あるへく候」とあり、起請文執筆に関する日興の具体的な指示が記されている。本書状は後欠のため宛所は不明だが、訴訟関連の具体的な指示が見られることから、徳治二年の法難の主な対応者と考えられる日乗または日盛への書状であろうか。本書状に見える三郎入道派遣の事や理不尽な状況に陥っている様子などは、徳治二年の法難の本拠史料である①の記述と近似しており、両書状の関連が予想される。このような点から、⑧の書状は徳治二年の法難に関係する書状の可能性が極めて高いと考えられる。

平三郎入道・三郎入道・入道という檀越の名前が見える①②③⑤⑧の書状において、大黒氏が推測する通り入道三者をすべて同人と仮定した場合、推論ではあるが次のような順序で法難が推移した可能性が考えられる。

まず鎌倉の日興門下が、法華衆徒であるからという理由で「刃傷損物」なる迫害を受けたことが日興のもとへと伝えられ、日興はこの度の迫害の旨を奉行所へ訴えるため、事が円滑に進むよう三郎入道らを鎌倉に派遣して、日乗らと共に対応にあたらせようとした（③六月十三日『ひゐとりの御返事』）。その後、迫害に対する訴訟が起こされ、鎌倉での現況を把握した三郎入道が一旦富士へと戻って日興にその状況を報告した。日興は三郎入道からの報告を受けて、鎌倉の日興門下へ本訴訟に関する指示を与えると共に、再度三郎入道を鎌倉へと向かわせようとした（⑧年月日未詳『災難御返事』）。そして、訴訟は進んで二問状提出の段階まで至り、日興はさらに日目を助勢役として鎌倉へ派遣すると共に、それまで弟子の中で主に訴訟の対応にあたっていた日乗に、訴訟に関する具体的な指示を出して継続して対応にあたらせた（①徳治二年七月十二日『与了性御房書』）。以上のような順序で、徳治二年の法難とその訴訟が進行していったのではないだろうか。そしてこの場合、③⑧の書状の系年は①同様、徳治二年の可能性が高くなる。ただし、今示した経過はあくまでも推論であり、先述の入道三者が別人であるならば、当然この推論も成り立たない。今後さらに検討が必要である。

また入道の事蹟とは直接関係しないが、④『了性御房御返事』には「御沙汰事御悦と承候へハ悦入候」とあり、日興が日乗から訴訟が順調に進んでいるとの報告を受けたことが読み取れる。本書状の「沙汰事」とは、徳治二年の法難による訴訟のことであろうか。④には「御沙汰をハ了性御房に仰付まいらせて、坊主ハとく下給へかし」とあり、訴訟のことは日乗に任せて日目はすぐに富士に戻ってくるようにとの指示が何度も記されている。日興が日目に帰還するよう強く指示した理由は不明だが、①にみえる「坊主のほり給候了」との文に対応する記述であることも推測できる。そういう点から、確定するには至らないが、④が徳治二年の法難の過程で記された書状の可能性も否定できない。少なくとも④の書状からは、日目が訴訟事に関連して富士と鎌倉とを往来し、かつ鎌倉では日乗の近くにいた様子が窺える。

二、「災難事」と徳治二年の法難

次に「災難事」の記述について検討してみたい。先に挙げた日興書状の中には、「災難事」が発生した旨を伝えている書状がいくつか見出される。その「災難事」の表記が見られる書状は②⑥⑦の三通である。

②には「鎌倉中の災難事なを〱しるし給てみまいらすへく候」とあり、日興が日乗に対して鎌倉で起こった災難事の様子をさらに記して知らせよと述べ、⑥『与民部公御房書』では「鎌倉中災難事承候了。猶々聞食事者可仰候」とあって、日盛に対して引き続き鎌倉中の災難事の状況を伝えよと述べている。この②⑥両書状に記される災難事に関する表記からは、日興に対して鎌倉で発生した災難事の報告がすでに何度かなされた後の書状のようにも感じられる。また⑦『与民部公御房書』には「京都院中災難事もたいなくおほえ候」との記述が見え、さらに今挙げた日興書状以外にも、年未詳六月十三日の日興書状『与了性御房書』には、「災難事おとろき入候。なお〱しるし給へく候」[44]とあって、災難事発生の報告を受けて日興が驚いている様子が窺える。これらの災難事が同じものを指すと仮定した場合、災難事に対する表記の仕方という点から、六月十三日状は②⑥以前のものである可能性が高いと思われる。

②⑥⑦に述べられる災難事が、徳治二年の法難のことを指しているかどうかを決定づける根拠は現時点では見つからない。しかし、②の日付が三月二十五日であることから、②における「鎌倉中の災難事」とは徳治二年（一三〇七）三月二日に発生した関東大地震による被害を指す可能性も考え得る。また徳治二年七月十七日の日朗書状『報日像御房書』には「折節セウマフニ御経モモタズ候ツルニ」[45]と、日朗の住坊が焼亡した旨が記されているが、これを徳治二年の法難における被害の一つとする見方もある。[46]ただし『龍華秘書』によれば、『報日像御房書』に記される日朗の住坊焼亡の件について「但焼亡ノ事アレトモ比企近辺ノ小火ナルベシ」[47]と注記しており、この注記が示す通りのものであれば徳治二年の法難との関連性は薄いであろう。

なお、今挙げた⑥『与民部公御房書』と⑦『与民部公御房書』についてだが、両書状の日付は七月二十六日と二十七日で一日違いである。二日連続で同じ人物に対して書状を送るのは少々不自然であり、両書状とも日興が日盛に対して異なる供養品を送った旨が記されることから、日興が連日日盛に宛てて供養品と書状を送ったとは考えにくいように思われる。したがって、⑥⑦両書状の執筆年には少なくとも一年以上の差があると見るべきであろう。

また⑦に記述される「京都院中災難事」については、京都御所内で起こった災難事という意味であろうか。この災難事が具体的に何を指すのか、また徳治二年の法難と関連があるものかどうかについても不明だが、京都妙顕寺日像は徳治二年（一三〇七）五月二十日、院宣によって土佐幡多へと流罪となっており、[48]このことを指しているとも考えられる。そうであれば⑦の書状の執筆年は、徳治二年となる可能性が高いであろう。また『仁和寺諸記抄』所収の「亀山殿御談義雑記抜萃」には、徳治二年三月十三日に越後房日弁が申状を提出した旨と、法華法門の宗を京都から追却すべきとする徳治三年（一三〇八）五月二十日付の後宇多上皇の院宣案が記録されている。[49]これらの行動を指して日興が「京都院中災難事」と記したとも考えられるが、その場合⑦の書状の執筆年は、院宣案の発給された徳治三年以降の可能性が高くなる。いずれにせよ、現時点では⑥⑦の書状が徳治二年の法難と関連するものであるかどうかは不透明と言わざるを得ない。

三、関連史料の系年考　―花押の相貌を中心に―

これまでの考察で、改めて日興書状の系年問題が法難解明の大きな妨げとなっていることを痛感した。そこで以下では、文書の系年を探る上での手掛かりの一つとされる花押の相貌をもとに、先に徳治二年の法難の関連史料として挙げた日興書状の系年とその関連性について、少しく検討してみたい。

既に前節でも述べた通り、日興の花押に関する今日最も優れた先行研究として『興本』が挙げられる。『興本』では、日興の曼荼羅本尊に記される花押の相貌の変遷を年代別に分類している。(50)もちろん曼荼羅本尊と書状とでは花押の筆致が少なからず異なっていることが想定されるため、『興本』に示される花押分類型だけを依拠として書状の年代を推定することはできない。そのため、前節では『興本』所収の日興曼荼羅本尊内花押分類型一覧とその年代分けが、日興書状に記される花押の場合にも適用することができるかどうかを確認する作業を行った。その結果を参看しながら、ここでは先に挙げた日興書状①～⑧の書状の中で花押の図版が確認できる①～③の書状の花押を比較検討していきたい。

以下に、『興本』所収の日興曼荼羅本尊内花押分類型一覧と①～③に記される花押部分の図版を掲示した。これら三通の書状の内、執筆年次が伝わるものは①の徳治二年（一三〇七）のみであり、②③に関しては書状が記された月日しかわからない。これらの花押を比較すると、①～③の書状に見える花押はどれも『興本』の分類型とは異なっているように見える。ただし①～③の花押の相貌は近似しているといえよう。具体的に言えば、通常ならば楕円形の内側に山状に運筆される部分が、①～③では山が記されず、省略したような形で運筆されている。前節で考察したように、①～③の花押は曼荼羅本尊には見られない相貌であり、書状独自の花押の変遷の一例ではないかとも思われる。あるいは3型の草体とも言うべき形であろうか。①～③の花押の相貌が近似することから、①は徳治二年に記されたものであるので、②③の書状は①が記された徳治二年からさほど離れない時期に記された書状ではないかと推考されるのである。また①②に関しては日乗宛であって、日乗の没年は文保二年（一三一八）と伝えられることから、少なくと

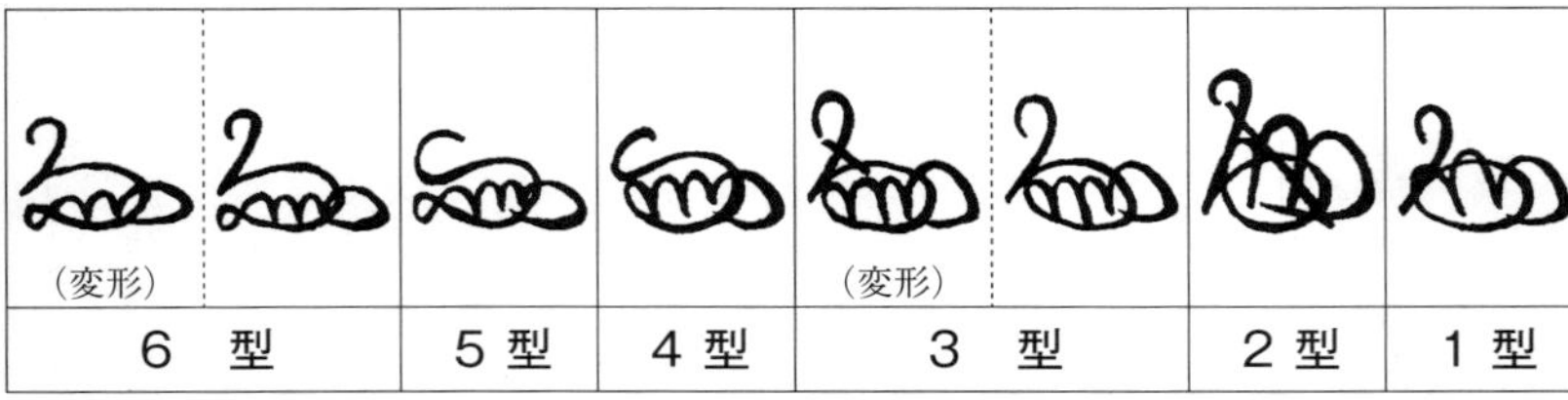

日興曼荼羅本尊内花押分類型（『興本』41頁より転載）

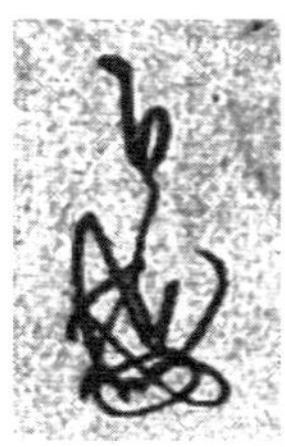

①『与了性御房書』の花押（『興全』五一八頁より転載）

②『与了性御房書』の花押（『興全』五二四頁より転載）

③『ひゑとりの御返事』の花押（『興全』五六九頁より転載）

も系年が確定していない②はそれ以前に記されたものということになろう。このことは、②③が徳治二年と近しい時期に記されたものとする推測とも合致するものである。

このように、①〜③の書状における花押の相貌の面から見れば、これらの書状が徳治二年の法難近辺の時期に記された書状で、さらに法難とも関連するものである可能性は十分に考えられよう。

小　結

以上、徳治二年の法難との関連が想定される日興書状をもとに、そこに描写される人物の動向や訴訟・災難事等の記述を中心に考察を加えてきた。その結果、あくまで推測の域を出ないが、本節で考察対象とした①〜⑧の日興書状の内、特に①③⑧の書状が当法難と関連する書状である可能性が高く、その順序は③→⑧→①と経過したと考えられることを指摘した。また②の書状に関しても、花押の相貌から見れば当法難に関連するものである可能性が考えられることも述べた。

徳治二年の法難は、法華衆徒に対する怨念から日興門下が刃傷損物等の被害を蒙り、それによって訴訟が起こされたものであり、その対応には主に鎌倉の日興門下である日乗とその弟子日盛があたった。しかし訴訟は理不尽な状況下で進行されたようであり、その状況を打破すべく、日興は度々日乗らに宛てて書状を送り訴訟への対処法を指示した。さらに日乗らの助勢のため、日目をはじめ多くの才覚者を派遣した様子も看取できる。日興の脳裏には、過去に起きた熱原法難における悪夢があったものと考えられ、日興は同じ結末を生じさせないためにも慎重かつ万全な措置を心がけ、法難を乗り越えようとした様子が、種々の史料から窺い知ることができる。

ところで、法華衆徒が恨みを買い、徳治二年の法難を引き起こさせた直接的な原因は何だったのであろうか。堀日亨氏は、当法難は申状提出、すなわち権力者への諫暁活動による波紋の一つで、それによって他宗僧侶から迫害を受けたのではないかと推測している。[51]また『日興上人』は、日蓮孫弟子の日像が徳治二年に京都追放の院宣を受けたのであるから、それが各門下の弘教に全く影響しなかったとは考えにくく、当法難もこの院宣が影響し、鎌倉の公権力の介入によって起こされたものではないかと述べている。[52]さらに坂井法曄氏によれば、先述した越後房日弁の申状提出が徳治二年であることから徳治二年の法難との関連を示唆し、日弁の申状提出の影響が関東方面にも及んだ可能性もあろうと推測している。[53]日蓮滅後、六老僧をはじめとする各門弟が権力者に対して度々申状を提出し、邪法停止と正法建立を要請していることを考慮すると、申状提出によって他宗や公権力からの反感を買い、それが契機となって当法難が発生した可能性は十分に有り得ると思われる。もしそうであれば、当法難は単に日興門下に加えられた単発的迫害ではなく、日蓮教団全体が迫害対象となり得るような大きな危険性を有した事件であったのかもしれない。

先に述べたように、徳治二年の法難については史料の系年問題が根底にあり、史料の系年が不明瞭であるが故に推測に留まった部分や、半ば強引な推論となってしまった箇所も多々あったかと思う。また徳治二年の法難の結末をはじめ、多くの不明点について解明することができなかった。それらの点は研究課題として、今後さらに検討と分析を深めたい。

註

(1)堀日亨『富士日興上人詳伝』四二四頁、『日興上人』二〇九頁、『上代事典』二六三頁。
(2)『興全』一六九頁、『宗全』二巻一五八頁。
(3)『上代事典』六一〇頁。
(4)史籍集覧研究会発行『続史籍集覧』二冊(すみや書房、一九七〇年)四〇五頁、佐藤進一『鎌倉幕府訴訟制度の研究』(岩波書店、一九九三年)三九頁。
(5)国史大辞典編集委員会編『国史大辞典』六巻(吉川弘文館、一九八五年)六一八頁、佐藤進一『鎌倉幕府訴訟制度の研究』一〇〇頁。
(6)国史大辞典編集委員会編『国史大辞典』八巻(吉川弘文館、一九八七年)六三八頁。
(7)日興書状『西御坊御返事』(『興全』一五五頁、『宗全』二巻一五〇頁)。
(8)日興書状『西坊主御返事』(『興全』一五九頁、『宗全』二巻一五〇頁)。
(9)『上代事典』五八九頁。
(10)日興書状『坊主御返事』(『興全』一五六頁、『宗全』二巻一五二頁)。
(11)『興本』六頁。
(12)『興全』一三五頁、『宗全』二巻一四一頁(本書では『与了性房書』と表記)。
(13)『日目上人』三九六頁。当授与書にあるように日盛は日城とも表記されており、音で通用させていたと考えられている(『上代事典』四二二頁)。
(14)堀日亨『富士日興上人詳伝』四七五頁。
(15)『興全』一二一頁、『宗全』二巻一一二頁。
(16)『興全』一八四頁、『宗全』二巻一六七頁。
(17)『興全』一八六頁、『宗全』二巻一六六頁。
(18)『興本』八頁。

(19)『日目上人』三八〇頁、『宗全』二巻二〇六頁。
(20)蘆田伊人編集校訂『大日本地誌体系㉑　新編相模国風土記稿』三巻（雄山閣、一九九八年）三三三頁。
(21)『上代事典』四二一頁によれば、日興が日乗に宛てた『了性御房御返事』（『興全』一七三頁、『宗全』二巻一六一頁）の日付「七月十三日」の上に他筆で「文保二」と記されていることを挙げ、この三文字が日乗による到来筆であるならば、日乗の寂年が文保二年七月十三日以降になる可能性を指摘している。
(22)山上弘道「日興上人御本尊脇書について」（『興風』一一号）二五頁。
(23)『興全』一八七頁、『宗全』二巻一九八・一六五頁。
(24)『宗全』二巻二六四頁。
(25)『日蓮正宗歴代法主全書』一巻二八六頁。
(26)堀日亨『富士日興上人詳伝』四九三頁。
(27)堀日亨『富士日興上人詳伝』四九五頁。
(28)『日目上人』三八三頁、『宗全』二巻二一六頁。
(29)『興本』正誤表六頁。なお本正誤表によれば、当曼荼羅本尊は正慶元年（一三三二）十一月三日の「最前上奏仁新田卿阿闍梨日目授与之、一中一弟子也」との授与書を有する日興曼荼羅本尊（『興本』三〇頁）と同一である可能性が指摘されている。
(30)『宗全』二巻二五八頁。本引用三字目「元」の字については、頭注に「元恐剰歟」とある。
(31)『日目上人』一六〇頁。
(32)『日興上人』二一一頁。
(33)『興全』一七六頁、『宗全』二巻一五七頁。
(34)『興全』二二八頁、『宗全』二巻一九六頁。
(35)『興全』一七八頁、『宗全』二巻一五四頁。
(36)『興全』一八〇頁、『宗全』二巻一五九頁。
(37)『興全』一八七頁、『宗全』二巻一九八・一六五頁。

(38)『興全』一八六頁、『宗全』二巻一六六頁。
(39)『興全』二三九頁。
(40)大黒喜道「『日興上人全集』正篇編纂補遺」(『興風』二一号)三一五頁。
(41)『興全』二二八頁頭注によれば、「弥三郎」ではなく「孫三郎」と読む可能性も指摘されている。
(42)堀日亨『富士日興上人詳伝』四二五頁。
(43)『日興上人』二一三頁。
(44)『興全』一七四頁、『宗全』二巻一六二頁。
(45)『宗全』一巻二四頁。
(46)『日興上人』二一三頁。
(47)『宗全』一九巻五頁。
(48)『龍華秘書』(『宗全』一九巻一三〇頁)。
(49)『続群書類従』三一輯下四一七頁。
(50)『興本』四一頁、「御本尊相貌分類型一覧」(同三九〇～三九五頁)。
(51)堀日亨『富士日興上人詳伝』四二五頁。
(52)『日興上人』二一五頁。
(53)坂井法曄「日蓮教団の宗号とその実態」(『興風』二二号)二一五～二一六頁。

第三節　日興門流における日蓮遺文の書写について

日蓮遺文の伝来は、真蹟・写本・刊本という三つの形態をもって伝えられてきた。とりわけ中世における遺文の伝承形態は専ら写本であり、近世に至ると刊本がその中心的役割を担っていくようになることは、既に指摘されているところである。(1)

ところで、門弟による日蓮遺文の書写の発端は、日蓮在世中にまで遡る。以来、日蓮の直弟子・孫弟子らを中心に精力的に写本が作成されていくようになる。鎌倉期日蓮門下の中で、現在最も多く日蓮遺文の写本が確認されているのは日興である。『興全』所収「日興書写御書一覧」によれば、六二点の日興写本の存在が確認されている。(2)日蓮遺文を研究する上で、直弟写本の存在する遺文は真蹟遺文・曽存遺文に次いで確実な遺文とされているため、これらの日興写本は、日蓮の真蹟が伝来しない遺文の内容を今日に伝える重要な文献史料であるといえよう。

このような日興写本に関する研究は、近時新出写本の紹介や既存の日興写本を別人の筆とする説などが多数報告されており、大きな進展を見せている。これらの研究に従えば、日興写本の数量は『興全』発刊時点から見て大きく変動している現状にある。また日興同様、その直弟子らの写本も多数認められており、宗祖日蓮の遺文を書写するという行為が初期日蓮門下の間で盛んに行われていたことが窺えるのである。これら日蓮の直弟子・孫弟子による写本作成の事実は、遺文伝承過程最初期の動向を伝える重要な事蹟であり、またそれらの存在が今日に至る遺文伝承に大きな影響を与えたことは論を俟たない。

そこで本節では、特に日興とその門弟による日蓮遺文書写の事蹟に着目し、それらの写本を改めて確認・整理した上で、初期日興門流における遺文書写の実態について考察する。そして、遺文書写を通して直弟日興をはじめとする門弟らが宗祖の遺文を如何に捉え、そこから何を学ぼうとしたのか、鎌倉期日蓮教団における原初的様相の一端を明らかにしたい。

第一項　先行研究

本考察に先立ち、まずは先行研究について概観することから始めたい。初期日興門流における遺文書写について論究した先行研究は、概ね次のものが挙げられよう。

①高木　豊「諸本解説」（戸頃重基・高木豊校注『日蓮　日本思想体系14』、岩波書店、一九七〇年）
②冠　賢一「中世における日蓮遺文の書写について」（『棲神』六五号、一九九三年）
③寺尾英智「日蓮遺文の日興筆写本の性格について」（『大崎学報』一五一号、一九九五年）
④『興全』「日興書写御書一覧」（興風談所、一九九六年）
⑤大谷吾道「北山本門寺蔵　日興上人筆「日興賜書写本掛物」について」（『興風』一一号、一九九七年）
⑥日蓮聖人の世界展制作委員会編『図録日蓮聖人の世界』（日蓮聖人の世界展実行委員会、二〇〇一年）
⑦池田令道「大石寺蔵日興上人書写御書の考察」（『興風』一三号、二〇〇一年）

⑧坂井法曄「日興写本『一代五時鶏図』をめぐって」（『興風』一四号、二〇〇二年）
⑨菅原関道「保田妙本寺所蔵の「日蓮遺文等抄録」について」（『興風』一四号、二〇〇二年）
⑩菅原関道「重須本門寺所蔵の『頼基陳状』両写本について」（『興風』一五号、二〇〇三年）
⑪山上弘道「宗祖書状・陳状のご自身によるテキスト化について―『頼基陳状』『本尊問答抄』を中心として―」（『興風』一八号、二〇〇六年）
⑫小林正博「大石寺蔵日興写本の研究」（『東洋哲学研究所紀要』二四号、二〇〇八年）
⑬山上弘道「日興抄録『唱法華題目抄』について」（『興風』二〇号、二〇〇八年）
⑭坂井法曄「日興写本をめぐる諸問題について」（『興風』二一号、二〇〇九年）
⑮松田銘道『御書と日興上人―法門を書写―』（私家版、二〇一一年）
⑯佐藤博信・坂井法曄「安房妙本寺文書の古文書学的研究―特に無記名文書の筆者特定について―」（『千葉大学人文社会科学研究』二三号、二〇一一年）
⑰佐藤博信・坂井法曄「【史料紹介】安房妙本寺蔵　日興写本『一代五時鶏図』・某筆『王代記並八幡菩薩事』」（『千葉大学人文社会科学研究』二四号、二〇一二年）

まず、初期日蓮門下の写本について広く解説を行っているものとして、①「諸本解説」が挙げられよう。本書では、収録した日蓮遺文の対照に用いた諸本（真蹟・写本・刊本）を総括的に解説しており、特に写本については『録内御書』・『録外御書』・個別写本の三様について個々に説明している。日蓮門下による遺文書写の全貌を窺うことのできる先駆的研究と評されよう。

次いで挙げられるのが、冠賢一氏の論考②である。本稿は、北山本門寺に所蔵される信伝と称する日興門下が書写した一群の写本遺文（以下「信伝本」と略記）に着目し、諸本との内容の相違について書誌学的見地から考察したものである。そもそも信伝本とは、重須談所初代学頭寂仙房日澄（一二六二―一三一〇）が書写した写本遺文一一点を信伝が転写した写本のことで、その成立時期は応永十六年（一四〇九）頃と推定されている。(3) 底本となった日澄写本はすべて曽存のため、信伝本は日興直弟写本の存在を今に伝える貴重な中世写本であると共に、日澄による遺文書写活動の解明に大いに裨益する重要史料である。

その後、『興全』の刊行によって日興写本六二点の存在が公となり、日興による遺文書写の全体像が明らかにされた。これ以降、日興写本や門弟写本に関する個別の問題を取り上げた論考、あるいは新出史料の報告・検討などが続けて発表されている。そして平成十三年から十四年にかけては、正信会・継命新聞社共催の特別展「日蓮聖人の世界」が全国各地で催され、その折に⑥『図録日蓮聖人の世界』が刊行された。本書は、日興とその門弟による日蓮遺文の護持と伝承について詳細な解説がなされると共に、多数の写本遺文の図版と識語の釈文を掲載している点が特長である。

近年、研究者の間で俄に注目を集めているのが、上条大石寺所蔵の『御筆集』と称される写本遺文の集成本二巻である。『御筆集』には、二巻合わせて三二点の日蓮書状が収録されており、従来直弟日興の写本として扱われてきた。この『御筆集』に早くに着目し、文献学的視点から検討したのが寺尾英智氏の論考③と池田令道氏の論考⑦であり、その形態や対告衆に関して大きな研究成果をあげている。

そして近時、『御筆集』を筆跡面から検討し、従来の定説に一石を投じる新たな学説が提示されている。それが小林正博氏の論考⑫と坂井法曄氏の論考⑭である。小林氏は、大石寺所蔵『御筆集』と宮城妙教寺所蔵の某写本『法華題目鈔』（日目所持本）の筆跡が一致することを指摘した上で、『御筆集』が日興筆である可能性を残しつつも、別人の筆である可能性を指摘している。この小林氏の研究を受けて発表されたのが坂井氏の⑭で、坂井氏はさらなる視点からの筆跡検討を通して、小林氏が提唱した大石寺蔵『御筆集』と日目所持本『法華題目鈔』の同筆説を補強すると共に、『御筆集』は日興筆ではなく日蓮在世時に存在した別人の筆であると結論づけている。そして、現時点では筆者の特定には至らないものの、『御筆集』編纂は日興の指示のもとに成立したのではないかと推考している。坂井氏の指摘に立脚すれば、大石寺蔵『御筆集』は日興と同時代を生きた別人の写本とされることから、その史料的価値は下がらないものの、従来述べられてきた日興写本の数は少なくとも三一点減少することになるのである。さらに坂井氏は、『御筆集』研究の結果をはじめとして、『興全』発刊以降に新たに日興写本と認められたものや他者の筆と認められた写本を整理し、日興写本の一覧表を改めて提示している。

このように写本遺文研究の進展によって、日興写本に限って見てもその数量は以前と比べ大きく変動することが指摘されている。それに伴い、日興の門弟写本もまた新たな増減が見出される。これら最新の研究成果による増減を反映させた上で、今改めて初期日興門流における遺文書写の様相を検討し直すことが必要ではないかと考えるのである。

第二項　日蓮門下の遺文書写

それでは、初期日蓮門下の段階で作成された写本遺文は、現時点でどれほどの数が確認されているのだろうか。日興門流における遺文書写という行為が、日蓮教団全体の中でどのような位置にあるのかを明確化するために、書写の事蹟を整理してその全容を把握したい。

上述した先行研究を踏まえ、日興が生きた時代、すなわち鎌倉時代に成立したと考えられる日蓮門下の写本遺文をまとめたものが、次の表一八である。

表中の「書写遺文名」項の遺文名は、原則として『定遺』の表記に従い、（）内に『定遺』所収の遺文番号を示した。ただし、遺文が特定できないものに関しては、写本の表記名をそのまま用い、（●）とした。「奥書・注記等」項には写本に見られる識語を記載し、他筆の場合は「」で括った。なお、曽存写本の中で他の史料の識語等から曽存が確認できる写本については、その該当箇所を同項に記載した。「出典・備考」項の丸数字については、前述した先行研究の番号を示し、また『興全』発刊以後に新たに追加された日興写本については同項に「新加」と記した。なお、灰色で示した行は日興門流の写本を表している。

【表一八】鎌倉時代成立の写本遺文

No.	書写者	書写遺文名	書写年次	奥書・注記等	当写本所蔵	出典・備考
1	日朗か	一代五時図（●）	正嘉元年（一二五七）三月十六日以前または文永六年（一二六九）以前		京都妙顕寺	『寺尾論文』四〇九頁。紙背に日蓮真蹟『三八教』あり。
2	日法（岡2）	立正安国論（●）	文永七年（一二七〇）頃		岡宮光長寺	『光写』一一頁。奥書に日蓮の加筆あり。
3	日興	立正安国論（24）	文永九年（一二七二）十月二十四日以前		玉沢妙法華寺	『興全』一四六頁。紙背に日蓮真蹟『夢想御書』あり。
4	日澄（談1）	曽谷入道殿許御書（170）	建治三年（一二七七）九月十四日	【信伝本奥書】「何モ題ニ細字ヲ置事執筆私也、不可為本、写本云建治三年九月十四日書写云云、日澄御筆也」	曽存	『写真帳』。信伝本の奥書による。
5	日澄	始聞仏乗義（277）	建治四年（一二七八）二月二十八日～弘安元年（一二七八）九月二十七日までの間		曽存	『写真帳』。信伝本『金吾殿御返事』の本奥書により存在が判明（表番号43参照）。⑨が書写年次を推定。
6	日澄	頼基陳状（未再治本）（249）	弘安元年（一二七八）四月五日	弘安元年四月五日	北山本門寺	『⑥』一〇四頁。⑥で日興筆→日澄筆。
7	日目	四信五品鈔（242）	弘安元年（一二七八）五月二日	富木入道殿許　弘安元年五月二日	上条大石寺	『興全』一四八頁。⑨で日興筆→日目筆。
8	日興	始聞仏乗義（277）	弘安元年（一二七八）九月二十七日	弘安元年九月二十七日　日興（花押）	京都要法寺	『興全』一四九頁。

9	日澄か	法華取要抄（145）	弘安元年（一二七八）	富木入道殿許　弘安元年月日 【表紙】①「正慶弐年癸酉正月三日辰武州崎西郡崛須坊　扶桑沙門日道（花押）」②「釈日目之」 【奥書】①「建武第三丙子五月十七日授申卿阿闍梨日行畢　日道（花押）」②「建武三年五月十三日授申加賀野卿阿闍梨日行畢　日道（花押）」	上条大石寺	『興全』一四七頁。『上代』六五六頁で日興筆→日澄筆と推定。
10	日興	観心本尊抄（118）	弘安四年（一二八一）三月五日	弘安四年太歳辛巳三月五日申時拝書写了　南無妙法蓮華経	京都要法寺	『興全』一四六頁。
			弘安五年（一二八二）十月十三日 日蓮遷化			
11	某	本尊問答鈔（307）	弘安五年（一二八二）以前	【日興筆か】「弘安五年月日」	茨城富久成寺	『興全』一五〇頁。⑪⑭で日興筆→某筆。
12	日源（岩1）	本尊問答鈔（307）	正応三年（一二九〇）七月十五日	正応三年庚寅七月十五日書写之日源	岩本実相寺	『①』六〇九頁。
13	日目（石3）	一代聖教大意（10）	永仁三年（一二九五）三月十五日	日蓮聖人之御自筆ノ本ニテ書写也永仁三年三月十五日書写畢於富士上野郷也日目生年三十六才也　南無妙法蓮華経々々々々々々	保田妙本寺	『⑥』一〇二頁。
14	日常か（中1）	立正安国論（24）	永仁七年（一二九九）三月六日以前		曽存	日常『常修院本尊聖教事』（『定遺』三巻所収）による。
15	日常か	顕立正意抄（156）	永仁七年（一二九九）三月六日以前		曽存	右同。
16	日常か	開目抄（98）	永仁七年（一二九九）三月六日以前		曽存	右同。

17	日常か	撰時抄（181）	永仁七年（一二九九）三月六日以前		曽存	右同。
18	日常か	報恩抄（223）	永仁七年（一二九九）三月六日以前		曽存	右同。
19	日常か	本尊問答鈔（307）	永仁七年（一二九九）三月六日以前		曽存	右同。
20	日常か	智妙房御返事（393）	永仁七年（一二九九）三月六日以前		曽存	右同。続では『諫暁八幡抄』を充てる。
21	日常か	下山御消息（247）	永仁七年（一二九九）三月六日以前		曽存	日常『常修院本尊聖教事』（『定遺』三巻所収）による。
22	日常か	遣四条金吾許御状（●）	永仁七年（一二九九）三月六日以前		曽存	右同。
23	日常か	兵衛志御返状（●）	永仁七年（一二九九）三月六日以前		曽存	右同。
24	日常か	曽谷入道殿許御書（170）	永仁七年（一二九九）三月六日以前		曽存	右同。
25	日常か	弘安二年御書（●）	永仁七年（一二九九）三月六日以前		曽存	右同。
26	日常	木絵二像開眼之事（138）	正安元年（一二九九）以前		中山法華経寺	続「断簡二四〇」項。
27	日澄	立正安国論（24）	嘉元二年（一三〇四）九月	于時嘉元二年大歳甲辰九月日謹書写	上条大石寺	『興全』一四六頁。⑨で日興筆→日澄筆。
28	日澄	三沢鈔（275）	延慶三年（一三一〇）以前		北山本門寺	『興全』一四九頁。後欠。⑭で日興筆→日澄筆。
29	日澄	浄蓮房御書（184）	延慶三年（一三一〇）以前		北山本門寺	『興全』一四七頁。⑭で日興筆→日澄筆。

30	日澄	大学三郎殿御書（186）	延慶三年（一三一〇）以前		北山本門寺	右同。
31	日澄	兵衛志殿御書（260）	延慶三年（一三一〇）以前		北山本門寺	『興全』一四九頁。⑭で日興筆→日澄筆。
32	日澄	法華取要抄（145）	延慶三年（一三一〇）以前	【表紙】釈日澄	北山本門寺	『⑥』一〇四頁。
33	日澄	下山御消息（247）	延慶三年（一三一〇）以前	【表紙】釈日□	北山本門寺	右同。
34	日澄	『日蓮遺文等抄録』 ・富木入道殿御返事 ・観心本尊抄 ・四十九院申状（日興文書） ・立正安国論 ・頼基陳状 ・諫暁八幡抄 ・法華取要抄 ・法蓮鈔	延慶三年（一三一〇）以前		保田妙本寺	『千歴』三〇四頁。前後欠か。当写本は上記八遺文（内一点は日興文書）を抄録した要文集。
35	日澄	忘持経事（212）	延慶三年（一三一〇）以前		曽存	『写真帳』。信伝本『金吾殿御返事』の本奥書によって存在が判明（表番号43参照）。
36	日澄	富木入道殿御返事（310）	延慶三年（一三一〇）以前		曽存	右同。
37	日澄	聖人知三世事（157）	延慶三年（一三一〇）以前		曽存	右同。
38	日澄	道場神守護事（232）	延慶三年（一三一〇）以前		曽存	右同。
39	日澄	富木殿御書（255）	延慶三年（一三一〇）以前		曽存	右同。
40	日澄	寺泊御書（92）	延慶三年（一三一〇）以前		曽存	右同。
41	日澄	真言諸宗違目（106）	延慶三年（一三一〇）以前		曽存	右同。

42	日澄	諸経与法華経難易事（367）	延慶三年（一三一〇）以前		曽存	右同。
43	日澄	金吾殿御返事（73）	延慶三年（一三一〇）以前	【信伝本本奥書】「已上十一通者因幡国富城庄之本主日常所賜也、於正本者当住下総国葛鹿郡八幡庄内栗原村也、定有彼在所歟、此本者以御正本写校畢、日澄謹書」	曽存	右同。
44	日春（岡2）	顕立正意抄（156）	応長元年（一三一一）以前		岡宮光長寺	『定遺』八四〇頁。
45	日春	色心二法鈔（2－2）	応長元年（一三一一）以前	【表紙左下】沙門日春 【表紙右下】「日法（花押）」	岡宮光長寺	『定遺』一九四七頁。
46	日向	立正安国論（279）	正和三年（一三一四）以前		身延山久遠寺	『典籍上』一頁。後欠。
47	伝日向	曽谷入道殿許御書（170）	正和三年（一三一四）以前か		岩本実相寺	『新定』一一三九頁。
48	日高（中2）	観心本尊抄（118）	正和三年（一三一四）以前	【表紙】日高	京都本法寺	『本法二』一五頁。
49	日高	立正安国論（24）	正和三年（一三一四）以前		中山法華経寺	『御真蹟』所収。
50	秋山信綱	三三蔵祈雨事（183）	正和四年（一三一五）正月七日		曽存	『⑥』一〇六頁。北山本門寺所蔵日順写本の奥書による（表番号55参照）。
51	日興	一代五時鶏図（西山本）（3－20）	正和五年（一三一六）七月八日	正和五年七月八日書写之　白蓮生年七十一才　紀国きりへ左ヱ門入道息熊満丸	北山本門寺	『興全』一四八頁。
52	日興	頼基陳状（再治本）（249）	正和五年（一三一六）閏十月二十日	正和五年閏十月廿日駿河国富士上方重須談所ニシテ以再治本書写了　白蓮七十一才	北山本門寺	『興全』一四八頁。

53	日興	開目抄要文（98）	正和六年（一三一七）二月二十六日	正和六年二月二十六日於御影堂	北山本門寺	『興全』一四六頁。
54	日順（談2）	波木井三郎殿御返事（127）	文保元年（一三一七）三月二十五日	文保元年三月廿五日於甲斐国上野殿御宿所書写之了　執筆日順法師	北山本門寺	『⑥』一〇六頁。
55	日順	三三蔵祈雨事（183）	文保元年（一三一七）四月一日	本云、正和四年正月七日書写畢、三度拝了、于時文保元年四月一日以秋山上野殿御本書写之畢、執筆日順法師	北山本門寺	『⑥』一〇六頁。
56	日朗	一代五時図（3-9か）	文保三年（一三一九）三月七日	文保三年三月七日　日朗（花押）	京都妙顕寺	『妙顕二』一九八頁。
57	伝日朗	立正安国論（24）	元応二年（一三二〇）以前か		鎌倉安国論寺	『安国』三一二頁。紺紙金字。
58	日延	万法一如鈔（2-51）	元亨元年（一三二一）五月	【『刊本録外』所収本書奥書】「本云元亨（ママ）元年五月日　本覚寺日延於身延山書写之　但非御書歟」	曽存	続「万法一如抄」項。『刊本録外』所収本書奥書による。
59	日昭か	日女御前御返事（256）	元亨三年（一三二三）以前か	【日朝本『録外御書』所収本書奥書】「本云、日昭以御筆奉写之云云。次本云、以日昭自筆写之云云」	曽存	『典籍上』二四〇頁。身延十一世日朝写本『録外御書』所収本書奥書による。
60	日済（談4）	立正安国論（24）	嘉暦四年（一三二九）九月七日以前	【日源本『立正安国論』（貞和本）奥書】「嘉暦四年九月七日於富士山本門寺ニ日済ノ私御点本ヲウツシ奉ル、不可有外見秘点也」	曽存	『⑥』一〇八頁。北山本門寺所蔵日源本『立正安国論』（貞和本）奥書による。
61	日進（身3）	立正観抄（158）	元徳二年（一三三〇）四月中旬	正中二年乙丑三月於洛中三条京極最蓮房之本御自筆有人書之、今于時正中二年乙丑十二月廿日書写之也、身延山元徳二庚午卯月中旬重写也	身延山久遠寺	『典籍上』一一四頁。

62	日進	立正観抄送状（165）	元徳二年（一三三〇）四月十三日	正中二年乙丑十二月廿日、今元徳二年庚午卯月十三日、御身延山久遠寺重書写之也	身延山久遠寺	『典籍上』一一五頁。
63	日進	顕仏未来記（125）	元徳二年（一三三〇）六月十一日	今元徳二年大才庚午六月十一日、於久遠寺御影堂北廊書写酉剋	身延山久遠寺	『典籍上』一一六頁。
64	日祐（中3）	観心本尊抄（118）	元徳三年（一三三一）五月二十八日	【表紙】釈日祐 【奥書】元徳三年大才辛酉五月廿八日於中山坊書之了執筆日祐	京都本法寺	『本法二』一六頁。
65	日法	撰時抄（181）	元徳三年（一三三一）八月	元徳三年大才辛未八月中□□□書写畢　寿量品代　此者為五藤五聖霊所奉書写也、御後見□之貴賎垂哀、南無妙法蓮花経御唱□□者、事于現当所望候　筆師僧日法（花押） 【異筆】「今所相伝大□（花押）」	岡宮光長寺	『静史』一〇四一頁。下巻。『大覚』七一頁では異筆部分を「今所相伝大覚（花押）」と判読する。
66	某	高橋入道殿御返事（187）	元徳四年（一三三二）三月以前		上条大石寺	大石寺蔵『御筆集』（『御筆』所収）による。⑫⑭により日興筆→某筆。
67	某	高橋殿御返事（189）	元徳四年（一三三二）三月以前		上条大石寺	右同。
68	某	妙心尼御前御返事（192）	元徳四年（一三三二）三月以前		上条大石寺	右同。
69	某	上野殿御返事（276）	元徳四年（一三三二）三月以前		上条大石寺	右同。
70	某	南条殿女房御返事（290）	元徳四年（一三三二）三月以前		上条大石寺	右同。
71	某	窪尼御前御返事（297）	元徳四年（一三三二）三月以前		上条大石寺	右同。
72	某	種種物御消息（299）	元徳四年（一三三二）三月以前		上条大石寺	右同。

73	某	妙心尼御前御返事（191）	元徳四年（一三三二）三月以前		上条大石寺	右同。
74	某	持妙尼御前御返事（349）	元徳四年（一三三二）三月以前		上条大石寺	右同。
75	某	妙心尼御前御返事（365）	元徳四年（一三三二）三月以前		上条大石寺	右同。
76	某	窪尼御前御返事（333）	元徳四年（一三三二）三月以前	このなかの御くやうのものハところ〳〵略して法門を書写畢	上条大石寺	右同。
77	某	窪尼御前御返事（356）	元徳四年（一三三二）三月以前		上条大石寺	右同。
78	某	窪尼御前御返事（288）	元徳四年（一三三二）三月以前		上条大石寺	右同。
79	某	窪尼御前御返事（369）	元徳四年（一三三二）三月以前		上条大石寺	右同。
80	某	窪尼御前御返事（420）	元徳四年（一三三二）三月以前		上条大石寺	右同。
81	某	西山殿後家尼御前御返事（422）	元徳四年（一三三二）三月以前		上条大石寺	右同。
82	某	上野殿御返事（153）	元徳四年（一三三二）三月以前		上条大石寺	右同。
83	某	上野殿御返事（177）	元徳四年（一三三二）三月以前		上条大石寺	右同。
84	某	南条殿御返事（185）	元徳四年（一三三二）三月以前	建治元年（到来）	上条大石寺	右同。
85	某	南条殿御返事（206）	元徳四年（一三三二）三月以前	建治二年到来	上条大石寺	右同。
86	某	上野殿御返事（246）	元徳四年（一三三二）三月以前	建治三年到来	上条大石寺	右同。
87	某	上野殿御返事（282）	元徳四年（一三三二）三月以前	弘安元年（到来）	上条大石寺	右同。
88	某	時光殿御返事（300）	元徳四年（一三三二）三月以前	弘安元年到来	上条大石寺	右同。
89	某	上野殿御返事（314）	元徳四年（一三三二）三月以前	弘安元年（到来）	上条大石寺	右同。

90	某	上野殿御返事（338）	元徳四年（一三三二）三月以前	弘安二年来	上条大石寺	右同。
91	某	上野殿御返事（350）	元徳四年（一三三二）三月以前		上条大石寺	右同。
92	某	上野殿御返事（357）	元徳四年（一三三二）三月以前	弘安二年到来	上条大石寺	右同。
93	某	上野殿御返事（377）	元徳四年（一三三二）三月以前	弘安三年（到来）	上条大石寺	右同。
94	某	上野殿御返事（394）	元徳四年（一三三二）三月以前	弘安三年（到来）	上条大石寺	右同。
95	某	上野殿御返事（402）	元徳四年（一三三二）三月以前	弘安四年到来	上条大石寺	右同。
96	某	法華証明鈔（429）	元徳四年（一三三二）三月以前	弘安五年二月廿九日（到来）御判ハはしかきにあり	上条大石寺	右同。
97	日道（石4）	法華証明鈔（429）	元徳四年（一三三二）三月一日	元徳四年三月一日かきまいらせ了伯耆房日道（花押）	上条大石寺大阪蓮華寺	『⑭』二四九頁。大石寺蔵『御筆集』からの転写と想定。
98	日道	上野殿御返事（276）	元徳四年（一三三二）三月十四日	元徳四年甲申三月十四日癸未巳時於上野南殿持仏堂書写畢、伯耆房日道（花押）	上条大石寺	右同。
99	日法	下山御消息（247）	正慶二年（一三三三）正月十四日	正慶二年正月十四日書写了	岡宮光長寺	『①』六〇九頁。
100	日法	下山御消息（247）	正慶二年（一三三三）頃か		岡宮光長寺	『①』六〇九頁。
101	日興	上野殿御消息（202）	正慶二年（一三三三）以前		上条大石寺	『興全』一四八頁。
102	日興	上野殿御返事（252）	正慶二年（一三三三）以前	建治三年（到来）	上条大石寺	『興全』一四七頁。
103	日興	上野殿御返事（372）	正慶二年（一三三三）以前		上条大石寺	『興全』一五一頁。
104	日興	南条兵衛七郎殿御書（38）	正慶二年（一三三三）以前		北山本門寺	『興全』一四六頁。
105	日興	南条兵衛七郎殿御書（38）	正慶二年（一三三三）以前		保田妙本寺	『千歴』四七七頁。新加。一三行断片。
106	日興	秋元御書（360）	正慶二年（一三三三）以前		三島本覚寺	『⑭』二四四頁。新加。三行断片。

107	日興	一代五時鶏図（西山本）（3-20）	正慶二年（一三三三）以前		山梨正法寺	『⑧』一八頁。新加。七行断片。
108	日興	本尊問答鈔（307）	正慶二年（一三三三）以前		北山本門寺	『興全』一四九頁。後欠。
109	日興	本尊問答鈔（307）	正慶二年（一三三三）以前		富士宮大泉寺	『興全』一五〇頁。断片。
110	日興	善無畏鈔（46）	正慶二年（一三三三）以前		京都本圀寺	『⑭』二四〇頁。新加。当写本紙背に日興の事蹟に関わる文書あり。
111	日興	唱法華題目鈔（23）	正慶二年（一三三三）以前		神奈川県　由比氏他	『⑬』。日蓮真蹟『南条兵衛七郎殿御書』の行間に抄写。
112	日興	転重軽受法門（89）	正慶二年（一三三三）以前		小浜長源寺	『池田1』。新加。
113	日興	法華行者値難事（140）	正慶二年（一三三三）以前		讃岐本門寺	『池田2』。新加。
114	日興	撰時抄（181）	正慶二年（一三三三）以前		北山本門寺　富士宮大泉寺	『興全』一四七頁。前欠。
115	日興	曽谷二郎入道殿御報（408）	正慶二年（一三三三）以前		北山本門寺	『興全』一五二頁。北山本門寺蔵『御筆集』所収。
116	日興	四条金吾殿御返事（112）	正慶二年（一三三三）以前		北山本門寺	『興全』一四六頁。北山本門寺蔵『御筆集』所収。
117	日興	波木井三郎殿御返事（127）	正慶二年（一三三三）以前		北山本門寺	右同。

118	日興	実相寺御書（271）	正慶二年（一三三三）以前		北山本門寺	『興全』一四九頁。北山本門寺蔵『御筆集』所収。
119	日興	一代五時鶏図（西山本）（3-20）	正慶二年（一三三三）以前		上条大石寺	『興全』一四八頁。
120	日興	一代五時鶏図（西山本）（3-20）	正慶二年（一三三三）以前		保田妙本寺	⑰二三頁。新加。
121	日興	伯耆殿御書（342）	正慶二年（一三三三）以前	弘安二年（到来） 又追書云、返々いま、てあけさり ける事しんへ□〱	北山本門寺	『興全』一五〇頁。
122	日興	伯耆殿御返事（344）	正慶二年（一三三三）以前	弘安二年（到来） 日興数通の御状を給中にも此沙汰 時之一通之外、下字給たる御書無 之、余所一字、已上三字也 （数通の傍注：弍(花押)）	北山本門寺	『興全』一五〇頁。
123	日興	変毒為薬御書（346）	正慶二年（一三三三）以前	弘安二年（到来） 御状上書云、下伯耆房　日蓮 六人御弟子中ニモ下字給たる八日 興外ニ無之、日興か給中ニモ此 御状〇外仁無之、又余所一字有之 （〇の傍注：弍通(花押)）	北山本門寺	『興全』一五一頁。
124	日興	法華取要抄（145）	正慶二年（一三三三）以前		上条大石寺	続「法華取要抄」項。新加。
125	日興	上野殿御返事（350）	正慶二年（一三三三）以前		京都本圀寺	続「上野殿御返事」項。新加。
126	日興	一代五時鶏図（西山本）（3-20）	正慶二年（一三三三）以前		小泉久遠寺	『坂井論文』二一三頁。新加。断片。

127	日弁 or 日忍か	立正安国論（24）	鎌倉時代か	【日等筆】「右当本ハ高祖此論御撰作ノ時ノ御案文ニテマシマシ候由申伝へ候。然ル間御高祖三十七・八・九之時ノ御筆タルヘク候カ。末ノ半紙紛失シテ不申。定テ其時ノ年号御判等御座アルヘク候ニ紛失申スニテ其曲無候。弁師ヨリ忍師へ御付属候。御高祖ヨリ弁師へ御付属ニテ忍師ヨリ当寺代々相伝申シ只今、日等頂戴申処也。」	峰妙興寺	『対照記』一三六頁。稲田海素氏は当写本を日忍筆と推測。宮崎英修氏は日弁筆と推測。

※表内で使用した略称については左記の通りである。

・談＝重須談所、岩＝岩本実相寺、石＝上条大石寺、中＝中山法華経寺、岡＝岡宮光長寺、身＝身延山久遠寺
・続＝『統合システム』二〇一五年度版（興風談所、二〇一五年）
・『上代』＝大黒喜道編著『日興門流上代事典』（興風談所、二〇〇〇年）
・『寺尾論文』＝寺尾英智「京都妙顕寺所蔵の日蓮真蹟―『強仁状御返事』『三八教』『八宗違目鈔』について―」（田賀龍彦博士古稀記念論集『仏教思想仏教史論集』、山喜房佛書林、二〇〇一年）
・『光写』＝『光長寺宝物写真集』（光長寺、一九八一年）
・『写真帳』＝立正大学日蓮教学研究所架蔵写真帳
・『千歴』＝千葉県史料研究財団編『千葉県の歴史』資料編　中世3　県内文書2（千葉県、二〇〇一年）
・『典籍上』＝身延文庫典籍調査会編『身延文庫典籍目録』上巻（身延山久遠寺、二〇〇三年）
・『新定』＝昭和新定日蓮大聖人御書編纂会編『昭和新定日蓮大聖人御書』二巻（大石寺、一九七九年）
・『本法二』＝本法寺文書編纂会編『本法寺文書二』（大塚巧藝社、一九八九年）
・『御真蹟』＝中尾堯編『日蓮聖人御真蹟』（法華経寺、一九八一年）
・『妙顕二』＝妙顕寺文書編纂会編『妙顕寺文書二』（大塚巧藝社、一九九一年）

・『安国』＝『安国論寺誌第一輯　鎌倉名越松葉谷安国論寺資料輯』（安国論寺、一九九九年）
・『静史』＝静岡県史編さん委員会編『静岡県史』資料編5　中世1（静岡県、一九八九年）
・『大覚』＝京都像門本山会編『第六百五十遠忌記念　大覚大僧正』（京都像門本山会、二〇一三年）
・『御筆』＝『富士大石寺蔵日興上人御筆日蓮大聖人御書』（コピー版、妙真寺、一九八七年）
・『池田1』＝池田令道「日興筆『転重軽受法門』―依智における日興上人―」（『日蓮大聖人御書システム』〈http://www5f.biglobe.ne.jp/~gosyosys/〉所収コラム「平成十九年五月」）。
・『池田2』＝池田令道「日興筆『法華行者逢難事』について」（『日蓮大聖人御書システム』所収コラム「平成十七年四月」）
・『坂井論文』＝坂井法曄「本門寺とその展開―富士戒壇論研究ノート―」（『興風』二五号、興風談所、二〇一三年）
・『対照記』＝稲田海素『日蓮聖人御遺文対照記』（平楽寺村上書店、一九〇七年）
※なお、身延山久遠寺には弘安九年（一二八六）十月良日の日付を有する伝日向写本『三大秘法禀承事』（定遺番号四〇三）が所蔵されているが、写真を見る限りその筆致は日向のものとは考えにくいので、表には収録しなかった。

表に挙げたように、鎌倉時代に成立したと見られる日蓮門下の写本遺文は計一二七点確認することができ、書写された遺文は底本が判明しているものだけでも八九遺文にのぼる。書写遺文や書写者が推定に留まっている写本も存在するが、今はその推定に従って本表をもとに論を進めたい。

この他、康永三年（一三四四）に中山法華経寺三世日祐がまとめた若宮法華寺・中山本妙寺両寺（中山法華経寺の前身）の蔵書目録『本尊聖教録』には、写本遺文と想定されるものが多数収録されているし、日蓮門下が権力者に対して諫暁活動を行う際に作成した申状には、『立正安国論』をはじめとする日蓮遺文を副進書として申状に添える旨を記しているものが多数確認できる。また、岡宮光長寺二世日法（一二五八―一三四一）の『本迹相違』には一九点の日蓮遺文が、等覚院日全（一二九四―一三四四）の『法華問答正義抄』には三八点の日蓮遺文が引用・抄録されることから、日法・日全はこれらの日蓮遺文の写本を駆使して同書を撰述したものと考えられる。[4] さらに表一八に挙げた門弟の中には、現時点では書写年月日が判明しない写本を作成している者も見受けられる。具体的な書写年次が不明なため、表には未収録としたが、これらもまた鎌倉時代成立の写本であった可能性が想定される。

さて、日蓮門下写本の初見史料は、六老僧日朗筆と推定される写本『一代五時図』であり、当写本を筆頭に日蓮在世中に書写されたものが一〇点確認できる。すなわち、門弟による日蓮遺文の書写は、日蓮在世中からすでに行われていたことが窺える。また、書写年月日は記されていないが、日興写本『転重軽受法門』（表番号112）と同写本『法華行者値難事』（113）の二点については、池田令道氏がその筆致等から日蓮の佐渡流罪直前から流罪中にかけて日興が日蓮の傍らにあってその場で速記したものであると推測している。[5] 池田氏の推測が事実であるならば、両写本もまた日蓮在世中の成立ということになる。日蓮遺文の書写は早い段階から門弟らによって実施され、かつ継続的に行われていたことがわかる。

また、門弟が書写の対象とした遺文そのものの種類にも着目すべきである。日蓮遺文は、内容的に「著作」「書状」「要文」「図録」「写本」の五種に大分される。[6] ただし、中には単純に文書の形態のみで分類すべきでないものも存在しており、その点には留意が必要である。例えば、日蓮遺文の中には『曽谷入道殿許御書』や『四信五品鈔』のように、文書の形態は書状でありながらも長文で、なおかつ日蓮の教義や思想がふんだんに書き込まれているものも存在している。これらを内容的に扱うのであれば、やはり著作に準ずるものとして、書状ではなく著作に分類すべきであろう。

このような観点を踏まえて表一八に挙げた門弟写本を通覧してみると、日蓮門下が書写した遺文は、分類でいえば著作の割合が高い傾向にあることが窺える。日興門流では著作のみならず書状も頻繁に書写していることについては後述するが、その他の門流では写本の大半を著作が占めている。

門弟が書写の対象とした遺文が著作に集中している理由は、遺文書写の目的にある。冠賢一氏や寺尾英智氏が言及するように、当時の門弟における遺文書写は、書写を通じて日蓮の教義や信条を学び伝受することに主眼がおかれていた。[(7)] そのことを端的に示しているのが、某写本『窪尼御前御返事』（76）に見られる「このなかの御くやうのものハところ〳〵略して法門を書写畢」との奥書で、当写本では本文中、供養品等に関する記述は省略して法門を中心に書写したと述べている。日蓮の教義や思想が詳細に示される遺文の代表格が著作であるから、門弟が日蓮の教義を求めて遺文を書写しようとする時、その対象は自ずと著作に集中したのであろう。教団初期の段階における遺文書写は、日蓮遺文を網羅的に蒐集しようという意図の下、日蓮滅後一〇〇年頃に集成された『録内御書』やその後成立した『録外御書』と比べて、書写の目的が少しく異なっていることが看取できる。

このような、日蓮の著作を中心に写本が作成される傾向の中で、遺文書写に新たな動きが現れてくる。それは、日興門流において『御筆集』と呼ばれる遺文集成が作成されたことである。前述した通り、大石寺蔵『御筆集』（66～96）は日興門流某が日蓮書状三一点を書写した写本の集成本とされ、いわば日蓮の書状集とも称することができるものである。今日『御筆集』の具体的な成立年月日については解明されていないが、鎌倉時代の成立は間違いないと見られている。[(8)] これまでは、門弟が日蓮遺文の中でも特に著作を聖教として捉え、そこに法門を求めて遺文書写の主たる対象としてきたが、『御筆集』では書状を遺文書写の対象に位置づけ、書状からも日蓮の教義や思想を汲み取ろうという意図のもとに書写・集成されているのである。すなわち『御筆集』の成立によって明確に書状の聖教化がなされ、それを集成しているという点に『御筆集』の特色がある。寺尾英智氏は、日蓮直弟の段階で『御筆集』という日蓮遺文集の編纂が試みられていたことを挙げ、『御筆集』成立は『録内御書』『録外御書』に先立つものとして、重要な意義を有する史料であると位置づけている。(9)『御筆集』について、近時その筆者について重要な見解が示されていることは前述した通りであるが、その一方で未だ解明すべき課題も残っており、今後も検討を要する史料である。

次に、表一八に挙げた門弟写本を少しく分類分けして検討してみよう。表をもとに門流別・書写者別・書写遺文別に分類してみると、主な数量は左記のようになる。

【門流別】

日興門流	九三点
中山門流	一六点
身延門流	五点
比企谷門流	三点
浜門流	一点

【書写者別】

日興（日興門流）	三二点
某（日興門流）	三一点
日澄（身延・中山・日興門流）	二一点
日常（中山門流）	一三点
日法（その他）	四点
日朗（比企谷門流）	三点
日進（身延門流）	三点

【書写遺文別】

立正安国論	一〇点
一代五時（鶏）図	七点
本尊問答鈔	五点
観心本尊抄	四点
法華取要抄	四点
撰時抄	四点
下山御消息	四点

まず門流別に見ると、日興門流の写本が圧倒的に多く、全体の約七割を占めている。中山門流にも比較的まとまっ

た数の写本が伝わるが、それでも日興門流と比べるとその差は歴然である。ただし、ここで挙げた数量は寂仙房日澄の写本を日興門流に含めて数えた場合のものであって、あくまで暫定数であることを注記しておきたい。その理由は、日澄は幼少の頃から六老僧日向に師事し、後に兄日頂にも学び、晩年に至って日興門流に帰入した僧と伝えられるため、日澄写本すべてが日興門流帰入後の成立とは言い切れないからである。実際、表の４・５・６は日興門流帰入前に書写された写本である。したがって、日澄写本の中には日向・日頂師事時に書写されたものがあると想定されるので、先に提示した日興門流の写本数は減少し、身延・中山門流の写本数は増加する可能性が見込まれる。さらに前述した通り、日祐『本尊聖教録』には相当数の写本遺文の存在が確認でき、当然その中にも鎌倉時代成立の写本もあったであろうから、それも考慮すれば中山門流の写本数はさらに増加すると思われる。このような点から、門流別の数量は暫定数とならざるを得ないが、少なくとも鎌倉時代、特に日興門流と中山門流で多くの写本が存在したことを確認することができる。

次に書写者別では、日興と大石寺蔵『御筆集』を筆記した某に特に多くの写本が確認できる。上述したように、先行研究において日興写本の数が大幅に減少することが指摘されているが、それでも現状最も多くの写本遺文が伝わる日蓮門下が日興であることには変わりはない。次いで日澄、また推定ではあるものの、中山門流富木日常（常忍）に多くの写本が確認できる。中山門流、特に日常の写本は今日ではその殆どが散失してしまっているが、日常が永仁七年（一二九九）に記した若宮法華寺の蔵書目録『常修院本尊聖教事』によってその存在を知ることができる。しかもそれらの写本は十三世紀中の成立であり、日蓮教団最初期の段階で中山門流にまとまった数の写本遺文が存在した事実を物語っている。このように、現在確認できる写本の数量からいえば、日興門流や中山門流における書写活動が顕著であり、またその写本は多くの門弟によって分散的に書写されているというよりはむしろ、特定の門弟に集中して伝来している傾向にあることが窺えよう。

最後に、書写された遺文別の数量を見てみたい。最も多く確認できる門弟写本は『立正安国論』で、一〇点確認される。周知の通り、『立正安国論』は日蓮が文応元年（一二六〇）七月十六日、宿屋左衛門入道最信を仲介として鎌倉幕府前執権北条時頼に上呈した勘文である。為政者に対して宗教政策のあり方を正すために執筆された本書の上呈により、その後日蓮は数々の迫害を加えられることとなるが、それに屈することなく、生涯三度為政者を諫めている。[10]『立正安国論』の精神は、日蓮における弘通理念の根幹をなすものと言っても過言ではなかろう。それを物語るように、日蓮真蹟『立正安国論』は三本（身延曽存本・中山法華経寺本・京都本圀寺本）および断片一四紙（一〇箇所に点在）と、今日多くの存在が確認されている。[11]日蓮が重要視した勘文としての『立正安国論』を、門弟らが度々書写していたことが窺えるのである。

この事蹟との関連が想定されるのが、日蓮門下による諫暁活動である。門弟らは日蓮滅後、日蓮が目指した立正安国の理想実現を達成すべく、為政者に対する諫暁活動を展開した。鎌倉時代における門弟の諫暁活動の事蹟は、確認できるだけでも一三回にのぼり、その際に諫暁者が申状と共に『立正安国論』を副進書として提出しているケースが極めて多く確認できる。[12]その中で『立正安国論』を副進した門弟は日興・日向・日頂・日弁（中老僧）・日高（中山二世）の五名が確認されるが、この内日頂を除く四名に同書写本が伝来している。表に掲出した門弟写本『立正安国論』が副進書として使用された正本とは断言できないが、門弟写本『立正安国論』の成立が、このような度重なる日蓮門下の諫暁活動と無関係であったとは考えにくい。『立正安国論』が宗祖の重視した代表的著述であるということと共に、おそらくは『立正安国論』が諫暁活動における申状の具書として定番化していたことが、門弟による多くの『立正安国論』書写を促した要因の一つであろう。

『立正安国論』に次いで多く書写されている遺文は『一代五時（鶏）図』であって、現在七点の写本が確認される。『一代五時図』とは、日蓮が釈尊一代の教説を天台大師智顗の五時教判を基に図示要説した図録であり、日蓮が門弟に対して講述する際に用いたものと考えられている。[13]『定遺』には日蓮真蹟『一代五時図』が九点収録されており、[14]日蓮が度々『一代五時図』を記述していたことが窺える。日蓮が多数の『一代五時図』を作成した経緯について寺尾氏は、日蓮真蹟『一代五時図』は何れも同一本文のものが見られないことから、日蓮は機会がある度毎に新たに同図を執筆していたと述べている。[15]したがって日蓮が弟子に講述する際、釈尊一代仏教を通観するために自身の仏教理解の大綱として『一代五時図』を用いて端的に示したケースが多々あったことが想定されるのである。渡辺宝陽氏によれば、『一代五時図』そのものは釈尊一代仏教が展開するさまを図示した基本的なものであるから、初学のためになされた講述に用いられたのではないかと推考している。[16]

現在確認される『一代五時（鶏）図』写本七点の筆者内訳は、六老僧日興が五点、同日朗が二点である。この内、日朗写本と推定される『一代五時図』（1）は、日蓮在世中、それも佐渡流罪以前の書写と推定されており、直弟によって早々に『一代五時図』が書写されていることが窺える。師日蓮が講学の場で仏教理解の基礎としてしばしば図示した『一代五時図』が門弟らに重用され、また重ねて書写されたことは、その内容と使用目的からしてごく自然なことと思われる。おそらくは自身の手控えとして研鑽するためであったか、あるいは日蓮滅後、講義の現場で使用するために書写されたのであろう。なお、日興写本『一代五時鶏図』五点については後ほど検討したい。

第三項　日興門流の遺文書写

ここまで、初期日蓮門下による遺文書写の全体像を概観してきた。その考察結果を踏まえ、本項では初期日興門流における遺文書写の事蹟について検討し、その具体的様相を探ってみたい。以下、主な書写者を取り上げて考察を進めていく。

一、日興の遺文書写

上述した通り、現在初期日蓮門下の中で最も多くの写本遺文が伝来しているのは門祖日興で、三二一点の存在が確認できる。それらを前掲の表から抜粋し、以下に列記した。なお、◎を付したものは『興全』発刊後に認められた新加写本、遺文名上の数字は表一八の通し番号を表している。

3　立正安国論　　◎106　秋元御書　　117　波木井三郎殿御返事
8　始聞仏乗義　　◎107　一代五時鶏図　　118　実相寺御書
10　観心本尊抄　　108　本尊問答鈔　　119　一代五時鶏図
51　一代五時鶏図　　109　本尊問答鈔　　◎120　一代五時鶏図

52　頼基陳状（再治本）
53　開目抄要文
101　上野殿御消息
102　上野殿御返事
103　上野殿御返事
104　南条兵衛七郎殿御書
◎105　南条兵衛七郎殿御書
◎110　善無畏鈔
111　唱法華題目鈔
◎112　転重軽受法門
◎113　法華行者値難事
114　撰時抄
115　曽谷二郎入道殿御報
116　四条金吾殿御返事
121　伯耆殿御書
122　伯耆殿御返事
123　変毒為薬御書
◎124　法華取要抄
◎125　上野殿御返事
◎126　一代五時鶏図

ここに列挙した日興写本の内、３『立正安国論』・８『始聞仏乗義』・10『観心本尊抄』の三点は日蓮在世中の成立と見られる。すなわち、日興が日蓮の直弟として早くから日蓮遺文の書写に取り組んでいる様子が窺える。特に紙背に日蓮真蹟『夢想御書』が記される３は、周知の通り、日蓮の佐渡配流時における日興随従説とも深く関連する重要な史料である。

この他、伝日興『富士一跡門徒存知事』によれば、日興が『開目抄』と『報恩抄』の第二転写本を所持していたことを伝えている。[17]これらもまた日興写本であった可能性が想定される。伝来する日興写本の中には『立正安国論』『開目抄要文』『観心本尊抄』『撰時抄』が見られ、また『富士一跡門徒存知事』の記述による『開目抄』『報恩抄』書写の可能性を含めれば、日興は五大部に数えられる日蓮の主要遺文をすべて書写していることになる。さらに『本尊問答鈔』『唱法華題目鈔』『法華取要抄』などの著作も書写しており、日興が著作を通じて日蓮の教義を追究しようとする姿勢が垣間見える。

他方、日興は『上野殿御返事』や『南条兵衛七郎殿御書』『波木井三郎殿御返事』『伯耆殿御書』など、日蓮の書状も多く書写していることが看取でき、その数は日興写本全体の過半数にのぼる。既に述べたように、初期日蓮門下が書写した日蓮遺文の多くは著作であり、門弟らは日蓮の教義や思想を求めて著作を中心に書写を行った。そのような遺文書写の傾向の中で、日興が書状を多数書写しているということは、日興が日蓮の書状を聖教として捉え、書状に示される日蓮の法門も学ぼうと意図したからであると考えられる。日興門流では、日興在世中に某によって『御筆集』が編纂され、また後に同門流に帰入する寂仙房日澄も日蓮書状の写本を多く遺しており、日蓮書状の書写に積極的な様子が窺える。

このような日興の遺文書写の態度について、関連する記述を『富士一跡門徒存知事』に見ることができる。

一、聖人御書事。付十一箇条

彼五人一同義云、聖人御作御書釈無レ之者也。縦令少々雖レ有レ之、或為二在家人一以二仮名字一仏法因縁粗示レ之。若俗男俗女捧一毫供養消息返札、施主分書愚痴者引摂玉ヘリ。而日興号二聖人御書一談レ之読レ之、是顕二先師恥辱一矣。故諸方散在処御筆或スキカエシニ成、或火焼畢。如レ此破二滅先師跡一、故具注レ之為二後代亀鏡一也[18]

すなわち日興は、たとえ檀越からの供養に対する日蓮の返礼状であっても、それを「聖人御書」と位置づけて重視し、聖教として扱うべきであると戒めたことを伝えている。ただし、実際に日興を除く他の本弟子五人が「諸方散在処御筆或スキカエシニ成、或火焼畢」のような行為に及んだかどうかは不明であるし、また『富士一跡門徒存知事』自体の史料的問題も指摘されるが、日興が日蓮の著作と共に書状も多数書写している事実は、少なくとも日興が日蓮が認めた遺文は著作も書状も分け隔て無く聖教として扱っていたことを物語っていよう。日興のこのような遺文書写の態度は、門祖の行動として門弟にも大いに影響を与え、結果、日興門流内における『御筆集』作成のような日蓮書状の書写蒐集を促したものと考えられるのである。

さて、日興の遺文書写において特に際立つ事蹟は、『一代五時鶏図』の書写である。日興写本『一代五時鶏図』は現存するだけでも五点を数え、しかもその写本すべての底本が西山本門寺に所蔵される日蓮真蹟『一代五時鶏図』（以下「西山本」と略記）とされている。[19] 前述したように、初期日蓮門下が書写した『一代五時（鶏）図』の写本は現在七点確認されるが、その大半を日興写本が占めている。日興写本『一代五時鶏図』に関する先行研究には、坂井法曄氏の論考⑧や佐藤博信氏・坂井法曄氏の共同論文⑰などがあり、その形態や内容、教学的な関連性について詳細な分析がなされている。今改めて日興写本『一代五時鶏図』の特徴を探ってみよう。

日興写本『一代五時鶏図』の諸本は、現在北山本門寺（51）・山梨正法寺（107）・大石寺（119）・保田妙本寺（120）・小泉久遠寺（126）の五箇所にそれぞれ所蔵されている。北山本門寺本と保田妙本寺本はほぼ全容が公開されており、[20] 山梨正法寺本と小泉久遠寺本は断片現存、大石寺本は第三紙までが図版で公開されている。[21] 日興写本の特徴点を挙げると、まず第一に、日興によって加筆訂正がなされている点である。日興写本の内、全体が紹介される北山本門寺本と保田妙本寺本を例にして補訂部分をいくつか挙げてみると、北山本門寺本では日蓮の引用文における誤写の訂正が行われたり、「般若経」部の後に引用される法界性論「四十二年説法花経」の文の左に「七十二歳イ」との加筆があって、異本と校合した形跡が見られたり、「方等部」「禅宗」下に達磨大師と並んで「恵可」等五名の諸師が追加されている。[22] また保田妙本寺本では、「華厳経」左部に涅槃経巻第十四聖行品第七之四の文を、無量義経「以方便力故四十余年未顕真実」の文に関連して無量義経説法品第二の文を新たに書き加えているし、[23]また「華厳経」「法蔵大師」の左部に「澄観」との人名、さらには「華厳経」「阿含経」「方等部」「般若経」「法華経」「涅槃経」の左側にそれぞれ「乳」「酪」「生蘇」「熟」「醍醐」「醍醐」の五味が挿入されている。全体的に細かな相違箇所は他にもかなり見出されるものの、佐藤・坂井両氏が指摘するように、内容・配列からしてこれらが西山本を底本に用いていることは間違いないと思われる。

前述したように、『一代五時（鶏）図』は日蓮が釈尊一代の教説を天台の五時教判に基づいて図示したものであり、日蓮は本図録を自身の仏教理解の大綱として、講説の際などに度々作成して門弟に提示した。日興も当然その講説を受けた門弟の一人であろう。日興が日蓮の『一代五時鶏図』を単に書写するだけでなく、本図録の内容を改めて確認・検討すると共に自身の研鑽によって蓄積された仏教理解をそこにプラスアルファしていることから、日蓮から教わった『一代五時鶏図』をもとにさらなる研鑽に励んでいた様子が窺える。

坂井法曄氏は西山本の系年を文永九年または十年（一二七二または一二七三）、日蓮佐渡期の成立と推定する説[24]を首肯した上で、日興が『観心本尊抄』（10）を書写し『開目抄要文』（53）を撰し、そしてやはり佐渡期の撰述である西山本を重ねて書写していることから、日興は佐渡期における日蓮の著作を重要な法門書と捉え、門弟教育にこれを用いたと述べている。[25]日興が日蓮と同様に『一代五時鶏図』を度々図示していることから考えると、日興もまた本図録を門下育成のための教材として用いたことは間違いないであろう。さらには、日興が西山本を少なくとも五回も書写していること、そしてその日興写本および西山本が日興門流の主要寺院に伝来していることから、西山本が教団初期の頃から日興門流の中で釈尊一代仏教を理解するための骨格を成す遺文として広まっていたことが窺い知れるのである。

続いて第二の特徴としては、北山本門寺本が檀越へ授与するために書写されたと考えられる点である。北山本門寺本には「正和五年七月八日書写之　白蓮生年七十一才　紀国きりへ左ヱ門入道息熊満丸」との日興奥書が見え、この奥書を文字通り解釈すれば、当写本は正和五年（一三一六）七月八日、日興七一歳の時に書写され、授与するという具体的な記述はないものの、おそらく「紀国きりへ左ヱ門入道息熊満丸」に授与されたものと思われる。熊満丸の詳細な事蹟については未詳ながらも、佐渡世尊寺に所蔵される弘安三年（一二八〇）十一月図顕の日蓮曼荼羅本尊内日興添書に「紀伊国切目刑部左衛門入道相伝之、子息沙弥日然譲与之」[26]と記されていて、熊満丸＝日然の可能性が指摘されている。[27]名前から考えて、少なくとも日興がこの奥書を記した時点ではまだ若齢の檀越であっただろう。父の切目左衛門入道が紀伊国在住であるから、熊満丸も同住の檀越と想定される。

日興が『一代五時鶏図』を度々書写したことは今述べたところであるが、初期日蓮門下による写本遺文の中で、明らかに書写者が他者に授与したものと判明する写本は一点も見られない。北山本門寺本は、その奥書から熊満丸なる檀越に授与された可能性を有する写本として貴重である。ただしその場合問題となるのは、なぜ日興は当写本を熊満丸に授与したのか、という点である。仮に被授与者が日興の弟子で、それも日興が居住している駿河からは遠く離れた地域に教線を展開する弟子であるならば、その地域での弟子檀越の講学のために日興が当写本を授与することは何ら不自然ではない。しかし檀越、それも若齢と想定される者に僧侶が学問のために用いる『一代五時鶏図』を授与した目的については、現時点では不明と言わざるを得ない。講学のために日興が授与したことは間違いないであろうが、鎌倉時代における紀伊国在住の弟子檀越は、現存史料からは切目左衛門入道と熊満丸の二名しか見出すことができず、同地域に法華講衆のような集団が存在した形跡も見られない。日興が曼荼羅本尊のように、弟子のみならず檀越にまで授与するために相当数の『一代五時鶏図』を書写したとも考えにくい。今後さらなる検討を要する。

このように、日興は日蓮在世中から遺文書写を行い、著作・書状・図録といった遺文の種類に差別なく門祖として日蓮遺文の書写蒐集に努めていた様子が窺える。

二、寂仙房日澄の遺文書写

次に、重須談所初代学頭を務めた寂仙房日澄による遺文書写の事蹟について検討したい。

日澄には、曽存分も含めて現在二一点の写本遺文の存在が確認できる。日澄写本を前掲の表から抜粋すると、左記の通りになる。日澄写本中、▲を付したものは北山本門寺所蔵の信伝本によってその存在が伝えられるもの、○を付したものは従来日興筆と伝えられていた写本が近時の研究によって日澄筆と改められたものであることを表している。これらの写本の内、特に○を付した七点もの写本が日澄筆として変更・追加されたことは、日澄による写本作成の実態解明に裨益する大きな成果といえよう。

▲4　曽谷入道殿許御書	○30　大学三郎殿御書	▲37　聖人知三世事
▲5　始聞仏乗義	○31　兵衛志殿御書	▲38　道場神守護事
○6　頼基陳状（未再治本）	32　法華取要抄	▲39　富木殿御書

○9　法華取要抄　33　下山御消息　▲40　寺泊御書
○27　立正安国論　34　『日蓮遺文等抄録』　▲41　真言諸宗違目
○28　三沢鈔　▲35　忘持経事　▲42　諸経与法華経難易事
○29　浄蓮房御書　▲36　富木入道殿御返事　▲43　金吾殿御返事

日澄は六老僧の一人日頂の弟で、中山門流の祖富木常忍の義子とされる。はじめ六老僧日向の弟子となり、兄日頂のもとでも学び、日蓮滅後は身延で修学した。ところが甲斐国下山郷の地頭左衛門四郎光長が新堂を建立した際、正安二年（一三〇〇）に日向がその新堂に祀る一体仏の開眼供養を行ったことに疑念を抱き日向と義絶、身延を離れて富士の日興に帰伏したと伝えられる。(28) 日澄は翌年の正安三年（一三〇一）には日興から曼荼羅本尊を授与されているから、高木豊氏が推測するように、この頃から日興と日澄の師弟関係が本格的に始まったのであろう。(29)

日澄の人物像について、弟子三位阿闍梨日順の著『日順阿闍梨血脈』は次のように伝えている。

日澄和尚即日興上人弟子、類聚相承大徳也、慧眼明了而普知見五千余巻、広学多聞而悉斟酌十宗法水、行足独歩而殊証得一心三観、宏才博覧而良兼伝三国記録、其上内外旨趣、倭漢先規、孔老五常、詩歌六義都無不通(30)

この記事によれば、日澄はかなり学識に優れた学僧であったようで、その才能が評価され、後に日興より日興門流の門下育成機関である重須談所の初代学頭に任ぜられている。ところが日澄は延慶三年（一三一〇）三月十四日、四九歳の若さでその生涯を閉じてしまう。日興の弟子としての時間はわずか一〇年という短期間であったにも関わらず、その間に日澄は学僧としての能力を遺憾なく発揮し、学頭の重責を担うほど日興から絶大な信頼を得る活躍を見せたのである。日澄が日興から曼荼羅本尊を四幅も授与されていることもまた、日澄と日興の師弟関係の一端を表していよう。(31)

日澄が延慶三年に没しているということは、右に挙げた日澄写本は当然それ以前に成立しており、極めて古い写本ということになる。しかも奥書等によれば4『曽谷入道殿許御書』は建治三年（一二七七）の書写、5『始聞仏乗義』は建治四年（弘安元年、一二七八）頃の書写、6『頼基陳状』は弘安元年（一二七八）の書写とされ、日澄一六～一七歳頃の写本となる。つまり日澄は日蓮在世中、それも若齢の頃から早々に遺文の書写を開始し、また短命にも関わらず多くの写本を書き遺した門弟ということがわかる。

その日澄の写本を通覧してまず気づくことは、日蓮の書状が多いという点である。文体を見てみると、漢文体の書状はもちろん、36『富木入道殿御返事』・42『諸経与法華経難易事』などの和漢混淆体のもの、28『三沢鈔』・29『浄蓮房御書』・31『兵衛志殿御書』・43『金吾殿御返事』などの和文体のものまでも日澄は書写している。初期日蓮門下が書写の対象とした遺文の多くは日蓮の著作である一方で、日興門流では日興をはじめとして書状も頻繁に書写される傾向にあることは既に述べたが、日澄にも同様にその傾向を見ることができる。初期日蓮門下の中で、日澄は日興と並ぶように日蓮書状を多く書写しており、確認する限り同時代の他門流諸師の中でこれほど日蓮書状を書写している門弟は見出せない。そういった点からも、日澄による日蓮書状の書写は特徴的な事蹟といえる。

さて、上述したように日澄写本二一点の内、▲を付した一一点は信伝本によってその存在が明らかとなる日澄写本である。そのことを伝えているのが、信伝本『金吾殿御返事』の奥に記される日澄の本奥書である。本奥書とは写本の底本に記されている奥書のことで、その日澄本奥書の釈文は左記の通りである。

已上十一通者因幡国富城庄之本主日常所賜也、於正本者当住下総国葛鹿郡八幡庄内栗原村也、定有彼在所歟、此本者以御正本写校畢、日澄謹書[32]

この記述によれば、富木日常（常忍）が日蓮から賜った日蓮遺文一一点を日澄が書写・校合したことが読み取れる。その日澄写本を転写したものが信伝本である。信伝本所収一一遺文の真蹟は、現在そのすべてが中山法華経寺に所蔵されており、日澄と中山門流との関係性を窺わせる。この信伝本に記される本奥書について、検討すべき問題点が二つ挙げられる。ここではその問題点を取り上げて考察しよう。

まず一つ目は、本奥書が示す「已上十一通」の遺文が何を指すのか、という点である。信伝本には一一点の写本遺文が収録されており、それらの真蹟すべてが中山法華経寺に所蔵されることから、「十一通」＝信伝本収録一一遺文とも解釈できそうだが、問題はそう単純ではなさそうである。なぜならば、本奥書に「十一通」は「日常所賜」の遺文であると述べられているからである。

信伝本所収の一一遺文の対告衆を見てみると、4『曽谷入道殿許御書』を除いた一〇遺文が富木氏宛のものである。[33]しかも4の奥には曽谷入道・大田金吾との宛所が明記されていて、富木氏宛遺文ではないことは明白である。日澄がこれらの遺文を書写した時に、4の宛所部分も書写しているので、明らかに対告衆が異なる4を含めて「已上十一通者因幡国富城庄之本主日常所賜也」と述べることは不自然と言わざるを得ない。また信伝本所収の遺文を収録順に挙げると、①35『忘持経事』→②36『富木入道殿御返事』→③37『聖人知三世事』→④38『道場神守護事』→⑤39『富木殿御書』→⑥40『寺泊御書』→⑦41『真言諸宗違目』→⑧5『始聞仏乗義』→⑨42『諸経与法華経難易事』→⑩43

『金吾殿御返事』→⑪4『曽谷入道殿許御書』の順であって、「十一通」と記される本奥書は一〇番目の43『金吾殿御返事』の奥に書かれている。さらに一一番目に並べられる4は信伝本所収一一遺文中、群を抜いて長文の遺文でもある。つまり、信伝本を形態的な側面から見ても、4は①〜⑩の写本と比べて少しく性格が異なるものであることが指摘できる。

以上のことを勘合すると、本奥書が述べるところの「已上十一通」には本来4『曽谷入道殿許御書』は含まれず、別の「日常所賜」の遺文の日澄写本が他に存在していたのではないだろうか。その写本を含めて、日澄は「十一通」と記したものと推考するのである。今はそれがどの写本遺文であるのか全く不明であるが、この推測が事実ならば、現時点での日澄写本数にさらに一点追加できることになろう。

次に二つ目の問題点は、日澄写本が真蹟から直接書写した「第一転本」であるのか、あるいは別の写本から転写した「第二転本」以降のものであるのか、という点である。冠賢一氏は後者の立場で、本奥書に一一遺文の真蹟が格護されている場所を「定有彼在所歟」と表記されている点から、日澄写本は真蹟から直接写したものではなく、日澄が別の写本から転写した時にこの本奥書を書き加えたか、あるいは他者が書写したものに日澄がこの本奥書を加筆したものと述べ、さらに中山から富士へ信伝本の底本である写本遺文を伝えたのは日澄の兄日頂かと推測している。[34] 一方、『図録日蓮聖人の世界』や松田銘道氏等は前者の立場から、本奥書「以御正本写校畢」の文を「御正本を以って写校し畢んぬ」と判読し、日澄写本は真蹟から写したものと判断している。[35] 実際に真蹟をもって書写したのであれば、「定有彼在所歟」という憶測の文言は違和感ある表現であるし、逆に「此本者以御正本写校畢」の文言は実際に真蹟を見て書写したことを想起させる表現でもある。

このように、先行研究による解釈に依拠すると、本奥書の「定有彼在所歟、此本者以御正本写校畢」の文言は、前半と後半でその内容に矛盾が生じることになる。この箇所の判読については寺尾英智氏より、先行研究を勘案した上で「以御正本写校畢」の部分は「御正本の写を以って校し畢んぬ」と判読すべきではないかとの指摘をいただいた。寺尾氏は特に本奥書末に「日澄謹書」と記述されることにも着目し、先の箇所を「御正本を以って写校し畢んぬ」と判読してしまうと、書写するという意味で「謹書」と言葉が重複してしまう点にも疑義を呈している。仮に寺尾氏の指摘の通り判読した場合、日澄は遺文書写に際して直接真蹟を見て書写したわけではなくなるので、その文の前に「定有彼在所歟」という憶測の記述があっても何ら不自然ではなく、内容的に整合性が取れよう。寺尾氏の指摘は首肯できるものであり、やはり日澄写本は第二転本であった可能性が高いように思われる。

ただし、管見の限りでは日興門流関連文書の中に先の判読と同様の用例を見出すことはできず、逆に左京阿闍梨日教『類聚翰集私』には「以テ二日順御自筆ヲ一澄師遺跡日伝奉ヨリレ被レレ許サ於テ二重須ニ一写交了シヌ」[36]とあって、明らかに書写・校合したことを「写交（校）」という文言で表現している。この点の扱いについては課題が残るが、判読における可能性の一つとして、寺尾氏の指摘を提示しておきたい。

信伝本について、もう一点取り上げたい問題がある。それは信伝本の末に収録される4『曽谷入道殿許御書』の奥書の解釈についてである。その奥書は左記の通りである。

　何モ題ニ細字ヲ置事執筆私也、不可為本、写本云建治三年九月十四日書写云云、日澄御筆也[37]

この奥書にはまず「何モ題ニ細字ヲ置事執筆私也、不可為本」と記されるが、これは信伝本を確認すると所収一一遺文各々の冒頭に細字で題号が付されており、[38]このことを述べたものと考えられる。奥書の解釈について、菅原関道氏および『統合システム』によれば、「写本云」「日澄御筆也」以外は日澄が記した本奥書と判断し、信伝本所収一一遺文各々の冒頭に付される題号は日澄が私に付したものであると述べている。[39]しかし、この奥書から一一遺文の題号を日澄が付したと断定することはできない。なぜならば、信伝が「写本云」の文言を奥書の冒頭に記さず現状の位置に記したのは、日澄の本奥書が「建治三年九月十四日書写云云」であって、「何モ題ニ細字ヲ置事執筆私也、不可為本」の部分は信伝による奥書の可能性が考えられるからである。もしそうであれば、一一遺文の題号を付したのが信伝であった可能性が高くなるであろう。

ここまで信伝本における課題に着目し、日澄による遺文書写の様相の一端を探ってきた。今はなき日澄写本の面影を伝える史料として信伝本の重要性を再確認し、新たな視点を指摘したが、推測に留まった部分も多く、改めて判読の難しさを痛感した。今後さらに検討を進めたい。

続いて日澄写本の中で注目したいのが、34『日蓮遺文等抄録』である。当写本は、日澄が日蓮遺文七点（『富木入道殿御返事』、『観心本尊抄』、『立正安国論』、『頼基陳状』、『諫暁八幡抄』、『法華取要抄』、『法蓮鈔』）および日興文書一点（『四十九院申状』）を抄写した要文集であり、釈文が『千葉県の歴史』[40]に収録されると共に、内容については菅原関道氏の論考⑨によって詳細な検討がなされている。菅原氏によれば、日澄が34を作成した目的は、第一に法華本門の三大秘法こそ天変地夭や自他の災難を鎮める秘法であるという日蓮の主張を闡明にするため、第二に『日順阿闍梨血脈』に記されるように、日澄が類聚して日興に呈上した『本迹要文』という書物の土台作りのためではないかと想定している。[41]日蓮が法華経をはじめとする仏教書等の要文を多数抜書きし、講説や執筆の際に資料として重用したように、日澄もまた日蓮遺文中から特に重要と思われる箇所を抜粋・集約した要文を作成し、学問研鑽の拠り所となしていたことが窺える。34の存在は、まさに日澄が日蓮遺文を通して日蓮の教義と思想、ひいては仏教を学ぼうとしていた様子を物語る実例の一つといえよう。

ただし、日蓮遺文の要文作成は日澄に限った話ではない。日興写本『開目抄要文』（53）や日蓮真蹟『南条兵衛七郎殿御書』の行間に抄写される同写本『唱法華題目鈔』（111）、妙顕寺日像『日像上人筆要文集』[42]、日法『本迹相違』、日全『法華問答正義抄』などもまた、日蓮遺文の要文作成の用例と判断することができる。日蓮在世中から多くの門弟によって遺文が書写され、また日向『金綱集』や日法『御法門御聞書』のように、直弟によって日蓮による講義の聞書が作成されていたことを考慮すると、日蓮遺文の要文も必要に応じて種々作成されたことであろう。その中でも34は、教団初期の段階で門弟による日蓮遺文の要文集の作成が行われていたことを具体的に伝える事例として、貴重である。

日澄がこれほど多くの遺文を書写し得たのは、義父である富木常忍の存在が大きく関係しているものと思われる。要文集の34を除く日澄写本二〇点の内、中山門流初期の蔵書目録『常修院本尊聖教事』に登載される遺文は一四点と、過半数を占める。さらに34所収日蓮遺文七点の内、その四点がまた同目録に記載されている。つまり日澄は、当時若宮法華寺に格護される日蓮遺文を多く書写しているのである。また三位日順『日順雑集』には、日澄が日興の指示で富木常忍の元に赴き、日蓮遺文を書写してきた様子が次のように記されている。

日興上人向ヒ二寂仙房ニ一（中略）富城殿ノモトニ行テ、後ニ御書ノ拝見申度由ヲ可レ云、所望シテ御書ヲカキテ上レト御定アリ、如レ仰行テ此御抄ヲ写被レ参、サテコソ寂仙房弥帰伏申サレテ候ヘ、彼御書ニ云、彼迹門ノ一念三千ハ是本門ノ一念三千、御臨終時ノハ御意ニ可レ被レ懸云云、此御書ヲハ破迹顕本抄ト可レ名ク[43]

この度日澄が書写した遺文は、右に挙げた引用文から『富木入道殿御返事』（定遺番号二九四）と判断されている。このように、日澄が若宮法華寺所蔵の日蓮遺文を度々書写できたのは、その背景に中山門流を牽引する義父富木常忍の存在があり、常忍と父子関係にあることが中山門流所伝の日蓮遺文の書写を容易にさせたのであろう。日澄が若年期から5『始聞仏乗義』等の富木賜書を書写している事実もまた、そのことを物語っているのではなかろうか。

日澄の富士帰入は、結果的に中山門流で蒐集格護された遺文を写本という形で日興門流にもたらすこととなった。日興門流においても、当時日興をはじめとして精力的に遺文書写が行われていたから、そのような面で日澄が日興門流にもたらした功績は大きいと言える。日澄が富士帰入からわずか一〇年余、四九歳という短命で早逝したことは悔やまれるが、日澄が重須談所の初代学頭に補任された学識豊かな学僧としての一側面を、遺文書写の事蹟を通じて如実に窺うことができる。

三、その他の門弟の遺文書写

この他、初期日興門下で写本遺文が伝来している門弟は、日目（7・13）、日順（54・55）、日済（60）、某（66～96）、日道（97・98）の五名が挙げられる。某が書写した66～96、いわゆる『御筆集』は写本を集成する目的のもとに編纂されたものであるから例外として、他の門弟が書写した個別写本はごく僅かしか確認できない。現存数から推測して、実際に書き遺した写本の数自体そう多くはなかったであろう。また、既に考察した日興と日澄を含め、遺文書写に臨んでいる門弟は門流の規模から見てごく少数である。遺文書写を行った門弟を通覧してみると、日興は門祖、日目は本六人に選定された弟子で、日道は新六人の[44]一人ともされている。そして日澄・日順・日済の三名は重須談所の学頭を務めた僧である。遺文書写者に高弟と称すべき僧が集中している理由について、当然ながら高弟の写本であるが故に今日まで伝来しているとも考えられようが、やはり聖教である日蓮遺文を書写し得たのは、弟子としての立場や識字能力の高さが大いに関係しており、誰でも容易に書写できたわけではなかったと見るべきであろう。日興門流以外の書写者を見てみても、日蓮の六老僧・中老僧、あるいは本寺の貫首を勤める僧にほぼ限られるし、また日常『常修院本尊聖教事』や日祐『本尊聖教録』において写本遺文が「御書」と称され[45]、それらが日常『日常置文』に「聖人ノ御書並ニ六十巻以下ノ聖教等不ルレ可ラレ出ス二寺中ヲ一事」[46]とあるように、門弟らによって厳重に護持すべき重宝として高く位置づけられていることもまた、これを裏付けているのではなかろうか。

次に、三位阿闍梨日順が書写した二つの写本『波木井三郎殿御返事』（54）と『三三蔵祈雨事』（55）に着目したい。これらの写本には、それぞれ「文保元年三月廿五日於甲斐国上野殿御宿所書写之了　執筆日順法師」、「本云、正和四年正月七日書写畢、三度拝了、于時文保元年四月一日以秋山上野殿御本書写之畢、執筆日順法師」との奥書が見え、当写本の作成に「甲斐国上野殿」「秋山上野殿」、すなわち檀越の秋山信綱が関わっていた様子が窺えるところが注目される。信綱は甲斐源氏の秋山氏の人で、『御伝土代』によれば日澄の日興帰伏の際に日順と共に富士に帰入したことが伝えられる。[47]また信綱は、乾元二年（一三〇三）卯月八日書写の「甲斐国秋山与一源信綱授与之」[48]との授与書を有する曼荼羅本尊を筆頭に、日興から曼荼羅本尊を複数幅授与されており、さらにその同族者にも日興より曼荼羅本尊を授与されている者が見受けられ、甲斐における有力檀越として日興らを支えた深縁なる氏族の一人であった。

54の奥書では、秋山信綱の宿所にて日順が同写本を書写したと記されるが、55は日順が「秋山上野殿御本」を底本に書写したと述べられている。つまり、55の底本となった写本が信綱筆の写本であった可能性が想定されるのである。檀越による写本遺文作成の事例は異例で、鎌倉時代では後に出家して中山門流を形成する富木常忍を除いて他に例がない。実際に信綱が『三三蔵祈雨事』を書写していたのであれば、当遺文は和文体ではあるものの、遺文を書写できる立場と識字能力を有した檀越であったことになろう。初期日蓮教団の中で学解に優れた檀越としては、日蓮から度々漢文体で高度な内容の遺文を送られている富木常忍・大田乗明・曽谷教信、そして諸宗との問答に備えてその大意をまとめた『問答用意抄』[49]の著者と推定される真間弘法寺俗別当及河宗秀らが挙げられるが、信綱もまた初期日蓮教団において、これらの檀越と肩を並べるような存在であったのかもしれない。さらに55の底本が信綱写本であったならば、54の底本もまた信綱写本であった可能性も想定されるであろう。秋山信綱写本の存在は、日興門流内における檀越の活躍の一端を窺い得る好史料である。

小　結

以上、本節では初期日興門流における日蓮遺文書写の様相について、その事蹟と特徴・問題点を中心に考察してきた。

論述してきた通り、日蓮遺文を書写するという行為は既に日蓮在世中から行われ、日蓮滅後に至っては宗祖に対する追慕の念と教義継承の志が強まって一層拍車がかかった。その結果、鎌倉時代成立の門弟写本は確認できるものだけでも一二七点と、多くの写本が作成されたのである。そのような教団内の動向の中で、日興門流に至っては門祖日興をはじめ日興の門弟らによって遺文の書写が活発に展開されていて、その事蹟は教団全体を通して顕著であることを再確認した。特に日興門流の遺文書写においては、日蓮の著作や図録のみならず書状までも書写対象に位置づけ、日蓮の教義を広く受容しようとする姿勢を明確に窺うことができ、初期日興門流における遺文書写の特色の一つとして注目される。

先学によって指摘されるように、日蓮門下が師の遺文を書写する最も大きな目的は、日蓮の教義研鑽であった。日目書状『与民部阿闍梨御房書』には「今年モ四月ヨリ九月廿日比マテ無闕日御書談候了」[50]と記述され、日目が日蓮遺文を四月から九月に至るまで一日も欠かさず談義したことが述べられている。これは、初期日興門流において日蓮遺文が研鑽される様子を伝える貴重な史料である。日興門流諸師が書写した写本遺文は、このような遺文研鑽の場で用いられたことであろう。まさに、日蓮遺文が門弟によって仏教の真髄を探究するためのテキストとして位置づけられていたことが看取できるのである。特に日興門流では重須談所という講学専門の場が設置されたことも、初期日興門流における遺文書写を促した要因の一つだったのではなかろうか。

多くの課題も残ったが、本考察を通して、今日に至る日蓮遺文伝承過程の出発点ともいうべき鎌倉時代において、日蓮門下が如何に宗祖日蓮の遺文と向き合って受容したのか、その一端を垣間見ることができた。

註

（1）高木豊『中世日蓮教団史攷』二八二頁（初出は一九七一年）、冠賢一『近世日蓮宗出版史研究』（平楽寺書店、一九八三年）二一三頁等。

（2）『興全』一四六頁。
（3）冠賢一「中世における日蓮遺文の書写について」（『棲神』六五号）七四頁。
（4）『宗全』一巻一三七頁、大平宏龍「日法聖人教学研究ノート―『本迹相違』をめぐって―」（『桂林学叢』一六号、法華宗宗務院、一九九七年）六〇頁、池田令道「『法華問答正義抄』の日蓮遺文をめぐって」（『興風』一八号、興風談所、二〇〇六年）八五頁。
（5）池田令道「日興筆『転重軽受法門』―依智における日興上人―」（『日蓮大聖人御書システム』〈http://www5f.biglobe.ne.jp/~gosyosys/〉所収コラム「平成十九年五月」）。
（6）『日蓮宗事典』二三頁「遺文」項、中尾堯・寺尾英智編『【図説】日蓮聖人と法華の至宝』二巻二一頁。
（7）冠賢一「中世における日蓮遺文の書写について」（『棲神』六五号）八八頁、寺尾英智『日蓮聖人真蹟の形態と伝来』三二七頁（初出は一九九五年）。
（8）坂井法曄「日興写本をめぐる諸問題について」（『興風』二一号）二八三頁によれば、大石寺所蔵『御筆集』の成立年代は弘安五年（一二八二）～元徳四年（一三三二）までの間と指摘している。
（9）寺尾英智『日蓮聖人真蹟の形態と伝来』三二七頁。
（10）『撰時抄』（『定遺』一〇五三頁）。
（11）『日蓮聖人遺文辞典（歴史篇）』一一七八頁による。なお、池田令道「日蓮遺文の編纂と刊行」（小松邦彰・花野充道編『シリーズ日蓮2　日蓮の思想とその展開』、春秋社、二〇一四年）三八七～三八八頁に、その後の調査で発見された新加の『立正安国論』断片が一覧にまとめられているので参看されたい。
（12）拙稿「初期日興門流における諫暁活動の展開」（『大崎学報』一六七号、立正大学仏教学会、二〇一一年）。
（13）『日蓮聖人遺文辞典（歴史篇）』五五頁。
（14）『定遺』三巻図録篇遺文番号9・13・20・22・24・25・28・29・30。この他、寺尾英智「日蓮『一代五時図』の身延山真蹟曽存本―京都本満寺所蔵の日乾筆真蹟臨写本について―」（『身延論叢』三号、身延山大学仏教学会、一九九八年）に紹介される身延山久遠寺曽存本と、『一代五時図』の一部と想定される真蹟断簡が数点伝来している。

(15) 寺尾英智「日蓮『一代五時図』の身延山真蹟曽存本―京都本満寺所蔵の日乾筆真蹟臨写本について―」(『身延論叢』三号)四七頁。
(16) 渡辺宝陽『日蓮宗信行論の研究』一三〇頁。
(17)『興全』三〇六頁、『宗全』二巻一二二頁。
(18)『興全』三〇五頁、『宗全』二巻一二一頁。
(19) 坂井法曄「日興写本『一代五時鶏図』をめぐって」(『興風』一四号)参照。
(20) 佐藤博信・坂井法曄「【史料紹介】安房妙本寺蔵　日興写本『一代五時鶏図』・某筆『王代記並八幡菩薩事』」(『千葉大学人文社会科学研究』二四号)一四頁によれば、現存する保田妙本寺本は一二紙だが、一三紙以降が存在していた可能性が指摘されている。
(21) 第二祖日興上人御生誕七百七十年奉祝委員会編『日興上人の御生涯と富士の正義』(大日蓮出版、二〇一五年)四〇頁。
(22) 坂井法曄「日興写本『一代五時鶏図』をめぐって」(『興風』一四号)一七頁。
(23) 佐藤博信・坂井法曄「【史料紹介】安房妙本寺蔵　日興写本『一代五時鶏図』・某筆『王代記並八幡菩薩事』」(『千葉大学人文社会科学研究』二四号)二四・二六頁。
(24) 立正安国会編『日蓮大聖人御真蹟対照録』上巻(立正安国会、一九六七年)六二七頁。
(25) 坂井法曄「日興写本『一代五時鶏図』をめぐって」(『興風』一四号)二七頁。
(26)『御本尊集目録』一〇〇番。
(27)『上代事典』一二六頁。
(28) 伝日興『富士一跡門徒存知事』(『興全』三一二頁、『宗全』二巻一二七頁)。
(29)『興本』所収曼荼羅本尊番号〈17〉、高木豊『中世日蓮教団史攷』一四六頁。
(30)『宗全』二巻三三六頁。
(31)『興本』所収曼荼羅本尊番号〈17〉〈21〉〈25〉〈68〉。
(32)『図録日蓮聖人の世界』一〇七頁。

(33) ただし『金吾殿御返事』に関しては、対告衆を大田金吾または四条金吾とする説がある（『日蓮聖人遺文辞典（歴史篇）』二六二頁「金吾殿御返事」項参照）。同遺文の宛所部分は真蹟では欠失してしまっているものの、現存最古写本の信伝本には宛所に「御返事」とだけ書かれていて、文面上誰に宛てた書状かは判然としない。しかし信伝本によれば、同遺文の写本に日澄が「已上十一通者因幡国富城庄之本主日常所賜也」と奥書しているので、少なくとも日澄がこの奥書を記した時点では、同遺文を富木氏宛と捉えていたと考えられる。

(34) 冠賢一「中世における日蓮遺文の書写について」（『棲神』六五号）七五～七六頁。なお、冠氏の説に対しては、大黒喜道氏が反論している。すなわち、信伝本『曽谷入道殿許御書』の奥書「……写本云建治三年九月十四日書写云云……」という書き込みが日澄自身のものであることや、それが建治三年という日澄富士帰伏以前であることを勘合して、信伝本所収の遺文一一点は日澄自身が中山にて真蹟から直接書写したものと述べている（『上代事典』六五六頁）。しかし先程指摘したように、信伝本本奥書が述べるところの「已上十一通」に『曽谷入道殿許御書』が含まれていないのであれば、大黒氏の説は成立しないことになる。

(35)『図録日蓮聖人の世界』一〇七頁、松田銘道『御書と日興上人―法門を書写―』一〇九頁。

(36)『富士学林教科書　研究教学書』三巻（富士学林、一九七〇年）一三七頁。

(37)『図録日蓮聖人の世界』一〇七頁。

(38) ただし、立正大学日蓮教学研究所架蔵写真帳で信伝本を確認すると、最初に収録される『忘持経事』には細字の題号を確認することができない。元々付されていないのか、あるいは摩滅等によって消失したのか、その理由については不明である。

(39) 菅原関道「保田妙本寺所蔵の「日蓮遺文等抄録」について」（『興風』一四号）一九八頁、『統合システム』二〇一五年度版「曽谷入道殿許御書」項。

(40)『千葉県の歴史』資料編　中世3　県内文書2　三〇四頁。

(41) 菅原関道「保田妙本寺所蔵の「日蓮遺文等抄録」について」（『興風』一四号）一九三頁。

(42) 妙顕寺文書編纂会編『妙顕寺文書二』（妙顕寺、二〇一三年）一〇九頁。

(43)『宗全』二巻三八八頁。

(44)「本六人」「新六人」については、本書第一章第一節を参看されたい。
(45)『宗全』一巻一八七・四一六頁。
(46)『宗全』一巻一八九頁。
(47)『宗全』二巻二五二頁。
(48)『興本』所収曼荼羅本尊番号〈30〉。
(49)本抄の翻刻は、『興風叢書〔16〕身延文庫蔵　及河宗秀撰「問答用意抄」、日光天海蔵「諸宗問答破立要文集」』(興風談所、二〇一二年)に収録される。また本抄に関する考察には、坂井法曄「身延文庫蔵『問答用意抄』の基礎的考察」(『興風』二三号、興風談所、二〇一一年)が挙げられる。
(50)『日目上人』三八四頁。

終章

以上のように本書では「初期日興門流史研究」と題し、日興とその門弟が師日蓮の思想と行動をどのように実践・継承しつつ自門の教線を拡張したのか、日蓮滅後における日蓮教団の原初的動向の一端について考察してきた。その方法として、本書では本論五章にわたって曼荼羅本尊の書写・諫暁活動・人々の生活・交流などの視点から、初期日興門流の具体的様相を検討した。各章毎の結論は各章の小結において述べたところであるので、ここで繰り返すことは避けたいが、本研究を大観した結論を述べておきたい。

初期日興門流に関連する中世史料は、門祖日興を筆頭に実に豊富に伝来しており、これらが教団初期の状況を紐解く上での有益な手掛かりとなることは言うまでもない。それは六老僧をはじめ日蓮直弟を門祖とする日蓮教団諸門流中、史料の現存数は日興門流が極めて顕著であり、日興門流における特色の一つと言えよう。これらの史料を中心に、本書では種々の考察を行った結果、日興とその門弟の布教活動や弟子檀越の広がり、当時の生活状況など、激しく移り変わる時代の潮流の中で門流の興隆を目指して奔走した日興らの具体的行動の一端を、史実として明らかにすることができたと思う。特に、諸文献を通して日興在世中に三〇〇名を超す弟子檀越の存在が伝えられることは、当時の日興門流の規模を物語る重要な事実である。また、布教活動の一つとして本書で取り上げた曼荼羅本尊の書写・授与や諫暁活動は、日蓮の直弟以降も各門流諸師によって代々継続的に行われているが、直弟として日蓮が説き顕した教義の真髄を少しも変えることなく後世に伝え遺そうとした日興の布教方法・主張が門下に受け継がれ、それが日興門流の独自性となってさらに継承されていく様子も窺えた。日興門流が教団初期の段階でこれだけ多くの弟子檀越を獲得し得たのは、まぎれもなく日興とその門弟の布教活動が効果的であったからであり、その輪の中心で日興が先導者として門下を統率し、強固な指導力と求心力を発揮していた結果であると考えられる。

日興滅後に至ると、門弟の間で教義や土地をめぐって度々対立抗争した形跡が見られるが、既に述べた通り、対立が生み出した門弟の分派によって各地に新たな拠点寺院が建立され、結果的には日興門流全体の教線の広域な拡張へとつながっていった。対立による分派にはどうしても負のイメージがつきまとうが、今日に至る日興門流の発展へとつながる契機となった事蹟として、これもまた極めて重要な史実であると言える。

しかし、日興門流関連の中世史料が今日まで多数確認されているとはいえ、それらはあくまでも氷山の一角に過ぎず、実際に作成された文書の数は現存数よりもはるかに多いであろう。今後未見の文献が調査によって新たに発見・公開され、点と点がつながって線となるように、日興門流研究がさらに進展することを願ってやまない。

日興門流発展の基礎を築いた日興の生き方は、まさしく師日蓮の生き方に追従するものであった。元々天台宗僧侶として仏道を歩み出した日興が、当時の仏教界において独自の教学を展開する日蓮と出会い、その思想と行動に強烈な感銘を受け、自らの信仰を擲ってまで新興宗派の日蓮の門に身を投じた背景には、並々ならぬ決意と確信があったはずである。

そうして入門した日興は日蓮の元で求道究学の日々を過ごしたが、やがて日蓮の入滅を迎える。組織されてまだ日の浅い当時の日蓮教団にとって、日蓮というカリスマ的指導者の入滅はまさに痛恨の極みであると共に、大きな転換期でもあった。つまり、弟子としての日蓮門下から、指導者としての日蓮門下へと立場が大きく変容したのである。日蓮滅後六老僧の一人として教団の先頭に立ち、門下を牽引していかなければならない事態に直面した時、自らの歩むべき道の指標となったのは間違いなく法華経に直参した師日蓮の生き方であった。本書において、日蓮滅後に日興が本弟子六人を撰定したこと、曼荼羅本尊の書写と授与に精力的に取り組んだこと、諫暁活動に力を注いだこと、多くの日蓮遺文を書写したこと、日蓮が五三歳の時に身延に入山したように日興もまた五三歳で大石寺から本門寺へと拠点を移したこと、弟子檀越からの物品贈与に対する礼状の書式が日蓮の礼状に酷似していることなどを確認してきたが、これらの史実はすべて日蓮が生前にとった行動に倣ったものと考えられる。日興は日蓮の直弟として、最も近くで日蓮の思想と行動に深く触れてきた。その日興にとって、自らが信奉した日蓮の生き方こそが何よりの手本であり、明鏡であったに違いない。

ただし、これは日興だけに限った話ではない。他の五老僧をはじめとする日蓮の直弟・孫弟子らもまた、それぞれの布教地で、それぞれの解釈をもって日蓮の行動に随順しようとしたことは論じるまでもない。師から受け継いだ教えを広く伝えたい、そのような共通意識のもとに、門弟各々が日蓮の遺してくれた教団の存続と発展のために命懸けで奔走したことは、一層評価されるべき功績であろう。

本書では、生涯を通じて日蓮に直参する姿勢を身を挺して示した、決して「異端僧」ではなく「高僧」と評するに相応しい弟子日興の姿を改めて窺うことができた。それは、史実とは考えにくい唯受一人の正嫡性を標榜せずとも、確実な文献史料によって伝えられる事蹟が十二分にそのことを物語っていよう。そして、日興が体現した弘教の方軌を基軸として、初期日興門流が展開していく過程の一端を垣間見ることができたのではないかと思う。まだまだ解明しきれていない点は散在しているが、それらについては今後の研究課題としたい。

あとがき

顧みれば平成十七年四月に立正大学仏教学部宗学科に編入学して以来、早いもので一〇年の歳月が経過した。もともと私が生まれ育ったのが日興門流の流れを汲む寺院であったことから、そこに身を置く者として、日興門流の淵源と展開を深く学びたいという思いを自然と抱くようになった。そして、度重なる分派とそこに複雑に絡み付く正嫡意識を目の当たりにし、一体日興門流の「史実」とは何なのか、という疑問を強く感じるようになった。この問いがきっかけとなり、卒業論文でこの問題に取り組んだ。これが、日興門流史の究明にのめりこむ出発点であった。

さらなる研究を志して同大学院修士課程に進学したのが平成十九年のことである。同年より日蓮教学研究所の所属を許され、修士課程から博士後期課程にかけての七年間、研究所の貴重図書・史料に囲まれながら、恵まれた環境の中で自由に研究活動に臨むことができた。とりわけ、日蓮教学研究所に所属することで諸先生方の緻密な研究に常日頃接する機会を得られたことは、大変貴重な経験であった。その中で多くの学友に出会い、互いの研究について語り合えたことは、自身の研究を進める上で大きな刺激となった。

また、当時研究所で着手していた開創六〇〇年慶讃記念『本満寺宝物目録』出版のための京都本満寺寺宝調査、および日向上人第七〇〇遠忌記念『藻原寺宝物目録』出版のための茂原藻原寺寺宝調査に携わる機会を頂いたことも大変有難かった。日蓮真蹟遺文をはじめとする中近世の寺院文書を目の前にしながら、文書の伝来や取り扱い方等を直接学び実践し得たことは、日蓮教団史を研究分野とする私にとって誠に大きな糧となった。

このような研鑽の日々を送る中で、日興門流史に関するいくつかの論考を発表してきたが、その成果を平成二十一年に修士学位請求論文「初期富士門流の成立と展開」としてまとめ、さらに平成二十六年には主査松村壽巖先生、副査冠賢一先生・寺尾英智先生の御指導によって博士学位請求論文「初期日興門流史の研究」としてまとめることができた。本書はその博士論文に補訂・増補を施して一書と成したものである。本書の内、新たに研究を進めたものもあるが、次の章節は左記の既発表の論考に基づいている。

第二章
第一節　「日興とその門弟―『白蓮弟子分与申御筆御本尊目録事』の考察―」（『日蓮教学研究所紀要』三五号、二〇〇八年）
第二節　「伊東市吉田光栄寺所蔵の新出日興曼荼羅本尊について」（松村壽巖先生古稀記念論文集『日蓮教学教団史の諸問題』、山喜房佛書林、二〇一四年）
「日興本尊授与書にみる日興とその門弟」（『仏教学論集』二七号、二〇〇九年）
「初期日興門流の展開―日興本尊授与書を中心に―」（冠賢一先生古稀記念論文集『日蓮教学教団史論集』、山喜房佛書林、二〇一〇年）
第三節　「初期日興門流の展開―門弟の本尊授与書を中心に―」（『日蓮教学研究所紀要』三七号、二〇一〇年）
第三章
第二・三節　「初期日興門流における諫暁活動」（『印度学仏教学研究』五九巻一号、二〇一〇年）

「日興門流における諫暁活動の展開―日興滅後を中心に―」(『日蓮教学研究所紀要』三八号、二〇一一年)
「初期日興門流における諫暁活動の展開」(『大崎学報』一六七号、二〇一一年)

第四章
第一節　「日興とその門弟の往来に関する一考察」(宮川了篤編『日蓮仏教における祈りの構造と展開』、山喜房佛書林、二〇一四年)
第二節　「日興と弟子檀越に関する一考察―日興書状にみえる物品の授受を中心として―」(『日蓮教学研究所紀要』三九号、二〇一二年)

第五章
第二節　「日興門流の徳治二年法難に関する一考察」(『仏教学論集』二九号、二〇一二年)
「初期日興門流における日蓮遺文の書写について―寂仙房日澄の事蹟を中心に―」(『印度学仏教学研究』六三巻一号、二〇一四年)
第三節　「初期日興門流における日蓮遺文の書写について」(『大崎学報』一七一号、二〇一五年)

本書の成るにあたっては、立正大学名誉教授の渡邊寶陽先生・小松邦彰先生・冠賢一先生・松村壽巖先生、仏教学部宗学科・日蓮教学研究所の北川前肇先生・庵谷行亨先生・寺尾英智先生・原愼定先生・安中尚史先生・髙森大乗先生・田村完爾先生・丹治恭子先生・武田悟一先生から御指導を頂いた。これに加え、仏教学部仏教学科・法華経文化研究所・身延山大学の先生方、立正大学名誉教授中尾堯先生・仲澤浩祐先生、常円寺日蓮仏教研究所都守基一先生、興風談所池田令道先生・坂井法曄先生にも、折りにふれて御指導を頂戴する好機を得た。また日蓮教学研究所の同学諸氏には、終始暖かい支援と叱咤激励を頂いた。厚く学恩に感謝申し上げる次第である。

特に、本書のために序文を賜り、学部生の頃から今日に至るまで格別の御指導を頂いている冠賢一先生、並びに博士論文の主査・副査を務めて下さった松村壽巖先生・寺尾英智先生には、どれほど多くの学恩と尽力を賜ったか計り知れない。研究を志して以来、研究の方向性を見失い行き詰まることも多々あったが、その都度親身になり懇切丁寧な御教導を頂いた。厚く御礼申し上げたい。

このように、本書は多くの方々より御指導を頂いて完成したものである。その一方で、大学院進学と同時に日蓮教学研究所に設置される日蓮宗宗費生、次いで平成二十四年より宗費研究員に採用して頂き、宗門から経済面で大きな恩恵を蒙った。この御支援と御厚情なくして今日まで研究を継続することは到底不可能であった。また写真の掲載・転載についても各寺院各機関より御許可をいただいた。重ねて御礼申し上げる次第である。

本書の校正、索引作成などにあたっては、仏教学部非常勤講師の奥野本勇先生、日蓮教学研究所研究生の中村宣悠氏・米澤立晋氏・神田大輝氏の協力を得た。さらに、本書の刊行を御快諾下さった山喜房佛書林主浅地康平氏に対し深甚の謝意を表したい。

なお、本書は日興門流史の展開のほんの一部に触れたに過ぎず、先学の研究に遠く及ばない部分も多々あろうかと思う。その点は御寛恕いただき、さらに一層の研鑽を誓いたい。

本書の出版にあたり、平成二十七年度立正大学大学院文学研究科博士論文出版助成を受けたことを付記し、深く感謝の意を表する次第である。

平成二十七年六月二十日

本間俊文

I　人　名

あ行

か行

さ行

た行

な行

は行

ま行

や行

ら行

わ行

Ⅱ　書　名

た行

な行

は行

ま行

や行

ら行

Ⅲ　事　項

さ行

た行

な行

は行

ま行

や行

ら行

索　引

【凡例】　1．この索引は、「Ⅰ人名」「Ⅱ書名」「Ⅲ事項」の３部から成り、各部ごとに五十音順に配列した。

2．見出しの表記は適宜統一した。

3．（ ）内には、人名（房号、寺院の歴世等）、寺院名（所在地等）等の補足事項を記した。

4．Ⅱ書名索引中、日蓮曼荼羅本尊については、法蔵館刊『日蓮聖人真蹟集成』10巻所収の曼荼羅本尊番号を【 】に付記した。また日興曼荼羅本尊については、興風談所編『日興上人御本尊集』所収の曼荼羅本尊番号を〈 〉に付記した。

著者略歴

本間　俊文（ほんま　しゅんぶん）

昭和57年　新潟県佐渡市に生まれる
平成19年　立正大学仏教学部宗学科卒業
平成21年　立正大学大学院修士課程（仏教学専攻）修了
平成26年　立正大学大学院博士後期課程（仏教学専攻）修了
現　　在　立正大学仏教学部非常勤講師
論　　文　「日興とその門弟—『白蓮弟子分与申御筆御本尊目録事』の考察—」（『日蓮教学研究所紀要』35号、2008年）、「初期日興門流における諫暁活動の展開」（『大崎学報』167号、2011年）等

立正大学大学院文学研究科研究叢書
初期日興門流史研究

平成27年８月１日　印刷
平成27年８月11日　発行

著　者　本　間　俊　文
発行者　浅　地　康　平
印刷者　小　林　裕　生

発行所　株式会社　山喜房佛書林

〒113-0033　東京都文京区本郷5-28-5
電話(03)3811-5361　振替00100-0-1900

ISBN978-4-7963-0780-2　C3015